厚德博學
經濟匡時

匡时 金融学系列

|第 2 版|

国际信贷

钱婵娟 编著

上海财经大学出版社

图书在版编目(CIP)数据

国际信贷/钱婵娟编著. —2 版. —上海:上海财经大学出版社,2021.6
(匡时·金融学系列)
ISBN 978-7-5642-3770-7/F·3770

Ⅰ. ①国… Ⅱ. ①钱… Ⅲ. ①国际信贷 Ⅳ. ①F831.6

中国版本图书馆 CIP 数据核字(2021)第 075882 号

责任编辑:江　玉
封面设计:张克瑶
版式设计:朱静怡
联系邮箱:jiangyu@msg.sefe.edu.cn

国际信贷(第 2 版)

著　作　者:钱婵娟　编著
出版发行:上海财经大学出版社有限公司
地　　　址:上海市中山北一路 369 号(邮编 200083)
网　　　址:http://www.sufep.com
经　　　销:全国新华书店
印刷装订:上海新文印刷厂有限公司
开　　　本:787mm×1092mm　1/16
印　　　张:24.5
字　　　数:479 千字
版　　　次:2021 年 6 月第 2 版
印　　　次:2021 年 6 月第 1 次印刷
印　　　数:4 001—6 000
定　　　价:78.00 元

前　言

《国际信贷》(第2版)借鉴吸收国际信贷领域新发展变化、研究成果和创新实践,对第一版教材的内容进行修订和补充,使之更贴近理论与实务前沿,力求实现理论性与实务性的有机融合、国际化与本土化的接轨,顺应形势发展,体现时代特色。

本次修订主要体现在以下几个方面:一是展现该领域国内外最新发展动态和趋势,主要包括亚洲基础设施投资银行等新型多边开发机构的崛起、DAC发展援助改革、绿色债券、金融科技、PPP融资和中国信贷衍生品市场的发展等内容。二是梳理国际信贷惯例规则和监管政策的演进与变迁,主要包括出口信贷《君子协定》、福费廷统一规则(URF800)、赤道原则(EPs)和中国全口径跨境融资宏观审慎管理政策等内容。三是补充和更新相关数据和案例,并进行深入分析,提供创新样本和经验启示。

本教材主要适用于高等院校金融专业和其他经济管理类专业学生的教学,亦适用于金融机构和企业相关领域从业人员作为参考。

笔者在此感谢本教材所引用文献的原作者,同时衷心感谢上海财经大学出版社江玉老师的大力支持和帮助。文中疏漏和错误之处在所难免,恳请广大读者批评指正。

本书提供教学课件、思考与练习题答案。教师可自行从上海财经大学出版社有限公司网站(www.sufep.com)"教学资源"专区下载,或将姓名、学校、院系、书名、版本等信息发送邮箱 jiangyu@msg.sufe.edu.cn 联系索取。

钱婵娟

2021年2月

目 录

前言 / 1

第一章 国际信贷概述 / 1
第一节 国际信贷与国际金融市场 / 1
第二节 国际信贷的历史发展与特点 / 7
第三节 国际信贷的资金来源与类型 / 11
第四节 国际信贷与外债管理 / 15
案例 1—1 债务危机频发——阿根廷为什么总是在哭泣 / 22
本章小结 / 24
基本概念 / 24
思考与练习 / 25

第二章 国际银行信贷 / 26
第一节 国际银行信贷概述 / 26
第二节 国际银行信贷的信贷条件 / 32
第三节 国际银行信贷的法律条款 / 48
第四节 国际银团贷款 / 53
案例 2—1 海航的并购困局 / 67
附录 2—1 银团贷款中的贷款条件清单示例 / 72
本章小结 / 74
基本概念 / 75
思考与练习 / 75

第三章 政府贷款 / 76
第一节 政府贷款概述 / 76
第二节 世界主要国家的政府贷款 / 83
第三节 中国利用的外国政府贷款与援助 / 97

第四节　中国的对外援助　/ 101
案例 3—1　日本对中国政府开发援助　/ 107
本章小结　/ 109
基本概念　/ 110
思考与练习　/ 110

第四章　国际金融机构贷款　/ 111

第一节　国际货币基金组织贷款　/ 112
第二节　世界银行集团贷款　/ 122
第三节　国际农业发展基金贷款　/ 140
第四节　亚洲开发银行贷款　/ 142
第五节　其他区域性多边开发机构贷款　/ 148
第六节　新型多边开发机构　/ 154
案例 4—1　国际货币基金组织对欧债危机的援助　/ 162
案例 4—2　卡洛特水电站项目　/ 165
本章小结　/ 167
基本概念　/ 168
思考与练习　/ 168

第五章　国际贸易短期信贷　/ 169

第一节　进口贸易信贷　/ 170
第二节　出口贸易信贷　/ 174
第三节　保付代理　/ 179
第四节　国际贸易融资的新发展　/ 189
案例 5—1　虚假贸易融资案　/ 198
案例 5—2　国际双保理的风险　/ 199
案例 5—3　供应链融资案例　/ 199
本章小结　/ 200
基本概念　/ 201
思考与练习　/ 201

第六章　出口信贷与保险　/ 202

第一节　出口信贷的概念与特点　/ 202

第二节　出口信贷的主要类型 / 209

第三节　出口信用保险 / 220

第四节　中国的出口信贷 / 230

案例 6—1　中远海运重工巴油 FPSO 项目 / 233

案例 6—2　国际信用证项下议付＋福费廷 / 236

本章小结 / 237

基本概念 / 237

思考与练习 / 237

第七章　国际债券融资 / 238

第一节　国际债券的概念和类型 / 238

第二节　国际债券的评级、发行与收益率 / 244

第三节　国际债券市场 / 252

第四节　中国债券市场的对外开放 / 265

案例 7—1　"一带一路"倡议为中国债券市场发展带来新机遇 / 272

案例 7—2　"快递一哥"海外成功发行债券 / 273

本章小结 / 275

基本概念 / 275

思考与练习 / 276

第八章　国际租赁融资 / 277

第一节　国际租赁的概念及类型 / 277

第二节　国际租赁合同与租金 / 290

第三节　中国的融资租赁业 / 298

案例 8—1　融资租赁助力柬埔寨桑河二级水电项目 / 305

案例 8—2　e 租宝庞氏骗局 / 308

本章小结 / 311

基本概念 / 311

思考与练习 / 312

第九章　国际项目融资 / 313

第一节　国际项目融资概述 / 313

第二节　项目融资的框架结构 / 321

第三节　项目融资的风险及管理　/ 330

第四节　BOT 与 PPP 融资　/ 335

案例 9—1　印度德里机场快线 PPP 项目　/ 348

本章小结　/ 352

基本概念　/ 353

思考与练习　/ 353

第十章　国际信贷决策与风险管理　/ 354

第一节　国际信贷决策　/ 354

第二节　国际信贷的风险及管理　/ 361

第三节　国际信用衍生产品的发展与风险　/ 369

案例 10—1　墨西哥高铁项目的政治风险　/ 376

本章小结　/ 379

基本概念　/ 379

思考与练习　/ 380

参考文献　/ 381

第一章 国际信贷概述

📅 **教学目的与要求**

- 掌握国际信贷的概念和具体类型
- 认识国际信贷与国内信贷的关系
- 了解国际金融市场的概念、分类及特点
- 知晓国际信贷历史发展过程与特点
- 熟悉国际信贷的主要资金来源
- 了解外债的概念及中国的外债管理

第一节 国际信贷与国际金融市场

一、国际信贷的概念

国际信贷是国家（或地区）间发生的借贷活动和借贷关系的总称。具体地说，国际信贷（International Credit）是指一国的银行、其他金融机构、政府以及国际机构、公司企业在国际金融市场上，与另一国的银行、其他金融机构、政府以及国际机构、公司企业进行的资金融通活动。这一概念可以从以下三个方面来理解：

(1)国际信贷本质上是一种借贷行为，它具备信贷的基本特征，即有偿和计息，以偿还为条件和以契约性债权债务关系为约束，是有借有还的资金双向运动。

(2)国际信贷的借贷双方主体分属不同国家，信贷活动跨越一国国界，范围广、规模大，具有广泛性、国际性和复杂性。

(3)国际信贷的客体是货币资本或商品资本。如银团贷款、国际债券等采取货币资本形态，国际租赁则采取商品资本形态，一般以机器设备等实物形式提供，以货币偿还。

二、国际信贷与国内信贷的区别

由于各国在政治经济环境、法律和金融体系、信贷政策、监管方式等方面千差万别,国际信贷比国内信贷(Internal Credit)远为复杂,差异主要体现为:

(1)发生场所不同。国内信贷局限在国内金融市场,渠道单一、规模有限。而国际信贷作为跨国信用,主要在国际金融市场进行,无论是借贷范围、资金规模,还是融资渠道、交易时间和方式,都突破了国内金融市场的限制,吸引着不同国家的资金供求者参与其中。

(2)当事人不同。信贷活动涉及的当事人分为基本当事人和非基本当事人两类。前者包括借款人(Borrower)、贷款人(Lender)和金融中介(Financial Intermediary),后者包括代理人(Agent)和担保人(Guarantor)等。国内信贷当事人多为自然人和法人,数量少且简单,而国际信贷涉及多国法人或国际金融机构,关系人众多且较为复杂。

(3)借贷使用币种不同。国内信贷一般以本国货币计值,有时也使用外币,但比重较小。而国际信贷的币种可以是贷款国货币、借款国货币或第三国货币,币种可自由兑换,由借贷双方根据自身状况和需求协商确定。国际信贷还可使用一篮子货币单位计价,如特别提款权(SDR)。

专栏 1—1　人民币成为全球第五大活跃货币

环球银行金融电信协会(SWIFT)公布的数据显示,2020 年 2 月,在基于金额统计的全球支付货币排名中,人民币超过加元,成为全球第五大活跃货币,在全球支付货币中占比 2.11%(参见表 1—1)。

表 1—1　　　　　　　　人民币在全球支付货币中的份额

2018 年 3 月			2020 年 2 月		
排名	货币	占比(%)	排名	货币	占比(%)
1	美元(USD)	39.45	1	美元(USD)	41.45
2	欧元(EUR)	34.55	2	欧元(EUR)	32.61
3	英镑(GBP)	7.09	3	英镑(GBP)	6.81
4	日元(JPY)	3.50	4	日元(JPY)	3.42
5	加元(CAD)	1.70	5	人民币(CNY)	2.11
6	人民币(CNY)	1.62	6	加元(CAD)	1.73
7	澳元(AUD)	1.48	7	澳元(AUD)	1.57
8	瑞郎(CHF)	1.43	8	港元(HKD)	1.45
9	港元(HKD)	1.33	9	泰铢(THB)	1.06

续表

	2018年3月			2020年2月	
排名	货币	占比(%)	排名	货币	占比(%)
10	泰铢(THB)	1.03	10	新加坡元(SGD)	1.06
11	新加坡元(SGD)	0.96	11	瑞郎(CHF)	0.90
12	瑞典克朗(SEK)	0.86	12	瑞典克朗(SEK)	0.74
13	挪威克朗(NOK)	0.71	13	挪威克朗(NOK)	0.70
14	波兰兹罗提(PLN)	0.58	14	波兰兹罗提(PLN)	0.54
15	马来西亚林吉特(MYR)	0.46	15	丹麦克朗(DKK)	0.41
16	南非兰特(ZAR)	0.44	16	马来西亚林吉特(MYR)	0.41
17	丹麦克朗(DKK)	0.34	17	南非兰特(ZAR)	0.40
18	新西兰元(NZD)	0.33	18	墨西哥比索(MXN)	0.33
19	墨西哥比索(MXN)	0.30	19	新西兰元(NZD)	0.31
20	新土耳其里拉(TRY)	0.25	20	匈牙利福林(HUF)	0.25

资料来源：SWIFT BI Watch。

(4)借贷方式不同。国内信贷主要以货币资本形态的银行信贷为主。国际信贷方式则多种多样，既包括货币资本形态的银团贷款、出口信贷、债券融资、政府与国际金融机构贷款，也包括以商品资本形态提供的国际租赁，还有多种方式混合使用的混合贷款和项目贷款。

(5)惯例与规则不同。国内信贷主要适用国内惯例与规则。而国际信贷须遵从国际惯例和规则，例如《关于官方支持的出口信贷指导原则的安排》已成为出口信贷领域的国际惯例。

(6)适用法律不同。国内信贷活动受本国法律管辖和约束。国际信贷的适用法律视具体情形而定，可能是贷款国法律、借款国法律、第三国法律或国际法，所以，为了避免争议，借贷双方应在信贷协议中事先约定。

(7)信贷涉及风险不同。除了国内信贷通常面临的信用风险、利率风险以外，国际信贷还会遭受一些特殊风险，如外汇风险(Foreign Exchange Risk)和国家风险(Country Risk)。由于主客体的复杂性，国际信贷的风险远远大于国内信贷。

三、国际金融市场

(一)国际金融市场的概念

国际信贷是发生在国际金融市场上的资金融通。狭义的国际金融市场，又称为国际资金市场,是指国际经营借贷资本及进行国际借贷活动的市场。广义的国际金融市场,是在国际居民与非居民之间,或者非居民与非居民之间进行各种国际金融活动的场所及关系的总和。

(二)国际金融市场的类型

1. 根据资金融通期限分为国际货币市场和国际资本市场

国际货币市场(International Money Market)是期限在1年或1年以下的资金交易市场。一般包括银行短期信贷市场、短期证券市场和贴现市场。其参与者有商业银行、票据承兑公司、贴现公司、证券交易商和经纪商等。银行短期信贷市场是国际银行间同业拆借和银行对工商企业提供短期信贷资金的市场,用以解决临时性短期流动资金的需要。最短期限为日拆,一般还有1周、1个月、3个月及6个月等,最长不超过1年。拆放利率以伦敦银行同业拆放利率(Libor)为基准。短期证券市场是进行短期证券发行和交易的市场。证券期限不超过1年,主要包括短期国库券(Treasure Bill)、可转让的银行定期存单(Negotiable Certificate of Deposit)、商业票据(Commercial Paper,CP)和银行承兑票据(Bank's Acceptance Bill)等。贴现市场(Discount Market)是对未到期票据以贴现方式提供融资的市场。可办理贴现的票据主要有政府国库券、短期债券、银行承兑票据和商业票据等,贴现利率一般高于银行贷款利率。英国拥有世界上最大、历史最悠久的贴现市场。

国际资本市场(International Capital Market)是期限在1年以上的资金交易市场。具体分为银行中长期信贷市场和证券市场。前者是银行提供中长期信贷资金的市场。资金周转期较长,风险较大,有时贷款行要求借款人提供担保。利率取决于货币政策、通货膨胀率、经济形势及资金供求等多种因素,一般在市场利率基础上加一定的附加利率(Margin),大额借款通常采用银团贷款(Syndicated Loan)形式。后者是从事有价证券发行和交易的市场,主要包括政府债券(Government Bond)、企业债券(Corporate Bond)、公司股票(Stock)和国际债券(International Bond)等有价证券。

2. 根据金融活动是否受市场所在国金融当局监管分为传统国际金融市场和离岸金融市场

传统国际金融市场属于在岸市场(Onshore Market),金融活动发生于本国居民和非居民之间,受到本国金融当局政策与法令的管辖。

离岸金融市场(Offshore Financial Market)是第二次世界大战后形成的新型国际金融市场,从事吸收非居民的资金又服务于非居民的金融活动,俗称"两头在外",并且这些金融活动不受市场所在国和货币发行国金融当局的控制(见图1—1)。其典型代表是欧洲货币市场(Euro Currency Market)。

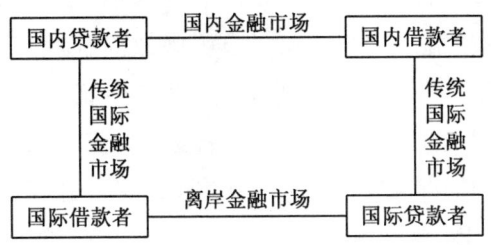

图 1—1　传统国际金融市场与离岸金融市场

欧洲货币市场最早发轫于伦敦。伦敦在历史上早已形成一个高度发达的货币和资本市场,各家银行积累了丰富的业务经验,拥有完善的机构和专业人才,在时区上它又有特殊的便利,加上英格兰银行战后所采取的一系列政策,促使伦敦成为欧洲货币市场的中心。1980 年,伦敦的业务量占整个欧洲货币市场份额的 1/3 左右,在伦敦的外国银行有 450 多家。目前,欧洲货币市场已发展扩散到北美洲、拉丁美洲、亚洲等世界各地,形成了世界范围内众多的离岸金融中心(Offshore Financial Centers)。

(1)欧洲货币市场的概念。

欧洲货币市场是指非居民相互之间以银行为中介在某种货币发行国境外从事该种货币存贷的市场。在发行国境外的银行所存贷的该种货币被称为欧洲货币(Euro Currency),又称为离岸货币(Offshore Currency)。经营欧洲货币存贷业务的银行被称为欧洲银行(Euro Bank)。

(2)欧洲货币市场的形成和发展。

欧洲货币市场最早可以追溯到 20 世纪 50 年代出现的欧洲美元市场。其产生并非因为人为力量,而是国际政治与经济因素自然促成。由于冷战,东西方关系恶化,苏联和一些东欧国家就将它们持有的美元余额存入欧洲国家的银行,以防美国冻结或没收,形成了世界上最早的欧洲美元(Euro Dollar)。后来随着生产和资本国际化的发展,跨国公司和跨国银行的活动不断扩大,欧洲美元市场迅速发展。主要原因有:

第一,英国对英镑的限制。1957 年,英镑发生危机。为了捍卫英镑,英国政府加强了外汇管制,禁止英国商业银行用英镑对非英镑区居民之间的贸易提供融资,因此,英国商业银行纷纷转向美元,利用美元存款贷给国际贸易商,既可以满足客户的要求,又不受政府的管制。于是,一个在美国境外经营美元存放款业务的资金市场开始在伦敦出现。

第二,西欧国家对货币可兑换性的恢复。1958 年底,西欧一些国家恢复了货币的对外可兑换性,于是,美元在欧洲地区可以自由买卖,资金可以自由流动,为欧洲美元市场的顺利发展奠定了基础。

第三，美国金融市场的管制。进入20世纪60年代后，美国因资金不断外流而被迫采取了一系列限制措施。1963年7月，美国政府征收"利息平衡税"（Interest Equalization Tax），规定美国居民购买外国在美发行的证券（包括银行对非居民的贷款），所得利息一律付税。此外，由于《联邦储备法案》（又称Q字条例，Regulation Q）规定了银行对储蓄及定期存款支付利息的利率上限，美国的国内利率低于西欧，储户纷纷将大量美元转移到欧洲。1965年，美国政府颁布了《自愿限制对外贷款指导方针》（Voluntary Foreign Credit Restraint Guidelines），要求银行和其他金融机构要控制对非居民的贷款数额，1968年又颁布了《国外直接投资规则》。这些措施一方面限制了美国银行的对外贷款能力，另一方面却加强了美国银行海外分行的活动，从而加速了欧洲美元市场的繁荣。

第四，石油输出国组织的石油美元存款。1973—1974年，石油价格大幅上涨，石油输出国组织赚取了巨额石油美元并存入欧洲美元市场，仅在1973—1976年期间，存款就从100亿美元增加到540多亿美元。欧洲银行将大部分石油美元贷给面临国际收支逆差的石油进口国，在石油美元回流的过程中发挥了重要的中介作用。

第五，其他因素。20世纪60年代以后，随着美元霸权地位的削弱，各国中央银行纷纷实行外汇储备多元化措施，德国马克、瑞士法郎和日元等硬通货成为抢购对象。与此同时，瑞士和联邦德国等西欧国家为了保护本币和金融市场的稳定，抑制通货膨胀，曾对非居民持有本币采取倒收利息（Negative Interest）或不付利息等措施，而对非居民的外币存款则给予鼓励，因此，这些硬通货资金被转存在发行国以外的地区，形成了境外马克、境外瑞士法郎等欧洲货币，欧元诞生后又产生了欧洲欧元（Euro Euro），欧洲美元市场扩大演变为经营多种境外货币，同时市场范围也不断扩展到亚洲、北美洲和拉丁美洲。

（3）欧洲货币市场的特点。

欧洲货币市场集聚了大量境外货币，近年来发展速度惊人，主要有以下特点：

第一，市场范围广阔。欧洲货币市场并不局限于欧洲，全球均有分布，突破了传统国际金融市场只集中在少数发达国家的格局。

第二，参与者通常为非居民。欧洲货币市场上的借贷关系为外国借贷双方之间的关系，打破了资金供应者只限于市场所在国的传统界限，从而使资金借贷双方都不受国籍的限制。

第三，借贷货币非所在国货币。主要经营的是除市场所在国货币以外的境外货币。自1981年12月美国纽约建立国际银行设施（International Banking Facilities，IBFs）后，也可以在美国本土市场上进行离岸美元的交易。

第四，不受任何一国金融法规的约束。在欧洲货币市场上进行的一切金融交易，不受任何国家金融法规、政策和税制的约束与管辖,是一种超国家或无国籍的市场,经营非常自由。

第五,利率体系独特。因为不受缴存法定准备金和存款利率上限的限制,加上市场税赋较轻,欧洲货币市场存款利率相对较高,贷款利率相对较低,存贷利差较小,对资金供求双方更具吸引力。

第六,以银行间交易为主的批发性市场。银行同业拆借市场地位突出,每笔交易金额大,一般少则数万美元,多则上亿或数十亿美元,有整存整取的特点。

第七,资金调拨灵活,手续方便。欧洲货币市场的业务活动通过现代化的通信方式在银行之间和银行与客户之间进行,资金周转极快,调度十分便利。

第二节 国际信贷的历史发展与特点

一、国际信贷的历史发展

国际信贷的形成与发展大致分为以下几个阶段:

(一)国际信贷的萌芽期(16—19世纪)

西方银行业的起源可以追溯到公元前四五百年的古希腊时期,随着都市商业的迅速发展,货币流通不断扩大,专业从事货币兑换、保管和汇兑的货币经营业开始兴起。为推进国际贸易,威尼斯和热那亚的商人们创立了许多银行,为国际贸易的商人提供信用。当时欧洲各国的贸易主要集中在地中海沿岸,于是,15世纪的意大利、16世纪的德国、17世纪的荷兰和18世纪的英国先后因为国际贸易的发展而成为国际信贷的中心。国际信贷业务中对外贸易信贷所占的比重不断增大,出现了一系列为出口服务的新业务,如以在途商品为抵押的信贷、以在进口国或出口国的商品为抵押的信贷、以汇票为抵押的信贷等。

(二)国际信贷的形成期(19—20世纪初)

这一时期资本主义从自由竞争向垄断过渡,产业资本和银行资本相结合形成金融寡头,各国银行业积极配合帝国的对外侵略政策,大量发放贷款支持商品输出,同时,在殖民地和附属国广泛设立分支机构,为本国产业资本家或其代理人融通资金。这些银行分支机构攫取发行货币和平准外汇的特权,以贷款手段公开或幕后操纵附属国和殖民地的经济实权,影响该国的经济政策。从19世纪中叶起,英国建立了强大的殖民地银行体系,1853年只有1家资本额为20万英镑的帝国银行,到1870年,英国的海外银行已有17家,资本额为1 280万英镑,全球分支机构为530家,形成了国际范围内的金融控制网络,促进了国际信贷业务的开展。

(三)国际信贷的初步发展期(20世纪初至第二次世界大战结束)

国际信贷的初步发展与垄断密不可分。这一时期,卡特尔、辛迪加等国际垄断组织迅速发展,1939年仅西欧垄断组织就有约1 200个卡特尔性质的国际协定,世界贸易的40%以上完全处于国际卡特尔的控制之下。国际卡特尔的发展,使国际信贷成为垄断和调节的工具,是资本对外扩张和输出的最主要渠道。两次世界大战期间,各国积极扩军备战,军费开支激增,也相应增加了各国财政资金的需求,因此,政府更积极地向国内外银行寻求巨额的战争贷款。第一次世界大战后,遭受战争破坏的国家要重建家园,战败国偿付巨额战争赔款,这些都依赖于国际信贷的支持,也推动了它的发展和壮大。

(四)国际信贷的迅速发展期(第二次世界大战后至今)

国际信贷的真正发展是在第二次世界大战之后,经济形势的变化提供了合适的环境和刺激因素。

1. 世界经济贸易往来日益扩大

第二次世界大战后,以美元为中心的布雷顿森林体系(Bretton Woods System)带来了稳定的国际金融环境,为国际经济活动提供了有利条件;而关贸总协定促进了贸易谈判,大大推进了贸易自由化。各国经济发展很快,国际贸易和资本输出迅速发展。

2. 欧洲货币市场的形成和发展

20世纪50年代,欧洲货币市场的形成和发展为商业银行提供了扩大国际业务的广阔天地,同时也使商业银行在资产、负债及其他方面的管理更为便利和灵活。1963年,欧洲债券市场也开始形成,从而恢复了大萧条以来中断已久的国际债券发行。许多国家对银行国内业务严格控制,但对国际业务给予较大的自由度,进而大大促进了欧洲货币市场和债券市场的发展,也促进了国际信贷业务的开展。

3. 跨国公司的不断扩张

20世纪初,由于铁路和电讯网络的发展,投资者开始走出国门,跨国公司的雏形形成。跨国公司在全球范围内的投资、融资、资金调度等资金活动极大地促进了国际信贷业务的拓展。与此同时,公司与银行之间的密切关系,使跨国公司的迅速扩张直接带动了银行的国际化。各国的商业银行不仅设立和扩大全球网络,还创办了许多新的国际业务,以适应跨国公司的需要。

4. 国际资本的供求状况

经济发展使世界各国对资金的需求不断上升,尤其是广大发展中国家资金短缺问题日益严重,国际收支难以平衡,而国际盈余资本,特别是大量石油美元需要寻找投资场所,日益增长的资金筹集和运用的需求促进了国际信贷活动的开展。

5. 现代通信技术的发展

现代电信技术和电脑网络使世界各地的金融中心24小时不间断运转,高度的时空联接性为信贷业务的国际化和全球化提供了有利条件。

同时,第二次世界大战后产生的国际货币基金组织和世界银行等国际金融机构也使国际信贷成为调节世界经济关系的重要工具。这一时期,国际信贷无论是在规模和数量上,还是在形式和种类上,都出现了前所未有的发展,为推动世界经济发展做出了巨大贡献。

二、现代国际信贷的特点

(1)国际信贷融资规模迅速增长。以欧洲货币中长期信贷市场为例,1973—1977年,每年实际贷款额为200亿～400亿美元,1978年增长到702亿美元,1981年高达1 334亿美元,90年代末年实际贷款额约为2 000亿美元。国际银行信贷业务经历了2008年次贷危机的冲击后,目前增势强劲,2017年第四季度跨境债权增加1 230亿美元,达29万亿美元,同比增长2%。

(2)资金融通地域空前宽广。国际信贷活动覆盖全球,金融市场的国际化、一体化、自由化和信息化,使跨国银行及其分支机构能在全球范围内调拨使用资金,借款人能在全球范围内寻求合适的融资渠道和资金来源。

(3)融资方式不断创新。为了适应客户日益增长和变化的需求,国际信贷的方式不断创新,在出口信贷、租赁融资、项目融资和对外贸易融资等领域都有了很大的进展和突破。国际证券化融资的比重近年来不断上升。国际证券化融资包括债券融资和股票融资,两者日益融合,其主要原因:一是20世纪80年代以来的金融自由化和全球化促成了一系列新型融资工具和融资方式的产生,如零息票债券、票据发行便利、浮动利率票据等;二是全球的私有化浪潮,如很多国家的国有企业私有化,导致了大量证券的发行;三是发展中国家特别是新兴经济体的崛起,使金融市场的国际化和自由化程度有了很大的提高。

(4)资金流向日趋多样化。国际信贷的资金流向错综复杂、相互交叉,主要包括从发达国家向发展中国家流动、资金在发达国家之间的相互流动、资金从发展中国家流向发达国家以及资金在发展中国家之间的流动等多种形式。近年来,发展中国家的对外资金流动日益频繁。

(5)跨国银行发挥重要作用。按照联合国跨国公司的定义,跨国银行是指至少在5个国家和地区设有分行或拥有掌握大部分股权的附属机构的银行。跨国银行的国际网络一般由代表处、经理处、分支行、子银行、联营银行、银团银行以及代理行组成,由于拥有雄厚的资金实力和庞大的全球网络,从而成为国际信贷活动的主角。

(6)国家风险突出。在当今世界政治经济发展不均衡、国际金融市场动荡不安的形势下,国家风险日益成为国际信贷中不可忽视的风险,主要有借款国发生政变、实行资金冻结、外汇管制、宣布限制或推迟偿还债务等情形,需要重点防范。

三、国际信贷的作用

国际信贷是国际经济合作的重要方面,是国际间接投资的一种方式,在国际经济中具有重要的作用。

(1)有助于跨国公司的发展和推进生产国际化。跨国公司的快速发展是生产国际化和资本国际化的必然结果。跨国公司的海外投资除自有资本的转移外,还有大量资本来源于国际信贷。有时,跨国公司也根据需要将暂时闲置的资金投入到国际信贷活动中去。跨国公司既是国际信贷的使用者又是提供者,欧洲货币市场就是跨国公司借款、存款和调拨资金的重要场所。因此,国际信贷对跨国公司的发展和生产的国际化有着重要的意义。

(2)有助于促进国际贸易发展。在国际商品市场竞争日趋激烈的背景下,国际贸易中能否提供或获得融资安排,其重要性与日俱增。银行及其他金融机构的资金融通或信用担保、各国政府的出口信贷和保险等业务,对加速进出口商品流通、减少资金占压、刺激出口、提高本国资本货物的国际竞争力具有重要作用。借款国利用国际信贷则可以缓解自身资金压力,加快资金周转,引进先进的技术和设备。

(3)有助于调节国际收支。一国出现持续性的国际收支逆差,很难在短期内依靠自身力量解决,利用国际信贷可以帮助该政府赢得时间来调整经济,摆脱困境。国际金融市场为国际收支逆差国弥补赤字提供了条件,除此以外,一些国际金融机构提供的贷款也能帮助成员国增强对外偿付能力、改善国际收支的不平衡和稳定该国的对外汇率。

(4)有助于促进世界经济增长。国际信贷为发达国家的富余资金提供了出路,资本的全球流动提高了资本的使用效率,从而提高了发达国家的福利水平。而对国内储蓄不足的大多数发展中国家而言,国际信贷是利用外资弥补资金缺口、促进国民经济发展的重要手段。因此,利用国际信贷不仅有利于一国经济的增长,也有利于世界经济的增长。

(5)有助于加强国际金融合作。在经济全球化背景下,各国在经济金融方面相互依存、相互制约,建立良好的互助合作型国际金融关系是加速各国经济发展的必要条件,而国际信贷是联系各国经济的纽带和桥梁。例如,银团贷款由于贷款金额巨大,往往由几十家来自不同国家的金融机构共同提供,这就需要不同国家的金融机构相互交流金融信息、客户资信情况,加强沟通和协调,以便实现分散风险、合作共赢的目的。

值得注意的是,国际信贷虽然有上述积极作用,但是如果借款国盲目借款,管理不善,就容易形成对外资的依赖性,导致本国经济命脉受控,同时,国际信贷受债权国财政、货币政策变化的制约和国际金融市场动荡的影响,有利率和汇率风险,可能加重借款国的财政负担,抑制国内经济发展,甚至引发货币危机和债务危机,付出沉重的代价。

第三节　国际信贷的资金来源与类型

一、国际信贷的资金来源

国际信贷的大规模资金靠传统的单一渠道难以提供。其资金来源主要包括:

(一)跨国工商企业的闲置资金

这是国际信贷最重要的资金来源。部分工商企业在生产经营过程的一定时间内会出现一些闲置资金,需要实现资本增值。商业银行通过开办活期存款等业务,吸收这些闲置的货币资本,借助于金融机构的媒介职能,将其转化为产业资本、商业资本等职能资本,提高了资本的使用效率,同时将众多短期资金聚集成为数额巨大的、稳定的长期资金来源,用于满足社会对长期资本的需求。

第二次世界大战后,跨国公司在世界经济舞台上发挥着越来越重要的作用,它们把大量闲置资金存放在国际金融市场,以获取利息或准备进行再投资,从国际金融市场筹措资金,以及在各地子公司之间、子公司与母公司之间灵活调拨资金。跨国公司的资金主要包括发行股票筹集的股本资金、发行债券筹集的债务资金、业务收益、利润、各项基金、母公司与子公司之间的往来款等,它们正日益成为国际信贷的重要资金来源之一。

(二)国家财政资金

国家参与信贷行为主要是因为:第一,私人银行不愿提供。国际信贷面临各类风险较大,投资盈利不高,回收周期较长,私人机构有时不愿意承担,这就需要由国家出面,利用国家财政资金提供信贷。第二,市场竞争激烈。由于贸易保护主义甚嚣尘上,国际信贷成为扶持本国企业的有力措施。利用国家财政资金提供国际信贷,可与私人银行贷款相互补充,更有力地带动本国商品、技术和劳务的出口。第三,出于政治需要。这主要是原宗主国对新兴国的贷款,希望借此继续保持原有的经济利益。

以国家财政资金提供的国际信贷,大多是两国间的双边贷款,也有几个国家对一国的多边贷款。除了财政预算、国际收支状况等经济因素以外,还须考虑政治、外交因素,一般只提供给同贷款国政治经济关系密切或关系友好的国家政府或企业。即便是实行赤字预算财政政策的国家,预算赤字很大,但出于政治或外交的需要,也仍然用国家财政资金对外提供一定金额的政府贷款。此外,一些国际金融机构也利用来自成员国以国家财政资金缴纳的会费发放贷款,用于发展中国家的经济开发。

(三)欧洲货币市场的资金

欧洲货币市场的资金供给主要来源于各国及其他国家的商业银行、各国跨国公司和大型工商企业、各国政府与中央银行、石油输出国、国际清算银行和欧洲投资银行等国际金融机构以及派生存款。大型跨国公司不仅作为债权人,为欧洲货币市场提供大量的闲置资金,而且也作为债务人出现,从这一市场借取其所需要的资金。外国的中央银行与政府机构也在该市场进行资金融通,以调节本国的金融市场和国际收支。一方面,欧洲货币市场为国际信贷提供了充裕的资金来源,促进了国际信贷的发展;另一方面,由于该市场的主要方式是借短贷长,因而增加了金融市场的脆弱性,也加剧了国际信贷的风险。

(四)石油美元(Petrol Dollar)

石油输出国由于提高石油价格而增加了收入,在扣除进口商品劳务支出和本国经济投资支出后剩余的资金,因为常用美元计价和结算,故称石油美元。这部分资金除部分用于增加石油输出国的外汇储备外,其余绝大部分通过各种渠道用于在国外投资和贷款。石油美元通过国际信贷体系从石油生产国流到石油消费国,称为石油美元的回流(Recycling of Petro Dollars),其流入地区主要是西欧和美国。这种回流有助于石油消费国消除巨额国际收支逆差,发展中国家也希望能利用石油美元资金来发展本国经济。

二、国际信贷的分类

(一)按信贷的期限分为短期信贷、中期信贷和长期信贷

短期信贷(Short-term Credit)是指期限在1年以下的信贷。由于期限较短,借贷手续比较简单,信贷资金周转快,大多属于无抵押的信用放款,主要形式有银行同业拆放、短期借贷、短期证券等。

中期信贷(Medium-term Credit)是指期限在1～5年的信贷。借贷双方需要签订贷款协议,有时还需借款人所在国政府或官方机构提供担保,常见的形式是双边贷款。

长期信贷(Long-term Credit)是指期限在5年以上的信贷。主要形式有国际开发机构的优惠性贷款、国际银团贷款等。

(二)按信贷的条件分为普通信贷和优惠信贷

普通信贷(Ordinary Loan)又称为硬贷款(Hard Loan),是指贷款利率按金融市场

利率计息、贷款条件严格且没有任何优惠的信贷。国际商业银行贷款是典型的硬贷款。

优惠信贷(Concessional Loan)又称为软信贷(Soft Credit),是指信贷利率低于市场利率甚至无息、其他费用较少、贷款期限较长的信贷。主要形式有国际金融机构贷款、政府贷款和出口信贷。

(三)按信贷的目的分为贸易信贷、项目贷款和一般信贷

贸易信贷(Trade Credit)是指与国际贸易相关的信贷活动,贯穿于进出口的各个环节,满足进出口商的资金融通需求。主要形式有国际贸易短期信贷和中长期信贷。

项目贷款(Project Loan)是指为特定工程项目提供的融资。一般是中长期融资,资金的偿还来自项目的收入和项目本身的资产。

一般信贷泛指既不与进出口贸易相关,又不与特定工程项目有直接联系的融资。它往往是出于克服资金短缺、调剂外汇资金、弥补国际收支逆差、维持货币汇率等目的而提供。主要形式有国际商业银行贷款、政府贷款、国际金融机构贷款和国际租赁融资等。

(四)按信用主体和资金来源分为国际商业信用、国际银行信用、国际债券信用、官方信用和租赁信用

国际商业信用是指国际贸易中进出口商之间提供的信用。如出口商以延期付款形式向进口商提供的信用,或由进口商以预付款形式向出口商提供的信用。

国际银行信用是指商业银行或贷款银团在国际金融市场上向另一国的银行、工商企业、政府或国际机构提供的信用。

国际债券信用是指一国政府或国际机构、金融机构或企业在国际金融市场上公开发行国际债券筹资的信贷方式。

官方信用主要包括政府贷款和国际金融机构贷款,大多具有经济援助的性质,低息或无息,期限较长,属于优惠信用。

租赁信用是指出租人向承租人提供的跨国租赁,采取商品资本形态,以"融物"实现"融资"的目的。

三、国际信贷的具体形式

基于信贷的主体和资金来源的不同,国际信贷的具体形式包括:

(一)国际银行信贷(International Banking Credit)

国际银行信贷是指一国独家商业银行或一国(多国)多家商业银行组成的贷款银团,按市场利率向另一国借款人提供的不限定用途的贷款。利率没有任何优惠,借款人筹资成本较高。

(二)国际贸易短期信贷(Short-term International Trade Credit)

国际贸易短期信贷是指与进出口贸易相关联、期限在1年以下的信贷,旨在为进出口商融通资金,加速资金周转,促进贸易的顺利开展。根据信贷提供主体的不同分为商业信贷(Commercial Credit)和银行信贷(Bank Credit)。前者是进出口商相互之间提供的融资,如预付款(Advance Payment)、赊销(Open Account)等;后者是银行或其他金融机构向进出口商提供的贸易融资,如保付代理(Factoring)、打包放款(Packing Loan)等。

(三)出口信贷(Export Credit)

出口信贷是一国为支持和推动本国资本商品的出口,由该国的出口信贷管理机构、商业银行向本国出口商、外国进口商或进口商银行提供的中长期贷款。贷款利差由国家财政贴补,金额大,风险较高。出口信贷有多种类型,如卖方信贷(Supplier's Credit)、买方信贷(Buyer's Credit)、混合贷款(Mixed Loan)和信用限额(Credit Limit)等。

(四)政府贷款(Government Loan)

政府贷款是指一国政府利用财政或国库资金向另一国提供的优惠性有偿贷款。根据国际惯例,政府贷款至少应含有不低于25%的"赠与成分",低息或无息,期限较长,具有官方经济援助性质,但条件较为苛刻,强调专款专用。

(五)国际金融机构贷款(International Financial Institutional Loan)

国际金融机构贷款是指全球性或区域性的国际组织和机构提供的贷款。国际货币基金组织、世界银行集团等都向其成员提供此类贷款。其中,国际货币基金组织向发生国际收支逆差的成员国提供短期和中期的贷款,世界银行集团则向成员国提供中长期贷款用于经济建设和开发。

(六)国际债券融资(International Bond Financing)

国际债券是指一国政府或国际机构、金融机构或企业在国际金融市场上以外国货币为面值发行的债券。发行国际债券已成为国际金融市场上的重要融资手段,可以在国际范围内广泛筹措到巨额长期资金,对发行人的资信要求比较高,发行前必须进行信用评级。

(七)国际租赁融资(International Lease Financing)

国际租赁是指跨越国界的租赁活动,是一种全额信贷方式。出租人将租赁标的物在一定期限内租给另一国的承租人使用,后者按规定分期支付租金,使出租人陆续收回全部或部分投资。国际租赁具体包括金融租赁、经营性租赁、杠杆租赁、维修租赁等多种方式。

(八)项目融资(Project Financing)

项目融资是国际上为大型工程项目筹措资金的一种方式。由于项目所需资金额和风险巨大,主办方往往难以承受,传统的信贷融资方式难以满足。项目融资以该工程项目建设投产后所获得的收益偿还,融资期限长,金额大,可分为无追索权项目融资和有追索权项目融资。

第四节　国际信贷与外债管理

国际信贷是一国特别是发展中国家积极利用外资的重要手段,所以国际信贷管理的重点是对利用国外借款的管理,即对外债的管理。

一、外债的概念

根据国际货币基金组织和世界银行的定义,外债(External Debt)是指在任何特定时间内,一国居民对非居民承担的、具有契约性偿还责任的债务,包括本金的偿还和利息的支付。

根据中国国家外汇管理局的定义,外债是指中国境内的机关、团体、企业、事业单位、金融机构或者其他机构对中国境外的国际金融组织、外国政府、金融机构、企业或者其他机构用外国货币承担的、具有契约性偿还义务的全部债务,包括:

(1)国际金融机构贷款,即国际货币基金组织、世界银行(集团)、亚洲开发银行、联合国农业发展基金会和其他国际性、地区性金融机构提供的贷款。

(2)外国政府贷款,即外国政府向我国提供的官方贷款。

(3)外国银行和金融机构贷款,即境外金融机构及中资金融机构海外分支机构提供的贷款,包括国际银团贷款(境内中资机构份额除外)。

(4)买方信贷,即发放出口信贷的外国银行向我国进口部门或银行提供的,用以购买出口国设备的贷款。

(5)外国企业贷款,即境外非金融机构提供的贷款,包括外商投资企业与其境外母(子)公司的债务(应付账款除外)。

(6)发行外币债券,即境内机构在境外资金市场上发行的,以外币表示券面金额的债券。外币可转换债券、大额可转让存单、商业票据视为外币债券进行管理。

(7)国际金融租赁,即境外机构提供的融资性租赁。

(8)延期付款,即国外出口商向国内进口部门提供的,在进口货物入境 3 个月以后,进口企业才对外支付货款的融通。

(9) 补偿贸易中直接以现汇偿还的债务，即补偿贸易合同规定以现汇偿还或经批准因故将商品偿还更改为现汇偿还的债务，包括用出口收汇补偿的服务。

(10) 其他形式的对外债务，包括：境内金融机构吸收的境外机构或私人的外币存款，境内企业（包括外商投资企业）向境内外资或中外合资银行的借款等。

此外，以下情况亦视为外债：①已在境外注册的机构以各种形式调入境内，需境内机构实际偿还的债务；②未在境外注册的驻外机构的对外债务；③外商投资企业以外方名义向外借款，所借款项用于企业股本以外的资金或设备投入，外方与企业间有合同或其他具有法律约束力的文件规定由该企业负责偿还的债务；④中方为外方债务出具担保，由中方实际履行偿还义务的债务；⑤外商独资企业对其母公司的债务。

由此可见，外债应由举债国使用并且必须按照规定的期限归还本金和支付利息。显然，外国的股权投资如外商直接投资和股票投资就不属于外债。

二、外债管理的原则与内容

外债管理是指一国政府通过法规、政策和技术措施实行外债规模和结构优化的管理行为。其主要内容包括外债规模管理、外债结构管理和外债营运管理三个方面。

(一) 外债规模管理

1. 外债规模管理的核心

外债规模管理的核心是使外债总量适度，不超过债务国的吸收能力。外债的吸收能力取决于债务国的负债能力和偿债能力两个方面。前者决定债务国对借入的外债能否消化得了、使用得起；后者决定债务国能否偿还得起外债。

2. 外债规模管理的指标

目前，国际上用来监测外债总量是否适度的指标主要有：

(1) 负债率 (Ratio of External Debt to GDP)，即年末未清偿外债余额与当年国内生产总值的比率。其公式为：负债率＝外债余额/当年国内生产总值×100%。目前，国际公认的负债率安全线为 20%。

(2) 债务率 (Ratio of External Debt to Exports)，即年末未清偿外债余额与当年货物与服务贸易出口收入的比率。其公式为：债务率＝外债余额/当年货物与服务出口收入×100%。目前，国际公认的债务率安全线为 100%。

(3) 偿债率 (Debt Service Ratio)，即当年外债还本付息总额与当年货物与服务贸易出口收入的比率。其公式为：偿债率＝外债的本金和利息偿还额/当年货物与服务出口收入×100%。目前，国际公认的偿债率安全线为 20%。

(4) 短期外债与外汇储备的比例，是指剩余期限的短期外债余额与货币当局掌握的外汇储备存量的比例。目前，国际公认的短期外债与外汇储备比例的安全线为

100%。

从 1995 年起,世界银行开始采用现值法,用债务的现值代替债务名义值来衡量债务水平。参考的指标有:①经济现值债务率,即未偿还债务现值占国民生产总值的比例,80%为临界值。②出口现值债务率,即未偿还债务现值占出口的比例,20%为临界值。实际指标超过临界值 60%的国家为中等债务国家,以下则为轻度债务国家。

(二)外债结构管理

外债结构管理的核心是优化外债结构,外债结构是指外债的各构成部分在外债总体中的排列组合与相互地位,具体包括:

1. 外债种类结构的优化

在国际常用的各种借款方式中,商业银行贷款利率较高,若一国所借商业银行贷款超过其债务总额的 70%,则可能陷入偿债困境,因此发展中国家在选择借款方式时,应本着低息低费、条件优惠的原则,注意官方优惠贷款与私人商业贷款之间的平衡,力争做到借款方式的多样化和成本的最低化。

2. 外债期限结构的优化

短期外债虽然成本较低,但容易在短期内形成偿债高峰,产生债务困难和债务危机,所以期限结构管理要关注以下几点:第一,按照国际惯例,将短期外债占外债总额的比例控制在 25%以下;第二,保持债务偿还期限的均衡分布,避免借入大量年限相同或相近的外债,防止还债集中化;第三,避免短期外债的增长长期超过中长期外债的增长,防止债务短期化;第四,形成不同的债务种类,长短期相结合,灵活和稳健相结合。

3. 外债利率结构的优化

外债利率结构的优化主要是尽量避免单一利率和浮动利率。首先,中长期债务尽可能使用固定利率,便于成本核算、还债安排以及降低利率风险;其次,在不受政治和使用限制的前提下,尽可能争取政府贷款或国际金融机构的优惠贷款,降低非优惠利率的国际商业贷款的比重;再次,按照国际经验,浮动利率债务占总体债务的比重不应超过 50%。

4. 外债币种结构的优化

外债币种结构的优化要把握以下原则:首先,软、硬货币相搭配降低汇率风险。借"软"贷"硬",收"硬"付"软"。其次,在国家层面上,外债币种与出口收汇、外汇储备的币种相一致,避免偿债过程中的汇率风险;在具体项目上,确保借、用、收、还四个环节币种相一致,避免汇率风险,保证按时偿还。再次,加强动态管理,优化币种结构。根据本国进口、外债币种结构、付汇需要、各储备货币的汇率趋势以及发行国的基准利率等诸方变化适时调整外债币种。

除此以外,外债结构的优化还包括外债国别结构、来源结构和投向结构的优化等内容,应避免资金的来源和运用过度集中于一个或几个国家,避免其政治波动和经济影响,使外债偿付更加稳定。

(三)外债营运管理

外债营运管理是对外债整个运行过程进行管理,包括外债借入管理、外债使用管理和外债偿还管理。其中,外债借入管理要掌握好借债窗口,控制好借债总量,调整好借债结构,控制好借债成本。外债使用管理要掌握好外债的投向,力争使外债投到微观经济效益和宏观经济效益综合最优的产业和项目上去。外债偿还管理要落实好偿债资金,合理安排偿债时间,避免出现偿债高峰。

三、中国的外债及外债管理

(一)中国外债管理历程

新中国成立之初,我国奉行"自力更生"为主、"争取外援"为辅的方针,仅在20世纪50年代向苏联借款76亿卢布,主要用于国民经济恢复和发展。1964年提前清偿全部贷款及利息后,我国在较长一段时期内处于"既无内债,也无外债"的状态。改革开放之后,我国对外债实行规模控制,对中长期外债按发生额管理,对短期债务按余额管理,外债管理具有转轨经济的特点。从1994年开始,我国外债管理取得新的进展,主要体现为:第一,逐步推进中外资机构外债管理的国民待遇。2003年,对外商投资企业外债按投资额和注册资本金的差额进行控制。2004年,统一境内中资银行和外资银行的外资与外汇贷款政策,将境内外资银行外债纳入外债规模管理。第二,按照国际标准改进外债统计口径。2001年,按国际居民/非居民原则,调整我国外债统计体系,境内外资金融机构的对外负债纳入外债统计,同时将境内外资银行发放的境内外汇贷款剔出外债统计;将中资银行离岸存款、3个月以内贸易融资纳入外债统计;将1年内到期的中长期外债计入短期外债。第三,根据便利化和防范风险的原则加强管理、改进和优化业务流程。

党的十八届三中全会提出"建立健全宏观审慎框架下的外债和资本流动管理体系"以来,我国逐步构建了以宏观审慎管理为框架的全口径跨境融资管理制度。

2015年2月12日,《中国(上海)自由贸易试验区分账核算业务境外与跨境资金流动宏观审慎管理实施细则》(简称"8号文")推出分账核算境外融资管理规则,首次提出自贸区内企业和金融机构分账核算境外融资余额的概念。2016年1月,央行发布《关于扩大全口径跨境融资宏观审慎管理试点的通知》(简称"18号文"),在适用机构和跨境融资风险加权余额计算方面做了一定的修改。随后出台的《关于实施全口径跨境融资宏观审慎管理试点有关外汇管理操作指引》是针对18号文的操作细则、冲突衔接方案和过渡期的安排。① 2016年4月27日,央行下发《关于在全国范围内实施全口径跨境融资宏观审慎管理的通知》(简称"132号文"),将外债宏观审慎管理试点推广到全国,标志着全国范围内跨境融资宏观审慎管理的开始。其管理的特点是:第一,以备案制替代审批制;第二,放开了除房地产企业之外的内资企业境外融资渠道;第三,囊括了外商投资企业、外资金融机构,规定它们可在全口径跨境融资宏观审慎管理和投注差模式之间二选一,一经选定后原则上不再更改。

2017年1月,央行又发布《关于全口径跨境融资宏观审慎管理有关事宜的通知》(简称"9号文"),规定从2017年1月13日起,对全国范围内的法人企业(政府融资平台与房地产企业除外)和法人金融机构实施本外币一体化的全口径跨境融资宏观审慎管理。② 在保留18号文和132号文关于外债额度与净资产或资本挂钩并实施总量和结构性周期调控的基础上升级政策,将境内企业跨境融资杠杆率由1提升到2,总体上增加了跨境融资风险加权余额的排除业务类型,提升了企业跨境融资的规模。2020年3月11日,央行和国家外汇管理局联合下发《关于调整全口径跨境融资宏观审慎调节参数的通知》(简称"64号文"),新政在9号文基础上调高了宏观审慎参数,直接扩大了境内机构跨境融资额度的上限。

国家发改委也发布了系列通知,对中长期外债管理进行改革。2015年,发改委下发《关于推进企业发行外债备案登记制管理改革的通知》(简称"2044号文"),将审批制改为备案制,鼓励企业境外直接发债,要求境内企业控制的境外企业和分支机构一并纳入外债备案登记管理,即将长期游离于监管之外的间接发债也统一纳入管理。同时,不再区分本币或外币债券,实现全口径监管,意味着由发改委监管的中长期外债余额也统一纳入现行全口径计算,但行政管辖权维持不变。2016年6月7日,发改委又发布《我委部署四个自贸区所在省市外债规模管理改革试点工作》和《我委部署2016年度企业外债规模管理改革试点工作》两个通知,除明确鼓励试点省市辖区内企业境内母公司直接发行外债外,还鼓励企业根据实际需要回流境内结汇使用,主要用于支持"一带一路"等国家重大规划和重点领域投资。同时,选择21家企业开展2016年度外债规模管理改革试点。试点企业在年度外债规模内,可自主选择发行窗口,分期分

---

① 18号文较之过往法规最大的变化在于改变了商业银行现行的跨境融资业务管理模式。针对跨境融资,过往法规是在外汇管理局的监管之下实行外债余额指标(叫法从"外债"改为"跨境融资")管理,相关法规可参考外汇管理局2015年3月发布的《关于核定2015年度境内机构短期外债余额指标有关问题的通知》。外汇管理局对各中资、外资银行及地区下发外债指标,要求金融机构每月末短期外债余额不得超过外汇管理局核定的指标。另外,外债余额指标仅针对外币外债,而新试点办法不区分本外币而实行全口径本外币一体化跨境融资管理。

② 全口径跨境融资宏观审慎管理政策适用的境内主体是依法在中国境内成立的企业(含外资和中资)和金融机构。(1)企业适用于非金融企业,但不包括政府融资平台和房地产企业;(2)金融机构是指经中国人民银行、中国银保监会、中国证监会批准设立的各类法人金融机构。政府融资平台与房地产企业不纳入宏观审慎管理范围,反映出对特殊行业中企业的风险度量,保持与现行外汇管理局试点政策的一致性。

批发行,不再进行事前登记,待发行完成后及时报送发行信息,加大了跨境融资支持境内实体经济发展力度。

全口径跨境融资宏观审慎管理政策的推出是我国为更好地管理跨境融资而进行的重大创新,在融资层面上统一了本外币外债、中外资企业和金融机构等各类主体、表内与表外融资、短期与中长期外债(包括发改委特批的中长债)的管理,可以进一步提高境内市场主体利用"两个市场、两种资源"的自主性,丰富融资渠道,降低融资成本,更好地服务实体经济发展。目前的全口径跨境融资政策经过多次优化,业务的便利程度逐步提升,部分地区的初创科技型企业正在进行外债便利试点。[①]

我国外债管理目前实行多部门联合管理模式。监管机构主要有国家发改委、财政部、中国人民银行和外汇管理局。国家发改委会同有关部门制定国家外债借用计划,确定全口径外债的总量和结构调控目标,同时,负责境内机构举借中长期外债的备案管理。财政部负责借入、转贷和偿还主权外债(国际金融组织、外国政府贷款、主权债券)。中国人民银行主要负责宏观调控参数调整及对27家银行跨境融资的管理。外汇管理局负责除27家银行类金融机构以外的其他金融机构、非银行金融机构和企业的跨境融资管理,并对全口径跨境融资进行统计监测;负责短期外债的管理、所有外债登记审批及全口径外债的汇兑和统计,并定期公布外债情况。

(二)中国外债现状

目前我国外债规模有所增长,但增速放缓、结构较为合理,外债风险总体可控。

1. 债务规模适度增长

截至2019年12月末,我国全口径外债余额为143 519亿元人民币(等值20 573亿美元)。债务规模有所增长,但增速明显放缓,近三年增长率分别是24.2%、12.8%和2.8%。外债规模适度增长,对经济稳增长所需的融资需求起到一定积极作用。当前我国外债规模合理,全口径外债绝对规模不大(见图1—2)。2019年第三季度末,我国外债余额居世界第十三位。美国、英国、日本外债分别是我国的10倍、4倍和2倍,相较于同等经济规模国家,我国外债绝对规模并不大。

2. 外债结构持续优化

从期限结构上看,中长期外债与短期外债之比为4∶6,短期内需偿还外债为1.2万亿美元,仅占外储的39%,大幅低于国际上通行的100%的安全线。从币种结构上看,2019年,本币外债占比35%,提高到了约1/3,外币外债占比下降到了2/3以下。从债务工具看,债务证券、贷款、货币与存款共占近七成,尤其是债务证券占比已超

[①] 2018年,国家外汇管理局发布《国家外汇管理局北京外汇管理部关于在中关村国家自主创新示范区实施资本项目便利化政策的通知》(京汇〔2018〕92号),在北京市中关村国家自主创新示范区开展外债便利化试点,允许符合一定条件的中小微高新技术企业在一定额度内自主借用外债。

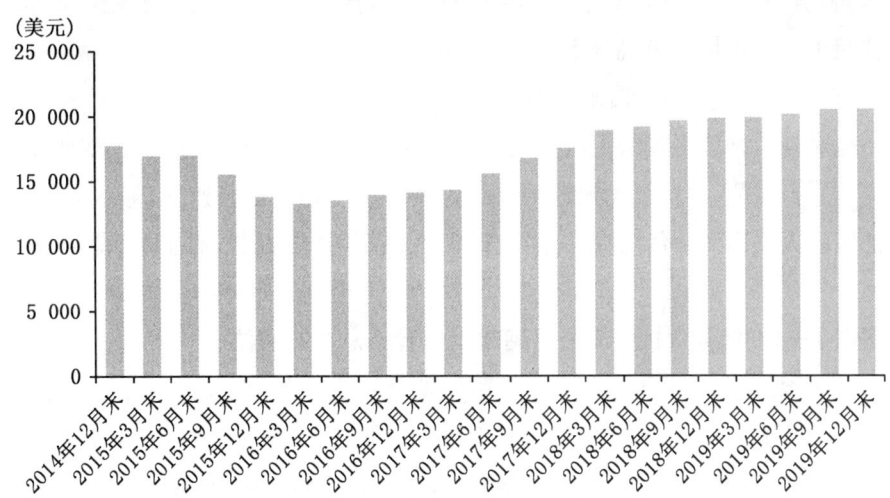

资料来源：国家外汇管理局，中国全口径外债情况表时间序列数据，http://www.safe.gov.cn/safe/2018/0329/8810.html。

图1—2 中国全口径外债总规模

1/4；从债务人类型看，银行外债占比近五成，银行、企业、广义政府（含央行）外债余额分别占比45%、40%、15%，外债结构持续优化。随着中国债市的开放，境外投资人配置人民币债券资产的需求激增，或将进一步改善外债结构。

3. 外债风险指标稳健

2019年末，我国外债偿债率为6.7%，负债率为14.3%，债务率为77.8%，短期外债与外汇储备的比例为39%，均在国际公认的安全线之内，远低于发达国家和新兴国家整体水平。我国外债风险总体可控，这说明在整体外债规模增大的同时，我国债务监管能力有所上升，国家经济金融安全性得到进一步保障。

（三）中国外债管理的主要问题

我国外债管理目前主要存在以下问题：

1. 本外币一体化管理尚未完全落实

本外币外债在规模管理方式、账户管理规定和处罚标准等方面还存在不一致。例如，外商投资企业选择"投注差"外债管理方式借用外币外债，则其短期外债按余额管理，中长期外债按发生额管理，即短期外债归还后其额度自动释放，中长期外债归还后其额度则不能再度使用。而外商投资企业借用人民币外债则不分期限长短均按发生额进行管理。

2. 多头监管存在政策冲突

多个管理主体的目标、工具不一致，削弱了政策的有效性，需要完善协同监管机制。例如,房地产企业和政府融资平台经有关主管部门审批后可开展跨境融资,且额度往往超出宏观审慎约束机制下的融资上限。

3. 跨境融资资金流动监测和事中、事后监管仍需加强

一是对外币跨境融资结汇后人民币资金的监管存在盲区,目前外汇管理局只能对外币资金进行监测,中国人民银行则只对人民币跨境融资进行监测,导致外币跨境融资结汇后的人民币资金使用存在监管盲区。二是事中、事后监管的监管能力较弱。

案例 1—1 债务危机频发——阿根廷为什么总是在哭泣

2019 年突发的新冠肺炎疫情给世界各国带来了巨大冲击,虽然阿根廷累计确诊数在南美洲并不靠前,但在全球经济衰退的背景下,国际资本大幅流出,阿根廷金融市场及比索汇率雪上加霜,外汇储备持续缩水,多种风险相互叠加,最终将该国再次推向破产边缘。

一、资本市场的违约之王

历史上,阿根廷已有过 8 次主权债务违约记录,多次引发金融危机,其中 2001 年债务违约额度高达 950 亿美元。

(一)第一次(1827 年)

1816 年脱离西班牙宣布独立后,阿根廷迅速开放对外贸易。为了建设国家,阿根廷在伦敦出售大量债券筹集资金,当英国央行于 1825 年加息时,阿根廷此前欠下的债务承受不了压力,两年后阿根廷违约,该国花了 30 年时间才恢复债务偿还。

(二)第二次(1890 年)

19 世纪末,为了兴建火车并建立如今的国际都会,阿根廷启动了一次举债狂潮,当时伦敦的巴林银行积极投资于该国的铁路和其他公用事业项目。阿根廷南部也蓬勃发展,绵羊养殖业遍布巴塔哥尼亚草原,淘金者也赶往火地岛。当商品泡沫破灭时,阿根廷不得不停止债务偿还,由此刺激了阿根廷银行的挤兑。四年后,阿根廷得到来自英国新资本的支持,才终于摆脱了违约。

(三)第三次(1951 年)

20 世纪初,在大量移民和外国资本的推动下,阿根廷成为世界上较繁荣的国家之一。但是第一次世界大战和十年后的经济大萧条严重打击了该国经济,失业率和社会动荡激增。1930 年军队政变,阿根廷政治动荡加上进口替代政策,导致经济发展停滞并引发债务违约。

(四)第四次(1956 年)

胡安·佩隆(Juan Peron)于 1946 年上台执政,开始对公司进行国有化,重新分配财富并主张政府对经济的更大控制权。这些政策刺激了经济增长,扩大了中产阶级规

模。1955年,佩隆因政变被赶下台,阿根廷经济陷入动荡,难以继续偿还债务。第二年,阿政府与债权方巴黎俱乐部达成协议,才避免了更严重的违约。

(五)第五次(1982年)

当时阿根廷从美国和英国的银行借钱为基础设施项目和国有工业提供资金,外债从80亿美元激增至460亿美元。美联储为抑制通胀,将贷款利率提高到20%,大宗商品价格暴跌,导致拉丁美洲和其他发展中国家陷入债务危机。阿根廷成为27个债务国之一,最终重新安排债务期限。

(六)第六次(1989年)

20世纪80年代后期,抑制通货膨胀的失败(当时通胀率攀升至逾3 000%)引发了1989年的另一次违约,并导致秘鲁籍领导人卡洛斯·梅内姆(Carlos Menem)上台。梅内姆政府降低通胀,对国有公司进行私有化,并吸引外国直接投资,阿根廷经济从衰退转向两位数的增长。但是由于无法控制支出,阿根廷的外债仍激增超过1 000亿美元。梅内姆离任时,失业率上升,出口受限,比索被高估,该国再次陷入经济衰退。

(七)第七次(2001年)

在持续陷入衰退四年之后,阿根廷的GDP减少了2/3,两周内任命了五位总统,历史上绝无仅有,同时宣布暂停价值950亿美元债券的支付。

(八)第八次(2014年)

阿根廷与辛格(Singer)等其他债权人发生法律纠纷再次违约,这次规模较小。2016年争端最终解决,当时新任总统毛里西奥·马克里(Mauricio Macri)支付了押金,阿根廷得以重新进入国际资本市场。

二、疫情中再陷债务危机

当下阿根廷经济面临严重财政赤字、高通胀和金融市场动荡等多重挑战。新冠肺炎疫情成为这一次压倒阿根廷的最后一根稻草。受国际贸易停摆和全球需求下降影响,占阿根廷外贸"半壁江山"的农产品出口压力倍增。国际货币基金组织预测,2020年阿根廷经济将萎缩5.7%。在疫情冲击和经济下滑的双面夹击下,阿根廷再次陷入债务危机。

近年来,阿根廷公共债务出现了严重增长,从2015年占GDP的52.6%到2019年占GDP的88.9%。阿根廷国家统计与普查局公布的数据显示,截至2019年底,阿根廷国债总额高达3 230亿美元,其中外债总额达到2 776.48亿美元,2020年的到期债务为210亿美元,相当于阿根廷每个国民欠外债6 240美元。

然而,债务缠身的阿根廷近年来经济却持续萎缩。三年前,阿根廷的人均GDP为1.46万美元,属于中等收入国家,而2019年阿根廷人均GDP急剧萎缩31.5%,已经不足1万美元,阿根廷2020年的经济增长预期将自2012年以来第六次收缩,2018年初至今阿根廷比索兑美元汇率已下跌近70%,是迄今为止表现最糟糕的一次。国内通货膨胀率达到54%,1/3的人口生活在贫困中,目前阿根廷的外汇储备仅为448亿美元,与2 776亿美元的巨额债务相比实在是相差甚远。

阿根廷经济部长古兹曼表示,阿根廷已经无力偿还债务,准备进行全面的债务重组。2020年4月17日,阿根廷针对662亿美元债务向国际债权人提出重组方案。2023年11月15日之前,阿根廷政府将不会支付任何利息,而2023年开始支付的总计62%的利息支出将被削减,金额达379亿美元,2026年之前不会偿还本金,金额达36亿美元。该方案遭到国际债权人拒绝,主权债务违约风险高企。债务问题一日不解决,阿根廷的经济发展难言乐观。

(资料来源:裘雯涵、陆依斐,《疫情加剧经济困境,阿根廷又陷债务危机》,《解放日报》2020年5月25日。)

思考题:

1. 为何阿根廷一再爆发主权债务违约事件?其危机根源在哪里?
2. 如何看待阿根廷此次债务危机?阿根廷主权债务违约会引发国际金融危机吗?
3. 当前的主权债务违约事件对国际金融市场可能形成怎样的冲击和影响?
4. 我国从中可以汲取哪些经验教训?

本章小结

1. 国际信贷是国家(或地区)间发生的借贷活动和借贷关系的总称。国际信贷与国内信贷在融资场所、当事人、借贷币种和方式、适用法律及规范、风险等方面存在诸多差异。国家风险是国际信贷中的突出风险。

2. 国际金融市场是国际信贷的发生场所,其中,欧洲货币市场发展极为迅速,来自这一市场的资金是国际信贷的主要资金来源之一,其他包括跨国工商企业的闲置资金、国家财政资金、石油美元等。

3. 国际信贷的具体形式有国际银行信贷、国际贸易短期信贷、出口信贷、政府贷款、国际金融机构贷款、国际债券、国际租赁和项目融资。

4. 国际信贷管理的重点是对外债的管理。外债是在任何特定时间内,一国居民对非居民承担的具有契约性偿还责任的债务。外债管理主要包括规模管理、结构管理和营运管理。

基本概念

国际信贷　欧洲货币市场　石油美元　国家风险　外汇风险　外债　负债率
偿债率　债务率

思考与练习

1. 如何理解国际信贷的概念?
2. 国际信贷与国内信贷的关系如何?有何区别?
3. 欧洲货币市场的特点体现在哪些方面?
4. 为什么说国际信贷具有"暂时"缓解国际收支困难的作用?
5. 当代国际信贷的主要特点是什么?有哪些风险?
6. 说明国际信贷包括的具体类型。
7. 从 2009 年迪拜债务问题到 2010 年欧洲主权债务危机,这些事件的发生对中国有哪些启示和借鉴?
8. 中国外汇储备在世界排名第一,为什么还要大量对外举债?请谈谈你的想法。
9. 什么是全口径跨境融资宏观审慎管理?中国推出全口径跨境融资宏观审慎管理意义何在?

第二章 国际银行信贷

> **教学目的与要求**
>
> - 理解国际银行信贷的概念、特点和类别
> - 掌握国际银行信贷的主要信贷条件及计算
> - 掌握信贷资金时间价值原理和基本计算方法
> - 熟悉国际银行信贷的重要法律条款
> - 了解国际银团贷款的概念、类型、参与成员及操作流程

第一节 国际银行信贷概述

一、国际银行业概况

商业银行是吸收存款，从事贷款、投资等资产业务和各种中间业务的营利性金融机构，按照安全性、流动性和盈利性的原则开展业务经营。国际银行是开展国际业务的商业银行。

(一)国际银行业的现状

美国金融危机和欧洲债务危机致使全球银行业发生深刻变革。危机后十年，全球银行业已实现全面复苏，呈现出新格局和新变化。2020年新冠肺炎疫情大爆发，使全球银行业面临更加复杂多变的经营环境。

1. 全球银行业稳健增长，风险抵御能力进一步夯实

金融危机后持续多年的银行业改革和金融监管强化使全球银行业在疫情大爆发前保持了较为健康的经营状态，全球1 000家大银行一级资本总额达到8.8万亿美元，同比增长6.08%，较2010年增长了79.64%。一级资本总额占资产总额的比重达到历史最高水平的6.87%，且在过去十年中连年稳步增长。全球1 000家大银行的规

模增速和盈利都相对可观,资产规模达到 128 万亿美元,税前利润合计 1.2 万亿美元,分别同比增长 4.33% 和 2.13%。全球银行业风险化解效率持续提升,资产质量进一步优化,前 50 家大型银行的不良贷款比率同比下降了 0.13 个百分点,为 1.69%。整体来看,为银行业抵御疫情冲击提供了较为坚实的基础。

2. 全球银行业并购活动更加活跃,集中度有望进一步提升

全球前 50 家大型银行在 1 000 家大银行中的一级资本占比、资产规模占比和税前利润占比均达到一半以上,分别为 54.88%、57.27% 和 55.11%。全球银行业并购活动较为活跃,主要集中在北美、亚太和中东地区。按被并购银行规模统计的前 20 大并购事件中,有 9 例发生在美国。受全球疫情影响,银行盈利水平明显下滑,部分银行希望通过规模化实现效率提升,并购动机进一步增强。

3. 全球银行业"东升西降"格局持续,中国银行业实力持续提升

中国四大国有银行连续三年蝉联前 1 000 家大银行的前四名,中国工商银行连续八年蝉联世界排名第一(参见表 2—1)。中国入围 1 000 家大银行的资产规模总额占全球银行业的 24.6%,税前利润占比为 28.5%。中国银行业共有 143 家入围榜单,仅次于美国的 184 家。中国入围银行的存款规模和贷款规模总额分别为 24 万亿美元和 18 万亿美元,均为美国同业的两倍以上;税前利润平均同比增长 5.7%,而美国同业的税前利润下降 0.65%,合计利润规模仅为中国的 3/4。欧洲银行业在 1 000 家大银行中的税前利润份额已从 2019 年的 18.59% 下降至 2020 年的 16.37%。

表 2—1　　　　　　　　　　2020 年全球前十大银行

排名	国别	银行	一级资本(10 亿美元)
1	中国	中国工商银行	380
2	中国	中国建设银行	316
3	中国	中国农业银行	278
4	中国	中国银行	258
5	美国	摩根大通	214
6	美国	美国银行	188
7	美国	富国银行	159
8	美国	花旗集团	156
9	英国	汇丰银行	148
10	日本	三菱日联金融集团	144

资料来源:www.thebankerdatabase.com。

(二)国际银行业的监管

1.监管规则的制定

针对国际银行业风险管理的要求,1974年,由十国集团中央银行行长倡议建立巴塞尔委员会,近年来制定了一系列重要的银行监管规定。

1975年9月,第一个《巴塞尔协议》出台。这个协议极为简单,针对国际性银行监管主体缺位的现实,突出强调了两点:第一,任何银行的国外机构都不能逃避监管;第二,母国和东道国应共同承担职责。1983年5月,修改后的《巴塞尔协议》推出。这个协议基本上是前一个协议的具体化和明细化,例如,明确了母国和东道国的监管责任和监督权力,分行、子行和合资银行的清偿能力、流动性、外汇活动及其头寸各由哪方负责等,由此体现"监督必须充分"的监管原则。两个《巴塞尔协议》总体思路都是"股权原则为主,市场原则为辅;母国综合监督为主,东道国个别监督为辅",但是对清偿能力等监管内容都只提出了抽象的监管原则和职责分配,未能提出具体可行的监管标准。

《巴塞尔协议》的实质性进步体现在1988年7月12个发达国家的中央银行在瑞士巴塞尔签署通过的《关于统一国际银行的资本计算和资本标准的报告》(即《巴塞尔协议Ⅰ》)。协议主要内容包括:①资本的分类。将银行资本划分为核心(一级)资本和附属(二级)资本,其中核心资本至少要占资本总额的50%。②风险权重的计算标准。根据资产类别、性质以及债务主体的不同,将银行资产负债表的表内和表外项目划分为0%、20%、50%和100%四个风险档次。③1992年资本与资产的标准比例和过渡期的实施安排:要求资本对风险资产的比重不低于8%,核心资本对风险资产的比重不低于4%。④各国监管当局自由决定的范围。

由于跨国银行表外业务特别是金融衍生产品的发展,人们开始关注市场风险特别是金融衍生品的市场风险,为此,2003年对《巴塞尔协议Ⅰ》做了框架性的修改,2004年公布了《资本计量和资本标准的国际协议:修订框架》(即《巴塞尔协议Ⅱ》)。新协议提出了"最低资本充足率、外部监管和市场约束三大支柱"的监管框架。①关于最低资本充足率,在保留1988年协议4%和8%的最低标准基础上,修改了信用风险的计量方法,扩大了市场风险的范围,增加了操作风险。②关于外部监管,其目的是为了保证银行有足够的资本来覆盖业务中的风险,也是为了鼓励银行建立和使用更好的风险管理技术。新协议提出了外部监管的四项原则。③关于市场约束,其核心内容是要求银行尽可能多地披露信息,由现有债权人或潜在债权人来评价银行的风险和影响银行的股票价格或筹资成本。

2.监管新标准的主要内容和要求

2008年金融危机爆发以后,2010年12月16日出台了《巴塞尔协议Ⅲ》,确立了全球统一的银行业资本监管新标准。其主要内容及监管要求包括：

(1)大幅提高银行资本监管要求，实行逆周期资本监管。规定核心资本充足率由4%提升到6%，包括将普通股比例最低要求从原来的2%提高到4.5%，建立2.5%的资本留存缓冲和0～2.5%的逆周期资本缓冲(见表2-2)。

表2-2　　　　　　　　　　基于风险的资本充足率　　　　　　　　　　单位：%

比率	计算方法	《巴塞尔协议Ⅱ》	《巴塞尔协议Ⅲ》
核心资本充足率	一级资本－扣除项 / 风险加权资产	4	6
资本充足率	一级资本＋二级资本－扣除项 / 风险加权资产	8	8
核心一级资本充足率	股本 / 风险加权资产	2	4.5

(2)加大风险覆盖范围。提高了对交易账户和复杂资产证券化敞口的资本金要求，提高了对回购和证券融资等活动中产生的交易对手信用风险敞口的资本金要求，也提高了对交易对手信用风险管理的标准。

(3)突出强调银行流动性风险监管。引入流动性覆盖比率(Liquidity Coverage Ratio, LCR)和净稳定融资比率(Net Stable Funding Ratio, NSFR)指标，对银行的流动性进行监管。前者是指优质流动资产储备与未来30天的资金净流出量之比，该比率不得低于100%；后者是指可用的稳定资金与业务所需的稳定资金之比，该比率必须大于100%。

(4)明确资本杠杆比例标准。引入杠杆率指标作为最低风险资本监管指标的补充，以防范内部计量模型存在偏差而带来的风险。杠杆率是指核心资本与银行表内外总资产的比例，高杠杆率是导致银行系统脆弱性的重要因素。

(5)加强系统重要性金融机构的监管。系统重要性金融机构(Systemically Important Financial Institutions, SIFIs)是指在金融市场中承担了关键功能，其倒闭可能给金融体系造成损害并对实体经济产生严重不利影响的金融机构。巴塞尔委员会对系统重要性银行提出1%的附加资本要求，从而降低"大而不倒"金融机构所带来的道德风险。此外，还建议通过选取银行规模(Size)、关联度(Interconnectedness)和可替代性(Substitutability)三个方面的指标来衡量金融机构的系统重要性。

2017年12月8日发布的《巴塞尔协议Ⅲ：后危机改革的最终方案》，是对2010年《巴塞尔协议Ⅲ》的补充修订。对信用风险标准法和内部评级法风险暴露计算细节进行完善，规范操作风险管理和改进计量方法，改进资本底线的最低要求及对杠杆率和交易对手信用风险的计提方法等，都是此轮修订的重点，也是巴塞尔委员会对本轮全球金融危机金融监管理念和规则的最终整理和完善。

二、国际银行信贷的概念与特点

(一)国际银行信贷的含义

国际银行信贷(International Banking Credit)是指一国独家商业银行或一国(多国)多家商业银行组成的贷款银团在国际金融市场上向另一国借款人提供的不限定用途的贷款。

(二)国际银行信贷的特点

与国际信贷的其他类型相比,国际银行信贷具有以下特点:

1. 融资双方涉及不同国家

债权人主要是发达国家的大型商业银行,可以是独家,也可以是由多家银行组成的贷款银团,债务人包括政府机构、国际机构、银行和公司企业。

2. 融资以货币资本形态提供

国际银行信贷使用货币资本,但是,充当国际信贷的货币一定是可自由兑换的币种,并且在国际经贸往来中经常使用。

3. 融资规模较大

国际商业银行主要以吸收各类存款形式筹集闲散资金以提供贷款,所以信贷资金供应较为充足,只要借款人资信可靠,就可以筹措到大量资金,手续较为简便,独家贷款可达数千万美元,银团贷款每笔数额可达5亿~10亿美元。贷款较灵活,每笔贷款可多可少。

4. 融资用途不受限制

借款人可以自由支配、运用借入的资金,不受贷款人的限制,通常称为自由外汇贷款。这是国际银行贷款区别于其他国际信贷形式最为显著的特征。[①]

5. 融资利率随行就市,信贷条件由市场决定

国际银行贷款利率远高于政府贷款和国际金融机构贷款,参照国际金融市场利率决定,浮动利率一般以LIBOR为基础,若为中长期贷款还要加上0.25%~0.75%的附加利率(Margin)。

6. 融资期限分短期和中长期

银行短期信贷一般在1年以内,以银行同业拆借为主,中长期信贷一般在10年以内,独家银行提供的中期贷款为3~5年,银团贷款提供的中长期贷款期限一般为5~10年,超过10年的较为少见。

---

① 例外的是与项目贷款相联系的国际银行信贷,其贷款用途受到限制。

三、国际银行信贷的分类

（一）按借贷期限可分为银行短期信贷和银行中长期信贷

银行短期信贷是指贷款期限为 1 年及以下的信贷安排，又可分为银行间的同业拆借和银行对客户的信贷。前者是指各商业银行为弥补货币头寸[①]或存款准备金的不足而相互之间进行的短期资金借贷，在短期信贷市场中占主导地位。后者是银行对非银行类客户如跨国公司、企业和政府机构提供的贷款。政府机构借款的主要目的是弥补本国国际收支的短期逆差；公司企业借款用于满足其跨国经营中对营运资金的需求；各类基金公司则常以投机者的角色借入资金，通过套汇、套利及衍生品交易获取利润。

银行中长期信贷是指信贷期限在 1 年以上的信贷安排。借贷双方都要签订书面贷款协议，有的还需要借款人所在国的主要金融机构或政府提供担保。贷款利率通常采用浮动利率，以银行同业拆借利率为基础，加一定利差和费用。借款目的主要是为了满足大型建设项目、固定资产投资和长期经济发展的需要。贷款方式有独家银行贷款和银团贷款，后者一般适用于时间较长、金额较大的借款。

（二）按保障性可分为抵押贷款、担保贷款和信用贷款

抵押贷款是指银行凭外国借款人向银行提交的抵押品作为偿还债务的担保而发放的贷款，此类贷款保障性最强。

担保贷款是银行凭第三者（担保人）的信用作为外国借款人偿还债务的保证而发放的贷款。

信用贷款是指银行凭外国借款人自身的信用作为偿还债务的保证而发放的贷款。

（三）按信贷主体可分为独家贷款和银团贷款

独家贷款（Sole Bank Loan）又称为双边贷款，是一家贷款银行对另一国家的政府、银行或企业提供的贷款。

银团贷款（Syndicated Loan）是指多家商业银行组成银团，共同向借款人提供巨额资金的一种贷款方式。

海外还有一种俱乐部贷款（Club Loan），属于银团贷款的最初起源形式，是指多家银行根据统一签订的银企协议，按约定的贷款条件、期限、利率等向特定的信用状况良好、成长性好但出现暂时资金困难的"亚健康"企业提供融资的贷款方式。与银团贷款相比，俱乐部贷款一般是由两家以上、五家以下的银行联合提供贷款，贷款额度往往小

[①] 头寸（Position），也称为"头衬"，指款项。如果银行在当日的全部收付款中收入大于支出款项，称为"多头寸"（Long Position）；相反，则称为"缺头寸"（Short Position）。收入和付出方不平衡，就需要调拨资金来弥补，称为"头寸调拨"。

于银团贷款额度,参与行比较少,各家参贷银行地位平等,没有所谓牵头行、代理行的分工。对融资企业而言,手续相对简单。

(四)按贷款对象可分为对企业放款、银行间放款和对外国政府机构及国际机构放款

对企业放款是指国际银行信贷的借款人为跨国公司或各国企业。

银行间放款是指借贷双方均为银行。

对外国政府机构及国际机构放款是指借款人为外国政府机构或者国际经济组织。

(五)按贷款形式可分为定期贷款、循环信贷、可展期贷款、可转让贷款、备用信贷和银行承兑信用等

定期贷款(Term Loan)是国际信贷中传统的资金贷放形式,是指在贷款协议签订时,贷款银行就对贷款金额、资金提取和本息偿还确定了固定的时间表,若借款人超过该期限后仍有尚未提取的本金,则按自动注销处理。

循环信贷(Revolving Credit)是指贷款银行在约定的贷款期限内对借款人提供一个最大的信用限额(Maximum Facility)。在该信用限额规定的金额幅度内,借款人可根据自身需要,自行决定是否使用这一额度以及使用的频率和金额。当借款人在信用限额幅度内不断地提取并偿还贷款时,其实际使用的银行贷款总额有可能超过这一额度。

可展期贷款(Rollover Credit)是指贷款银行与借款人约定,在贷款协议到期后,贷款银行除了对必须按市场变化而调整的信贷条件如利率进行调整外,不再与借款人就其他信贷条件进行谈判,贷款银行也无须再对其进行资信审查,而是直接重新与借款人执行该贷款协议。

可转让贷款(Transferable Loan)是指该贷款允许借款人将贷款转让给下一个买主,但可转让贷款的利率通常不再是原贷款利率,并且贷款银行会收取转让费用。

备用信贷(Stand-by Credit)允许借款人根据自身资金需求情况提用或不提用贷款,在规定的备用信贷期内,对未提用的贷款额,借款人向贷款行支付承担费;如提用贷款,一般应在提款前5～7天通知贷款行,让它有足够时间准备资金。

银行承兑信用(Acceptance Facility)是指银行以承兑形式提供的信用。

第二节　国际银行信贷的信贷条件

信贷条件是为保障双方当事人的合法权益,促进贷款协议的达成而对借贷双方的权利义务所规定的条件。它主要包括信贷利率、费用、期限和币种四项内容。

一、信贷利率

利息与费用是国际银行信贷的"价格",其中利息是主要部分。

(一)利率的概念及分类

利率(Interest Rate)是指一定时期内的借贷利息额与借贷本金的比率。按照不同的标准,利率有多种不同的分类。

1. 按计算利息的时间分为年利率、月利率和日利率

年利率指按年为计息周期计算的利率,年利率以本金的百分之几表示。

月利率指按月为计息周期计算的利率。

日利率指按日为计息周期计算的利率。

2. 按计算利息的方法分为单利和复利

单利(Simple Interest)是指只按本金计算利息,本金所生利息不再计入本金重新计算利息。单利的计算公式为:

$$F=P\times(1+i\times n)$$

式中:F——本利和;P——本金;i——利率;n——时间。

复利(Compound Interest)是指将贷款期限分成若干计息期,将每期利息计入下期本金再计算利息,逐期滚算,俗称"利滚利"。复利的计算公式为:

$$F=P\times(1+i)^n$$

式中:F——本利和;P——本金;i——利率;n——时间。

值得注意的是,这里的利率 i 必须与计算复利的时间 n 保持一致。

3. 按形成机制分为官定利率、公定利率和市场利率

官定利率是指一国政府官方或官方授权部门制定的利率,也称法定利率。

公定利率是指民间权威金融组织(如银行同业公会)按照协商方式确定的利率,只对各成员机构有约束力。

市场利率是指由市场资金供求关系和风险收益等因素决定的利率,能够较真实地反映市场资金供求和运用状况。

4. 按利率的性质分为基准利率、普通利率和差别利率

基准利率(Base Rate/Benchmark Interest Rate)是在利率体系中起主导作用并能制约其他利率的基本利率,是金融机构在确定资金价格时作为参考或基础的利率。世界上著名的基准利率有伦敦银行同业拆放利率和美国联邦基金利率。

普通利率(Ordinary Rate)是指不附带任何优惠条件的一般利率。

差别利率(Differential Rate)是针对不同部门、不同期限、不同用途及不同借贷能力的客户所制定的高低不同的利率,它体现了金融机构不同的贷款意向以及国家的政

策倾向。

5.按是否包含通货膨胀因素分为名义利率和实际利率

名义利率(Nominal Rate)是指没有考虑通货膨胀因素的利率。

实际利率(Real Rate)是指剔除通货膨胀因素影响后的利率。其计算公式为：

$$r = \frac{1+R}{1+I} - 1 = \frac{R-I}{1+I}$$

式中：r——实际利率；R——名义利率；I——借贷期内的物价变动率。

近似地，$r = R - I$。

6.按管理方式分为固定利率和浮动利率

固定利率(Fixed Rate)是指借贷期内不作调整的利率。短期贷款一般可用固定利率。

浮动利率(Floating Rate)是指整个贷款期限内，贷款利率可定期调整的利率。浮动利率提高了商业银行适应市场变化的能力，一般每隔3个月或6个月根据市场利率变动情况调整。

(二)利率与资金的时间价值

信贷资金的资本属性，使其具有时间价值。资金的时间价值是指按货币持有者放弃使用货币时间的长短所计算的"报酬"，即货币随时间的推移而发生的增值。资金的时间价值可以用利息额或利率来表示。

1.基本概念

现值(Present Value)、终值(Future Value)和年金(Annuity)是计算资金时间价值的三个常用术语。现值(设为 P)是指货币资金的现在价值，即将来某一时点的一定资金折合成现在的价值。终值(设为 F)是指货币资金未来的价值，即一定量的资金在将来某一时点的价值，表现为本利和。年金(设为 A)是指在一定时期内每隔相同的时间发生相等数额的系列收付款项，如折旧、租金、利息、保险费等。年金相对"现值"来说是"未来值"，相对"终值"来说是现值。年金可以分为普通年金(Ordinary Annuity)、预付年金(Annuity in Advance/Annuity Due)、递延年金(Deferred Annuity)和永续年金(Perpetual Annuity)。普通年金又称后付年金，是指一定时期内每期期末发生的等额的系列收付款项。预付年金又称为先付年金，是指一定时期内每期期初等额的系列收付款项。预付年金与普通年金的差别仅在于收付款的时间不同。递延年金又称延期年金，是指第一次收付款发生在第二期，或第三期，或第四期……的等额的系列收付款项。永续年金是指无限期等额收付的特种年金，即期限无穷的普通年金。

2.计算公式

(1)终值公式：

$$F=P\times(1+i)^n$$

式中:F——终值;P——本金;i——年利率;n——计息年数。(以下均同)

其中,$(1+i)^n$ 称为"复利终值系数",记为$(F/P,i,n)$,可通过复利终值系数表查得。

(2)现值公式:

$$P=F\times\frac{1}{(1+i)^n}$$

其中,$\frac{1}{(1+i)^n}$ 称为"复利现值系数",记为$(P/F,i,n)$,可通过复利现值系数表查得。

(3)普通年金终值公式。

普通年金终值是指一定时期内每期期末等额收付款项的复利终值之和。相当于已知 A,求 F。其计算公式为:

$$F=A\frac{(1+i)^n-1}{i}$$

其中,$\frac{(1+i)^n-1}{i}$ 称为"年金终值系数",记作$(F/A,i,n)$,可通过年金终值系数表查得。

例如:某公司打算在今后 10 年里每年年末存入银行 10 000 元,若银行存款年利率为 6%,10 年后的本利和将是多少?

解:$F=10\ 000\times\dfrac{(1+6\%)^{10}-1}{6\%}=131\ 810(元)$

(4)偿债基金公式。

偿债基金是指为了在约定的未来某一时点清偿某笔债务或积聚一定数额的资金而必须分次等额提取的存款准备金。相当于已知 F,求 A。偿债基金的计算实际上是年金终值的逆运算。其计算公式为:

$$A=F\times\frac{i}{(1+i)^n-1}$$

其中,$\dfrac{i}{(1+i)^n-1}$ 称为"偿债基金系数",记作$(A/F,i,n)$,可从偿债基金系数表查得。

例如:某公司打算在 5 年后改造厂房,预计需要 100 万元,若银行的存款利率为 8%,那么该企业在 5 年中,每年年末要存多少元才能满足未来的资金需求?

解:$A=1\ 000\ 000\times\dfrac{8\%}{(1+8\%)^5-1}=170\ 440(元)$

(5)普通年金现值的计算。

普通年金现值是指一定时期内每期期末收付款项的复利现值之和。相当于已知A,求P。其计算公式为:

$$P=A\times\frac{1-(1+i)^{-n}}{i}=A\times(P/A,i,n)$$

其中,$\frac{1-(1+i)^{-n}}{i}$称为"年金现值系数",记作$(P/A,i,n)$,可从年金现值系数表查得。

例如:某企业租入一台设备,每年年末需支付租金 500 元,年利率为 10%,租期 10 年,问现在应存入银行多少钱?

解:$P=A\times(P/A,i,n)=500\times6.144\ 6=3\ 072.3$(元)

(6)资本回收公式。

资本回收额是指在给定的年限内等额回收或清偿初始投入的资本或所欠的债务,这里的等额款项即为年资本回收额。相当于已知P,求A。它是年金现值的逆运算。其计算公式为:

$$A=\frac{P\times i}{1-(1+i)^{-n}}=P\times\frac{(1+i)^n\times i}{(1+i)^n-1}$$

其中,$\frac{(1+i)^n\times i}{(1+i)^n-1}$称为"资本回收系数",记作$(A/P,i,n)$,可从资本回收系数表查得。

例如:假设某企业向银行贷款 250 万元,期限 4 年,年利率 10%,则该企业每年需偿还的金额是多少?

解:$A=P\times(A/P,i,n)=2\ 500\ 000\times0.315\ 56=788\ 900$(元)

(7)预付年金终值与现值的计算。

预付年金终值的计算公式为:

$$F=A\times\left[\frac{(1+i)^{n+1}-1}{i}-1\right]$$

或 $$F=A\times[(F/A,i,n+1)-1]$$

预付年金终值系数是在普通年金终值系数基础上,期数加 1、系数减 1 所得的结果,记为$[(F/A,i,n+1)-1]$。

例如:某公司决定连续 5 年每年年初存入 100 万元作为住房基金,银行存款利率为 10%,则该公司在第五年末能一次取出的本利和是多少?

解:$F=1\ 000\ 000\times[(F/A,10\%,6)-1]$
    $=1\ 000\ 000\times(7.716-1)$

= 6 716 000(元)

预付年金现值的计算公式为:
$$P = A \times \left[\frac{1-(1+i)^{-(n-1)}}{i} + 1\right] = A \times [(P/A, i, n-1) + 1]$$

预付年金现值系数是在普通年金现值系数基础上,期数减1、系数加1所得的结果,记为$[(P/A, i, n-1) + 1]$。

例如:假设6年分期付款购买一辆小汽车,每年年初支付20 000元,银行利率为10%,问该项分期付款相当于一次性支付现金的价格是多少?

解:$P = 20\ 000 \times [(P/A, 10\%, 6-1) + 1]$
$= 20\ 000 \times (3.790\ 8 + 1)$
$= 95\ 816(元)$

(8)递延年金现值的计算。

其现值计算公式为:
$$P = A(P/A, i, n) \times (P/F, i, m)$$
或 $= A[(P/A, i, m+n) - (P/A, i, m)]$
或 $= A(F/A, i, n) \times (P/F, i, n+m)$

式中:m——递延期;n——递延年金发生的期数。

例如:某公司拟一次性投资开发某项目,预计该项目存续15年,但前5年不产生净收益,从第6年开始,每年年末产生净收益5万元,则该项目的一次性投资额为多少?

解:$P = A(P/A, i, n) \times (P/F, i, m)$
$= 50\ 000 \times (P/A, 10\%, 10) \times (P/F, 10\%, 5)$
$= 50\ 000 \times 6.144\ 6 \times 0.620\ 9$
$= 190\ 759.11(元)$

递延年金终值的大小与递延期数m无关,与普通年金终值的计算方法相同。

(9)永续年金现值的计算。

永续年金的现值可以通过普通年金现值的计算公式导出:

由于
$$P = A \times \frac{1-(1+i)^{-n}}{i}$$

当$n \to \infty$时,$(1+i)^{-n}$的极限为零,故上式可写成:
$$P = \frac{A}{i}$$

例如:某人持有某公司的优先股,每年股利为2元,若此人想长期持有,请在利率为10%的情况下对该股票估价。

解：$P=\dfrac{A}{i}=\dfrac{2}{10\%}=20$（元）

（三）国际金融市场上的主要利率

1. 伦敦银行同业拆放利率（London Inter-Bank Offered Rate，LIBOR）

LIBOR 是指位于英国伦敦的银行相互拆借无抵押短期资金的利率。英国银行家协会根据其选定的银行的报价利率，进行取样并平均计算而得，是全球最重要的基准利率之一，影响着大量互换和期货合约、大宗商品、衍生品、个人消费贷款、房屋抵押贷款以及其他交易，是一个规模以万亿美元计算的金融交易市场的基础。[①] LIBOR 目前涵盖 5 种货币和 7 种不同期限的利率，最常使用的是美元 3 个月期 LIBOR。

世界各主要金融中心都设有同业拆借市场，类似形成的当地拆放利率有：香港银行同业拆放利率（Hong Kong Inter-Bank Offered Rate，HIBOR）、新加坡银行同业拆放利率（Singapore Inter-Bank Offered Rate，SIBOR）、巴林银行同业拆放利率（Bahrain Inter-bank Offered Rate，BIBOR）、欧元银行同业拆放利率（Euro Inter-Bank Offered Rate，EURIBOR）、纽约银行同业拆放利率（New York Inter-Bank Offered Rate，NIBOR）、上海银行同业拆放利率（Shanghai Inter-Bank Offered Rate，SHIBOR）等。[②]

2. 美国联邦基金利率（Federal Fund Rate）

美国联邦基金利率是美国同业拆借市场的利率[③]，期限为一天至一周，如有必要，还可以延长，最主要是隔夜拆借利率。它是美联储推行货币政策的重要参考指标，通过调节同业拆借利率直接影响商业银行的资金成本，进而影响消费、投资和国民经济。

3. 美国优惠利率（Prime Rate）

美国优惠利率是与银行关系密切且信用最佳的客户得到的短期商业贷款利率，是美国最低的贷款利率，也是银行确定其他利率的基础之一。

4. 日本长期优惠利率（Long-term Prime Rate）

日本长期优惠利率是日本三家长期信用银行向优良企业发放 1 年以上贷款时所制定的贷款利率，是日本多种个贷、房贷及企业贷款的基准利率。

---

① LIBOR 目前由洲际交易所（ICE）定价管理机构负责管理。按惯例，每个工作日上午 11 时各银行向外报出自己的拆借利率，通常报两个价：拆入利率（Bid Rate）和拆出利率（Offered Rate），两者之间一般只差 0.25%～0.5%。通常所说的伦敦银行同业拆放利率是指拆出利率。

② 贷款币种不同，基准利率的选择也有所不同。如离岸美元贷款的基准利率通常是 LIBOR，美国本土美元贷款的基准利率多选择联邦基金利率（Federal Fund Rate）或贴现利率（Discount Rate），或贷款行针对优惠客户提供的优惠利率（Prime Rate）。欧元贷款的基准利率通常为欧元银行同业拆放利率（EURIBOR）或伦敦银行欧元拆放利率（Euro LIBOR）。

③ 联邦基金是指美国存款机构在联储的准备金，联邦基金市场是存款机构为了补足每天的准备金需要而进行的短期资金借贷市场，交易的金额一般在百万美元以上。

5.商业参考利率(Commercial Interest Reference Rate,CIRR)

商业参考利率是由经济合作与发展组织(OECD)国家定期发布,要求每个成员国使用的一个最低利率,以防止成员低价恶性竞争。OECD对很多发展中国家出口买方信贷用CIRR利率定价,或以CIRR+利差(Margin)形式确定利率。

专栏2—1 LIBOR替代利率改革进展

LIBOR一直是全球金融市场最重要的基准指标,是很多金融工具的定价基础。但金融危机后LIBOR利率操纵案暴露了自身存在的缺陷以及外部监管的不足,引发市场普遍担忧,全球金融市场基准利率改革由此成为关注核心。LIBOR存在的主要缺陷及改进的方向如图2—1所示。

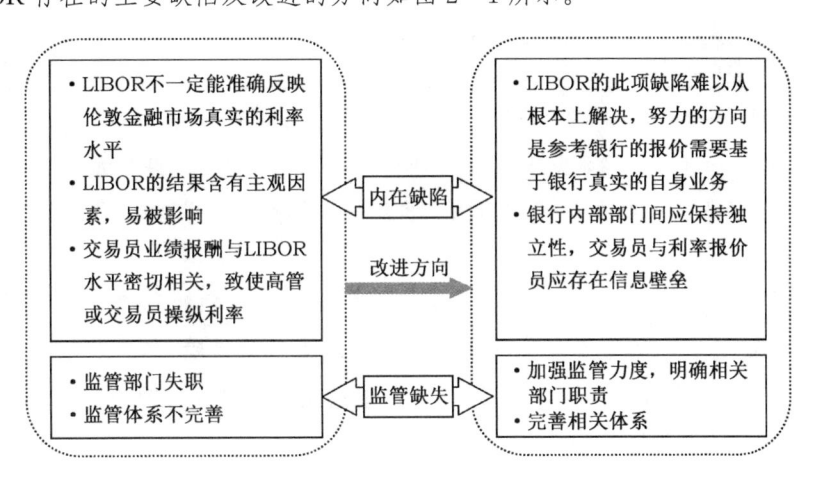

内在缺陷	改进方向
• LIBOR不一定能准确反映伦敦金融市场真实的利率水平 • LIBOR的结果含有主观因素,易被影响 • 交易员业绩报酬与LIBOR水平密切相关,致使高管或交易员操纵利率	• LIBOR的此项缺陷难以从根本上解决,努力的方向是参考银行的报价需要基于银行真实的自身业务 • 银行内部部门间应保持独立性,交易员与利率报价员应存在信息壁垒
监管缺失	
• 监管部门失职 • 监管体系不完善	• 加强监管力度,明确相关部门职责 • 完善相关体系

图2—1 LIBOR的缺陷及改革方向

在金融稳定理事会、国际证监会组织(IOSCO)等全球性监管机构的倡议和推动下,英国、美国、欧盟、日本和瑞士等国的中央银行和金融监管机构相继展开了寻找LIBOR替代利率的工作,目前已基本完成新的无风险基准利率选择,进入市场培育和新旧基准的过渡阶段,详细情况参见表2—3。

表2—3　　　　　　　　　　主要国家和地区替代基准利率

国家和地区	替代利率	监督机构
美国	担保隔夜融资利率(Secured Overnight Financing Rate,SOFR)	纽约联邦储备银行
英国	英镑隔夜指数均值(Sterling Overnight Index Average,SONIA)	英格兰银行
欧盟	欧元短期利率(Euro Short-term Rate,ESTER)*	欧洲央行

续表

国家和地区	替代利率	监督机构
日本	东京隔夜平均利率（Tokyo Over-Night Average Rate, TONAR）	日本银行
瑞士	瑞士隔夜平均利率（Swiss Average Overnight Rate, SARON）	ICE 基准管理局
澳大利亚	银行间隔夜现金利率（Bank Bill Swap Rate, BBSW）	澳大利亚储备银行
加拿大	加拿大隔夜回购平均利率（Canadian Overnight Repo Rate Average CORRA）	加拿大央行
新加坡	新加坡隔夜平均利率（Singapore Overnight Average Interest Rate, SORA）	新加坡金融管理局
中国香港	港元隔夜指数（Hong Kong Dollar Overnight Index Average, HONIA）	香港金融管理局

注：因初步选定的欧元隔夜平均利率指数（Euro Overnight Index Average, EONIA）未能通过基准测试，2019 年 5 月，欧洲中央银行发布从 EONIA 到 ESTER 的法律行动计划，涵盖了使用 EONIA 的资产类别，即衍生交易、抵押协议和现金产品涉及 EONIA 的遗留和新合同解决办法。

LIBOR 预计将在 2021 年后停止使用。要顺利完成向新基准利率的过渡仍面临很多具体问题，如市场基准利率变动或将放大市场风险，如何从短期利率向长期利率转变以保证期限的完整性，相关配套政策与基础设施建设能否协同推进等，诸多不确定性无疑将带来新的挑战。

（资料来源：边卫红等，《全球主要货币基准利率替代路径研究》，《国际金融研究》2018 年 8 月；《去 LIBOR 化改革进展及应对》，《中国金融》2019 年第 24 期；《全球基准利率改革新进展》，《中国金融》2019 年 5 月。）

（四）附加利差及利率上下限

在基准利率基础上，银行往往附加一定利差（Margin）作为贷款的风险费用。利差可以固定，如 0.25% 或 0.4%，也可以根据贷款的风险程度、贷款金额的多少、贷款期限的长短、市场资金的供求情况、贷款所用货币的风险、借款国和借款人资信高低而有所不同。[①] 银行有时还会在浮动利率基础上加一个上限或下限以缩小利率波动幅度。

1. 利率上限（Interest Cap）

如果贷款利率超过了规定的上限，利率上限合约的提供者将向合约持有人补偿实

[①] 期限相对较短的贷款，可在整个贷款期限内采用分段计算的利率。例如，一笔期限为 9 年的国际商业贷款，1~3 年的贷款利差为 0.2%，4~6 年的利差为 0.25%，7~9 年的利差为 0.3%。

际利率与利率上限的差额,从而保证合约持有人实际支付的利率不会超过规定的上限。拥有浮动利率负债的债务人为防止利率风险常用这一方法。

2. 利率下限(Interest Floor)

浮动利率贷款人可以通过利率下限合约来避免未来利率下降的风险,因为如果利率下降至规定的下限以下,合约持有人可得到市场利率与利率下限之间的差额。

3. 利率双限(Interest Collar)

通过买入一个利率上限的同时卖出一个利率下限,将利率上限与下限加以交易组合,可以将借款人的利率限定在一定的幅度之内,同时,出售利率下限可获得一定费用,从而降低购买利率上限的成本。

(五)影响借款人利息负担的因素

利息是借款人的借款成本。计算利息的基础公式是:利息=金额×利率×时间。它受到贷款期限、贷款金额等因素的影响。一般来说,短期贷款多采用固定利率,且利率水平较低;长期贷款多采用浮动利率,且利率水平较高;小额贷款利率较高,大额贷款利率较低;信贷历史较长的客户利率水平较低,新客户的利率较高。除此以外,对借款人而言,利息负担的大小还与以下因素密切相关:

1. 利息支付先后——利息先付与利息后付

利息支付的时间可分为利息先付(贴现法)与利息后付。利息先付是指贷款人在本金发放时,预先对借款人应付利息进行扣除,到期再由借款人偿还本金。按照惯例,欧洲美元短期信贷往往采取利息先付的方式。利息后付是指借款人在贷款资金使用以后,再一次性或分期向贷款人偿付利息。

例如:一笔金额为10万美元的贷款,年利率10%,贷款期限为3个月,若利息先付,求借款人实际支付利率。

解:借款人实际用款额 $= 100\,000 - 100\,000 \times \dfrac{3}{12} \times 10\%$

$$= 100\,000 - 2\,500$$
$$= 97\,500(美元)$$

借款人实际支付利率 $= \dfrac{2\,500}{97\,500} \div \dfrac{3}{12} \times 100\% = 10.256\%$

可见,虽然贷款名义利率为10%,但由于利息预先扣除,借款人实际用款额少于本金,实际支付利率为10.256%,高于名义利率10%,所以对借款人而言,利息先付比后付负担重。

2. 利息支付频率——分期支付与期末一次性支付

利息分期支付涉及复利,而期末一次性支付则是单利。所以,利息分期支付比期末一次性支付负担重,而且,利息支付频率越高,付息的间隔时间越短,利息负担越重。其中,利息支付频率是指一年内计息的次数(设为 M)。为了计算每年计息超过一次的复利和复利终值或复利现值,要将年利率 i 换算成每一计息期的利率 r:

$$r=\frac{i}{M}$$

例如:一笔金额为 10 万美元的贷款,年利率 10%,贷款期限为 1 年。

(1)若期末一次性支付利息:

利息额=100 000×10%=10 000(美元)

(2)若每半年支付一次利息:

累计利息总额=100 000×$\left[\left(1+\frac{10\%}{2}\right)^2-1\right]$=10 250(美元)

(3)若每三个月支付一次利息:

累计利息总额=100 000×$\left[\left(1+\frac{10\%}{4}\right)^4-1\right]$=10 381(美元)

3. 利息支付方法——余额递减计息法、年金等额还本付息法和平息法

国际信贷中的分期还本付息,常用的计息方法有三种:

(1)余额递减计息法。它是指每期还本数额固定,每期支付利息随本金减少而递减,即利息按未偿还的贷款余额计算,也称为利随本清法、等额本金还款法。每期还本付息额的计算公式为:

$$F_t=\frac{1}{n}\times P+\frac{n-(t-1)}{n}\times P\times r \quad (t=1,2,3,\cdots,n)$$

式中:F_t——每期偿还的本息和;P——本金;n——偿还次数;t——偿还序号;r——利率,它与利息支付频率相对应,应换算成每一计息期的利率。

(2)年金等额还本付息法。它是指每期还本付息额相等,也称为息随本减平均还款法、等额本息还款法。每期还本付息额计算公式为:

$$F=P\times\frac{(1+r)^n\times r}{(1+r)^n-1}$$

式中:F——每期偿还的本息和;P——本金;n——偿还次数;r——利率,它与利息支付频率相对应,应换算成每一计息期的利率。

(3)平息法。它是指按最初贷款本金、期限和利率算出应付利息,除以归还次数,得到每次平均支付的本息,也称为息不随本减计息法。每期还本付息额计算公式为:

$$F=\frac{P+P\times r\times n}{n}=\frac{P}{n}+P\times r$$

式中:F——每期偿还的本息和;P——本金;n——偿还次数;r——利率,它与利息支

付频率相对应,应换算成每一计息期的利率。

例如:一笔金额为 10 万美元的贷款,年利率 10%,贷款期限为 4 年,每半年偿还一次本息。按照余额递减计息法、年金等额还本付息法和平息法分别计算还款额和利息。

解:(1)余额递减计息法。

每期还本付息额计算如下:

$$F_1 = \frac{1}{8} \times 100\ 000 + \frac{8-(1-1)}{8} \times 100\ 000 \times 5\% = 17\ 500(美元)$$

$$F_2 = \frac{1}{8} \times 100\ 000 + \frac{8-(2-1)}{8} \times 100\ 000 \times 5\% = 16\ 875(美元)$$

$$F_3 = \frac{1}{8} \times 100\ 000 + \frac{8-(3-1)}{8} \times 100\ 000 \times 5\% = 16\ 250(美元)$$

$$F_4 = \frac{1}{8} \times 100\ 000 + \frac{8-(4-1)}{8} \times 100\ 000 \times 5\% = 15\ 625(美元)$$

$$F_5 = \frac{1}{8} \times 100\ 000 + \frac{8-(5-1)}{8} \times 100\ 000 \times 5\% = 15\ 000(美元)$$

$$F_6 = \frac{1}{8} \times 100\ 000 + \frac{8-(6-1)}{8} \times 100\ 000 \times 5\% = 14\ 375(美元)$$

$$F_7 = \frac{1}{8} \times 100\ 000 + \frac{8-(7-1)}{8} \times 100\ 000 \times 5\% = 13\ 750(美元)$$

$$F_8 = \frac{1}{8} \times 100\ 000 + \frac{8-(8-1)}{8} \times 100\ 000 \times 5\% = 13\ 125(美元)$$

4 年累计还本付息 = 17 500+16 875+16 250+15 625+15 000+14 375+13 750
　　　　　　　　+13 125

　　　　　　　　= 122 500(美元)

其中:累计付息总额 = 122 500－100 000 = 22 500(美元)

(2)年金等额还本付息法。

每期还本付息额 $= 100\ 000 \times \dfrac{(1+5\%)^8 \times 5\%}{(1+5\%)^8 - 1} = 15\ 471(美元)$

4 年累计还本付息额 = 15 471×8 = 123 768(美元)

其中:累计付息总额 = 123 768－100 000 = 23 768(美元)

(3)平息法。

每期还本付息额 $= \dfrac{100\ 000}{8} + 100\ 000 \times 5\% = 17\ 500(美元)$

4 年累计还本付息额 = 17 500×8 = 140 000(美元)

其中,累计付息总额=140 000－100 000=40 000(美元)

显然,平息法在贷款本金余额不断减少的情况下仍按最初贷款本金计算利息,所以对借款人利息负担最重,也不太合理,实践中很少使用。

4. 计息天数和计息基数

利息的计算方法按国际惯例一般为"算头不算尾",即计息期只包括贷款开始的那一天,不包括贷款结清的那天。但世界各国在计算利息时计息期的计算方法不同,常见的有大陆法、英国法和欧洲货币法。计息期的计算公式为:

$$计息期\ T=计息天数/计息基数$$

式中:计息天数是指银行计算利息时所算的实际天数;计息基数则是指银行计算利息时确定年利率所采用的基础天数。

(1) 大陆法(Continental Method):$T=360/360$。大陆法即计息天数和计息基数都按每月 30 天计算,而不管各月的实际日历天数。这种方法为欧洲大多数国家采用。例如:一笔贷款,本金为 1 万元,利率为 10%,按照大陆法计算 1 月 25 日到 4 月 15 日的利息,则计息天数为 80 天,利息=10 000×10%×80/360=222.22(美元)。

(2) 英国法(British Method):$T=365/365$ 或 $366/366$。英国法即计息天数和计息基数都按日历的实际天数计算,主要用于英国。如上例中,按照英国法计息天数为 80 天(闰年为 81 天),利息=10 000×10%×80/365=219.18(美元)。若闰年,则利息=10 000×10%×81/366=221.31(美元)。

(3) 欧洲货币法(Euro Method):$T=365/360$ 或 $366/360$。欧洲货币法即计息天数按日历的实际天数计算,计息基数固定为 360 天。这种方法为中国、美国等大多数国家广泛采用。如上例中,计息天数 80 天,利息=10 000×10%×80/360=222.22(美元)。若闰年,则利息=10 000×10%×81/360=225(美元)。

二、费用

国际信贷特别是中长期信贷中,除了利息以外,还有各种费用,与贷款类型、期限、借款人资信度、资金供求等因素密切相关,主要包括:

(一) 管理费(Management Fee)

管理费是借款人支付给银行作为成功筹措贷款资金的酬金。费率按信贷总额百分比计算,如银团贷款一般为信贷总额的 0.5%~1%,出口信贷约为 1%~5‰。有的在签订贷款协议时一次性支付,有的在第一次提款时支付,更多的是按每次用款额分次支付。显然,第三种支付方式对借款人最为有利。

(二) 承担费(Commitment Fee)

承担费是借款人在用款期间对未提用金额部分向贷款人支付的费用。借款人与贷款行签订信贷协议后,贷款行即承担义务准备资金给借款人使用,但借款人未按期使用款项或未按规定金额提用,造成贷款行筹措的资金闲置,则借款人要付费以赔偿损失,一般费率为 0.25%～0.5%。收取承担费的作用在于:一方面促使借款人合理安排贷款用途,及时提用贷款;另一方面使贷款人不必无限期准备资金,同时也可避免因资金闲置而遭受利息损失。

关于承担费的支付,一般先规定承担期。在承担期内,借款人如提用全部贷款额,就不必支付承担费;如只提用一部分贷款,则对未提用的余额需付承担费,过了承担期就不能提用,余额自动注销。因此,承担期又被称为提款期(Available Period)。有的贷款规定从签订贷款协议起 1 个月以后才开始收取承担费,有的规定从签订贷款协议起开始收取。承担费的计算公式为:

$$承担费 = 未提用贷款余额 \times 未提用天数/360 \times 承担费率$$

例如:一笔为期 5 年的 5 000 万美元的贷款,2011 年 5 月 10 日签订贷款协议,用款期为半年,到 2011 年 11 月 10 日截止,规定从签订贷款协议之日起 1 个月后即 2011 年 6 月 10 日起计付承担费,费率为 0.25%。该借款人实际支用贷款情况如下:5 月 12 日支用 1 000 万美元,6 月 3 日支用 2 000 万美元,7 月 12 日支用 500 万美元,8 月 9 日支用 700 万美元。4 次共支用 4 200 万美元,到 11 月 10 日用款期截止时,仍有 800 万美元未动用,自动注销,则该借款人应支付多少承担费?

解:承担费分段计算如下:

(1)6 月 10 日至 7 月 11 日共 32 天,未用贷款额 2 000 万美元。

承担费 = 2 000 万 × 0.25% × (32/360) = 4 444.44(美元)

(2)7 月 12 日至 8 月 8 日共 28 天,未用贷款额 1 500 万美元。

承担费 = 1 500 万 × 0.25% × (28/360) = 2 916.67(美元)

(3)8 月 9 日至 11 月 9 日共 93 天,未用贷款额 800 万美元。

承担费 = 800 万 × 0.25% × (93/360) = 5 166.67(美元)

因此,累计支付承担费 = 4 444.44 + 2 916.67 + 5 166.67 = 12 527.78(美元)

(三)代理费(Agent Fee)

代理费是借款人支付给代理行的费用,作为其提供服务的酬金,是签订贷款协议后发生的费用。代理费的收取标准不一,视贷款金额大小和贷款事务繁简而定,费率一般在 0.125%～0.5%。其报价有三种:每年按固定费率收取一次,按每家银行收取一定费用,一次性收取一个固定费用。

(四)杂费(Miscellaneous Fee)

杂费是贷款行为提供贷款与借款人联系洽谈,直至达成协议所发生的费用,如车马费、招待费、律师费、差旅费等,是签订贷款协议前发生的费用,一般在协议生效后,由借款人按照贷款行提出的账单一次性付清。

(五)出口信贷保险费(Premium)

若采用出口信贷融资,规定必须投保出口信贷保险,以规避信贷不能按期清偿的风险。有的国家规定按投保金额一次付清,如英国,费率约为2%～5%;有的国家规定每年支付,如瑞士,其费率约为3‰。保险费可以由进口商支付,也可以由出口商支付,也可以是双方共同负担,取决于双方的协商。

(六)罚金(Penalty)

借款人若不能按期还本付息,则要付罚金。有的贷款协议规定,如借款人提前偿还贷款,也应交付一定罚金。

上述费用,尽管都有一定的标准和费率,但均由借贷双方充分协商后加以明确,借款人一般都应尽量争取少付或不付某些费用,而借款人的资信状况往往对费用的减免起着决定性作用。

三、信贷期限

信贷期限是指自签订贷款协议之日起到贷款本息全部偿清为止、连用带还的整个期限,通常由三个部分组成:提款期(Available Period/Utilization Period/Drawdown Period)、宽限期(Grace Period)和还款期(Repayment Period),如图2—2所示。

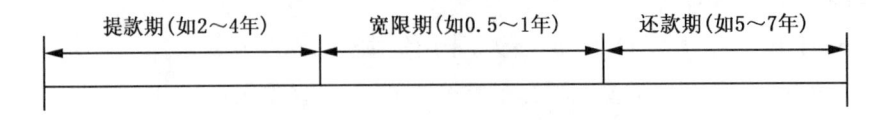

|提款期(如2～4年)|宽限期(如0.5～1年)|还款期(如5～7年)|

图2—2 贷款期限

提款期一般较短,在提款期内贷款须全部提完,过期不得再提取,逾期未提用部分视为自动放弃。宽限期通常指自提款期结束到还款期开始的这一段时间。宽限期内借款人只付息不还本,因此宽限期越长,实际使用的贷款期限越长。宽限期结束,则进入还款期,还款期内借款人需偿还本金和利息。

(一)还款方式

中长期信贷的还款方式一般有三种:

1. 到期一次偿还本金

这一方式对借款人最有利,但只适用于贷款金额不大、期限较短的中期贷款。例如:某借款人借用了一笔3 000万美元3年期的贷款,分批使用。贷款利息从每年实际使用贷款之日起算,每半年(或每3个月)付息一次;本金从签订贷款协议之日起算,3年期满时一次还清。

2. 有宽限期的分次等额或不等额偿还

规定宽限期,借款人在宽限期内只付息,不还本,宽限期满开始分次还本。适用于贷款金额大、贷款期限长的贷款。例如:某借款人获得一笔 2 亿美元的 8 年期贷款,宽限期 3 年,即借款人在 3 年内只付息不还本,从第 3 年末开始到第 8 年贷款期满时止,分 11 次等额偿还贷款本金,每半年归还贷款本金 1 818 万美元,到 8 年期满时,借款人还清所有本息。

3. (无宽限期)逐年分次等额偿还

与第二种方式类似,但无宽限期。通常是自签订贷款协议之日起,每年分次等额还本,这种还款方式对借款人最不利。例如:某借款人获得一笔 2 亿美元的 8 年期贷款,从第 1 年起,每半年偿还贷款本金 1 250 万美元,并每半年支付利息一次,到 8 年期满时,借款人还清贷款本息。

(二)名义贷款期限和实际贷款期限

名义贷款期限是指贷款合同所规定的期限。实际贷款期限是指借款人实际占用贷款金额的期限。在贷款分期偿还的情况下,有些贷款在贷款期间内就要偿还,实际贷款期限小于协议中的名义贷款期限。由于贷款本金在还款期是平均分期归还,故按数学规则除以 2。宽限期越长,实际贷款期也越长。实际贷款期的计算公式如下:

$$实际贷款期限 = 宽限期 + (名义贷款期 - 宽限期)/2$$

例如:一笔 10 年期贷款,宽限期为 4 年,实际贷款期限只有 7 年。实际贷款期限越长,意味着实际使用借款资金的期限越长。借款人争取有利的贷款条件时应考虑实际贷款期限长一些为宜。

一般来说,一国借款人从外国贷款银行获得中长期贷款,在贷款所用货币汇率不变,贷款利率也不变,而且借款人又确有中长期资金需求的情况下,贷款期限越长,对借款人越有利。如果在贷款到期时能得到延期,对借款人就更为有利。

(三)提前偿还

贷款的提前偿还是指借款人将未付清的贷款本金余额一次性支付给贷款银行,并就此终止贷款合约。在某些特殊情况下,借款人应争取将提前偿还贷款的条款列入贷款协议,规定借款人有权在贷款到期前提前还款,以便灵活把握偿还时机。常用于以下情形:第一,贷款所用货币的汇率开始上涨,并有进一步上浮的趋势;第二,在贷款采用浮动利率的条件下,利率开始上涨并有继续上涨的趋势或利率一次上涨幅度较大;第三,在贷款采用固定利率的条件下,国际金融市场上利率下降。这是从借款人角度主动要求的提前偿还。贷款人有时也会要求借款人提前偿还,如要求与借款人签订"欧洲货币供应条款",其基本含义是当贷款银行认为将要出现欧洲货币供应紧张状况时,可要求借款人提前偿还贷款。

四、信贷币种

国际借贷中,币种的选择必须综合考虑利率和汇率、外汇管制等多种因素,注意以下几点:

(1)币种选择原则上是借软贷硬,即借款人借软货币、贷款人贷出硬货币比较有利。但在浮动汇率制度下,货币的软和硬都是相对而言的,对一种货币的汇率走势不易准确把握的情况下,借款选择多种货币搭配可以分散风险。

(2)综合考虑利率和汇率。国际金融市场上通常软币的利率较高,硬币的利率较低,所以选择筹资货币时,汇率与利率应兼顾搭配。

(3)借、用、还的币种尽量保持一致,避免货币兑换时遭受汇率损失。

(4)总体上做到借款货币的多元化,减少和避免汇率风险。

综上所述,从借款人角度而言,应尽可能争取各种有利的贷款条件,如较长的利息期、较长的宽限期、较长的贷款期、有利的还款方式、部分费用的少付或者不付、提前还款条款的订立,等等。

第三节 国际银行信贷的法律条款

一、声明与保证条款(Representation & Warranties)

声明与保证条款是指由借款人对其承担借款义务的合法权限、自身财务状况和商务状况作出真实陈述,并向贷款银行保证其陈述的真实性。它包括借款人法律地位的说明和借款人财务状况和商务状况的说明。目的在于:第一,使贷款银行了解借款人的情况,便于确定是否签订贷款协议;第二,若借款人所作的声明和陈述失实时,贷款行可根据协议或有关法律,采取适当的救济方法,维护自己的权益。

借款人法律地位的说明主要包括以下内容:第一,借款人是依法注册建立的公司,其信誉良好,有签订贷款协议和经营各项业务的合法权限;第二,借款人已获得签订、执行贷款协议的授权,并已签订贷款协议;第三,签订、执行贷款协议不违反借款人所在国的法律、法院命令、借款人公司章程,并与对借款人有约束力的合同或抵押权不相抵触;第四,借款人声明贷款协议有效,对借款人具有法律约束力,并能按协议规定强制执行;第五,借款人已取得为签订、执行贷款协议所必需的政府许可;第六,借款人声明贷款协议的签订、执行、有效性和强制执行效力,无需向政府机关办理申报、注册、登记手续;第七,外国法院就贷款协议所作判决,能在借款人所在国法院强制执行。借款人财务状况和商务状况的说明包括:第一,借款人最新的经审计师审定的决算表,真实反映当时借款人的财务状况和经营状况;第二,借款人未卷入任何诉讼或行政诉讼;第三,借款人没有不执行对其有影响的任何合同、法律文书、抵押权项下的义务,也未发生违约事件;第四,借款人未在现在和未来的全部收入、某项收入、资产上设定任何担保物权。

二、贷款协议生效的先决条件(Condition Precedent)

一般来说,借款人在银团贷款协议签署生效后不可立即提款,必须等待银团代理行确认银团贷款协议所规定的某些条件已经具备时,方可要求参与贷款行放款,这些条件被称为先决条件。主要涉及用款项目的审批手续落实情况、借款人自身财务、经营和存续状况、用款项目资金需求的真实性、独立第三方(如审计师、律师)关于上述事宜的确认等诸方面的内容,旨在规范借款人提取贷款资金的程序,防范贷款风险。[①]

三、约定事项(Covenants)

关于约定事项,主要是由借款人向贷款银行约定他应做何事,不应做何事,或保证他对某些事实所作陈述真实可信。约定事项中主要包括消极保证条款、比例平等条款、财务约定条款,另外还有合并条款、资产处分限制条款等。

(一)消极保证条款(Negative Pledge)

基本含义是禁止借款人在还清全部贷款以前,以其财产为其他债权人提供物权担保。例如,协议规定,"在偿还贷款以前,借款人不得在他的财产或收入上设定任何抵押权、担保权、质权、留置权或其他担保物权,也不得允许这些担保物权继续存在"。该条款的作用在于:首先,如果本合同贷款未要求以借款人的物权作为担保,可以防止借款人以其财产为其他债权人设定担保权益,使得不具有担保权益的本合同贷款人,在债权地位上反而从属于新的债权人,处于后清偿的不利地位;其次,如果本合同贷款是物权担保贷款,则可以防止借款人以同一担保举借新债,从而保障贷款人对担保物的优先权;再次,确保同种类的债权人根据"相同的债权凭证,享受相同的待遇"(Same Paper, Same Treatment)的原则,处于彼此同等的地位;最后,间接限制借款人举借新债,以免影响其对贷款人的还款能力。

---

① 银团贷款协议中也可以约定提款的后续条件。后续条件是指借款人在提款后一定时期内必须满足的条件,如在限定期内未满足,则会构成银团贷款协议项下的违约事件,从而导致贷款行提前收回贷款。一般在收购兼并类融资项目中被大量使用,原因在于参贷行要求借款人将其利用贷款资金收购兼并获得的股权或资产抵押给参贷行,作为贷款的担保。但在贷款发放前,借款人缺少足够资金完成收购兼并,从而无法获得对该股权或资产的支配权。因此,参贷行需要给予借款人一定的缓冲期,约定在提款和完成收购兼并交割后的一定时期内,尽快完善有关抵押手续。

(二)比例平等条款(Pari Passu Covenant)

该条款的作用体现为,如果是无物权担保的贷款,它要求借款人向贷款人保证,在受偿地位上不给任何其他无物权担保债权人以法律的优先权。例如,协议规定,"本贷款协议是借款人直接的(Direct)、无担保权益的(Unsecured)、一般的(General)、无条件的(Unconditional)债务,在这些债务之间以及在借款人的其他无担保权益的债务之间,其清偿的次序应按比例平等原则平等地排列"。其中,"直接的"是指借款人已实际存在的债务,而不是或然性债务(Contingent Liability);"一般的"是指可以从债务人的一切资产中请求偿还的债务;"无条件的"是指当贷款人要求借款人偿债时,借款人不得提出任何理由作为还债的前提条件。

(三)财务约定条款(Financial Covenants)

财务约定条款要求借款人定期提供合格的财务报表,并保持规定的财务比率和标准。该条款的作用是:便于贷款人及时监督和检查借款人的经营活动和财务状况;保证借款人有足够的流动资产来满足流动负债的要求,使生产经营得以正常进行;保证贷款人回收信贷资金来源的可靠性。财务约定事项仅针对企业借款人,主权贷款中无此事项。国际银团贷款实务中应重点关注的财务指标包括负债权益比率(Debt to Equity Ratio)、最低净资产额(Minimum Net Worth)和流动比率(Current Ratio)等指标。

(四)合并条款(Merge Clause)

由于合并的风险是借款人的更换,即继任公司取代了原合同借款人的地位,为此可能会给贷款人带来严重的不利后果,因此对合并事件要加以限制,禁止借款人公司与其他公司合并,以保障贷款行的正当权益。但合并在下列情况下是被允许的:第一,继任公司已在当地注册,并以补充合同形式接受借贷合同的债务;第二,不会因为合并而发生或可能发生违约事件;第三,继任公司已满足保持最低资本净值等财务标准;第四,有会计证明书或法律意见书,证明该公司确实具备了上述条件。

(五)资产处分限制条款(Limits on Disposal Clause)

主要作用在于保持借款人资产的完整无损,防止借款人公司丧失、转移、耗减其资产,导致贷款行收回贷款的权利受到威胁,甚至变成呆账。具体包括:第一,保护借款人的资产额和完好性,当遭受非经营性损失时可从保险公司得到补偿;第二,防止借款人将资产转移给第三人,使得贷款人的债权反而变成向第三人要求偿付购买资产价金的请求权;第三,保持公司资本金,防止借款人分光其现金资产,无法进行扩大再生产,防止借款人擅自处理财产而损害贷款人的利益等。

四、违约事件条款(Event of Default Clause)

该条款列举各种可能发生的违约事件(Event of Default),一旦发生,无论其原因如何,均按借款人违约处理,贷款行可采取各种救济方法维护权益。违约事件分为:①违反贷款协议的违约事件。包括:借款人不按贷款协议规定的期限偿付贷款本金、利息和费用;违反对事实的声明和保证;借款人实际财务状况与约定事项规定不符;其他任何违反贷款协议的事件,未能在30天内做出补救。②先兆性违约事件,主要包括:第一,交叉违约条款(Cross Default)。凡借款人对其他债务有违约行为,或已宣告其他债务加速到期,或可宣告加速到期,都将视为违反本期贷款协议。第二,借款人丧失清偿能力。凡借款人经司法程序宣告破产或无清偿能力,或以书面承认无力清偿到期债务,或向债权人出让财产,或提出出让财产建议,均视为违约事件。第三,借款人公司被征用、国有化,全部或大部分资产收归公有。第四,借款人状况发生重大不利变化。

当出现违约事件时,贷款行有这样几种合同上的救济方法:一是暂时中止借款人提取贷款的权利;二是取消尚未提取的贷款;三是加速已提取贷款的到期。

贷款银行还可援用法律赋予的救济方法:第一,解除贷款协议。若借款人违约涉及贷款协议根本内容,贷款行认为借款人毁约,则采用此法。第二,请求损害赔偿。若借款人违约不是根本性的,未达毁约程度,则采用此法。第三,要求借款人偿付到期本息。第四,在借款人破产时,贷款行可申报其全部债权额,并要求清算。

五、税收条款(Tax Clause)

为了保证贷款人收益不减少,在贷款协议中大多规定税收条款。主要内容有:第一,如果借款人所在国政府因贷款人提供贷款并收取了利息和有关费用而向贷款人征税,则这一税款全部由借款人支付;第二,如果贷款人所在国政府因贷款人提供贷款并收取了利息和有关费用而向贷款人征收除公司所得税以外的其他税款,则此项税款应全部由借款人缴付。

一般来说,国际银团贷款涉及的税收主要有:

(一)利息预扣税(Withholding Tax on Interest)

利息预扣税是借款人所在国税务部门对贷款利息所得征收的税款。国际上,当借款人所在国征收利息预扣税时,除非贷款人国家的税务部门对贷款人予以税收抵免,否则,贷款人是不愿意向这些国家的借款人提供贷款的,因为贷款人涉及双重征税(Double Taxation)。按照国际金融市场的惯例,贷款行必须坚持由借款人全额包税(Tax Gross-up)。

(二)印花税(Stamp Duty)

印花税的纳税主体通常包括借贷双方,有些国家对于其在本国签署的商务合同或协议均要按签约金额缴纳一定比例的印花税。因此,贷款人要全面考虑贷款协议的签约地点、借贷双方国家税法对印花税的规定等因素,包括政府之间优惠贷款或国际金融机构贷款项下的印花税优惠政策,以避免增加此类成本。

(三)营业税(Business Tax)

营业税是贷款银行需要在本国缴纳的相关税收之一。其计税基础是利息收入,在采用浮动利率的国际信贷中,即使营业税税率不变,如果 LIBOR 利率出现大幅上扬,贷款银行最终获得的利差将相应收窄,因此,贷款行要特别关注营业税,充分考虑未来 LIBOR 的整体走势,并适当调整对借款人的报价,以便确保自己的收益不会因营业税成本增加而大幅下滑。

(四)对贷款人在借款人所在国开立的办事机构征税

如果贷款银行在该国设有办事机构,那么借款人所在国的税务部门就无需按从源课税的原则向该办事机构征收利息所得税,而把该利息收入作为该办事机构应纳税利润的一部分向其课税。

六、环境改变条款(Environment Change Clause)

该条款一般包括三方面内容:

(一)不合法(Illegality)

不合法是指在贷款协议生效以后,由于有关政府改变了法律和政策,致使借款人继续承借有关贷款成为不合法,或致使贷款人继续提供该项贷款成为不合法。如果由于借款人所在国法律变更形成的不合法,则借款人应在法律许可的范围内,按贷款协议的规定提前偿还贷款;如果由于贷款国法律变更所致,则在贷款国法律许可范围内,由贷款人将提供贷款的责任转让给第三国的银行或金融机构,以保证该项贷款业务不致中断。否则,借款人应按贷款协议规定提前偿还贷款。

(二)成本增加(Increased Cost)

成本增加是指在贷款协议生效后有关政府部门改变原有法律或政策,致使贷款人要向有关政府部门或机构支付税款和费用(贷款人所在国向其征收的公司所得税除外)。在此情况下,借款人应代贷款人支付有关税款和费用,并对贷款人在收益方面的损失给予补偿(Indemnity);同时,也可要求贷款人将提供贷款的责任转让给第三国的银行或金融机构,以避开"成本增加"的法律或政策。如贷款转让不能实现,借款人又不愿意对贷款人的收益损失加以补偿,则借款人应提前偿还贷款。

(三)基础借款替换(Substitute Basis Borrowing)

基础借款替换一般是指国际资金市场发生异常变化,贷款人无法筹集到提供贷款的资金,或筹资成本超出借款人愿意承受的能力限度,这种情况下,贷款人设法将提供贷款的责任转让给其他银行或金融机构,如转让目的达不到,借款人应提前偿还贷款。

七、适用法律条款（Proper Law）

国际银行信贷涉及两个或两个以上国家的法律，这就产生该项国际贷款协议应受哪国法律约束的问题，若双方发生争议，应根据哪些原则确定它应适用的法律。准据法（Governing Law）是指借贷双方在国际贷款协议中明文约定的用于处理协议各方在协议执行过程中可能发生的各类争议的基准法律；或若借贷双方事前对此未作出具体规定时，则指法院根据法院所在国冲突法规则认为应适用于该贷款协议的法律。

八、司法管辖权（Jurisdiction）

司法管辖权旨在解决借贷双方在执行贷款协议过程中发生争执，应在哪个法庭进行诉讼的问题。如在贷款协议中订明某地法庭对处理双方争议拥有"专有管辖权"（Exclusive Jurisdiction），即双方发生争执只能到协议中订明的那个法庭去诉讼，不能去其他地方的法庭；如果贷款协议中订有某地法庭对处理双方诉讼拥有"非专有管辖权"（Non-exclusive Jurisdiction），则双方发生争执时可在该法庭进行诉讼，也可到贷款协议未指定的其他法庭进行诉讼。

第四节　国际银团贷款

国际银团贷款是由一家或几家银行牵头、多家银行参加而组成的银团按照内部的分工和比例向某一借款人发放的贷款，又称为辛迪加贷款（Syndicated Loan）。

2011年中国银监会颁布实施的《银团贷款业务指引》（修订）对银团贷款的定义为：银团贷款是指由两家或两家以上银行基于相同贷款条件，依据同一贷款协议，按约定时间和比例，通过代理行向借款人提供的本外币贷款或授信业务。

一、银团贷款的特点

（1）筹资金额大，贷款期限长。银团贷款与普通国际商业银行贷款相比其金额更大，期限更长，一般为5～10年，属于中长期贷款。银团贷款由多家银行组成，其经济实力雄厚，在提供数十亿美元巨额信贷资金的同时，又使银行不至于承担太大的风险和违反法律规定。因为各国银行法大多禁止一家商业银行对同一借款人的贷款数额超过银行资产的一定比例。例如，我国《商业银行法》第39条规定的该限制比例为银行注册资本的10%。

（2）贷款用途不受限制。银团贷款不附带限制性条件，不像政府贷款和出口信贷那样有严格的用途限制,可用于技术设备、建筑工程和生产资金等多方面的款项支付。

(3)所有成员行的贷款均基于相同的贷款条件,使用同一贷款协议。贷款银团仅拥有一个共同的贷款协议,包含着参与银团的贷款银行对同一借款人所提供的相同的条件和期限。国际银团贷款的借款人对整个贷款支付相同的贷款利率,而不随贷款银行的不同而变化。牵头行根据借款人提供的资料编写信息备忘录,供其他参加银行决策参考。在此基础上,银团参加行按照"信息共享、独立审批、自主决策、风险自担"的原则自主确定各自的授信行为。

(4)管理方便。银团贷款法律文件签署前,由牵头行对借款人、担保人及其他当事人进行调查和征信,一切往来活动都通过牵头行进行。贷款法律文件签署后,则由代理行负责合同的执行和贷款管理工作。这样方便管理,可以避免因分散贷款的复杂关系所出现的矛盾。

二、银团贷款的兴起和发展

银团贷款起源于20世纪60年代,流行于70年代,80年代末有了较大的发展,是发达国家和发展中国家筹集资金的重要渠道。国际银团贷款的发展可以分为四个阶段:

1. 高速起步阶段(1968—1981年)

第二次世界大战以后,得益于欧洲美元的诞生以及跨国银行同业市场的发展,不同国家的贷款银行才有机会在提供共同融资和遵守共同条款的基础上,组成银团对外贷款。1968年,以美国信孚银行(Bankers Trust)与雷曼兄弟为经理行、有12家银行参与的银团,对奥地利发放了金额为1亿美元的贷款,这是国际上第一笔银团贷款。早期的银团贷款服务对象集中在基础设施建设领域,以欧美发达国家的公路、电力、石化和通信等基础设施建设的项目融资为代表。从1968年到1981年,银团贷款快速兴起。1968年银团贷款总额为20亿美元。第一次对国际银团贷款作出详细记载和统计的是1972年的《欧洲研究》(*Euro Study*),当时全球年银团贷款额为110亿美元。1973年达到195亿美元。1974年,银团贷款受两次美元贬值的影响,有所回落。1975年,国际银团贷款又迅速回升,以每年平均46%的比率增长。到1981年,银团贷款已达1 376亿美元,占国际资本市场长期贷款融资额的74%。贷款主要发生在伦敦、香港、新加坡和纽约等地,币种以美元为主,比重超过了90%,其次为德国马克、瑞士法郎等币种。借款国主要是西方工业国家。一些主要新兴工业国家所占的比重也在逐年增加,如1981年非欧佩克发展中国家所利用的国际银团贷款占到所有国际银团贷款总额的1/3。

2. 停滞和萎缩阶段(1982—1986年)

这一阶段,由于以下几方面原因,银团贷款和欧洲货币贷款锐减:第一,20世纪80

年代发展中国家债务危机的发生,导致国际银行界放贷谨慎;第二,作为国际借贷资金重要供应者的石油输出国银行存款大量减少,在国际资本市场上由贷款人转为借款人;第三,西方工业国国内经济复苏对资金需求量增加,减少了资本输出。1982 年两类贷款合计为 982 亿美元,1983 年为 380 亿美元,1985 年则进一步下跌到 1973 年的水平——189 亿美元。至此,以基础设施建设为代表的项目融资银团贷款进入停滞萎缩时期。

3. 复兴发展阶段(1987—2007 年)

发展中国家债务危机的缓解使国际银团贷款重新兴起。同时,20 世纪 80 年代,得益于一系列杠杆融资活动的出现和高收益债券市场的重新开放,美国的并购融资活动特别活跃,相应地,以并购融资为主导的美国银团贷款市场也异常火爆,成为 90 年代末期市场的主流,其融资额往往高达数百亿美元。银团贷款迎来了以并购杠杆交易为主的第二个发展高潮。此外,世界各国金融管制日趋宽松,对国际资本流动的限制放宽,国际资本流动日益频繁。1990 年,国际资本市场融资总额为 4 418 亿美元,1994 年增加到 9 676 亿美元,其中,银团贷款占总融资额的 20.96%。从 1995 年年底到 1999 年年底,银团贷款总额由 3 202 亿美元增长到 9 571 亿美元,4 年间增长了近 2 倍。2007 年则达到创纪录的 3.98 万亿美元。

4. 新一轮下降及复苏阶段(2008 年至今)

2008 年受美国次贷危机及全球金融海啸的影响,国际主要跨国银行损失惨重,放贷能力和意愿受到很大的限制,银团贷款市场再次经历拐点,2008 年和 2009 年均有较大降幅。截至 2009 年末,全球银团贷款规模 1.81 万亿美元,创十年来新低(如图 2-3 所示)。

随着金融危机后世界经济的复苏,银团贷款规模逐步回升,2018 年全球银团贷款签约总额达到了 4.7 万亿美元。按地区划分,美洲的银团贷款市场约占全球总量的 60%(其中美国占比约 90%),EMEA 地区(即欧洲、中东、中亚及非洲)约占 24%,亚太地区仅占约 16%,与该地区的经济及金融规模尚不匹配,增量市场潜力巨大。2019 年,亚太地区(除日本外)银团贷款总额为 4 642 亿美元,较 2018 年略降 4.2%。亚太地区银团贷款(除中国内地、日本外)主要分布于中国香港和澳门、澳大利亚、新加坡,占亚太地区的 60%~70%,其中中国香港市场份额最大,2019 年约为 30%。近年来亚太地区银团贷款市场整体发展趋缓,主要是受全球经济持续放缓、中美贸易摩擦以及 2017 年以后中国加强资本管制、企业跨境并购活动减少等因素的综合影响所致。银团贷款的产生和发展顺应了国际金融市场自由化、一体化、全球化的发展趋势,也促进了资本市场和货币市场的发展,预期将长期在国际金融市场扮演重要角色。

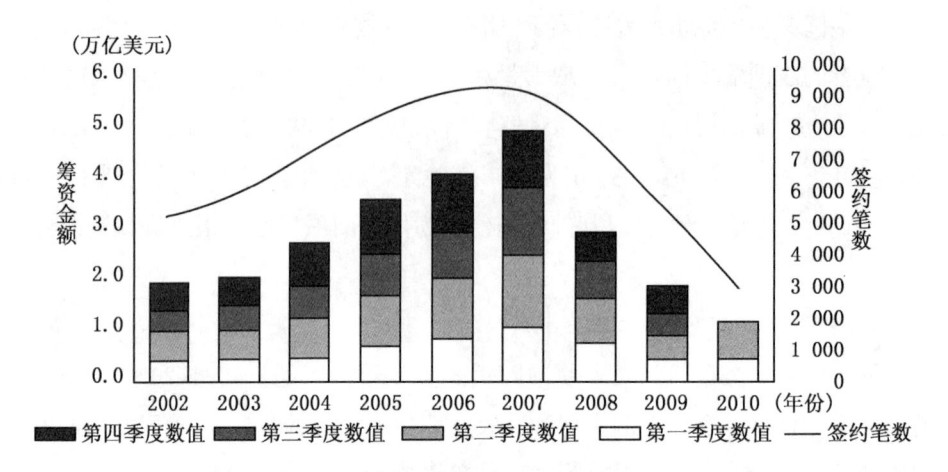

资料来源：Thomson Reuters，*Syndicate Loan Review*，2010。

图 2—3 2002—2010 年全球银团贷款变化走势

三、国际银团贷款的成员与职责

(一)银团的内部分工

1. 顾问行(Adviser)

顾问行通常在融资结构比较复杂的银团中出现，并非银团中必需的角色，其职责范围也不限定。顾问行一般需要基于项目资料和尽职调查报告，编制财务模型，设计融资结构，拟定融资基本条件，进行市场测试并推荐参贷金融机构，发出融资邀请函及相关项目资料。按照国际惯例，为避免利益冲突，银团贷款的顾问行一般不再作为贷款人提供融资。

2. 牵头行(Lead Bank)

牵头行又称为主办行、安排行(Arranger)，是银团贷款的组织者和安排者，接受客户书面委托筹组银团并安排贷款分销。牵头行可以由一家银行担任，或由几家银行联合担任。在金额较大的银团贷款中，一家牵头行有时往往难以照顾，还需要设一个或若干个副牵头行(Co-leading Bank)或副安排行(Co-arranger)协助其工作，从而吸引更多的银行参加，另外，还可以根据需要设高级牵头行等头衔，以提高这些有影响的银行在银团中的地位，从而吸引更多的银行参加银团。

3. 经理行(Manage Bank)

经理行参与贷款辛迪加的组织和管理，起辅助作用，负责与牵头行一起组织经理团(承销团)，对借款人包销贷款。

4. 副经理行(Co-Manager)

副经理行一般不参与管理组织以及贷款包销，但在贷款中可能提供较大份额的资金,或与借款人有特别密切的关系,或有较好的声誉便于推销贷款等。

牵头行、副牵头行、经理行和副经理行在银团贷款里是第一个层次的银团成员行。

5. 代理行(Agent Bank)

代理行是在贷款合同签订之后由贷款银行任命的负责贷款后续管理的银行,是贷款人的代理人,充当银行与借款人之间的资金和信息传递渠道。代理行通常由牵头行或其分支机构担任,也可以协商确定,由贷款管理经验丰富和结算能力强的商业银行来担任。在结构比较复杂的银团贷款中,还可对代理行作进一步的细分,如设立账户代理行、放款代理行、还款代理行、担保代理行、文本代理行等角色,负责协调落实银团贷款的各项事宜。特别是在项目贷款中,往往设置担保代理行(Security Agent),负责协调落实贷款中的各项担保,包括各项权益转让和抵押物监管等事宜。

6. 参与行(Participating Bank)

参与行是银团的组成成员,按照银团协议规定的出资份额提供贷款并承担相应的收益和风险。参与行的特点是:第一,只提供资金,不参与经营和包销。第二,独立决定是否提供贷款。参与行在接到银团邀请函及信息资料后应进行独立评估,认真探讨银团贷款合同的法律风险、该合同所依据的授信条件、借款人公开的信息范围、合同中规定的承担义务,不依赖牵头行及其判断和评价。第三,参与行之间的权利和义务相互独立。一旦出现借款人违约,只承担自己所投入的资金损失,对其他参与行不负任何责任。一家参与行未按照约定发放贷款,其他成员行也不负责任。

(二)银团主要成员的职责

1. 牵头行

牵头行对借款人的主要义务是根据委托书的规定,为借款人物色贷款银团,组织银团,对各参与行的义务是如实提供借款人的全面情况,如果与事实不符,牵头行应对各参与行由此造成的损失负责。其主要职责体现为:第一,为外国借款人挑选贷款银行,组成贷款银团向该借款人贷款;第二,协助借款人共同编制供各家参加贷款的银行评审的信息备忘录(Memorandum);第三,协助律师起草贷款协议和有关法律文件;第四,代表银团与借款人谈判、协商贷款事宜,并组织银团成员与借款人签订贷款协议。

根据中国的《银团贷款业务指引》,单家银行担任牵头行时,其承贷份额原则上不少于银团融资总额的20%,分销给其他银团贷款成员的份额原则上不低于50%。由于牵头行承担了大量的工作和责任,因此,银团贷款的前端费用一般都支付给牵头行由其进行分配。

2. 代理行

银团贷款协议签订以后,贷款人和借款人不直接发生关系,而是通过代理行联系。一方面,代理行按照借款人提款通知规定的时间和金额,将各个贷款行的贷款调入借款人指定的银行账户上,在每一个还款期和付息日,通知借款人该期应付的贷款本金和利息;另一方面,代理行及时将借款人的还款按比例划拨到各个贷款人指定的银行账户上。其主要职责体现为:第一,开立专门账户管理贷款资金;第二,审核借款人是否满足贷款合同规定的先决条件;第三,根据约定的提款日期或借款人的提款申请,按照协议规定的贷款份额比例,通知银团各成员行将款项划到指定的账户;第四,监督借款人按照规定的用途使用贷款,实施贷后管理,如检查贷款抵押品、借款人的财务状况等,发现异常情况,及时通知成员行;第五,计算、划收贷款利息和费用以及本金,并按合同约定划转到各成员行指定账户;第六,如果借款人发生违约或早期违约事件,代理行必须确定采用哪种补救措施,是否需要作出加速到期的决定等,代表银团与借款人联系,并将谈判结果和处理意见通知银团。

3. 参与行

其主要职责是参加银团会议,按照约定及时足额划拨资金至代理行指定的账户;在贷款存续期间,应了解掌握借款人的日常经营与信用状况的变化情况,对发现的异常情况应及时通报代理行。

四、银团贷款的类型

(一)直接银团贷款(Direct Syndicated Loan)

直接银团贷款是指在牵头行的组织下,各家贷款行与借款人直接签订贷款协议,或通过代理银行代表它们同借款人签订贷款协议,它们按统一的条件贷款给借款人。其特点是:各当事人之间的法律关系十分明确,各贷款行同借款人之间形成直接债权债务关系。在直接银团贷款中,每家贷款行的贷款义务仅限于它们所承诺的部分,各自分开,没有连带关系,对其他银行贷款义务不承担任何责任。

(二)间接银团贷款(Indirect Syndicated Loan)

间接银团贷款也称为参与式银团贷款。参与行同借款人之间无直接债权债务关系,由牵头行向借款人提供贷款,然后在不通知借款人的情况下将参与贷款权(Participation in Loan)出售给其他愿意提供贷款的银行,这些银行即为参与行,它们将按各自承担的数额向借款人提供贷款,牵头行负责整个贷款的管理工作。

间接银团贷款的优点在于:首先,只需进行贷款参与权的转让,就可以达到更换贷款行的目的;其次,在贷款协议存在物权担保的情况下,由牵头行一家持有并行使此项担保物权,法律关系比较简单;再次,因受本国法律限制不能直接参加的银行,可以通过间接方式参与。其缺点在于:第一,借款人违约时,参与银行无法行使抵消权;第二,各国的法律规定不明确,使得很难明确对参与行的补偿或其他保护性条款。

五、银团贷款的费用

在银团的组建和维护过程中,银团成员付出了大量的时间、成本和努力,其补偿并不体现在贷款利息收益中,因此,借款人除支付贷款利息外,还应就银团成员方面的成本支付合理的报酬和费用,主要包括:

(1)承担费(Commitment Fee)。这是贷款人按贷款协议准备了资金,但借款人未按提款计划使用贷款,因此向贷款人支付的费用补偿。

(2)代理费(Agent Fee)。代理费作为银团代理行对银团贷款项目进行日常维护和组织协调的报酬。

(3)安排费(Arrangement Fee)。这是对牵头行组建银团付出努力的报酬。借款人应在首次提款前或提款后尽快向牵头行支付安排费。

(4)参与费(Participation Fee)。有时,参贷银行会要求借款人基于参贷行的贷款认购金额支付一笔(或逐年支付)贷款参与费。

上述费用在不同项目中的名目可能略有差异,但通常计算方法都与贷款额度挂钩。此外,各银团成员在与借款人谈判、起草、签署和执行银团贷款协议过程中产生的成本、支出和费用,也需要由借款人来承担和补偿。这些费用不仅包括银团各成员的内部行政成本,也包括聘请律师或其他第三方顾问所支付的费用或诉讼成本。

六、国际银团贷款流程

一笔银团贷款协议通常要经过选定牵头行、准备文件、组成银团、贷款分销、谈判签约及广告宣传几个环节之后才能达成。

(一)初步协商,选定牵头行

借款人通过与选定的银行互相提交委托函、承诺函和全权委托书来选定牵头行。

委托函(Mandate Letter)是借款人授权牵头行为其组织银团贷款的信件,称为邀请要约。内容包括贷款金额、货币、期限、用途,还附加董事会决议、提供的担保和抵押以及其他必要的文件。不同借款人在选择牵头行时有不同的原则,有的借款人注重同银行的历史关系;有的轮流选择几家银行作为牵头行,以便与多家银行保持良好的合作关系;有的则依据以往组团记录评估各家银行的组团能力来选择牵头行;还有的通过招投标方式选择牵头行,以获得最优惠的贷款条件。

借款人提交委托函后,受托银行对申请贷款的项目进行审查,若认为项目可行,同意贷款,则向借款人发出承诺函(Commitment Letter)。借款人收到委托银行的承诺函后,立即召开董事会研究,若同意贷款条件,应迅速向银行递交授权书(Authorization),授权其为牵头行,负责组织银团贷款,并起草有关法律文件。或者也可以由银行在审批工作完成以后向借款人提交"贷款安排建议书",请借款人签回确认,以便确认牵头行为借款人组织银团贷款的权利和责任,以及贷款的主要条件。

银团贷款的审查与其他贷款的审查基本相同,主要分析借款人的财务状况和偿债能力、借款人拟投资项目的市场前景、预期效益、贷款效益与风险等。

(二)准备文件,筹组银团

牵头行得到借款人的正式授权后,即可开始聘请律师,根据借款人提供的有关资料起草信息备忘录、贷款条件清单、贷款协议和其他法律文件。

贷款条件清单和信息备忘录准备好后,牵头行就可以向其选择的参与行发出邀请,包括贷款邀请函、贷款条件清单、接受邀请格式、信息备忘录及其他相关文件。参与行的选择通常有两种渠道:一是有参与意愿的银行与借款人联系,借款人提议牵头行邀请该行参加银团;二是由牵头行提议并邀请参加。被邀请银行签回接受邀请格式则表示该行愿意按目前的贷款条件参与该银团的要约。

各银行收到上述邀请后,或同意牵头行的贷款条件清单,或提出自己的报价。报价包括贷款金额、利率、期限、费用、还本付息条款、税务条款和法律条款等。牵头行接到各行的报价后,经过研究协商,归纳出一份正式的报价向借款人提交,请其提出意见。

(三)贷款分销及谈判签约

借款人接到牵头行代表银团提出的报价后,要对每项条款认真考虑,特别是贷款利率、期限和费用等条款是否能接受,提款期、宽限期和还款期的划分是否与项目的工程进度和用款计划相吻合,其他要求的条件是否能做到,等等。如有异议,就要与牵头行进一步谈判。

在直接银团贷款中,是先进行贷款分销而后才签约。借贷双方将反复对银团贷款协议进行商谈,银团的各成员行都可以提出意见。但是,讨论的范围仅限于协议的细节条款,而贷款条件清单中已列明的条款,除非借款人和牵头行达成一致意见,否则不能修改。需要注意的是,参与行不能直接向借款人索取资料,而必须以牵头行提供的信息备忘录作为依据评价贷款的收益与风险,并且在参加行认购的金额限度内,牵头行有权确定各参与行的最终贷款份额。

在间接银团贷款中,是先贷款签约而后进行分销。贷款协议的各项条款由牵头行直接与借款人谈判确定,并以自己的名义与借款人签订贷款协议书。牵头行与借款人达成贷款协议后,通过与其他意欲参加银团贷款的银行签订出售参与贷款权协议,组成银团。

银团贷款有三种承销方式:一是全额包销(Fully Underwriting/Firm Commitment Underwriting),即经理银行团承诺无论贷款分销情况如何,最终都保证借款人能够获得全部贷款资金；二是部分包销（Standby Commitment），即经理银行团只对部分金额做出承诺，另一部分按"最大努力"原则在市场上筹集；三是最大努力承销（Best Efforts Underwriting），即牵头行承诺按贷款条件尽最大努力在市场上筹集，保证借款人获得最多的贷款，如果银团组建失败，牵头行不负责提供贷款。实践中，市场最常见的是"最大努力承销"方式，也就是牵头行不承担任何包销责任，但会竭尽全力为借款人安排这笔贷款。牵头行的包销承诺仅限于银团筹组阶段，到银团完成最后份额分配并签署贷款协议时即告结束，在日后银团的提款与管理过程中，牵头行与其他成员行一样，仅按照自己所持贷款比例承担相应承诺责任，并不再对任何其他银行的份额承担义务。

通常，贷款协议一经所有各方正式签署以后即生效，它对签署各方的约束力也就形成。但有的贷款协议则规定，在某种先决条件（Condition Precedent）具备时该协议才生效。如贷款人必须收到了借款人提交的有关证明文件、担保文件、授权书和律师意见书等以后，贷款行才承担向借款人贷款的义务。

（四）广告宣传

贷款分销工作完成，借贷双方对协议文本均没有异议后，将举行签约仪式，同时进行宣传。广告宣传在银团贷款中是一个很重要的环节，借款人和银团各成员行都将通过宣传提高国际知名度。对于银行来说，庆祝仪式表明它们的成绩，加强宣传可以提高它们在国际金融界的名声。对于借款人来说，则可扩大其在国际金融界和投资界的影响，以便将来融资争取到更有利的条件。银团签约后，还应在报纸上登"墓碑式公告"（Tombstone）。制作水晶纪念碑作为项目永久留念是银团贷款市场的习惯，上面印有银团贷款规模和银团分工的详细情况。签约之后，代理行将跟进银团贷款的管理，根据银团贷款协议履行各项职责。

专栏 2—2　中国银行银团贷款的办理流程

1. 中国银行客户经理关注客户的融资需求；
2. 收到客户贷款信息/融资招标书；
3. 与客户商讨、草拟贷款条款清单、融资结构；
4. 中国银行获得银团贷款牵头行/主承销行的正式委任；
5. 中国银行确认贷款金额；
6. 确定银团筹组时间表、组团策略及银团邀请名单；
7. 准备贷款信息备忘录，拟定组团邀请函，向有关金融机构发出邀请；
8. 参与行承诺认购金额；

9. 确认各银团贷款参与行的最终贷款额度；

10. 就贷款协议、担保协议各方达成一致；

11. 签约；

12. 代理行工作。

上述流程如图 2—4 所示。

资料来源：中国银行网站。

图 2—4　中国银行银团贷款办理流程

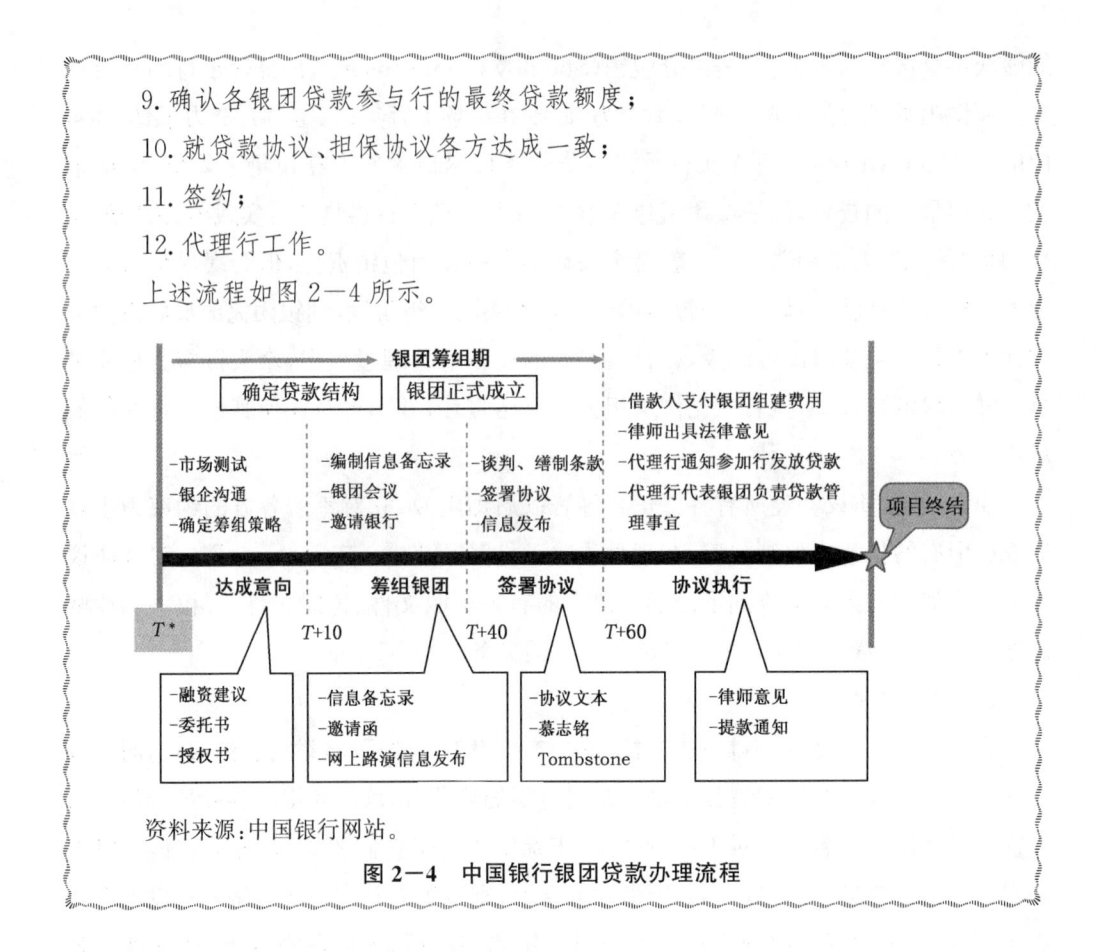

七、银团贷款的主要文件

（一）委托函（Mandate Letter）

委托函是借款人书面委托牵头行为其组织银团贷款的文件，称为邀请要约。主要内容包括：确认借款人接受发起银行的贷款条件；明确对牵头行筹集银团贷款的分销方式；对牵头行开展相关工作进行授权；以及市场排他条款。

（二）贷款安排建议书（Loan Arrangement Proposal）

拟担任银团牵头行的银行在与客户（借款人）初步协商一致后，或者在竞争牵头行的投标中标后，要向客户正式提交一份贷款安排建议书。该建议书包括牵头行对贷款安排的陈述和借款人的确认两部分。第一部分陈述：银行明确表示将作为牵头行为借款人筹组一项银团贷款；牵头行或包销团承担的贷款承销责任；贷款的主要条件，一般将条件清单作为建议书的附件；请借款人予以确认的字样。第二部分写明：借款人授权某银行作为牵头行，按照所附清单中列明的主要贷款条件等组织一项银团贷款，并预留出借款人签字盖章的位置。贷款安排建议书具有"要约"的法律属性，如果借款人签字确认,则具有"承诺"的法律属性,是银团贷款筹组的法律依据。

(三)信息备忘录(Information Memorandum)

信息备忘录是由牵头行以借款人名义编制并分发给各有关银行邀请其参加银团贷款的一份重要法律文件。它是有关借款人经济、财务、组织结构等方面内容及有关项目评估方面的基本资料,是供有关银行考虑是否参加银团贷款的主要依据。因此,牵头行在准备资料备忘录时应做到真实完整、准确无误。要点包括:①牵头行的免责声明。例如,牵头行对这些信息的准确性或完整性不作任何保证或担保;信息备忘录中的信息不应被视为对未来状况的承诺或保证;拟参加银团的银行应该对贷款人、借款人、担保人等进行独立的调查、分析和评估。②借款人的授权书。③信息备忘录的保密性。信息备忘录是保密的,仅用于候选银行决定是否参加银团贷款,未经同意不得用于其他目的或提供给任何其他人,等等。④正文。包括以下主要方面:交易概要;交易结构和主要条款;公司概况;借款人的法律地位及概况、公司或项目的概况及市场分析等;行业概况;担保人/担保物介绍;历史财务信息;牵头行根据借款人提供的前三年经会计师事务所审计的财务报表,列明上述财务报表中的主要情况;另外,应将有关财务比率等列表说明;财务预测。⑤附录。

(四)贷款条件清单(Term Sheet)

清单列出了银团贷款的主要条款,主要内容分为金融和法律条件,包括:借款人,贷款人(牵头行),贷款金额及币种,贷款期限,贷款用途,提款还款的方式,担保人,担保物,提款前提条件,可提贷款额度的取消,相应的融资文件,声明与保证,约定事项,贷款利率,安排费率,代理行费率,违约利率,杂费,税务安排,适用法律及司法管辖,银团贷款单一市场条款①等。该清单通常作为贷款安排建议书和贷款邀请函的附件,是银团设计方案的基础,作用非常关键。

牵头行在起草贷款条件清单时,需要注意以下几点:第一,各项金融条款应能基本符合自身和出口信用机构(如果有)的要求,以便确保后续审批畅通(即便如此,也还要在其中明确各项贷款条款以贷款协议为准);第二,关注税收条款,为避免因国际税收引起的成本增加,牵头行应明确约定由借款人承担各项税收;第三,贷款条件清单应列明有效期,以防止各项贷款条件在市场形势已经发生较大不利变化的时候牵头行还不得不遵守这些条件。

(五)贷款邀请函(Invitation Letter)

贷款邀请函是牵头行向其他银行发出的要约邀请,即代表借款人,按照列示的主

---

① 单一市场条款(Clear-Market Clause)是指借款人在委托安排银团贷款时承诺不会同时在市场上筹措与该笔业务冲突的贷款。

要贷款条件,邀请其他银行参加银团贷款,并邀请同意参与的银行在某日某时前签回接受邀请格式。被邀请银行签回接受邀请格式则表示该行愿意按目前的贷款条件参与该银团的要约。邀请函一般包括如下内容:借款人名称、银团总额和结构、贷款的期限和利率、认购银团的不同金额及可以享受的头衔和费用收入、关于反馈时间的要求、关于保密方面的义务、贷款条件概要(Summary of Terms and Conditions)[①]及承诺函的格式等。

(六)承诺函或确认函(Commitment Letter)

受邀银行在完成内部审批后,应在邀请函要求的时间内按照一定格式向牵头行出具承诺函,承诺其愿意按照邀请函中的条件参加银团。承诺函应包括:同意承贷的金额,费用水平,表明己方是独立评审后作出的参贷决定。

(七)保密函(Confidentiality Letter)

牵头行在向其他银行发出贷款邀请的同时,还将发送保密函,要求接到邀请函的银行对借款人的信息保密,不得随意泄露邀请函的内容。保密函除在筹组国际银团的过程中经常用到外,在双边贷款或在国际银团贷款进行转让时也经常使用。内容包括:需保密信息的定义和用途、承诺保密一方的相关义务、保密期限、发出保密协议一方的免责事项、各项救济手段及管辖法律等,如指出资料来源保密,不得将客户及贷款业务资料向第三者透露,被邀请参加行不得直接跟借款客户联系,不得将该业务资料用于其他用途等。

(八)律师意见书(Legal Opinion)

律师意见书在银团贷款中也是一份必不可少的重要法律文件。这是借款人的律师受贷款人的委托,对贷款协议及相关文件进行审查后,基于对特定事实的假设,形成专业的判断,并基于此出具的一种律师业务文书。对贷款人而言,一份令人满意的律师意见书是其判断相关法律风险是否可以接受的重要依据。以英国律师意见书为例,一般包括导言、假设条件、律师意见(主要包括债务人所承担义务的合法、有效、有约束力及可强制履行等,没有其他法令影响债务人履行相应义务,执行标的文件所涉税项,借款人的合法注册等)及保留条款(主要是律师认为不太确定的事项或存在一定法律风险的事项)。

(九)银团贷款协议(Syndicated Loan Agreement)

它是银团贷款中最核心的文件。所有条款大致分为范式条款和非范式条款。前者是在任何银团贷款项目中都具普适性的条款,主要包括利率和利息期长度确定方

[①] 贷款条件概要的各项条款源自贷款条件清单,但牵头行会根据情况需要,把安排费等相关费用条件适当放宽或隐蔽,以确保自己能够获得最高水平的费用收入。

式、利息支付方法、还款和提前还款、税费补偿、违约事件发生后的救济措施、银团成员之间的关系、银团表决机制、费用①和补偿、贷款转让、借款人抵消的禁止等。非范式条款则主要涉及因贷款项目不同而可以在各方协商基础上加以变更、补充或删减的条款,如提款先决条件、强制提前还款的情形、借款人声明和陈述、借款人承诺、违约事件的构成、管辖法律和争议解决方式等,也是双方谈判的焦点。

一份银团贷款协议,主要由以下内容构成:①导言;②定义和解释规则;③贷款额度和贷款用途;④先决条件及提款程序;⑤利息;⑥还款;⑦税费;⑧声明和陈述;⑨借款人承诺;⑩违约事件和救济措施;⑪银团成员之间的关系;⑫费用和补偿;⑬转让;⑭适用法律和争议解决方式;⑮主要附件。

八、银团贷款对当事人的作用

(一)对银行的作用

(1)由于贷款金额巨大,银团贷款方式有助于贷款行分散风险。

(2)牵头行可以通过银团贷款建立市场地位,维护与客户关系,加强与其他银行的业务合作,获得相关费用。

(3)代理行可以获得代理收入以及与银团贷款相关的中间业务收入,掌握第一手信息。

(4)银团贷款是中小银行进入国际贷款市场、参与国际业务的主要途径,起到开辟新市场、宣传自己的作用。

(5)各银行可以通过银团贷款方式加强同业合作,共同维持一定的利率水平,避免同业之间的恶性竞争。

(二)对借款人的作用

(1)可以满足借款人的中长期大额资金需求。

(2)仅需要提供一次财务状况报表,只需要和牵头行协商,节省谈判时间和精力,降低筹资成本。

(3)有助于建立与其他银行的联系。

(4)有助于提高借款人的声誉。

(5)相对于发行债券而言,银团贷款方式更容易融资。

银团贷款对借款人也存在一定的约束,例如,透明度高,借款人需要向多家银行提

---

① 国际银团贷款实务中,各项费用的费率通常不在贷款协议中直接写明,而是在独立的费用协议(Fee Letter)中约定。这样可以保持各项费率在较小的范围内公开,如只有借款人和牵头行知道。因此,牵头行在筹组银团的时候,可以在借款人愿意承担的总体费用水平不变的前提下,根据参贷银行的参贷金额分配不同的费用收入水平。通常,参贷金额越高,银行可以享受的费用收入越高。

供财务信息;借款人需要满足多个银行的条件,需要得到全部或大部分银行的同意,才能更改合同条款。

九、中国的银团贷款

我国的银团贷款起步于20世纪80年代初,当时主要是为了扩大利用外资渠道,其中最具代表性的是"大亚湾核电站"项目,中国银行1986年为该项目筹集了131.4亿法郎及4.29亿英镑。国内第一笔人民币银团贷款是中国农业银行、中国工商银行及12家信用社(亦称长潭银团)于1986年为江麓机械厂提供的438万元人民币贷款。

自20世纪90年代开始,国内主要的金融机构开始参与并组织银团贷款为相关项目进行融资,以中国石化系统"七五"期间几套乙烯装置的建设安装和90年代的技改项目最为典型。国际银团贷款也被大量用于支持交通、通信、旅游、能源、机电、化工等基础性项目。参与的机构既有国有商业银行、股份制商业银行,也有政策性开发银行,还有信托投资公司、外资银行分行等。此外,我国银行还积极参与国际金融合作,例如,中国银行和中信实业银行参与国际银团对英吉利海底隧道的贷款。

进入21世纪,随着我国加入WTO和金融市场化步伐加快,国内银团贷款市场日趋活跃。中国银行业协会银团贷款与交易专业委员会的统计数据显示,我国境内(不包括香港特区、澳门特区、台湾地区)银团贷款余额从2006年的0.39万亿元增加到2018年9月末的7.17万亿元。在规模增长的同时,银团贷款整体资产质量较好,2017年末银团贷款不良贷款总额275.94亿元,平均不良率0.43%。但近年银团贷款在全国新增贷款中仅占10%左右,后续仍有提升潜力。

2007年,银团贷款与交易专业委员会发布了《银团贷款前端文件格式文本》和《银团贷款合同示范文本》的1.0版本,这是中国市场上第一次发布银团贷款业务的示范文本,经过2010年和2012年的两度修订,2018年1月又公布了与时俱进的4.0版本《银团贷款合同示范文本(2017年版)》,为各家银行从事银团贷款业务提供了更具有时效性、更符合当前市场趋势和诉求的基础模板。随着银团贷款一级市场的快速发展、银团贷款余额的不断扩大,发展银团贷款二级市场的需求也随之产生。从2004年开始,我国商业银行出于对自身流动性管理的需求,开展了一定规模的银行间银团贷款转让交易。2010年,银团委员会先后发布了《中国银行业协会银团贷款转让交易示范文本》《银团贷款转让交易规范》等规范性文件,旨在规范市场操作流程,提高交易效率,减少交易成本,由此形成了银团贷款一、二级市场齐头并进的局面。目前,国内的银团贷款还存在着十分广阔的发展空间。

案例 2—1 海航的并购困局

一、大手笔联姻英迈

（一）交易背景

2016 年 12 月 6 日，美国英迈国际（Ingram Micro Inc.，IMI）宣布与海航集团旗下天津天海投资发展股份有限公司 60 亿美元的并购交易完成全部交割。

英迈国际成立于 1979 年，是全球最大的 IT 产品分销商和供应链服务商，业务网点覆盖全球 160 多个国家和地区，与全球 45 个国家和地区的 1 800 多家厂商建立了合作关系，为超过 20 万家经销商提供服务。2015 年营业收入 430 亿美元，位列 2016 年《财富》世界 500 强第 218 位、全美 500 强第 64 位。

天津天海投资发展股份有限公司（简称"天海投资"）是海航集团旗下 A 股上市公司，成立于 1996 年。从并购前的财务数据看，2015 年英迈国际总资产 841.46 亿元，是天海投资总资产的 6.6 倍，营业收入约 2 941.78 亿元，比天海投资高近 410 倍，净利润约 14.7 亿元，天海投资与之相差约 6 倍。这宗典型的"蛇吞象"并购案，以 60.09 亿美元的并购金额刷新了当年 A 股上市公司跨境收购的交易记录。

（二）交易流程

从 2016 年 2 月 6 日开始停牌，7 月 5 日公告重大资产购买暨关联交易报告书，直到 2016 年 12 月 5 日公告完成交割，整个收购历时 10 个月。具体交易流程如图 2—5 所示。

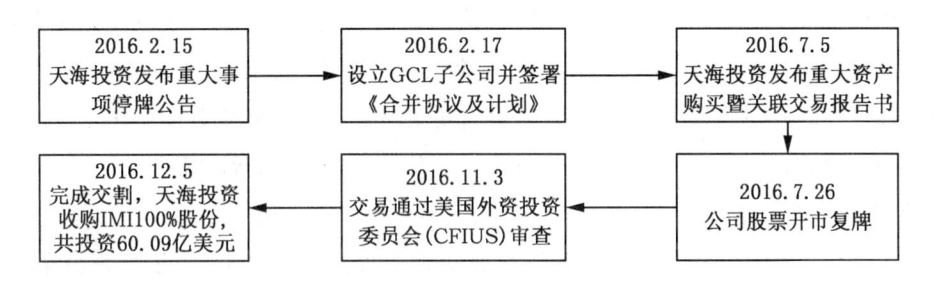

```
2016.2.15                 2016.2.17                    2016.7.5
天海投资发布重大事    →    设立GCL子公司并签署    →    天海投资发布重大资产
项停牌公告                 《合并协议及计划》           购买暨关联交易报告书
                                                              ↓
2016.12.5                 2016.11.3                    2016.7.26
完成交割，天海投资    ←    交易通过美国外资投资    ←    公司股票开市复牌
收购IMI100%股份，          委员会（CFIUS）审查
共投资60.09亿美元
```

图 2—5　收购交易流程

为实施此次资产重组，天海投资在境外设立了收购主体 GCL Investment Management, Inc（简称"GCL"）。2016 年 2 月 17 日，海航集团、GCL 与 IMI 签署《合并协议及计划》。协议约定，此次交易将通过 GCL 和 IMI 合并的方式实施，合并后 GCL 停止存续，IMI 作为合并后的存续主体成为公司的控股子公司。IMI 原发行在外的普通股全部注销（截至 2016 年 5 月 18 日，IMI 发行在外的全部普通股为 148 522 726 股），原股权激励计划相应终止和取消；IMI 原普通股股东获得 38.90 美元/股现金对价，原股权激励计划的持有人获得相应偿付。此次交易成交金额约为 60.09 亿美元，

其中IMI全部普通股价值约为57.78亿美元,公司股权激励计划部分的偿付对价约为2.31亿美元。

(三)资金来源

此次交易融资难度高,交易结构复杂,涉及利益主体众多,收购资金来源为公司自有资金、联合投资和银行借款。资金具体构成如图2—6所示。

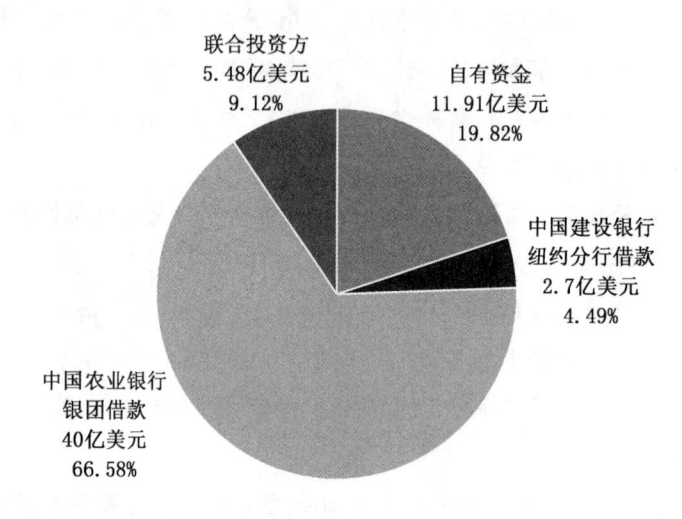

资料来源:天海投资2016年独立财务顾问报告。

图2—6 收购资金的组成

收购资金中,公司自有资金11.91亿美元,联合投资方国华人寿和天海投资控股的上海德潼投资管理有限公司共投资约5.48亿美元,这两项占并购交易额的28.94%。天海投资以合伙企业形式筹集自有资金,由天海和国华人寿作为有限合伙人,与上海德潼公司共同设立上海标基投资合伙企业,出资共计127亿元(其中天海投资、国华人寿和德潼各出资87亿元、40亿元和10万元人民币,分别占比68.503%、31.496%和0.001%,如图2—7所示)。收购资金的其余71.06%为银行并购贷款,金额42.7亿美元,期限7年。其中,40亿美元为银团贷款,银团由中国农业银行纽约分行牵头组建,囊括中国银行、光大银行、华美银行和印度国家银行,海航集团有限公司、公司控股股东海航物流等相关方为该项融资提供担保。另外2.7亿美元贷款来源于中国建设银行纽约分行。两笔银行贷款的借款人均为GCL,还款来源为IMI的分红以及上市公司提供的现金流等。

天海投资42.7亿美元银行贷款的期限为7年,分期偿还,还款日期为每年12月份,后续偿付计划如表2—4所示。

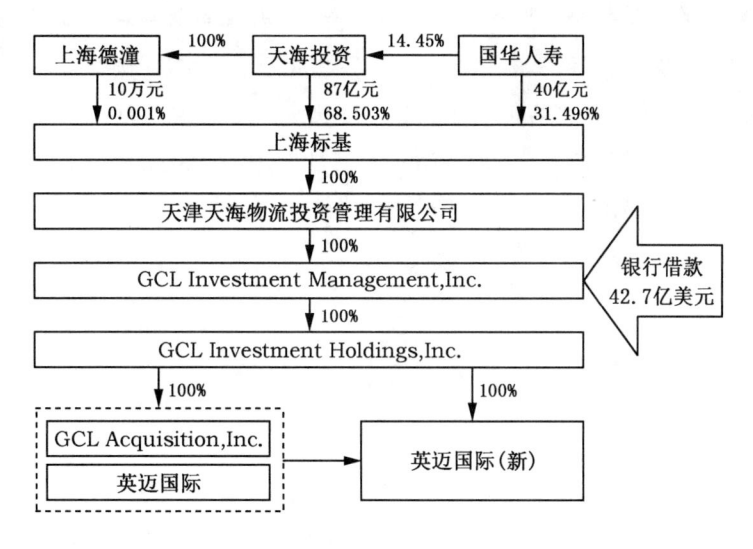

图 2—7　股权结构

表 2—4　　　　　　　　　　　天海投资偿债计划　　　　　　　　　　单位：亿美元

2017年	2018年	2019年	2020年	2021年	2022年	2023年
6.1	6.1	6.1	6.1	6.1	6.1	6.1

资料来源：招商证券。

天海投资的公告显示，2016年公司及公司子公司有各类银行贷款余额为2 979 321万元，较2015年借款余额400万元增加了2 978 921万元，占公司2015年经审计资产1 222 659.05万元的243.68%。另外，2016年公司及公司子公司发行的各类债券余额为100 000万元，较2015年债券余额增加了100 000万元，占公司2015年经审计资产1 222 659.05万元的8.18%。公司新增借款307.89亿元，意味着天海投资为将英迈纳入旗下背负了307.89亿元的外债。

二、借出来的海航奇迹

(一)激进的并购战略

事实上，这场"蛇吞象"的并购，只是海航集团近两年来高歌猛进的海外并购交易之一。海航的并购一直以"激进"著称。仅2015年，海航就实现境外并购9起，投资总额近70亿美元，其中有两笔海外大并购：一是旗下上市公司渤海租赁斥资25亿美元收购美国上市的爱尔兰飞机租赁公司Avolon；二是海航斥资27.3亿瑞士法郎(约合人民币175亿元)收购世界最大航空地面服务及货运服务供应商Swissport。2016年，除了并购英迈，海航还斥资15亿美元并购瑞士航空后勤服务公司Gategroup，宣布以65亿美元收购希尔顿酒店集团25%股份，以及斥资100亿美元收购美国CIT飞机租赁业务。通过多年令人眼花缭乱的国际并购，海航的业务遍布航空运输、航空租赁、国际酒店、旅游、金融和物流各个领域。从"连一个飞机翅膀都买不起"的航空公司，发展成为世界500强排名第353位的国际化金融控股集团。

海航集团资产规模急剧膨胀。Wind数据显示，截至2017年底，海航集团总资产规模达到12 319亿元（如图2—8所示）。1993年，海航系所有的资产仅是当时海南省政府给的1 000万元，经过20多年的发展，海航集团总资产发展到1万亿元，实现了10.6万倍的增长！

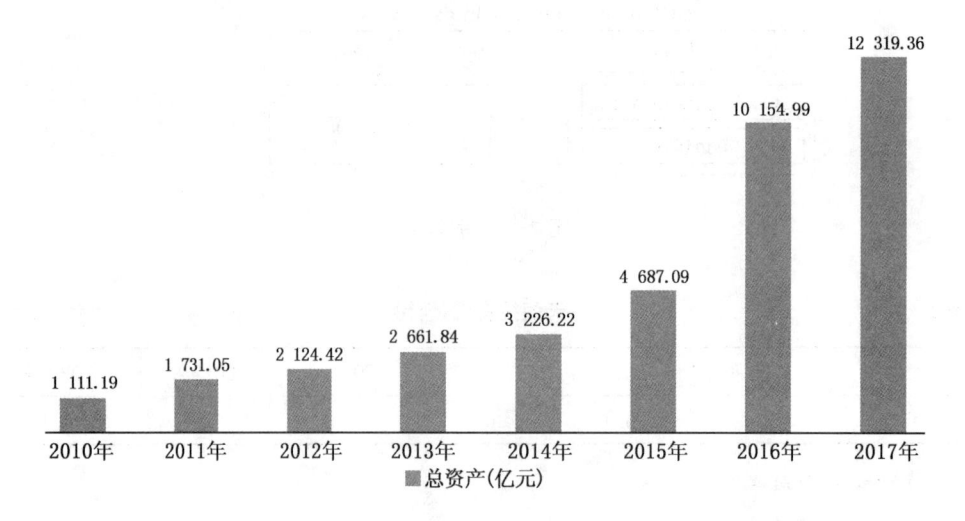

图2—8 2010—2017年海航集团总资产

（二）海航的资本运作

如此多的并购，资金从哪里来？梳理海航几宗大型海外并购的公开资料可以发现，收购资金大部分来自银行借款，属于比较典型的杠杆收购。

例如，海航系渤海金控收购爱尔兰飞机租赁公司Avolon的交易中，渤海金控公告称："公司控股股东海航资本集团有限公司向公司提供了约1.93亿美元的短期借款，用于支付本次收购的保证金。公司控股股东、渤海租赁、天津渤海及香港渤海提供连带责任保证担保，由渤海金控全资子公司Global Aviation Leasing Co.,Ltd作为借款人，向中国银行纽约分行组织的银团借款约18.55亿美元，用于支付收购Avolon 100%股权之收购价款，贷款期限7年。"该交易的收购资金来源为公司自有资金、银行贷款及境外银行Morgan Stanley和UBS给予的不超过85亿美元的贷款。

又如海航系港股上市公司海航实业收购新加坡物流公司CWT交易中，海航实业公告称："收购资金拟由内部资源、外部融资及海航集团的联系人拟向该公司授出不超过14亿新加坡元的免息、无抵押融资款项的组合方式拨付。"

除了利用海外资本市场融资,海航集团能够调动的国内银行资源也十分丰富,2018 年就获得了国家开发银行、中国进出口银行、中国银行、中国农业银行、中国工商银行、中国建设银行、交通银行、浦东发展银行 8 家国内政策性及商业银行的支持,授信额度高达 8 000 亿元。

质押旗下上市公司股权融资,放大杠杆,是海航系非常典型的运作模式。根据中国证券登记结算总公司的数据,截至 2018 年 1 月,海航集团旗下 8 家 A 股上市公司的股权质押高达 834 笔,股权质押金额超过 1 000 亿元,其中海航控股一家公司股权质押就达到 256 笔,质押比例为 37%。其他如渤海金控质押 116 笔,质押比例 60%;凯撒旅游质押 71 笔,质押比例 58%。其中质押比例高的渤海金控、凯撒旅游都处于停牌状态。通过借钱购买资产,然后通过资产评估抵押,再去借钱。当资产不断上涨或者评估价格上升时,这样的运作模式可以使企业不断扩张;而当资产下跌、杠杆收紧的时候,所借的钱就成为债务。

海航持续性的杠杆并购背后是高企的负债率。根据海航集团债券信用评级报告,从 2013 年至 2015 年末,其负债率分别为 78.57%、77.33% 和 75.46%,个别旗下公司的负债率甚至超过了 80%。

海航疯狂的全球购背后是"借贷—并购—再借贷—再并购"的滚雪球式操作,其本质是货币超发下利用杠杆实现资产快速增值,但盲目以杠杆的方式扩张也是十分危险的行为,一旦全球经济形势有较大变化、资产贬值、货币政策收紧,企业的盈利状况将受到影响,从而面临被银行、外资等金主追偿巨额欠款的风险。

三、从巅峰跌落谷底

从 2016 年底开始,国内监管层整顿非理性海外并购的力度突然加大,海外并购开始降温。海航集团前期扩张中的高杠杆收购所带来的债务等问题也开始浮出水面。数据显示,海航集团在 2015—2017 年的三年时间里,累计新增带息债务约 3 668 亿元;截至 2017 年末,负债总额已高达 7 365 亿元,同比增长 22%,其中有息负债 5 701 亿元,短期借款达到 1 261 亿元。

流动性问题在 2017 年底终于集中爆发,直接的导火索就是海航系的 10 家上市公司中有 7 家突然遭遇停牌,将海航资金链困局全面曝光。海航集团开始卖卖卖,试图自救。自 2017 年下半年以来,海航集团便计划出售多家旗下公司股权,涉及航空、租赁、印刷、酒店、物业、地产等多处资产。2018 年海航强调"去地产化、去杠杆、聚焦主业",悉尼写字楼、淄博石油、纽约曼哈顿第六大道写字楼等被悉数出售,海航首府、海航棚改地块、海航科技广场、海航广州白云项目等先后出售给融创、富力及万科等。同时,海航集团还在融资端发力,寻求多家银行的流动性支持,但效果甚微,负债不降反升,截至 2018 年底,海航负债总额继续增加至 7 553 亿元,资产负债率也从上年的近

60%升至近71%。2020年初新冠肺炎疫情重创民航业,也将自身流动性紧张的海航集团推向更加凶险的境地。并购本身是把双刃剑,海航集团今日的困境,与昔日频繁的高杠杆收购关系重大。

(资料来源:粟灵,《激进并购者海航》,《中国企业家杂志》2017年第2期;迟忠波,《借出来的海航奇迹》,《中外管理》2017年第10期。)

思考题:

1. 企业海外并购面临哪些金融风险?
2. 银行应如何为海外并购提供更好的金融支持?如何防范自身的融资风险?

附录2—1 银团贷款中的贷款条件清单示例

Term Sheet

Purpose:	The proceeds of each Advance will be used to finance up to _____% of the goods and/or services supplied by the Exporter in the framework of the captioned project:
Borrower:	_____
Exporter:	_____
Arranger:	_____
ECA:	_____
Currency:	USD
Amount:	The Maximum amount of the Loan to be drawn by the Borrower shall not exceed 85% of the purchase price to be paid by the Borrower for the delivery of equipment including (hardware, software and relevant services) to be produced through the Exporter under the Supply Contract for the captioned project or the eligible portion as accepted by (ECA's name), no more than USD _____.
Term:	The facility may have a total duration of _____ years door to door, subject to the approval of (ECA's name).
Availability Period:	The facility shall become available for drawdown upon the signing of documentation acceptable to all parties and compliant with all conditions precedent relating thereto and shall remain available for drawdown for a period of _____ years thereafter. Any undrawn balance at the expiry of the Availability Period shall be cancelled.
Disbursement:	Disbursement of Advances shall be made directly to the Exporter on the Borrower's behalf.
Repayment:	The loan shall be repaid in _____ equal semiannual consecutive installments' for a total repayment period of _____ years. "First Repayment Date" means (a date) that occurs after the Term Date. "Repayment Date" means each date for the repayment of a Repayment installments, being the First Repayment Date and each date falling every _____ months after the First Repayment Date to and including the Final Repayment Date.

Prepayment:	Prepayment is allowed in full or in whole multiples of _____ subject to a minimum amount of _____ with accrued interest on an Interest Payment Date, but subject to a prepayment fee of _____% on the amount prepaid. Unless otherwise agreed by the Lenders, not less than _____ business days prior written notice should be given to the Lenders of any intended prepayment. Amounts prepaid will be applied to the Repayment Installments in their inverse order of maturity.
Interest Payment Date:	"Interest Payment Date" means the last day of an Interest Period, being (a date) in each year.
Interest rate:	The Borrower will pay interest on the full Loan amount at a rate of _____ plus _____ margin per annum.
Management Fee:	_____% flat on the Loan Amount payable to the Lender within a period of _____ days after the Signing Date specified in the Fee Letter.
Arrangement Fee:	_____% flat on the Loan Amount payable to the Arranger within a period of _____ days after the signing Date as specified in the Fee Letter.
Agency Fee:	USD _____ per annum payable to the Agent as specified in the Fee Letter.
Commitment Fee:	The accrued commitment fee _____% per annum is payable on the last day of each successive Interest Period which ends during the Availability Period. on the last day of the Availability Period and, if cancelled in full, on the cancelled amount of the relevant Lender's Commitment at the time the cancellation is effective.
Insurance Premium:	At the discretion of (ECA's name), payable up front in one lump sum and calculated on the amount of the (ECA's name) facility plus estimated interest.
Conditions Precedent:	All conditions precedent to be in form and substance satisfactory to the Lenders, acting reasonably. Conditions precedent will include conditions precedent customary for a loan of this nature including, but not limited to: (a) receipt of all authorizations from all relevant authorities; (b) all relevant project and loan documentation duly executed; (c) legal opinions issued by qualified solicitors in the relevant jurisdictions; (d) insurance policy issued by (ECA's name) to cover 95% of the Loan principal and interest incurred and the premium for such policy paid by the Borrower; (e) guarantee issued by the Guarantor in respect of all amounts from time to time due and owing under the loan agreement; (f) availability of funds pursuant to recapitalization and refinancing loan.
Other Conditions:	Standard loan documentation satisfactory to all parties incorporating provisions currently standard for facilities of this nature, including but not limited to representations and warranties, undertakings, events of default (including cross default), illegality, severability, assignment, indemnities, waiver of immunity, increased cost, negative pledge.

Governing Law：	English Law
Jurisdiction：	England
Taxes：	All payment shall be made net of any tax，duty，withholding tax or deductions of whatever nature. If any deduction is required，the Borrower will pay an additional amount necessary that would otherwise have been received had no such deductions been required.
Costs and Expenses：	All costs and expenses incurred by the Lenders in relation to this transaction will be for the account of the Borrower.
Credit Committee Approvals：	Our firm, final and unconditional commitments to underwriter the above mentioned facility is conditional on satisfaction of the following conditions： 　　(a)no material adverse change affecting the Borrower and /or (The country of the borrower)and /or the country of the borrower and /or the international financial markets； 　　(b)satisfactory due diligence of all relevant information and documentation； 　　(c)approval by our relevant credit committee； 　　(d)satisfactory loan documentation； 　　(e)(ECA's name)approval(if applicable). 　　This Term Sheet is subject to Term Loan Facility Agreement.
Validity：	This offer remains valid until(a date).

本章小结

　　1.次贷危机和欧洲债务危机使全球银行业发生深刻变革。目前全球银行业已全面复苏,稳健增长,"东升西降"格局持续。2010年出台的《巴塞尔协议Ⅲ》确立了当前全球统一的银行业资本监管新标准,2017年发布的《巴塞尔协议Ⅲ:后危机改革的最终方案》是对2010年《巴塞尔协议Ⅲ》的补充修订。

　　2.国际银行信贷是指一国独家商业银行或一国(多国)多家商业银行组成的贷款银团在国际金融市场上提供的贷款。其特点可概括为:融资双方涉及不同国家,采取货币资本形态,规模较大,用途不受限制,利率随行就市,期限分短期和中长期。常见的国际银行信贷是银团贷款。

　　3.信贷条件主要包括信贷利率、费用、期限和币种。伦敦银行同业拆借利率一直是国际金融市场上最主要的基准利率,由于其自身缺陷和监管缺失,欧美等国相继开始选择新的无风险基准利率以便替代LIBOR。

　　4.信贷资金具有时间价值。资金的时间价值指按货币持有者放弃使用货币时间的长短所计算的"报酬"。现值、终值和年金是计算资金时间价值的常用术语。

　　5.国际银团贷款是由一家或几家银行牵头、多家银行参加而组成的银团按照内部的分工和比例向某一借款人发放的贷款,又称为辛迪加贷款。其特点有:筹资金额大,期限长,用途不受限,所有成员行的贷款基于相同贷款条件和共同贷款协议,管理方便。

　　6.银团的参与成员包括牵头行、经理行、代理行、安排行、参与行、顾问行等,其中最重要的是牵头行和代理行。银团贷款有直接银团贷款和间接银团贷款两种类型。银团贷款协议是银团贷款中最基本的法律文件。

基本概念

国际银行信贷　　巴塞尔协议　　LIBOR　　宽限期　　承担费　　单利　　复利　　年金　现值　　终值　　银团贷款　　牵头行　　代理行　　平息法　　等额还本付息法　余额递减计息法　　大陆法　　英国法　　欧洲货币法　　软货币　　硬货币

思考与练习

1. 简述国际银行信贷的特点及分类。
2. 概述巴塞尔协议三个版本的主要内容及改进。
3. 国际银行信贷包括哪些主要的信贷条件？
4. 今天的 100 元和明年的 100 元，你会选择哪一个？在决策中，为什么时间是非常重要的因素？
5. 还款方式对借贷双方的利益有无影响？对贷款人来说，哪种方式更有利？对借款人而言呢？
6. 借款人在国际金融市场进行借贷时，选择借款货币应该主要考虑哪些因素？
7. 国际信贷中，借款人除了支付利息外，还要支付哪些费用？哪些费用属于贷款协议签订后发生的？
8. 国际银团贷款的特点体现在哪些方面？
9. 直接银团贷款与间接银团贷款有什么不同？
10. LIBOR 何以面临退出的困境？对中国有何影响和启示？
11. 有一笔为期 5 年的 2 000 万美元的国际银行贷款，2020 年 7 月 1 日签订贷款协议，确定提款期为 3 个月(截至 2020 年 10 月 1 日)，并规定从签订贷款协议日起开始支付承担费，承担费率为 0.25%。贷款宽限期为 2 年，偿还期为 3 年，偿还期内等额还本付息；贷款利率为 6%，半年一次还本付息(即每年的 1 月 1 日与 7 月 1 日各还一次)；贷款管理费为 1%，签订协议时一次性支付。该借款人实际支用贷款情况如下：7 月 1 日支用了 1 200 万美元；8 月 15 日支用了 800 万美元。计算借款人为该笔贷款支付的利息和费用总额(1 年按 360 天计)。
12. 一笔 1 年期贷款，金额为 5 000 英镑，利率为年利 5%，期限为 2019 年 8 月 27 日至 2020 年 8 月 27 日(2020 年是闰年)，试问：按照大陆法、英国法、欧洲货币法计算的利息分别为多少？

第三章　政府贷款

教学目的与要求

- 掌握政府贷款的概念和特点
- 了解政府贷款的机构、类型和程序
- 知晓主要国家的政府贷款现状
- 熟悉中国利用外国政府贷款和对外援助概况

第一节　政府贷款概述

一、政府贷款的概念

政府贷款(Government Loan)也称为政府援助贷款,是一国政府利用财政资金向另一国政府提供的优惠性贷款(Concessional Loan),是具有双边或多边官方发展援助(Official Development Assistance,ODA)性质的优惠贷款。①

赠与成分(Grant Element,GE)是衡量贷款优惠程度的一项重要指标。赠与既不需要付息也不需要还本,是国与国之间资金的单方面转移。经济合作与发展组织原规定:为发展援助项目提供结合援助的信贷,其赠与成分可分为15%以下、15%以上、25%以上三档。1987年7月,赠与成分标准从25%提高到30%;1988年6月,赠与成分标准又提高到35%。因此,按照国际惯例,优惠性贷款必须含有25%、30%或35%以上的赠与成分。

---

① 按照经济合作与发展组织发展援助委员会的定义,官方发展援助必须满足以下三条标准:①由政府或政府机构提供;②主要目标在于促进发展中国家的经济发展和福利事业;③条件优惠,至少含有25%的赠与成分。它可以分为对发展中国家直接的双边援助(Bilateral Aid)和通过国际性机构提供的多边援助(Multilateral Aid)。政府贷款是官方发展援助或国际经济援助的一部分,以一国政府名义对外提供,无息或低息,但本金必须偿还。而官方发展援助还可以以国际金融机构的名义对外提供资金,既可以是优惠性的有偿借贷,也可以是无偿赠与。

赠与成分定义为贷款的最初票面价值与折现后的债务清偿现值的差额，通常以占贷款面值的百分比来表示，即该差额占贷款面值的百分比。贷款的赠与成分可根据贷款的利率、偿还期、宽限期和收益率等数据进行计算。

$$GE = 100 \times \left[1 - \frac{\frac{r}{a}}{d}\right] \left[1 - \frac{\frac{1}{(1+d)^{aG}} - \frac{1}{(1+d)^{aM}}}{d(aM-aG)}\right]$$

式中：GE——赠与成分；r——贷款年利率；a——每年偿付次数；d——贷款期内的贴现率，一般按综合利率10%计算；G——宽限期（自签订贷款协议生效日期至第一次还款日期之间的期间）；M——偿还期（以年计算）。

该式为经济合作与发展组织的发展援助委员会（Development Assistance Committee，DAC）[①]采取的计算公式。在实际计算时，对市场的综合贴现率 d 均应除以每年偿付次数 a，例如每半年偿还1次，则贴现率为 $d/a=5\%$。

自1987年7月起，d 采用差别贴现率（Differentiated Discount Rate，DDR）。所谓差别贴现率，是根据固定贴现率与不同货币的市场参考利率（CIRR）算出的不同货币的贴现率。

$$DDR = CIRR + \frac{d - CIRR}{4}$$

2014年12月，DAC改进贴现率，以 IMF 和世界银行确定的5%贴现率作为基数，针对不同收入的发展中国家采用不同的调整系数：对中高收入国家的调整系数为1%（即采用6%作为贴现率），中低收入国家为2%（7%的贴现率），最不发达国家和其他低收入国家为4%（9%的贴现率）。

专栏3-1　DAC援助改革

OECD 的发展援助委员会 DAC 是国际社会负责协调发达国家向发展中国家提供官方发展援助的核心机构，目前拥有29个成员，包括28个发达国家成员国和欧盟。2014年12月15—16日，DAC在巴黎召开部长级会议，就官方发展援助及发展融资一些重大问题达成了一致意见，并发表了《DAC部长级会议最后公告》。

DAC表明将保留官方发展援助（ODA）的概念，重申将继续遵守联合国1970年制定的ODA占国民总收入（GNI）0.7%的目标。公告还公布了达成一致意见的三方面内容：加强对低收入国家的援助、改进优惠贷款统计以及推出官方对可持续发展支持的新概念。

[①] DAC是OECD下属委员会之一。DAC是向全球提供90%以上援助的发达国家组织，成为这一委员会成员后，需组建援助机构，制定援助政策，并将援助规模提高到国民总收入的0.2%以上，援助额须超过1亿美元。

一、加强对低收入国家的援助

DAC 对最不发达国家的援助占比近 5 年来始终保持在 33% 左右，占其国民总收入的 0.1% 左右，远低于联合国要求的 0.15%～0.2% 的目标。而 DAC 对低收入国家的援助比重则出现了较大的下滑，从 2008—2009 年的 14.3% 下降至 2012—2013 年的 4.8%，同期对中高收入国家援助的占比则从 9.1% 上升至 15.2%。为此，DAC 呼吁成员国向最需要援助的国家提供更多的援助，包括最不发达国家、低收入国家、小岛屿国家、内陆国家以及脆弱国家和冲突中国家，努力实现联合国对最不发达国家援助比重达到 0.15%～0.2% 的要求。

二、改进优惠贷款统计

这是此次改革的重点。首先是关于贴现率的改革。DAC 决定参考借鉴 IMF 的做法，以 IMF 和世界银行确定的 5% 贴现率作为基数，针对不同收入的发展中国家采用不同的调整系数，对中高收入国家的调整系数为 1%（即采用 6% 作为贴现率），中低收入国家为 2%（7% 的贴现率），最不发达国家和其他低收入国家为 4%（9% 的贴现率）。公告还规定，向不符合 IMF 和世界银行债务管理规定的国家提供的贷款将不被作为官方发展援助。公告公布的最新优惠贷款赠与成分计算方法见表 3—1。DAC 还将对贴现率的值和赠与成分的要求定期进行评估。

表 3—1　　　　　DAC 最新规定的优惠贷款赠与成分计算方法

国家分类	采用贴现率	要求达到的赠与成分
最不发达国家和低收入国家	9%	45%
中低收入国家	7%	15%
中高收入国家	6%	10%

其次是关于优惠贷款的统计方法。DAC 推出了等同无偿援助的优惠贷款统计方法，即只有赠与成分部分被计入援助总额中，而且是被统计为无偿援助而非贷款。例如，一笔 1 亿美元的贷款，赠与成分为 45%，则只有 4 500 万美元被 DAC 计入官方发展援助，且统计在无偿援助项下。按照这种统计方法，优惠贷款反映的是援助国的贡献，而非实际流入发展中国家的资金，贷款的偿还也将不再会从援助总额中减去。

从 2018 年开始，新的统计标准被完全正式采用。债务减免从 2018 年开始也不再汇报，以避免重复统计。

三、推出官方对可持续发展支持的新概念

DAC希望建立一个新的统计口径,即官方对可持续发展支持(Total Official Support for Sustainable Development,TOSD),以补充ODA统计的不足,但并不会取代ODA。TOSD将包括向发展中国家和多边机构提供的支持可持续发展的、官方或由官方带动的所有资金的总和,不论资金的形式和附带的条件,即包括诸如无偿援助、贷款、股权、担保、夹层融资等优惠的和非优惠的资金。统计中将严格区分官方资金及官方带动的资金,如官方带动的私人融资,也将区分资金流量和相关的债务以及债务的偿还。

(资料来源:毛小青:《DAC发展援助改革最新动向及对我国影响》,商务部对外援助司官网,http://yws.mofcom.gov.cn/article/u/201511/20151101155237.shtml。)

二、政府贷款的特点

政府贷款一般贷款期限长、利率低,与专门的项目相联系,有限制性条款,因而具有优惠性和附加条件性两重特性。

(1)政府间贷款一般以两国间良好的政治、经济和外交关系为基础。政府贷款服务于一定的政治、外交、经济目的,具有较浓的政治色彩。

(2)政府贷款往往需要经过法定的批准程序。如法国对外提供贷款时,其主管部门是法国财政部国库司。国库司代表法国政府对外谈判,签订贷款总协议,拟定贷款的额度、期限等一般条件,然后,还要听取法国国民议会有关机构的意见。日本政府贷款主要是由外务省、大藏省、通商产业省和经济企划厅负责,每笔贷款由内阁总理大臣交给这四个部门协商提出贷款方案,由内阁会议决定。

(3)政府贷款属主权外债(Sovereign Debt),强调偿还。外国政府贷款是一国政府对外借用的一种债务,是国家主权外债,必须偿还。在我国,借用的政府贷款除国家计委、财政部审查确认,并报经国务院批准由国家统借统还的外,其余均由项目业主偿还且多数由地方财政担保。

(4)政府贷款是一种优惠性软贷款。贷款偿还期限一般为10～40年,并含有2～15年的宽限期。贷款利率一般为0.2%～3%,个别贷款无息。贷款至少含有25%以上的赠与成分,最高达80%。政府贷款所收取的各种附加费用较少,也有的不收附加费。

(5)政府贷款的规模不大。政府贷款的资金来自贷款国家的预算支出,受制于贷款国的国民生产总值、财政状况和国际收支状况,规模不可能太大。

(6)政府贷款有使用限制。这种限制主要体现在三个方面:一是限制性采购。一般规定借款国全部或部分贷款用于向贷款国购买设备、技术、商品和劳务,有时也允许借款国以公开招标的方式从指定的合格资源国进行采购,或者将部分贷款用于贷款项目的当地费用。除日本、科威特两国是国际招标外,其余国家的第三国采购比例为15%～50%,即贷款总额的50%～85%用于购买贷款国的设备和技术。一般不能自由选择贷款币种,汇率风险较大。二是投向限制。贷款一般与专门的项目相联系,如基础设施、社会发展、环保等项目,特别是与人民生活密切相关的有关社会效益的项目。三是通常要求借款国结合使用一定比例的买方信贷或卖方信贷。

三、影响政府贷款的因素

(一)两国的政局和外交关系

提供和使用政府贷款的基础是稳定的政局和良好的外交关系。只有提供贷款国家的政局保持稳定,同时该国政府相信或支持借款国政府的局势稳定或趋于稳定,才可能对外提供政府贷款。

(二)贷款国的财政状况

一国财政状况的恶化,会影响贷款提供的规模,但是,实行赤字财政的国家,即便预算赤字规模较大,出于政治方面的考虑,也依然会提供一定额度的政府贷款。也有些国家则按照国民生产总值来确定对外经济援助的规模。联合国千年发展目标要求发达国家采取切实措施,达到官方发展援助占国民生产总值(GNP)0.7%的目标。

(三)贷款国的国际收支

对外提供政府贷款,体现为国际收支的支付。当一国的国际收支状况良好、外汇储备比较雄厚时,本国可以提供的贷款也相对较多。

(四)借款国的贷款使用效益

使用政府贷款也必须考虑项目的经济效益。如果项目选择得当,可以促进借款国的经济发展,提高受援国的福利水平。一方面,借款国可以提高自身的偿还能力,减轻外债负担;另一方面,贷款国也更愿意提供贷款,有利于两国政治经济关系的良性发展。

四、政府贷款的程序

政府贷款的程序虽不尽相同,但一般都按照以下步骤开展:

(一)借款国选定贷款项目,进行贷前准备工作

借款国根据本国经济发展的需要,选定优先考虑的建设项目,进行可行性研究,包

括项目的经济、技术、组织、财务和社会各方面的可行性研究,据此编制出详细的可行性研究报告、建设项目实施计划书以及其他有关贷款申请文件,做好贷前的准备工作。

(二)申请贷款

贷款申请一般通过贷款国驻本国的大使馆或本国驻贷款国的大使馆向贷款国政府转达。

(三)贷款国的审查与评估

贷款国接到借款国的贷款申请后,交由有关部门对贷款文件进行研究审查。若认为借款国提供的资料不够完备充分,可要求其再次提交必要的补充资料,或派专家考察团进行实地考察,以取得必不可少的材料。在此基础上,对申请贷款项目进行评估,评估也主要是从经济、技术、组织、财务和社会各方面来审查,以确定该项目及其实施计划的可行性。通过驻外使馆转达的贷款申请,往往附有该使馆对此申请的意见,贷款国审查时也会充分加以考虑。

(四)贷款国的承诺

贷款国政府对申请贷款文件进行充分研究与审查后,在认为项目确实可行的情况下,结合本国情况,研究决定贷款的金额、利率、使用条件和偿还期限等事宜,并将作出的决定正式由外交部门通知借款国。这一过程称为"承诺"。承诺通知通常由贷款国驻借款国大使以书面文件递交借款国。

(五)换文谈判

借款国如果接受贷款国的贷款承诺和贷款条件,双方政府可以进行"换文"谈判。换文(Exchange of Note)就是以书面形式说明这项贷款的基本条款和基本条件,这是双方政府对这项贷款各自承担应负责任的一种保证。换文的主要内容包括:①项目名称与借款人;②贷款金额;③贷款条件(利率、宽限期、还款期等);④采购条件;⑤贷款协议的签署;⑥其他有关规定。

(六)贷款协定的协商与签字

政府换文的内容只是一种纲领性的规定,只涉及贷款的主要条款和主要条件,而贷款的详细条件和具体事项须由贷款国承办政府贷款的机构与借款人以两国政府换文为依据进行协商,达成协议后,签字并宣布生效。如一笔贷款包含几个建设项目,可在贷款总协议签订后逐项签订贷款分协议,也可由总协议一次签订。如贷款必须分年度使用,可分年度再签订协议。贷款协议达成后,由贷款机构和借款人而不是同借款国政府签署,所有贷款协议均由专门机构执行。

(七)提取贷款

贷款的提取按贷款协议规定办理,通常是在规定的期限内分期提取使用。一般的做法是:借款人(或借款方的代理银行)在贷款机构的代理银行开立专门账户。每次提款时,借款人均需向贷款机构提交申请及采购合同和其他有关单据,如供货商发票、汇票、货运单据等,经贷款机构审查后认为符合有关规定,借款人就可从上述专门账户提款,支付采购货款和劳务费用。如贷款机构审查后认为不符合规定,即通知借款人不能提款,并说明原因。

(八)监督管理

贷款提用后,贷款机构还必须对贷款项目的实施情况进行监督管理,以确保该项目的执行和实施取得预期的效果。监督管理主要包括:第一,检查贷款资金的使用。根据招标文件、采购合同和申请支付的单据,检查所支付的贷款资金是否符合贷款协议的有关规定,确保能最有效地使用贷款资金。第二,检查项目的执行进度。根据借款人报送的项目执行进度报告,检查项目的实际进度是否与所规定的计划进度相吻合,如果两者的进度不一致,可及时采取必要的纠正措施。第三,进行实地检查,必要时,贷款机构也可派遣由专家组成的工作小组对项目进行实地检查,了解实际施工情况,提出改进施工建议,帮助解决施工中产生的困难和问题,使项目能顺利建成。第四,审查竣工报告。根据借款人在项目建成后提交的项目竣工报告,贷款机构可以审查贷款项目建设的全面情况,掌握项目建设的规模、工期、费用与计划不一致的情况,引进设备的运行、维修和保养,以及项目实际取得的社会经济效益等。对项目进行总体评价,从中总结经验教训,以便改进贷款国的贷款政策和贷款程序,使政府贷款工作做得更好。

五、政府贷款的机构

(一)确定贷款的机构

政府贷款通常由政府有关部门出面洽谈,也有的是政府首脑出国访问时,经双方共同商定,签订贷款协议。负责选择确定项目的,多为政府职能部门,如法国、奥地利为财政部,加拿大、丹麦、意大利为外交部。也有由专职的对外援助机构承担,如澳大利亚的国际发展援助局、芬兰的国际开发署等。有的国家需要几个部门共同研究确定提供贷款的项目,如比利时由外交部、外贸部和发展合作部共同决定,英国由贸工部、海外开发署、出口信贷担保局共同决定。

(二)负责签订贷款协议的执行机构

贷款协议的签订一般由银行代理。如奥地利监督银行、比利时通用银行、意大利中央中期信贷银行。有的由国家非银行金融机构承担,如澳大利亚出口信贷保险公司、加拿大出口发展公司等。还有的国家专门有担保机构,如芬兰的信贷担保局、英国的出口信贷担保局等,负责对贷款提供担保。

六、政府贷款的类型

(一)按照是否计息,分为无息贷款和计息贷款

无息贷款是"软贷款"的一种,即贷款国向借款国提供的不收利息的贷款,但要收取一定的手续费,一般不超过1%,这是最优惠的贷款。国际上的无息贷款主要是国际开发协会向最不发达国家提供的用于建设开发项目的贷款,以及政府间具有援助性质的贷款。

计息贷款必须计算和支付利息,利率一般比较低,年利率为2%~4%。除贷款利息外,有时规定借款国必须向贷款国政府支付不超过1%的手续费。

(二)按贷款使用支付标的不同,分为现汇贷款、商品贷款和项目贷款

现汇贷款即贷款国向借款国政府提供的可自由兑换货币计价的贷款,借款国可根据资金需要来安排资金使用。在还款期限内,借款国必须以同种可自由兑换的货币来偿还贷款及支付利息和手续费。

商品贷款即贷款国向借款国政府提供规定品种、数量的原材料、机器设备等商品,计价汇总作为贷款。

项目贷款即贷款国政府向借款国政府提供将双方协议的建设项目所需的整套物资、设备、技术服务等计价汇总后所得金额的贷款,贷款的偿还是用货物还是以自由兑换货币,由两国政府协商确定。

(三)按照贷款的特性,分为纯政府贷款和政府混合贷款

纯政府贷款是指不与其他种类贷款相混合的政府贷款。

政府混合贷款是指政府提供的低息优惠性贷款或无偿赠款与出口信贷相结合而组成的贷款。各种贷款的比例根据进出口国的关系及实施的项目分别确定,但原则上都应含有不低于25%的赠与成分。提供混合贷款的目的在于通过政府贷款中的赠与成分来改变贷款的结构,降低利率,延长还款期限,以促进本国资本性商品的出口,提高竞争力,赠与成分也有助于加强贷款国和借款国在政治、经济、科技及金融等领域的合作。

第二节　世界主要国家的政府贷款

一、美国的政府贷款和对外援助

(一)发展历程

美国的对外援助根据其有关立法进行,由总统掌握,纳入国家预算。第二次世界

大战后，为加快欧洲重建，美国实施马歇尔计划。马歇尔计划结束后，美国于1961年9月通过了对外援助法案（Foreign Assistance Act），重新制定了对外援助计划，包括军事援助和非军事援助。时任总统约翰·肯尼迪下令成立美国国际开发署（United States Agency for International Development，USAID），以整合所有外援机构，统一开展工作。其总部位于华盛顿特区，目前在非洲、亚洲、拉丁美洲、中东和东欧均设有分支机构。尽管美国国际开发署在本质上是独立运行的机构，但其行动必须在总统、国务卿和国家安全局制定的政策框架内。

2001年以后，美国逐渐将促进欠发达国家的发展视为外交和国防之外美国国家安全的第三支柱。美国政府对援助部门进行了改组，成立了新的援助机构——"千年挑战公司"①（Millennium Challenge Corporation，MCC）。

2012年之前，美国国际开发署作为独立的对外援助机构，具有独立的预算，可以相对不受政府行政的管控。自2013年以来，美国国际开发署直接并入美国国务院，其预算首先要经国务院批准，然后才能由国务院统一提交国会通过，增强了国务院对美国国际援助的控制。美国国务院还与国际开发署组成了两个联合委员会，分别是"国务院-国际开发署政策委员会"和"国务院-国际开发署管理委员会"，以统一协调作为对外政策一部分的国际援助活动。根据《四年外交与发展评估报告》，美国国际开发署署长还可在必要时参加国家安全委员会会议，这既有助于将开发援助政策作为国家总体外交及安全战略中的一部分进行统筹部署，客观上也提高了国际开发署在总统内阁中的地位。

（二）美国国际开发署的使命和职能

美国国际开发署的使命是代表美国人民在国外展示民主价值，并促成一个自由、和平与繁荣的世界。具体来说，通过国际发展和灾难援助，达到挽救生命、减少贫困、摆脱人道危机的目的，并由此促进社会的民主进程。

随着时代变迁和美国外交重点的转变，美国国际开发署的工作重点也在不断调整。20世纪70年代，工作重点由原来的提供科技和资本援助转向提供卫生、教育和人力开发方面的援助；80年代，其重点转向扶植自由市场；90年代，重点转向推动经济可持续发展和推广民主；进入21世纪，其工作重点转移为伊拉克、阿富汗的战后重建。

美国国际开发署的工作职能主要包括救灾减灾、扶贫减贫、促进社会经济发展、推

---

① 2004年初，美国总统布什在墨西哥蒙特雷举行的联合国发展筹资问题会议上提议建立一种机制，即"千年挑战账户"。在此机制下，大量的发展援助基金将提供给那些实施良政、促进人类发展及鼓励经济自由化的国家。美国国会批准账户初创基金10亿美元，用作2004年度专项外援资金。从2006年起，布什总统承诺将账户基金每年增至50亿美元，账户由一家新的国有公司——千年挑战公司（MCC）负责，确保账户实施效果。MCC总经理由总统任命、国会批准，受董事会监督。

动技术合作和维护双边利益。

(1)在救灾减灾方面,美国国际开发署设立对外灾害救援办公室(Office of US Foreign Disaster Assistance,USAID/OFDA),负责援助海外国家的战后或灾后重建,为非政府组织和军方提供资金,促进其在救灾减灾中发挥重要作用。

(2)在扶贫减贫方面,美国国际开发署向贫穷国家的公共卫生与教育机构提供援助,帮助美国农业部的食物援助行动及向非政府机构提供资金援助。

(3)在社会经济发展方面,美国国际开发署帮助改善资源管理,动员民间领域、大学和非政府组织的技术资源,使低收入国家获得持续的社会经济发展。

(4)在技术合作方面,美国国际开发署利用丰富的低收入国家项目管理经验,为不同国家之间的技术合作建言献策。

(5)在维护双边利益方面,美国国际开发署在美国国务院官员的领导下,负责管理提供给盟国的援助资金,并帮助驻他国的美国部队赢得当地人民的尊重和好感。

(三)援助形式

美国的对外援助分为经济援助和军事援助。前者是针对以发展或人道主义为目标的项目,其中,发展援助项目旨在培育发展中国家可持续性的、基础广泛的经济进步和社会政治稳定性。人道主义援助项目关注于立即缓解各种人道主义紧急情况,如自然和人为灾害以及与战败国相关的冲突所导致的问题。所有的经济援助按执行部门分为四大类,即美国国际开发署及前身、农业部、国务院和其他经济援助。军事援助则主要为用于受援国政府武装力量的项目、补贴或显著提高军事能力的项目提供外援。根据美国国际开发署官方数据库,美国对外援助主要流入以下领域:冲突、和平与安全、艾滋病防治、紧急援助、政府和公民社会、业务费、基本健康、环境保护、农业和基本教育。[①]

2018财年,美国提供的对外援助总额约468亿美元(如表3—2所示),遍及212个国家与地区,共有1.3万个项目。其中,经济援助(包括人道援助等)总额约为331.04亿美元,占总数的七成;军事援助约为137.18亿美元,占总数的三成。从受援地区看,撒哈拉沙漠以南、中东和南非以及亚洲占据前三位,在外援总额中的占比分别达到26.02%、24.42%和18.97%。从受援国家看,得到援助最多的10个国家是:阿富汗(51.23亿美元)、以色列(31.28亿美元)、约旦(13.7亿美元)、埃及(11.68亿美元)、肯尼亚(9.49亿美元)、埃塞俄比亚(9.37亿美元)、伊拉克(8.8亿美元)、尼日利亚(8.73亿美元)、南苏丹(7.94亿美元)和乌干达(7.33亿美元)。

---

① 美国对外援助官方网站公布的数据表述方式与美国国际开发署稍有不同,将美国对外援助涵盖领域分为和平与安全、民主、人权和治理、健康、教育和社会服务、经济发展、环境、人道主义援助、项目管理和多部门九部分。

表 3—2　　　　　　　　　　　美国对外援助分类　　　　　　　　单位：百万美元

	2015 年	2016 年	2017 年	2018 年	1946—2018 年
1. 经济援助总额	34 369.6	34 424.6	35 288.2	33 103.5	862 426.6
（1）USAID 及前身	13 183.4	12 411.0	14 435.6	13 472.8	419 962.2
（2）农业部	1 678.5	1 979.2	2 074.3	2 210.3	100 984.1
（3）国务院	13 403.4	14 023.8	13 630.3	13 229.6	172 899.4
（4）其他经济援助	6 104.4	6 010.6	5 147.9	4 190.9	168 580.9
2. 军事援助	14 993.1	14 668.5	12 548.3	13 717.7	406 574.0
3. 对外援助总额(1+2)	49 362.8	49 093.0	47 836.5	46821.2	1 269 000.6
受援地区划分					
中东和北非	10 679.1	12 654.3	11 318.4	11 434.7	346 697.3
撒哈拉沙漠以南	11 456.6	12 579.0	12 831.0	12 181.7	173 116.9
拉美和加勒比	3 945.3	2 154.7	2535.1	2 518.8	90 808.1
亚洲	11 399.6	7 965.8	8 751.8	8 883.4	269 032.3
大洋洲	229.3	310.7	229.2	292.6	8 003.8
欧亚大陆	1140.6	558.1	1 076.1	1 182.2	44 328.5
东欧	316.4	344.8	426.8	473.5	24 472.2
西欧	116.0	164.2	233.9	276.0	77 276.3
加拿大	10.0	3.4	31.7	23.6	387.4

资料来源：U. S. Overseas Loans and Grants (Greenbook)。

在过去 16 年中，除了其中三年（2005 年、2008 年和 2011 年）国防部为最大的对外援助执行机构外，其余年份中美国国际开发署均为美国对外援助最大的承担者，其次为美国国防部和国务院。作为具体执行、实施对外援助的重要机构，美国国际开发署的海外援助分为技术援助和经济援助两类。技术援助包括提供技术指导、举办培训课程、设立奖学金机制、开发建筑工程和提供商品。在提供技术援助时，美国国际开发署不仅提供美国政府机构的技术专家，还充分利用受援国家自己的技术专家。经济援助包括为发展中国家提供现金补足预算和为非政府组织提供经济支持。相较于技术援助，近年来美国政府越来越重视经济援助。2018 财年美国国际开发署经济援助账户的具体组成参见表 3—3。

表 3—3　　　　　　　美国国际开发署提供的经济援助类账户　　　　　单位：美元

	2018 财年
合　　计	13 472 805 313
经济支持基金	4 039 048 799
复杂危机基金	13 414 573
开发援助	2 621 621 380
HIV/AIDS 营运资本基金	574 927 350
国际灾害和饥荒援助	3 628 311 508
过渡计划	89 714 232
其他美国国际开发署援助	2 505 767 471
对东欧及波罗的海诸国的援助	−66 073
对欧洲、欧亚大陆和中亚的援助（AEECA）	677 471 631
对苏联独立国家的援助	−787 319
美国资本投资基金	195 338 813
儿童生存和健康项目基金	−3 897 756
公民稳定计划	546 928
开发信贷管理局（DCA）*	22 141 094
外籍雇员离职责任基金	5 684 483
美国国际开发署捐赠	88 449 848
美国国际开发署营业费用	1 425 880 726
美国劳工部监察长办公室营业费用	78 055 712
物业管理基金	679 484
撒哈拉沙漠以南开发援助	−4 335
流动资本基金	16 274 234

注：* 美国国际开发署的 DCA 提供贷款担保，1990 年联邦信贷改革法要求支持此类贷款担保项目。

资料来源：U. S. Overseas Loans and Grants（Greenbook）。

美国国际开发署主要援助流向领域包括：农业和食品安全、民主、人权和治理、经济增长和贸易、教育、环境和全球气候变化、性别平等和女性权利、全球健康、人道主义援助、全球发展实验室、在危机和冲突中工作、水和卫生设施以及 USAID 转型等。图 3—1、图 3—2 分别是 2018 年美国国际开发署前十大援助领域以及按国家列表的支出额。

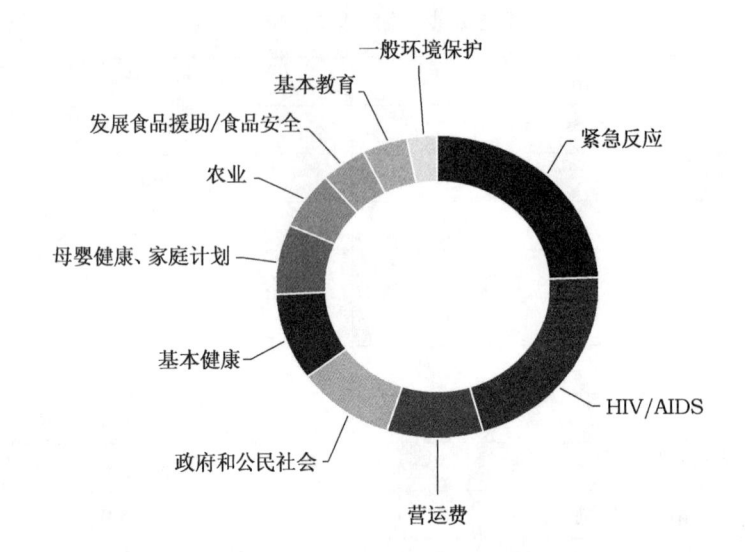

资料来源：https://results.usaid.gov/results/sector? fiscalYear=2018。

图 3—1　2018 年美国国际开发署前十大援助行业

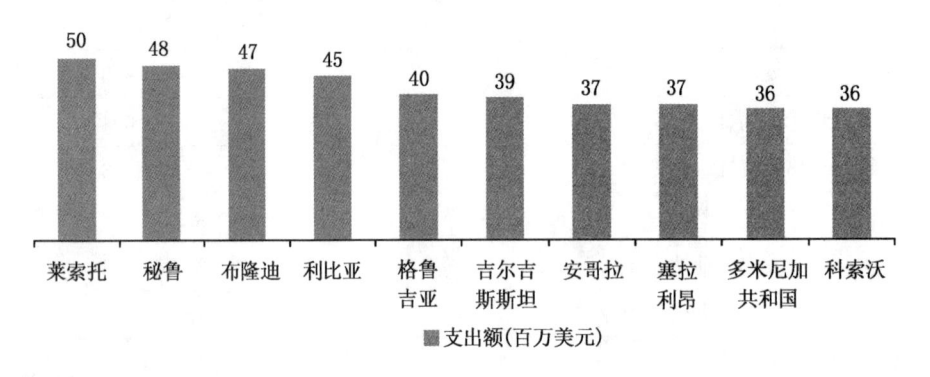

资料来源：https://results.usaid.gov/results/sector? fiscalYear=2018。

图 3—2　2018 年美国国际开发署前十大援助国及支出额

二、日本政府贷款

1954 年，日本加入"科伦坡计划"，成为国际援助国。此后，伴随着战后重建和经济腾飞，日本的对外援助蓬勃发展，1989 年成为世界第一大援助国，并维持这一地位近十年。进入 21 世纪，日本经济发展放缓，日本官方发展援助总额有所下降。2016 年，日本的政府开发援助（ODA）实际总额为 168.08 亿美元，在经济合作与发展组织的发展援助委员会（DAC）成员国中位列第四，前三位为美国、德国和英国。

1992 年 6 月，日本政府发布了首份政府开发援助大纲。2015 年，又提出了第三版政府开发援助大纲——《日本开发合作大纲》。这次大纲的修订,用"开发合作"取代了多年来一直使用的"政府开发援助",把"开发合作"由狭义的开发合作[①]扩展到"建设和平、政府治理、推进基本的人权建设、人道主义支援"等范畴。[②] 在新大纲中,日本更明确地指出对外援助是保障日本国家利益的重要组成部分。

(一)日本官方开发援助的形式

日本的官方开发援助分为双边援助和多边援助两种。多边援助是对国际组织的融资和出资。双边援助则主要包括技术合作(Technical Cooperation)、金融和投资合作(Finance and Investment Cooperation)以及赠款(Grants)三部分,另外还有派遣志愿者等双边援助计划。具体实施工作,除一小部分是由政府直接办理外,大部分由日本国际协力机构(JICA)等来完成。

日本进行对外经济合作由有关政府省厅共同研究决定。日本内阁海外经济合作委员会负责决定海外经济合作的基本战略,外务省负责制订对外援助和贷款的具体政策、援助方针、官方开发援助的整体规划以及贷款立项,并对技术援助的规划立项工作承担主要的协调角色。援助政策的实施机构为日本国际协力机构(JICA),它于2008年承接了原本由日本国际协力银行(JBIC)承办的日元贷款和由外务省实施的无偿资金援助,通过统合援助机构提高了官方发展援助的效率(见图3—3)。

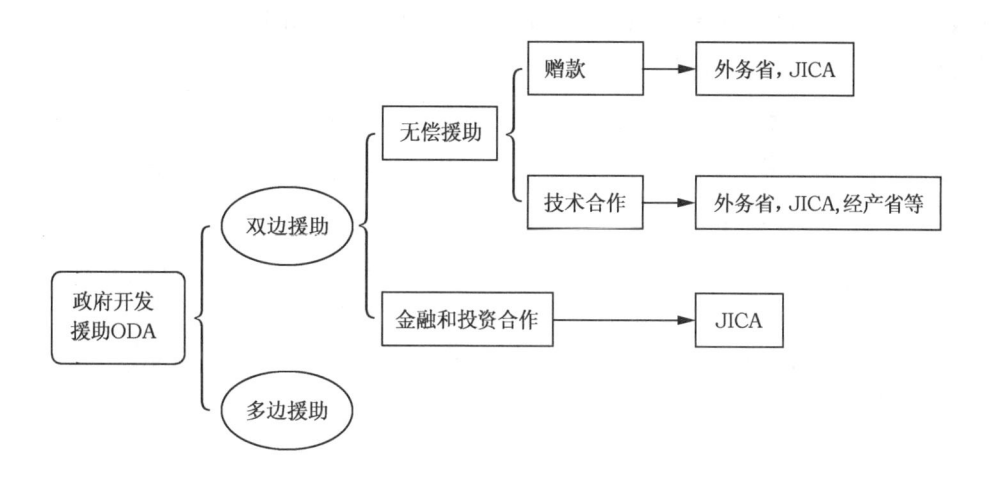

资料来源:https://www.jica.go.jp/english/publications/reports/annual/2019/c8h0vm0000f7nzvn-att/2019_01.pdf。

图3—3 日本政府开发援助的组成

---

① 狭义的开发合作解释为由政府及政府相关机关开展的以促进发展中国家和地区发展为主要目的的国际合作活动。

② 参见《日本外务省·关于开发合作大纲》,http://www.mofa.go.jp/mofaj/files/000067688.pdf。

(二)日本官方开发援助机构及形式

日本国际协力机构(Japan International Cooperation Agency,JICA)是日本政府开发援助的综合实施机构。日本国际协力机构于 1974 年 8 月建立,2003 年 10 月从一家特殊的公共机构改组为独立行政法人。2008 年 10 月,日本国际协力机构合并国际协力银行(JBIC)的海外经济合作业务及外务省的无偿资金合作业务,成为日本援助政策的实施机构。日本国际协力机构提供双边援助的形式包括技术合作、官方开发援助贷款和赠款,其目的是通过帮助发展中国家的地区经济、社会开发、复兴及社会稳定,促进国际合作,并有利于日本及国际经济社会的健全发展。

1. 技术合作(Technical Cooperation)

技术合作泛指所有对发展中国家提供的实际援助,如人力资源开发、机构强化、政策制定以及体制建设等,包括派遣 JICA 专家、技术培训、技术合作项目、发展规划技术合作等形式。近年来,这一方式越来越受到日本政府的重视。

2. 政府开发援助贷款(ODA Loans)

政府开发援助贷款适用于发展中国家的基础设施建设和其他需要大额资金的融资项目,通过优惠信贷条件支持国家发展。除了政府开发援助贷款,日本政府的金融和投资合作还包括私人部门投资融资(Private-Sector Investment Finance,PSIF),针对发展中国家私人部门提供金融支持,通过项目的设备投资和贷款,促进发展中国家的经济活动,提高人民生活水平。

政府开发援助贷款实施通常遵循以下项目周期:项目准备—官方要求—检查/事前评估—内阁批准/换文和贷款协议—项目实施—项目完成/事后评估和跟进(见图 3—4)。

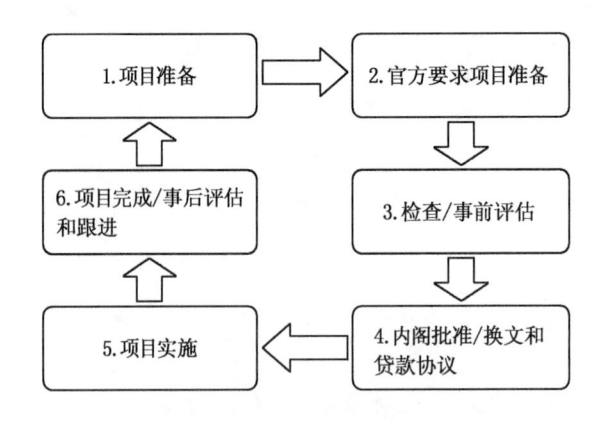

图 3—4　日本政府开发援助贷款项目周期

政府开发援助贷款分为项目型贷款和规划贷款两类。

(1)项目型贷款(Project Type Loans),具体种类有:①项目贷款(Project Loans),

占贷款的绝大部分,为公路、电厂、水利、供水灌溉设施等项目提供融资,贷款资金用于购买设施、设备和相关服务或开展国内相关的工程;②工程服务贷款[Engineering Service (E/S) Loans],用于项目调查和规划阶段的工程服务;③金融中介贷款(Financial Intermediary Loans/Two Step Loans),是通过受援国金融机构实施的贷款,用于促进中小企业、农业、其他特定行业以及设施建设,提高低收入群体的生活水平,资金到达最终受益人前至少历经两家及以上的金融机构,又称为两步贷款;④部门贷款(Sector Loans),为特定部门实施发展计划所需物资、设备、服务和咨询提供融资。

(2)规划贷款(Program Loans),帮助受援国改进政策,实施系统的体制改革。

日本政府开发援助贷款的特点是利率较低,期限较长,优惠程度根据受援国经济状况有所不同,提供多种备选的融资方案,具体贷款条件参见表3—4和表3—5。

表3—4　　　　日元计价的政府开发援助贷款条件(2019年4月1日起实施)

类别	人均GNI(2017)	条件	利率固定/浮动	标准/选择方案	利率(%)	偿还期限(年)	宽限期(年)	购买条款
低收入最不发达国家*	≤$995				0.01	40	10	无约束
最不发达国家或低收入国家	≤$995	STEP**	固定	标准	0.10	40	12	有约束
		高规格优惠条件***	固定	标准	0.25	30	10	无约束
				方案1	0.20	25	7	
				方案2	0.15	20	6	
				方案3	0.10	15	5	
		优惠条件****	浮动*****	更长期限	¥LIBOR+35bp	40	12	
				标准	¥LIBOR+25bp	30	10	
				方案1	¥LIBOR+20bp	25	7	
				方案2	¥LIBOR+15bp	20	6	
				方案3	¥LIBOR+10bp	15	5	
			固定	标准	0.80	30	10	
				方案1	0.65	25	7	
				方案2	0.50	20	6	
				方案3	0.30	15	5	
		普通条件	浮动*****	更长期限	¥LIBOR+45bp	40	12	
				标准	¥LIBOR+35bp	30	10	
				方案1	¥LIBOR+30bp	25	7	
				方案2	¥LIBOR+25bp	20	6	
				方案3	¥LIBOR+20bp	15	5	
			固定	标准	0.90	30	10	
				方案1	0.75	25	7	
				方案2	0.60	20	6	
				方案3	0.40	15	5	

续表

类别	人均GNI(2017)	条件	利率固定/浮动	标准/选择方案	利率(%)	偿还期限(年)	宽限期(年)	购买条款
中低收入国家	$996~$3 895	STEP**	固定	标准	0.10	40	12	有约束
		高规格优惠条件***	固定	标准	0.50	30	10	无约束
				方案1	0.45	25	7	
				方案2	0.40	20	6	
				方案3	0.35	15	5	
		优惠条件****	浮动*****	更长期限	¥LIBOR+85bp	40	12	
				标准	¥LIBOR+65bp	30	10	
				方案1	¥LIBOR+55bp	25	7	
				方案2	¥LIBOR+45bp	20	6	
				方案3	¥LIBOR+35bp	15	5	
			固定	标准	1.20	30	10	
				方案1	1.00	25	7	
				方案2	0.80	20	6	
				方案3	0.55	15	5	
		普通条件	浮动*****	更长期限	¥LIBOR+105bp	40	12	
				标准	¥LIBOR+85bp	30	10	
				方案1	¥LIBOR+75bp	25	7	
				方案2	¥LIBOR+65bp	20	6	
				方案3	¥LIBOR+55bp	15	5	
			固定	标准	1.40	30	10	
				方案1	1.20	25	7	
				方案2	1.00	20	6	
				方案3	0.80	15	5	
中高收入国家	≥$3 986	高规格优惠条件***	固定	标准	0.70	30	10	无约束
				方案1	0.65	25	7	
				方案2	0.60	20	6	
				方案3	0.55	15	5	
		优惠条件****	浮动*****	更长期限	¥LIBOR+105bp	40	12	
				标准	¥LIBOR+85bp	30	10	
				方案1	¥LIBOR+75bp	25	7	
				方案2	¥LIBOR+65bp	20	6	
				方案3	¥LIBOR+55bp	15	5	
			固定	标准	1.40	30	10	
				方案1	1.20	25	7	
				方案2	1.00	20	6	
				方案3	0.80	15	5	
		普通条件	浮动*****	更长期限	¥LIBOR+125bp	40	12	
				标准	¥LIBOR+105bp	30	10	
				方案1	¥LIBOR+95bp	25	7	
				方案2	¥LIBOR+85bp	20	6	
				方案3	¥LIBOR+75bp	15	5	
			固定	标准	1.60	30	10	
				方案1	1.40	25	7	
				方案2	1.20	20	6	
				方案3	1.00	15	5	

注：* 适用于低收入发展中国家的任何行业和领域，对即将从这一类别毕业的低收入受援国给予三年的过渡期，过渡期内该信贷条件不变；** 为经济伙伴特殊条件（Special Terms for Economic Partnership, STEP），适用于大量使用日本技术和诀窍的项目，符合经济合作与发展组织君子协定下捆绑式援助的国家（发展中国家除外），也适用于经济伙伴特殊条件；*** 适用于促进优质基础设施建设的项目，一事一议式；**** 适用于全球环境和气候变化问题、健康和医疗保健服务、防灾减灾、人力资源开发等行业和领域；***** 浮动利率基准为 6 月期日元 LIBOR，固定利差在整个贷款期内不变，如果基准利率加上利差低于 0.1%，则贷款利率按照 0.1% 执行。

资料来源：*JICA Annual Report* 2019。

表 3—5　　　　美元计价的政府开发援助贷款条件（2016 年 4 月 1 日起实施）

偿还期	宽限期(年)	利率
25	7	$LIBOR＋110bp
20	6	$LIBOR＋105bp
15	5	$LIBOR＋100bp

注：浮动利率基准为 6 月期美元 LOBOR，固定利差整个贷款期内不变，如果基准利率加上固定利差低于 0.1%，则贷款利率按照 0.1% 执行。

资料来源：*JICA Annual Report* 2019。

3. 赠款（Grant）

赠款主要针对低收入发展中国家，涵盖这些国家的未来发展和合作，涉及开发社会和经济基础设施、教育、艾滋病防治、儿童健康和环境等多个领域，分为项目赠款、规划赠款、与国际组织相关的赠款、通过预算支持的赠款和人力资源开发赠款等类型。

2018 财年，由日本国际协力机构实施的赠款、技术合作和贷款金额分别为 985 亿日元、1 901 亿日元和 12 661 亿日元（见表 3—6）。

表 3—6　　　2018 财年日本国际协力机构各项目类型的资金分配　　　单位：10 亿日元

	2018 财年	2017 财年
技术合作费用*	190.1	192.3
金融与投资合作项目（新承诺额）**	1 266.1	1 888.4
赠款项目***	98.5	115.1

注：* 包括金融与投资合作账户预算管理的技术援助费用、减灾等技术援助费用等，但不包括管理成本；** 包括政府开发援助贷款和私人部门投资融资项目加总的新承诺额；*** 基于预算计算的金额，不是赠款协议总金额。

资料来源：JICA 网站，*JICA Annual Report* 2019。

三、其他国家政府贷款

随着国际经济形势的变化、我国综合国力及经济地位的提升,目前绝大部分传统援助体已停止对我国提供包括政府贷款在内的官方发展援助,仅有德国、法国、以色列等国提供政府贷款。以下以这些国家为例加以介绍。

(一)德国政府贷款

负责对外提供政府贷款的机构是德国经济合作部,并授权德国复兴信贷银行(简称 KFW)具体执行。该行成立于 1948 年,总部设在法兰克福,股份由德国联邦政府(占比 80%)和各州政府(占比 20%)所拥有,联邦政府对其业务提供补贴和担保,并对其营业收入免征所得税,股东中没有个人或私人机构的参与。

作为德国唯一一家政策性银行,德国复兴信贷银行始终以政策性业务为核心,政策性业务内容以《德国复兴信贷银行法》形式予以明确。2015 年最新修订的《德国复兴信贷银行法》规定,德国复兴信贷银行业务领域为中小微企业及创业、风险投资、住房、环境保护、基础设施、技术创新、国际振兴、开发合作以及其他政府规定的业务。2019 年,德国复兴信贷银行业务量合计 773 亿欧元,较上年增长 2.4%,政策性业务占比约 71%。在不同阶段,德国复兴信贷银行遵循政策性要求并根据国家战略需要转换支持重点。2010 年以来,德国复兴信贷银行更为关注德国可持续发展与创新、数字化经济以及欧洲合作,尤其是在可持续发展方面,关注气候环境保护主题下的能源效率提升、可再生能源发展;目前,重点关注气候环境保护、数字化与创新、全球化、社会转型等领域。此外,KFW 始终致力于支持中小企业发展。

德国促进贷款是德国政府为了支持发展中国家而为其提供的主要应用于医疗、教育、节能环保等领域的优惠贷款。德国政府委托德国复兴信贷银行进行贷款的审批与发放。2006 年我国财政部与德国复兴信贷银行签订协议,由德国复兴信贷银行代表德国政府每年为我国提供约 4.5 亿欧元的援助贷款。德国促进贷款适用范围限制少,可以用于工程土建,也可以用于购买设备,除了国际招标的要求,该贷款在购买设备方面没有国别限制。德国促进贷款币种要求为欧元,主要支持相关技术和管理方式在我国国内尚未被广泛使用的项目,领域包括医疗卫生、职业教育、环境友好型交通、能效和可再生能源、城区发展(城区交通、集中供热、污水处理、垃圾焚烧等),以及对气候保护和环境有积极影响的领域(森林可持续经营、水资源管理和保护)。

德国促进贷款具体贷款条件如下:贷款期限最长 15 年(含最多 5 年宽限期);贷款利率:浮动利率为 6 个月 EURIBOR+0.55%,固定利率为德国复兴信贷银行相同期限贷款的再融资成本+0.45%;对应提未提贷款按每年 0.25%收取承诺费,自贷款协议生效 3 个月起算,在提款期内每半年支付一次;贷款的管理费在首次提款前一次性收取,贷款金额 1 亿欧元以下的项目管理费率为 0.35%,1 亿欧元以上(含 1 亿欧元)的项目管理费率为 0.25%;贷款偿还是每半年一次等值、连续的分期偿还。当中国政府主权信用评级低于国际资本市场的投资级别时,所有项目的还款期改为 12 年。在浮动利率下,可在任何利息支付日无成本提前偿还应付未付贷款,但须提前 30 天通知贷款方;在固定利率下,借款人如承担所有因提前偿还引起的中断成本,可提前偿还应付未付贷款。采购采用国际招标方式,设备采购需占贷款金额的 50% 以上。单个项目的贷款金额不得低于 1 500 万欧元;项目单位最终实际提取的贷款金额不应低于政府协议贷款金额的 60%,否则需向德方支付放弃提款的赔偿金。

(二)法国政府贷款

法国开发署(ADF)是法国进行官方发展援助的主要执行者。法国开发署在中国开展业务已经有 15 年,主要集中于环境和气候方面,符合中法两国政府在应对气候变化、保护环境和推动城市可持续发展方面的各项共识。法国在中国支持的 38 个项目中有 36 个都有利于应对气候变化,总投资额达到 16 亿欧元。1/3 的项目有利于城市可持续发展。法国开发署在中国支持的生物多样性领域的项目量是法国开发署所有国外代表处中最多的。

截至 2019 年 4 月,法国开发署已经在中国开展了 38 个项目(其中 20 个已经完成),累计贷款金额达到 16 亿欧元。2016—2018 年平均每年的业务量达到 1.56 亿欧元。双方重点合作领域包括:城市可持续发展(集中供热、城市大型交通换乘中心建设等)、清洁能源、可再生能源和能效(生物质能源、既有建筑节能改造等),水处理(污水处理和再利用、污泥处理等),自然资源可持续管理、生物多样性保护(湿地保护、土壤修复等)及自然与文化遗产保护,工业风险防范和医养结合。

2018 年法国开发署对中国贷款项目的贷款条件见表 3—7。

表 3—7　　　　　　　法国开发署对中国贷款项目的贷款条件(2018 年)

利率	浮动利率: <5 000 万欧元:6 个月 EURIBOR+125bp ≥5 000 万欧元且<7 000 万欧元:6 个月 EURIBOR+105bp ≥7 000 万欧元:6 个月 EURIBOR+94bp
	固定利率:将于贷款提款日当天,由法方根据资本市场的融资成本确定
承诺费	以未提款金额为基数,按照提款的年份,从 0 至 0.5% 渐进式收取
贷款取消费	如果被取消的金额超过协议金额的 25%, <5 000 万欧元:取消额扣除贷款金额 25% 后的 2% ≥5 000 万欧元且<7 000 万欧元:取消额扣除贷款金额 25% 后的 1% ≥7 000 万欧元:取消额扣除贷款金额 25% 后的 0.5%
提前偿还罚金	浮动利率:提前偿还补偿金 固定利率:提前偿还补偿金+利率掉期毁约成本

资料来源:中国财政部国际财金合作司网站,http://gjs.mof.gov.cn。

(三)以色列政府贷款

以色列在农业、制药、信息技术、新能源等方面有很先进的技术和很强的技术创新能力。以色列政府贷款具有以下优势:一是支持领域广泛,包括医疗、农业、电信、能源、电力、工业、水处理等社会经济基础设施领域;二是贷款利率优惠,贷款期限较长,最长可达15年,且还款方式灵活多样;三是外方审批流程简单快捷,贷款一般可在1个月内获批;四是以色列供货成分要求占贷款总金额的比例不低于合同金额的40%,这在所有外国政府贷款的采购限制要求中是比较低的。

截至2016年,以色列政府共承诺向中国提供优惠贷款26亿美元,累计生效项目330多个,贷款总额约17亿美元。项目主要集中在医疗卫生、农业开发、教育培训、水处理、通信及其他高科技领域,遍布中国29个省、自治区和直辖市。与其他国别贷款相比,以色列是中国进出口银行转贷外国政府贷款较为活跃的国别之一,也是项目单位更愿意选择的国别贷款之一。根据中国进出口银行的数据,截至2016年9月,中国进出口银行共转贷以色列政府贷款项目83个,协议金额约8.69亿美元,贷款余额约3.89亿美元。

按照国家发展和改革委员会2019—2020年外国政府贷款备选项目规划,中国本年度可利用的政府贷款涉及德国促进贷款、法国开发署贷款、北欧投资银行贷款、以色列政府贷款等。贷款安排重点领域包括:①应对气候变化领域,重点支持智能交通、绿色交通、环境友好型农业、清洁和可再生资源、绿色能效等领域;②可持续发展领域,重点支持生物多样性保护和可持续森林资源管理(湿地保护、土壤修复等)、城市可持续发展(集中供热、固废焚烧、污水和污泥处理等);③社会和民生发展领域,重点支持应用型教育、职业教育、医养结合服务体系建设、自然与文化遗产保护等领域。具体贷款信息归纳如表3—8所示。

表3—8　　　　有关国别(机构)贷款信息(2019—2020年)

序号	贷款国别(机构)	年度额度	限制性条件	重点支持领域
1	德国	5亿~8亿欧元	单个项目贷款一般不低于3 000万欧元	一是可再生能源和能效;二是生物多样性保护和可持续森林管理;三是城市环境基础设施建设(包括固体废物管理、焚烧、污水处理系统、水处理等);四是气候友好型交通;五是其他对保护环境和应对气候变化有较强正向作用的项目;六是需要特定德国经验和技术的项目

续表

序号	贷款国别（机构）	年度额度	限制性条件	重点支持领域
2	法国开发署	2亿~3亿欧元	单个项目贷款一般不低于2 000万欧元	一是城市可持续发展（集中供热、城市大型交通换乘中心建设等）；二是清洁能源，可再生能源和能效（生物质能源、既有建筑节能改造等）；三是水处理项目；四是自然资源可持续管理和生物多样性保护（湿地保护、土壤修复等）以及自然文化遗产保护
3	以色列	2亿~3亿美元	以色列货物采购比例不低于30%	环境友好型技术、农业技术、清洁和智能能源技术、应用型教育、医养结合等
4	北欧投资银行	1.5亿欧元	北欧投资银行成员国供货比例不低于30%，单个项目原则上2 000万美元左右，北欧投资银行贷款比例不超过项目总投资额的50%	可再生能源、生物质能源、电动交通基础设施和电动车、绿色能效建筑、清洁技术投资；应用型教育、消防以及其他双方感兴趣的技术转移项目

资料来源：国家发展和改革委员会。

第三节　中国利用的外国政府贷款与援助

一、中国利用外国政府贷款概况

外国政府贷款是我国主权外债的组成部分，具有利率低、期限长、综合优惠度高的特点。我国利用外国政府贷款始于1979年，先后同日本、德国、法国、西班牙、意大利、加拿大、英国、奥地利、澳大利亚、瑞典、科威特、荷兰、芬兰、丹麦、挪威、瑞士、比利时、韩国、以色列、俄罗斯、卢森堡、波兰及北欧投资银行、北欧发展基金、法国开发署等25个国家及金融组织建立了政府（双边）贷款关系。贷款项目覆盖全国除港、澳、台地区以外的所有省（自治区、直辖市），涉及能源、交通、基础设施、环境保护、医疗卫生、教育、农业等领域。这些项目的实施有效地弥补了国内建设资金和外汇缺口，引进了国外先进技术设备和管理经验，缓解了能源、交通、原材料等瓶颈制约，促进了项目所在地的就业，改善了当地人民生活质量，支持了我国经济建设和社会发展，促进了改革开放。近年来，财政部按照公共财政的要求，引导优质国外资金投向，重点支持民生领域发展，并向中西部等欠发达地区倾斜，推动区域协调发展和经济社会薄弱环节建设，注重引进国外先进技术、管理经验和发展理念，为我国加快转变经济发展方式提供有益借鉴。

2018年，我国共签约国际金融组织和外国政府贷（赠）款约51.61亿美元。其中，签约国际金融组织贷款约47.49亿美元,签约外国政府贷款约3.46亿美元;签约全球环境基金赠款约0.66亿美元。这些贷(赠)款资金主要用于支持大气污染防治、节能环保、应对气候变化、农业发展及农村扶贫、交通、城建、教育、医疗等领域。

近年来,由于受经济合作与发展组织政策限制,再加上我国经济实力不断增强,外国政府对中国的贷款逐年减少,目前仅有少数国家及机构开展对我国的项目贷款。

二、中国利用外国政府贷款的特点

第一,属主权外债,强调贷款的偿还。利用外国政府贷款属于我国政府对外借用的外债。

第二,贷款条件相对优惠。外国政府贷款赠与成分一般在35%以上,最高达80%,是我国目前所借国外贷款中条件比较优惠的贷款。

第三,有限制性采购的要求。多数国家政府贷款为限制性采购,通常第三国采购比例为15%~50%,贷款币种由贷款国指定,汇率风险较大。

第四,使用投向具有一定限制,主要用于政府主导型项目建设,集中在基础设施、社会发展和环境保护等领域。

三、中国利用外国政府贷款的管理方式

根据2005年2月28日颁布的《国际金融组织贷款和外国政府贷款暂行管理办法》(国家发改委28号令),国家发展和改革委员会按照国民经济和社会发展规划、产业政策、外债管理及国外贷款使用原则和要求,编制并下达年度国外贷款备选项目规划。对于未纳入国外贷款备选规划的项目,国务院各有关部门、地方各级政府和项目用款单位不得向国际金融组织或外国政府等国外贷款机构正式提出贷款申请。在纳入国外贷款备选项目规划之后,再进行项目审批、核准或备案。待外方承诺贷款、国内银行承诺转贷、设备正式招标前,项目单位通过地方发展和改革委员会向国家发展和改革委员会提交项目资金申请报告,与国内银行正式签署转贷款金融协议后,根据有关规定到有关发展和改革部门办理国家鼓励发展的内外资项目确认书手续。

四、中国利用外国政府贷款的类型

外国政府贷款一般有纯软贷款、混合贷款和特种贷款三种类型,其中混合贷款为主要方式。随着国际经济形势的变化和我国经济实力的不断增强,纯软贷款的比例逐渐下降。

(一)软贷款

软贷款即政府财政性贷款。一般无息或利率较低,还款期较长,并有较长的宽限

期,如科威特政府贷款年利率1%～5.5%,偿还期18～20年,含宽限期3～5年,一般在项目选择上侧重于非营利的开发性项目,如城市基础设施等。

(二)混合贷款

混合贷款又分为几种情形:①由政府财政性贷款和一般商业性贷款混合而成,比一般商业性贷款优惠。如奥地利政府贷款年利率4.5%,偿还期20年,含宽限期2年。②由一定比例赠款和出口信贷混合而成,如澳大利亚、挪威、英国等国政府贷款中,赠款占25%～45%。③由政府软贷款和出口信贷混合而成,又称为政府混合贷款,是最普遍实行的一种贷款,一般软贷款占30%～50%。如法国、意大利、德国等国贷款都采用这种形式。

(三)特种贷款

最典型的当属北欧投资银行贷款。贷款期限较长,项目审批速度快,其他费用很少,贷款条件优于商业贷款,贷款期10～13年(含宽限期),利率为LIBOR加一定基点,不收贷款担保费(详见表3-8)。要求项目合同金额的70%必须采购北欧设备(含法国设备),投资领域涉及造纸、医疗卫生、通信、能源、环保、机械加工和制造、食品加工、矿山机械、农牧产品加工等北欧具有技术优势的领域。在贷款规模、审批时间和审批条件上,与世界银行和亚洲开发银行贷款之间存在较大的互补性。

五、外国对中国无偿援助

(一)加拿大

中加两国于1983年签署《中国政府和加拿大政府关于发展合作总协定》。近30年来,加拿大国际开发署(Canadian International Development Agency,CIDA)对中国提供援助资金总额约为7.8亿加元(约6亿美元),涉及农业、林业、能源、交通、教育、通信、环保、人才开发、体制改革和扶贫等众多领域。加拿大国际开发署成立于1968年,是加拿大主要发展援助机构,隶属于加拿大外交国贸部,负责加拿大78%的援助款,向世界上100多个最贫穷的国家提供援助。它是援助贷款的批准机构,同时也是此种贷款的直接提供者。2012年4月,加拿大政府宣布2014年3月前正式结束对中国的传统援助。

(二)新西兰

中新发展合作始于1989年,主要以技术合作为主,最初形式是直接向有关项目单位提供无偿援助。1990年,两国政府建立了全面技术合作关系。1997年,在中新技术合作框架协议下,进一步明确了中新发展合作以扶贫、技术转让和政策交流领域的合作为主。截至2011年,新西兰对中国无偿援助累计约3 800万新元(约2 630万美元)。两国主要合作项目包括"扶贫小项目"及"发展奖学金项目"。

(三)澳大利亚

1981年10月,中澳签署《中澳技术合作促进发展计划协定》。截至2011年,澳大利亚共向中国提供12亿澳元无偿援助,实施合作项目136个,涉及农、林、牧、能源、交通、纺织、教育、卫生、城市规划、环境保护、综合扶贫、体制改革、能力建设和农村发展等领域。2011年,澳大利亚宣布正式停止传统的对中国的无偿援助。

(四)丹麦

2005年12月21日,中丹两国政府签署了发展合作协定,标志着中止多年的两国间双边发展合作的重新启动。中丹合作侧重环境领域,主要涉及风能开发和利用、生物质能、清洁发展机制、可再生能源等。已完成的项目有中丹风能领域能力建设和知识转让项目、中丹清洁发展机制合作项目和中丹可再生能源发展项目。

(五)英国

英国政府通过英国国际发展部对外提供无偿援助,将"减贫"作为其援外宗旨。1999年,中英两国政府签署《发展合作谅解备忘录》,迄今已开展合作项目24个,金额总计2.3亿英镑,集中在卫生、教育和环境及气候变化三个领域。2011年3月,英国宣布结束传统的对中国的发展援助。同年6月,两国政府签署新型发展合作谅解备忘录,商定未来围绕全球发展议题及减贫的具体发展问题加强合作。双方于2011年9月及2012年9月召开了两届"中英发展合作政策对话",探讨新型合作的具体领域及模式,陆续开展了农业、卫生和减灾三个领域的新型合作项目。

(六)欧盟

欧盟于1984年开始向中国提供财政技术援助。1995年以前,欧盟对中国发展援助以扶贫为主,主要集中在农业领域。1995年以后,欧盟调整了对中国的政策及对中国发展援助的政策,扩大了对中国援助的领域,确定中欧发展合作的优先领域一是促进双边关系,二是帮助中国应对国际社会普遍关切的环境、能源和气候变化等全球性挑战。

(七)德国

1982年10月13日,中德两国政府签署了技术合作总协定,德国政府开始对中国提供无偿援助。截至2011年底,德国政府共向中国提供无偿援助12.1亿美元。中国是德国政府对外无偿援助的最大受援国。德国正式停止对中国的传统援助后,德国经合部仍通过其区域合作基金与中国开展合作。同时,中国已与德国环境部及财政部签署新型的发展合作框架协议。新型合作的主要领域为气候变化、环境政策、自然资源管理和金融等。

(八)日本

日本政府自1981年开始对中国无偿援助。截至2010年底,日本向中国提供了总额为12.9亿美元的无偿援助资金,执行各类项目144个,涉及卫生、环保、教育、农业、扶贫等多个领域。随着中国经济持续稳定发展，近年日本对中国援助规模大幅削减，传统的纯硬件援助方式（即提供设备）已基本停止，仅在人员交流、培训方面提供少量援助，年度金额约 3 000 万美元。

（九）荷兰

荷兰政府自 1986 年开始向中国提供无偿援助。1996 年，中荷两国政府签署《关于发展合作的谅解备忘录》。截至 2008 年底，双方共开展了 57 个合作项目，荷方共提供无偿援助约 1.64 亿美元。

（十）意大利

意大利政府自 1981 年开始对中国提供无偿援助，至今共提供约 2.11 亿美元的赠款。合作项目涉及公共卫生、综合扶贫、文物保护及残疾人权益保护等，如援建了国内多个医疗急救中心。

第四节　中国的对外援助

一、中国对外援助的历程

我国对外援助起步于 1950 年，当时向朝鲜和越南两国提供物资援助。1955 年万隆亚非会议后，我国对外援助范围从社会主义国家扩展到非洲国家。1964 年，我国政府宣布以"平等互利、不附带条件"为核心的对外经济技术援助八项原则，确立了我国开展对外援助的基本方针。1978 年改革开放后，我国同其他发展中国家的经济合作由过去单纯提供援助发展为多种形式的互利合作，同部分受援国开展了代管经营、租赁经营和合资经营等技术和管理合作。1993 年，我国政府利用发展中国家已偿还的部分无息贷款资金设立援外合资合作项目基金，主要用于支持我国中小企业与受援国企业在生产和经营领域开展合资合作。2000 年，中非合作论坛成立，成为新形势下中国与非洲友好国家开展集体对话的重要平台和务实合作的有效机制。

进入 21 世纪特别是 2004 年以来，在经济持续快速增长、综合国力不断增强的基础上，我国对外援助资金保持快速增长，2004—2009 年均增长 29.4%。除了通过传统双边渠道商定援助项目外，我国还在国际和地区层面加强与受援国的集体磋商。我国政府在联合国发展筹资高级别会议、联合国千年发展目标高级别会议、中非合作论坛、上海合作组织、中国-东盟领导人会议、中国-加勒比经贸合作论坛、中国-太平洋岛国经济发展合作论坛、中国-葡语国家经贸合作论坛等区域合作机制会议上，多次宣布一揽子有针对性的对外援助政策措施，加强在农业、基础设施、教育、医疗卫生、人力资源开发合作和清洁能源等领域的援助力度。

据财政部每年公布的中央财政支出中对外援助支出额度,我国每年提供的对外援助规模呈不断上升趋势,从 2002 年的 50.03 亿元上升到 2007 年的 111.54 亿元(首次超过百亿元人民币),到 2015 年的最高值 195.37 亿元,2016 年出现了明显降幅,2017 年回升至 168.7 亿元。[①] 2018 年,中国对外援助规模持续增长。财政部中央本级年度支出预算显示,2018 年中国援外预算为 208.03 亿元,比 2017 年的实际支出高 23%。[②]

二、中国对外援助的管理架构

对外援助支出是国家财政支出的一部分。援外预算资金由中国财政部按预决算制统一管理。过去,商务部是我国国务院授权的政府对外援助主管部门,负责牵头与外交部、财政部等多个机构统一管理中国的对外援助事务。具体而言,商务部下设的援外司负责拟定对外援助政策、规章、总体规划和年度计划,审批各类援外项目并对项目实施进行全过程管理。商务部所属国际经济合作事务局、国际经济技术交流中心等机构负责执行成套项目、技术援助项目和一般物资项目等各种类型的援助工作。中国进出口银行主要负责政府优惠贷款项目的实施。中国驻外使(领)馆负责中国对驻在国援助项目的一线协调和管理。地方商务管理机构配合商务部,负责协助办理管辖地有关对外援助的具体事务。

2018 年 3 月,国务院直属机构——国家国际发展合作署(China International Development Cooperation Agency,CIDCA)正式成立。中国对外援助制度由多部门协调制转变为独立机构统筹制。国际发展合作署是我国负责对外援助工作的牵头和业务主管部门,其主要职责是制定政策、编制计划、统筹协调、监督评估。具体表现为:拟订对外援助战略方针、规划、政策;统筹协调援外重大问题并提出建议;推进援外方式改革;编制对外援助方案和计划;确定对外援助项目并监督评估实施情况等。援外的执行工作仍由商务部、外交部、财政部、中国进出口银行、其他部委,以及地方政府负责。国家国际发展合作署负责统筹规划和协调援助领域的各项工作。

三、中国对外援助的方式

(一)成套项目援助

中国通过提供无偿援助和无息贷款等援助资金帮助受援国建设生产和民用领域的工程项目。中方负责项目考察、勘察、设计和施工的全部或部分过程,提供全部或部

---

① 财政部预算司的中央财政支出表。
② 黄永富:《我国对外援助现状分析》,《中国国情国力》2020 年第 1 期。

分设备、建筑材料,派遣工程技术人员组织和指导施工、安装和试生产。项目竣工后,移交受援国使用。这是中国最主要的对外援助方式。

(二)一般物资援助

中国在援助资金项下,向受援国提供所需生产生活物资、技术性产品或单项设备,并承担必要的配套技术服务。

(三)技术合作

由中国派遣专家,对已建成成套项目后续生产、运营或维护提供技术指导,就地培训受援国的管理和技术人员;帮助发展中国家为发展生产而进行试种、试养、试制,传授中国农业和传统手工艺技术;帮助发展中国家完成某一项专业考察、勘探、规划、研究、咨询等。

(四)人力资源开发合作

中国通过多双边渠道为发展中国家举办各种形式的政府官员研修、学历学位教育、专业技术培训以及其他人员交流项目。

(五)援外医疗队

中国向受援国派出医务人员团队,并无偿提供部分医疗设备和药品,在受援国进行定点或巡回医疗服务。

(六)紧急人道主义援助

中国在有关国家和地区遭受各种严重自然灾害或人道主义灾难的情况下,主动或应受灾国要求提供紧急救援物资、现汇或派出救援人员,以减轻灾区人民生命财产损失,帮助受灾国应对灾害造成的困难局面。

(七)援外志愿者

中国选派志愿人员到其他发展中国家,在教育、医疗卫生和其他社会发展领域为当地民众提供服务。目前派出的主要有援外青年志愿者和汉语教师志愿者。

(八)债务减免

中国已先后七次宣布无条件免除重债穷国和最不发达国家对中国到期政府无息贷款债务。

四、中国对外援助的资金

我国对外援助资金主要有三种类型:无偿援助、无息贷款和优惠贷款。其中,无偿援助和无息贷款资金在国家财政项下支出,优惠贷款由我国政府指定中国进出口银行对外提供。

(一)无偿援助

无偿贷款主要用于帮助受援国建设医院、学校、低造价住房、打井供水项目等中小型社会福利性项目。此外,还用于实施人力资源开发合作、技术合作、物资援助、紧急人道主义援助等领域的项目。

(二)无息贷款

无息贷款主要用于帮助受援国建设社会公共设施和民生项目。期限一般20年,其中使用期5年,宽限期5年,偿还期10年,目前主要向经济条件较好的发展中国家提供。

(三)优惠贷款

优惠贷款是指由我国银行提供的具有政府援助性质的贷款,主要用于帮助发展中国家建设有经济效益的生产性项目、大中型基础设施项目,提供较大型成套设备、机电产品等。

我国政府给予发展中国家的政府援助贷款指"两优"贷款,是援外优惠贷款(优贷)和优惠出口买方信贷(优买)业务的简称。中国进出口银行是我国政府指定的唯一承办机构。优贷是中国政府向发展中国家提供的具有援助性质的中长期低息贷款,用途须经两国政府签订的框架协议确定。优买是为配合国家外交需要,推动与重点国家和地区的经贸合作而提供的出口买方信贷优惠贷款。

贷款支持对象:一般为借款国政府主权机构,某些情况下可以为借款国政府指定并经中国进出口银行认可的金融机构或其他机构,但应由其主权机构提供担保。

贷款流程:①借款国政府向中国政府提出贷款申请并提交相关资料;②搜集贷款项目相关材料,开展贷前调查;③中国进出口银行对项目进行评估审查,并向政府部门通报评估结果;④中国政府与借款国政府签订政府间优惠贷款框架协议后,中国进出口银行与借款人签署具体贷款协议(援外优惠贷款);或经政府主管部门同意后,中国进出口银行与借款人签署具体贷款协议(优惠出口买方信贷);⑤贷款资金随项目进度分多次发放,贷款一般根据借款人指令,直接拨付给中方企业;⑥按中国进出口银行相关制度开展贷后管理,回收贷款本息。

贷款申请材料:①借款国政府借款申请函;②我驻外使馆经商处出具的意见函(支持函);③商务合同;④项目可行性研究报告(建议书)、环境影响评价报告;⑤项目业主材料;⑥中方执行企业和主要分包商/供货商材料;⑦中国进出口银行认为必要的其他材料。

五、中国对外援助的地区分布

根据《中国的对外援助(2014)》白皮书的统计,2010—2012年,中国共向121个国家提供了援助,其中亚洲地区30个国家,非洲地区51个国家,大洋洲地区9个国家,拉美和加勒比地区19个国家,欧洲地区12个国家。此外,中国还向非洲联盟等区域组织提供了援助(如图 3—5 所示)。按受援国收入水平和援助投入领域划分,我国对外援助资金的分布分别如图 3—6 和图 3—7 所示。

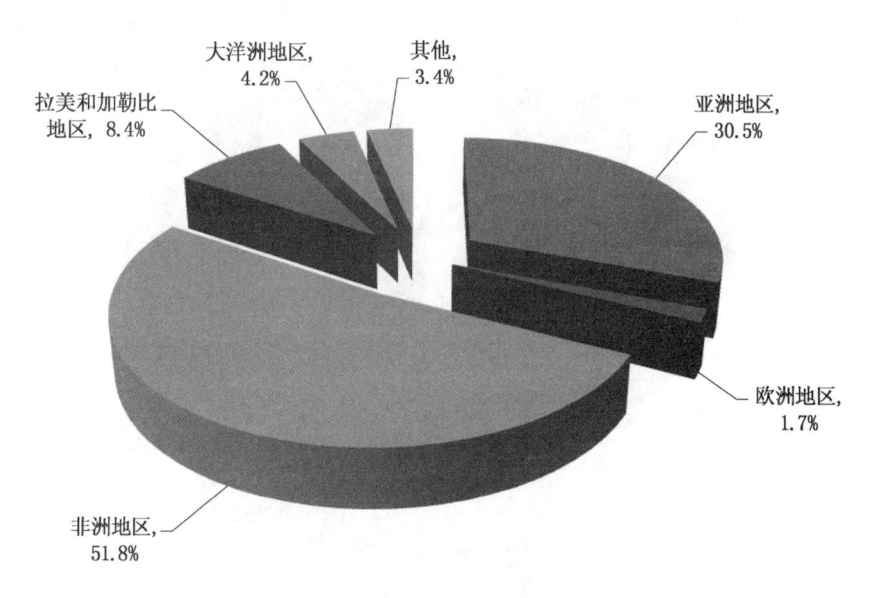

资料来源:国务院新闻办公室,《中国的对外援助(2014)》白皮书。

图 3—5　2010—2012 年中国对外援助资金分布(按援助地区划分)

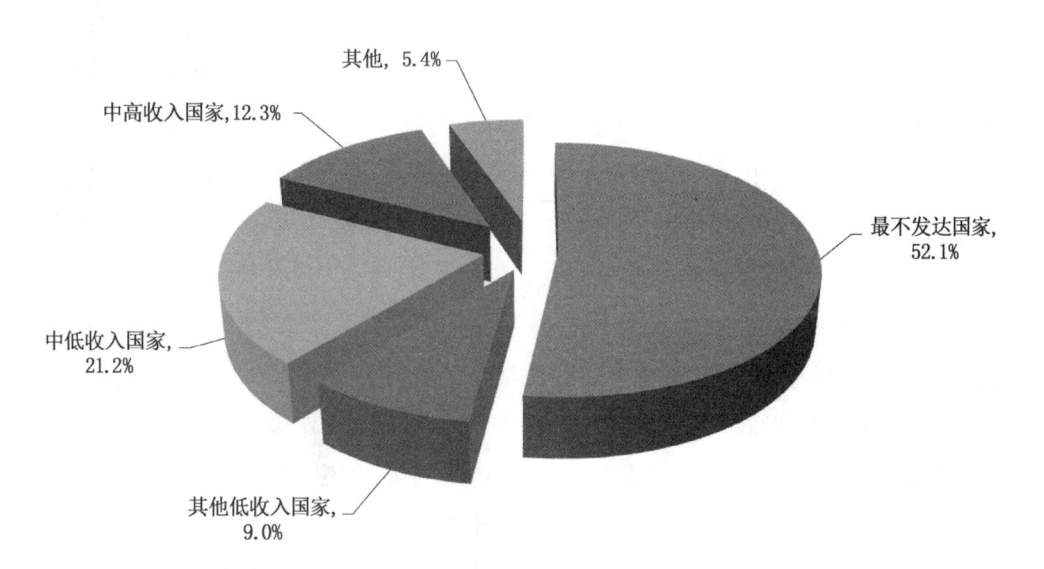

资料来源:国务院新闻办公室,《中国的对外援助(2014)》白皮书。

图 3—6　2010—2012 年中国对外援助资金分布(按受援国收入水平划分)

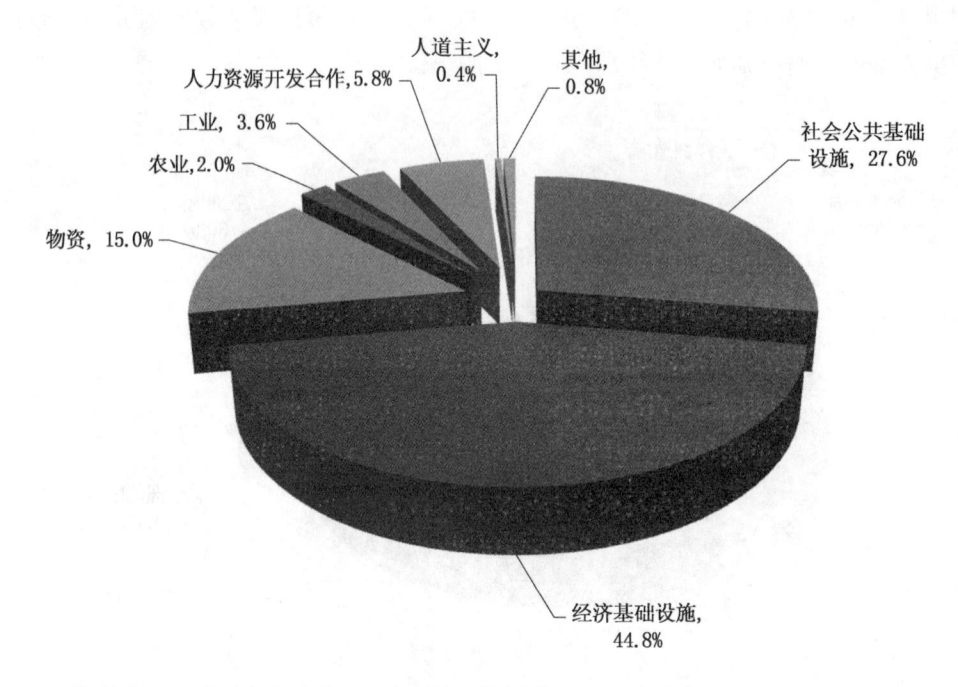

资料来源：国务院新闻办公室，《中国的对外援助（2014）》白皮书。

图3－7　2010—2012年中国对外援助资金分布（按援助投入领域划分）

截至2016年，中国累计对外提供援款4 000多亿元人民币，实施各类援外项目5 000多个，其中成套项目近3 000个，举办11 000多期培训班，为发展中国家在中国培训各类人员26万多名。截至2017年，中国先后向亚洲、非洲、拉丁美洲和加勒比、欧洲和大洋洲的72个国家和地区累计派遣医疗队员2.5万人次，诊治患者2.8亿人次，赢得了受援国政府和人民的高度评价。自2004年以来，中国累计提供国际人道主义援助300余次，平均年增长率为29.4%。[①]

中国国家主席习近平近年来多次在国际场合宣布一系列重大对外援助倡议和举措。2015年9月，中国设立"南南合作援助基金"，由中国提供20亿美元，支持发展中国家落实2015年后发展议程；2017年5月中国又向南南合作援助基金增资10亿美元。中国在南南合作框架下稳步扩大对其他发展中国家的援助规模，注重打造或提升区域合作平台，充分借助上海合作组织、金砖国家、中国-东盟（10＋1）会议、中国东盟博览会、澜沧江-湄公河合作机制以及中非合作论坛、中拉论坛、中阿合作论坛等机制的带动作用，不断提升各国发展能力。

---

① 国务院新闻办公室：《改革开放40年中国人权事业的发展进步》白皮书。

案例 3—1　日本对中国政府开发援助

日本于 1979 年正式决定对中国提供由日元贷款、无偿援助和技术援助三部分组成的政府开发援助。其中，日元贷款是最重要的组成部分，占 30 年来日本对中国政府开发援助累计总额的 90% 以上。

日本向中国提供的政府贷款曾经约占中国同国外官方资金合作的 40% 以上，居首位。1979 年 12 月 5 日，日本首相大平正芳访问中国，承诺向中国提供第一批政府贷款。从这年起，日本政府开始向中国提供日元贷款。日本共向中国提供四批日元贷款，合计 25 809 亿日元。第一批日元贷款（1979—1983 年）3 309 亿日元；第二批日元贷款（1984—1990 年）4 700 亿日元；第三批日元贷款（1990—1995 年）8 100 亿日元；第四批日元贷款分为两个阶段：（1996—1998 年）5 800 亿日元和（1999—2000 年）3 900 亿日元。此外，1979—1995 年，日本向我国提供三批能源贷款，合计 17 000 亿日元。第一批能源贷款 4 200 亿日元；第二批能源贷款 5 800 亿日元；第三批能源贷款 7 000 亿日元。

2002 年 3 月，日本政府决定大幅削减对中国的日元贷款，2001 年度贷款数量削减为 1 600 亿日元，与上年相比减少 25%。随着中国经济的崛起，以及外国对中国投资的增加，日元贷款额从 2000 年高峰期逐年降低，直到 2007 年探底至 463 亿日元（见图 3—8）。2008 年，日本正式宣告结束对中国提供新日元贷款。

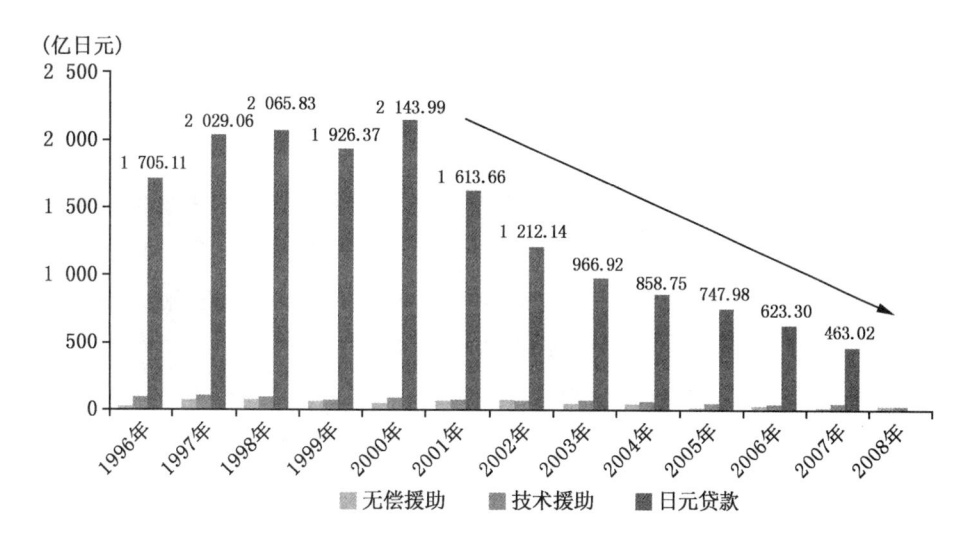

资料来源：日本外务省，『政府開発援助（ODA）白書』，1998—2009 年。

图 3—8　日本对中国政府开发援助（1996—2008 年度）

此外，日本对中国无偿资金援助和技术援助也分别自1993年和1997年达到最高额后，呈现大幅减少态势。2008年以后，日本对中国经济援助进入只余少量无偿资金援助和技术援助的所谓"后政府开发援助时代"，在环境保护、减灾防灾、应对传染病和食品安全等领域中保留的技术援助成为日本对中国政府开发援助的主要部分。日本对中国技术援助资金从2008年的270.58亿日元增长到2010年的500.97亿日元。从2011年起，日本对中国技术援助金额大幅降至32.96亿日元，并在此后几年持续下降，不断创下历史新低，2015年仅为8.06亿日元（见图3—9）。

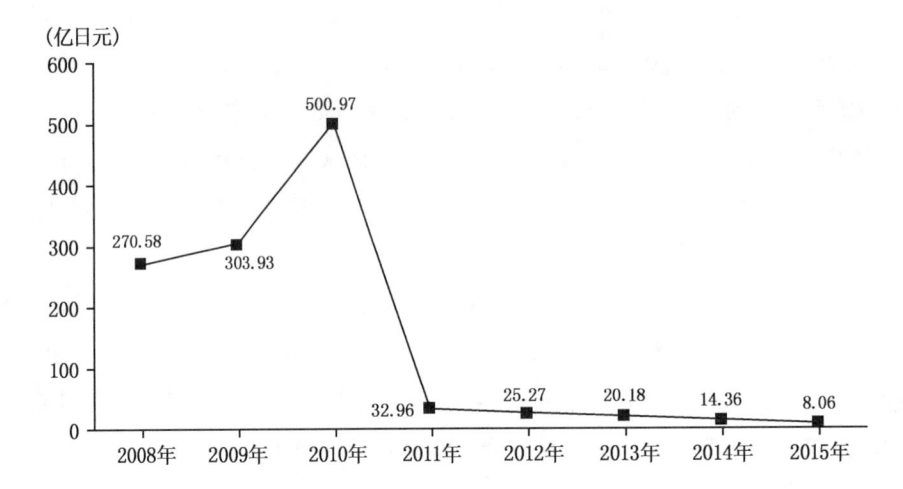

资料来源：日本外务省，『政府開発援助（ODA）白書（2012年度版）』、『日本の国際協力（2016年版開発協力白書）』。

图3—9　日本对中国技术援助（2008—2015年）

自2007年起，日本已停止对中国一般项目的无偿资金援助。从2008年以来，日本对中国无偿资金援助以人才培育奖学计划和利民工程无偿援助项目为主，均为小额无偿资金援助项目，主要面向中国贫困地区的基础教育、医疗保健和民生环境等领域，对中国基层社会提供援助。无偿援助金额同样在2010年后大幅减少，2012年后基本只剩下利民工程项目援助，且降幅明显，2015年的无偿资金援助仅有1.07亿日元（见图3—10）。

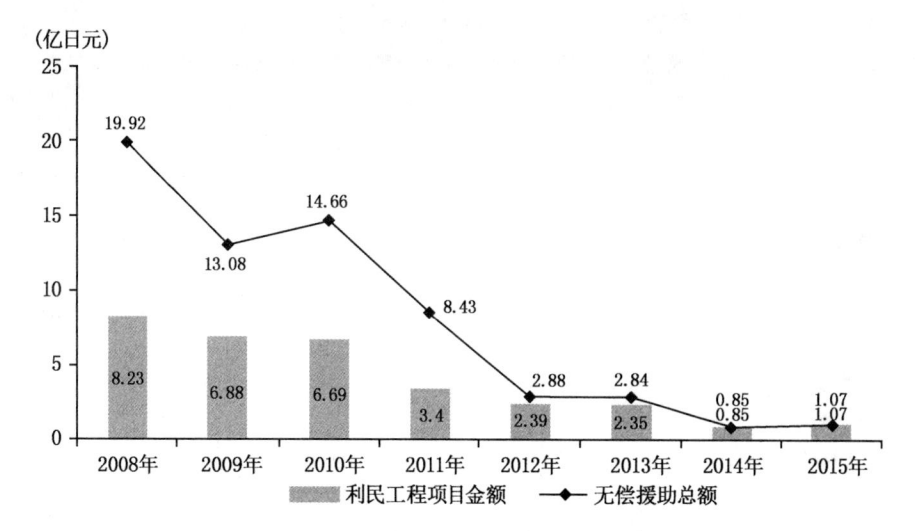

资料来源：日本外务省，『政府開発援助（ODA）白書（2012年度版）』、『日本の国際協力（2016版開発協力白書）』。

图3－10　日本对华无偿资金援助（2008—2015年）

思考题：

1. 如何正确看待日本政府开发援助？
2. 中国还需要日元贷款吗？
3. 中国从中获得哪些启示？

本章小结

1. 政府贷款是一国政府利用财政资金向另一国政府提供的优惠性贷款。赠与成分是衡量贷款优惠性的一项重要指标。政府贷款一般以两国间良好的政治、经济和外交关系为基础，以政府名义进行；需要经过法定的批准程序，属于主权外债，强调偿还；是一种优惠性软贷款，但规模不大，有使用限制。其影响因素包括两国政局和外交关系、贷款国的财政和国际收支状况，以及借款国的贷款使用效益等。政府贷款按照不同的标准划分成各种类型。

2. 美国国际开发署（USAID）是美国实施对外援助的重要政府机构。海外援助分为技术援助和经济援助两类。近年来，美国政府越来越重视经济援助。日本的政府开发援助（ODA）分为双边援助和多边援助两种。双边援助主要包括技术合作、金融和投资合作和赠款三部分。日本国际协力机构（JICA）是主要的综合实施机构。

3. 中国利用外国政府贷款始于1979年，有纯软贷款、混合贷款和特种贷款三种方式。随着国际经济形势的变化、中国综合国力及经济地位的提升，目前绝大部分传统援助体都已停止对我国提供包括政府贷款在内的官方发展援助。中国对外援助起步于1950年，主要对象是低收入发展中国家，有成套项目、一般物资、技术合作、人力资源开发合作、援外医疗队、紧急人道主义援助、援外志愿者和债务减免等方式,分无偿援助、无息贷款和优惠贷款三种类型。2018年新成立的中华人民共和国国家国际发展合作署是我国负责对外援助工作的牵头和业务主管部门。

基本概念

政府贷款　　官方开发援助　　赠与成分　　软贷款　　混合贷款

思考与练习

1. 政府贷款与官方开发援助有什么不同?
2. 政府贷款的特点有哪些?
3. 什么是赠与成分?
4. 使用政府贷款一般有哪些限制条件?
5. 哪些因素会影响政府贷款的规模?
6. 中国正在从受援国向援助国转变,如何理性看待这一角色转变?
7. 如何借鉴国际经验改革中国的外援模式?

第四章 国际金融机构贷款

📅 **教学目的与要求**

- 掌握国际货币基金组织贷款类型及特点
- 掌握世界银行集团三大机构的贷款业务及特点
- 熟悉国际农业发展基金的贷款种类及特点
- 了解亚洲开发银行的贷款活动及特点
- 知晓其他区域开发机构的概况和业务活动
- 了解新型多边开发机构的特点和业务活动

国际金融机构贷款（International Financial Institutional Loan）是指各类国际金融机构向其会员国提供的贷款，一般都具有援助的性质，贷款期限长，利率较低。

国际金融机构是从事国际货币关系的协调、管理或国际金融业务的经营，以促进世界经济发展的具有超国家性质的各类金融组织。其经营管理不以营利为目的，各国在国际金融机构中的地位并非完全平等，西方发达国家在国际金融机构中占有较大的话语权，而发展中国家的地位和影响力相对有限。自第二次世界大战以来，国际金融机构对加强各国在金融领域的国际合作发挥着日益重要的作用。

按其地区范围划分，国际金融机构可分为：①全球性金融机构。这类机构由遍及世界的成员国构成，以国际货币基金组织和世界银行集团为代表。②区域性金融机构。这类机构主要由本地区成员国组成，如亚洲开发银行、非洲开发银行、泛美开发银行等机构。

按其职能划分，国际金融机构可分为：①主要从事国际金融事务的协调和监督。这类机构以促进成员国货币合作、汇率稳定和帮助成员国改善国际收支逆差为主要宗旨，如国际货币基金组织。②主要从事各种国际信贷业务。这类机构以促进成员国资源开发、项目投资和提供技术援助为主要宗旨，如世界银行集团和亚洲开发银行。③主要从事国际结算、清算活动。其宗旨在于增进成员国中央银行之间的合作，实现多边自由国际结算,如国际清算银行。④以提供贸易融资为基本业务。其宗旨是促进成员国的贸易发展,如拉丁美洲出口银行。

第一节 国际货币基金组织贷款

国际货币基金组织(International Monetary Fund,IMF)是当今世界最重要的政府间国际金融组织。根据 1944 年在美国布雷顿森林城召开的联合国货币金融会议上通过的《国际货币基金协定》,国际货币基金组织于 1945 年 12 月正式成立,总部设在美国华盛顿。1947 年 11 月 15 日,国际货币基金组织成为联合国的专门机构。截至 2020 年,国际货币基金组织的成员国已达 189 个,其中包括中国在内的 39 个国家为创始成员国。[①]

一、国际货币基金组织的宗旨

国际货币基金组织的宗旨是:建立常设机构,为国际货币问题的商讨与协作提供便利,促进国际货币合作;促进国际贸易的扩大与平衡发展,以提高和维持高水平就业与实际收入,以及开发各成员国的生产资源;促进汇率的稳定,维持成员国间正常的汇兑关系,避免竞争性货币贬值;协助建立成员国间经常性交易的多边支付制度,并消除阻碍国际贸易发展的外汇管制;在充分保障条件下,对成员国提供资金,使其增强信心纠正国际收支失衡,而不致采取有损本国或国际繁荣的措施;根据以上目标,缩短成员国国际收支失衡的时间,并减轻其程度。

二、国际货币基金组织的组织结构

国际货币基金组织的组织结构由理事会、执行董事会、总裁和常设职能部门等构成。

(一)理事会

作为国际货币基金组织最高决策机构,理事会由各成员国各派一名理事和副理事组成,任期 5 年。理事通常由该国的财政部长或央行行长担任,有投票表决权。副理事在理事缺席时才有投票权。理事会的主要职权是:批准接纳新的成员国;批准国际货币基金组织的份额规模与特别提款权的分配,批准成员国货币平价的普遍调查;决

[①] 国际货币基金组织成员国分为创始成员国和一般成员国,凡是参加 1944 年布雷顿森林会议,并于 1945 年 12 月 31 日之前在协定上签字正式参加的国家为创始成员国,而在此以后参加的国家为一般成员国。

定成员国退出国际货币基金组织;讨论有关国际货币制度的重大问题。理事会通常每年开一次年会,一般同世界银行理事会年会联合举行。

(二)执行董事会

执行董事会是国际货币基金组织负责处理日常业务工作的常设机构,由 24 名执行董事组成,任期 2 年。执行董事包括指定与选派两种。指定董事由持有基金份额最多的 5 个成员国即美国、英国、德国、法国、日本各派 1 名,中国、俄罗斯与沙特阿拉伯各派 1 名。选派董事由其他成员国按选区轮流选派。执行董事会的职权主要有:接受理事会委托定期处理各种政策和行政事务,向理事会提交年度报告,并随时对成员国经济方面的重大问题,特别是有关国际金融方面的问题进行全面研究。每星期至少召开三次正式会议,履行基金协定指定的和理事会赋予它的职权。当董事会需要就有关问题进行投票表决时,执行董事按其所代表的国家或选区的投票权进行投票。

(三)总裁

总裁是国际货币基金组织的最高行政长官,下设副总裁协助工作。总裁负责管理基金组织的日常事务,由执行董事会推选并兼任执行董事会主席,任期 5 年。总裁可以出席理事会和执行董事会,但平时没有投票权,只有在执行董事会表决双方票数相等时,才可以投决定性的一票。

(四)常设职能部门

国际货币基金组织设有 16 个职能部门,负责经营业务活动。此外,还有 2 个永久性的海外业务机构,即欧洲办事处(设在巴黎)和日内瓦办事处。

国际货币基金组织的重大决策由成员国投票表决,每个成员国拥有 250 票的基本投票权。成员国每认缴 10 万美元份额(1970 年后以特别提款权为计算单位),便增加一票。表决时,对特殊重大问题采用 7/10 或 85% 多数通过原则,其权利分配方式与股份公司十分相似。

三、国际货币基金组织的职能

当前,国际货币基金组织的基本职能包括对成员国和全球经济的监督、向成员国提供贷款援助以及加强能力建设等。

(一)监督(Surveillance)

国际货币基金组织的核心职责之一是监督国际货币体系并监测 189 个成员国的经济和金融政策。国际货币基金组织在全球、地区和国家层面开展工作,识别潜在的稳定性风险,提出适当的政策调整建议,以维持经济增长,促进金融和经济稳定。监督工作包括两个方面:一是开展双边监督,关注单个成员国情况,与成员国开展磋商;二是开展多边监督,对全球经济进行监测,定期发布《世界经济展望》《全球金融稳定报告》《财政监测报告》和地区经济报告等报告。国际货币基金组织与其他集团,如包括工业国和新兴市场经济体在内的二十国集团也开展密切合作。国际货币基金组织每年发布两份《全球政策议程》,为基金组织及其成员国的未来政策议程提出建议。同时,国际货币基金组织定期检查其监督工作,根据不断变化的全球挑战作出调整。

(二)贷款(Lending)

国际货币基金组织为遭受危机打击的国家提供资金支持,为其实施调整政策赢得喘息空间,以恢复经济稳定和经济增长。此外,还提供预防性融资,用以防止和应对危机的发生。国际货币基金组织的贷款工具不断完善,以满足成员国不断变化的需求。

(三)能力建设(Capacity Development)

能力建设工作是国际货币基金组织其他核心职能的重要补充,侧重于财政政策、货币和金融部门政策、法律框架以及统计等核心领域,帮助建立有效的政策和制度并加强相关人员能力建设,例如,帮助各国筹集公共收入、改革银行体系、建立强健的法律框架、强化宏观经济和金融统计数据的报告,以及改进经济分析和预测等。其方式包括派出短期工作人员代表团、在各国内安排长期常驻顾问、通过地区能力建设中心开展工作以及设立全球主题基金。此外,国际货币基金组织还提供广泛的培训课程。2016 财年国际货币基金组织全部技术援助中,约一半提供给了低收入国家,新兴市场和中等收入国家所占比例约为 40%。

四、国际货币基金组织的资金来源

必要的资金来源是国际货币基金组织从事业务活动的基础,目前由份额、多边借款安排和双边借款安排三个"弹药库"(firepower)组成,这些资金将用于各种贷款项目。

(一)份额

份额(Quota)是成员国向国际货币基金组织认缴的资金,构成最基本的资金来源,是国际货币基金组织"弹药库"的第一梯队。在国际货币基金组织建立之初,份额以黄金和本币的形式缴纳。应缴数量综合考虑每个成员国的国民收入、黄金外汇储备以及对外贸易量大小等因素(主要由其经济规模决定),由国际货币基金组织与成员国磋商后确定,每 5 年对份额进行一次审查与调整。[①] 2010 年,国际货币基金组织完成了第 14 轮份额审查,份额增加 1 倍至 4 770 亿特别提款权(约合 6 500 亿美元),于

---

① 国际货币基金组织利用份额公式评估一个成员国的相对地位。现行份额公式是以下变量的加权平均值,即 GDP(权重 50%)、开放度(权重 30%)、经济波动性(权重 15%),以及国际储备(权重 5%)。这里的 GDP 是通过基于市场汇率计算的 GDP(权重为 60%)和基于购买力平价计算的 GDP(权重为 40%)的混合变量计算的。公式还包括一个"压缩因子",用来缩小成员国计算份额的离散程度。1978 年修订的《国际货币基金协定》中,取消了 25%的份额必须以黄金缴纳的规定,改为以外汇或特别提款权缴付,其余部分仍以本国货币缴付。份额中的外汇存放于有关国家的中央银行,本币则存放于本国央行在国际货币基金组织的账户中。

2016 年 1 月生效。2020 年 2 月完成的第 15 轮份额总审查并未增加份额。第 16 轮份额总审查预计于 2023 年 12 月完成。

成员国的份额决定了其向国际货币基金组织出资的最高限额和投票权,并关系到其可从国际货币基金组织获得贷款的限额,也决定了成员国分配的特别提款权的多少。

(二)借款

借款也是国际货币基金组织重要的资金来源,包括多边借款安排和双边借款安排。

多边借款安排(Multilateral Borrowing Arrangements)扮演着国际货币基金组织第二"弹药库"的角色。多边借款安排原先由两部分构成,即借款总安排(GAB)和新借款安排(NAB)。借款总安排起源于 1962 年,由国际货币基金组织与十国集团共同设立,这些全球主要发达经济体随时准备向国际货币基金组织提供资金支持,来防范或解决国际经济金融危机。借款总安排最初的设立规模为 60 亿特别提款权,1983 年扩大到 170 亿特别提款权,历史上总共启动过 10 次,最后一次是在 1998 年,2018 年底退出了历史舞台。为了应对墨西哥金融危机,七国集团在 1995 年加拿大哈利法克斯峰会上提议建立新借款安排,并于 1997 年正式设立新借款安排。与借款总安排的运作机制相似,新借款安排是国际货币基金组织与部分成员国签订的一系列信贷安排,如有需要,这些成员国随时准备向国际货币基金组织提供资金。目前新借款安排有 40 个参与国,每 5 年需重新续约,因而并非如份额那样是永久性资源。1998 年为救助陷入危机的巴西,新借款安排第一次启用,2011 年 4 月至 2016 年 2 月期间,一共启动过 10 次。2008 年金融危机后,新借款安排扩大规模,曾扩张到 3 700 亿特别提款权(超过 5 000 亿美元)。在第 14 轮份额总检查之后,由于份额增加,新借款安排规模缩减到 1 820 亿特别提款权。为了稳固国际货币基金组织的"弹药库",2020 年 1 月经国际货币基金组织执行董事会批准,从 2021 年 1 月开始至 2025 年,NAB 规模翻倍扩大至 3 647 亿特别提款权,基本达到国际金融危机爆发后的水平。

双边借款安排(Bilateral Borrowing Agreements,BBAs)构成了基金组织的第三"弹药库"。金融危机发生之后,国际货币基金组织与成员国签署了几轮双边借款安排协议,如果遇到大规模贷款需求而资金紧张时,国际货币基金组织高层可以和这些成员国货币当局商议,从这些国家取得资金充实可贷资源,而无须经过执行董事会批准。目前参加双边借款安排的有 40 个成员国,总规模为 3 180 亿特别提款权。

综上所述,截至 2020 年 3 月,国际货币基金组织总的贷款资源为 4 770 亿特别提款权的份额、1 820 亿特别提款权的新借款安排,再加上 3 180 亿特别提款权的双边借款安排,总计约 9 770 亿特别提款权。因为有贷款处于发放和偿还中,所以实际可贷资源是一个动态数字,实际可贷资源分别为 3 200 亿特别提款权(约 4 400 亿美元)的份额、1 430 亿特别提款权(约 1 960 亿美元)的新借款安排和 2 520 亿特别提款权(约 3 440 亿美元)的双边借款安排,总计约 7 150 亿特别提款权,约合 9 800 亿美元,也就是经常见诸报端的约 1 万亿美元的可贷资源。[①]

五、国际货币基金组织的主要业务活动

(一)提供贷款

作为主要的日常业务活动,国际货币基金组织向国际收支出现困难的成员国提供不同类型的贷款,种类很多而且随时变化,陆续增加了很多新的贷款工具,以不断满足成员国的需求。

(二)其他活动

1. 发行特别提款权,调节国际储备资产的供应和分配

特别提款权与普通提款权不同,由基金组织直接发行和分配;动用特别提款权无须在规定的期间内购回本国货币,也不需要得到基金组织的批准,因此,它成为成员国的储备资产。成员国分到的特别提款权计入基金组织特别提款权账户,持有额低于分配额的部分要支付利息。

2. 通过汇率监督促进汇率稳定

国际货币基金组织在成立时要求成员国将其汇率维持在平价上下 1% 的幅度之内,调整平价要得到国际货币基金组织的批准。在浮动汇率制下,它根据《国际货币基金协定》第四条款的原则来指导成员国的汇率政策,基金组织要求成员国将其汇率安排的变化迅速通知该组织,并通过双边或多边协商来行使其他监督职能。

3. 协调成员国的国际收支调节活动

国际货币基金组织定期对各成员国的经济政策进行分析,考察它们对国际收支、经济增长、就业和财政状况的作用。在此基础上,国际货币基金组织通过多边协商力图实现对国际收支的对称性调节。

4. 强调成员国取消对经常项目结算中的货币兑换限制

国际货币基金组织要求成员国实行单一的汇率制,以便促进世界贸易的发展,但并不干涉成员国关于资本金融账户下的货币兑换限制。

5. 促进国际货币制度改革

国际货币基金组织曾经采取过两次重大行动:一是 1969 年通过设立特别提款权的决议;二是 1976 年达成《牙买加协议》,实行浮动汇率并使黄金非货币化。1974 年,

---

① https://www.imf.org/en/About/infographics/imf-firepower-lending。

国际货币基金组织设立了临时委员会,专门研究国际货币制度改革问题。

6.向成员国政府提供专家咨询、官员培训等技术援助

国际货币基金组织通过组织培训和派出专家形式对成员国提供政策分析、制度研究和统计等方面的技术帮助。1964 年,国际货币基金组织建立国际货币基金学院,培训财政部门和中央银行的工作人员。

7.收集和交换金融信息与统计

国际货币基金组织为此出版了一些刊物,如《国际金融统计》(月刊)(*International Financial Statistics*,IFS)、《基金组织概览》(*IMF Survey*)、《国际收支年鉴》(*Balance of Payments Statistics Yearbook*)、《外汇管理年鉴》(*Annual Report on Exchange Arrangement and Exchange Restrictions Yearbook*)、《世界经济展望》(*World Economic Outlook*)和《金融与发展》(*Finance & Development*)等。

六、国际货币基金组织的贷款种类

国际货币基金组织的可贷资金通过普通资金账户(General Resources Account,GRA)、减贫与增长信托账户(Poverty Reduction and Growth Trust,PRGT)等优惠贷款和债务减免账户,对外提供特定的贷款项目。普通资金账户是国际货币基金组织的主要账户,汇聚了成员国认缴的份额,是非优惠贷款业务的资金来源。与之相对应,国际货币基金组织向低收入国家提供两种主要类型的资金援助:减贫与增长信托账户下当前利率为零的优惠贷款、重债穷国倡议(Heavily Indebted Poor Countries Initiative,HIPC)以及控灾减灾信托(Catastrophe Containment and Relief Trust,CCRT)下的债务减免,这些账户和信托的资金来自成员国的捐助等途径,而非成员国的份额。2020 年 4 月,国际货币基金组织执行董事会批准 25 个受新冠肺炎疫情冲击的低收入成员国得到债务减免,就是受惠于控灾减灾信托,英国、日本等国已宣布向控灾减灾信托增资。

国际货币基金组织提供多种贷款工具应对不同类型的国际收支需求以及成员国的具体国情。针对陷入危机的新兴市场经济体和发达市场经济体,国际货币基金组织主要通过备用安排(Standby Arrangement,SBA)提供援助,解决短期或潜在的国际收支问题。备用信贷(Standby Credit Facility,SCF)针对低收入国家发挥类似的作用。中期贷款(Extended Fund Facility,EFF)与相应的中期信贷(Extended Credit Facility,ECF)是国际货币基金组织向面临长期国际收支问题的低收入国家给予中期支持的主要工具。自全球金融危机以来,这些工具的使用率大幅增加,反映出部分成员国国际收支方面的结构性问题。为预防或减轻危机,并在风险加剧时提振市场信心,已经采取强硬政策的成员国可以利用灵活信贷额度(Flexible Credit Line,FCL)或预防性和流动性额度(Precautionary and Liquidity Line,PLL)。因商品价格冲击、自然灾

害和国内脆弱性问题而面临国际收支迫切需求的低收入国家,则可通过快速融资工具(Rapid Financing Instrument,RFI)及相应的快速信贷(Rapid Credit Facility,RCF)获得紧急援助。国际货币基金组织目前提供的主要贷款种类详见表4—1。

表 4—1　　　　　　　　　国际货币基金组织主要贷款种类

目的	贷款种类	资金来源	贷款期限	贷款额度	贷款条件
满足当前、预期或潜在的国际收支需求(基本面较弱/危机应对)	备用安排(SBA)	GRA	一般 12～18 个月,最长 3 年	年度为份额的 145%,项目累计为份额的 435%,特殊情形可超上限	事后
	备用信贷(SCF)	PRGT	1～3 年	年度为份额的 100%,项目累计不超过份额的 300% 2021 年 6 月前零利率,宽限期 4 年,期限 8 年	事后
满足当前、预期或潜在的国际收支需求(稳健的基本面与政策/危机预防)	预防性和流动性额度(PLL)	GRA	6 个月流动性窗口/1～2 年	使用累计不超过份额的 500%	事前(资格标准)和事后
满足当前、预期或潜在的国际收支需求(非常强健的基本面与政策/危机预防)	灵活信贷额度(FCL)	GRA	1～2 年	无上限规定,根据每个申请国的情况确定	事前(资格标准),对两年安排开展年度审查
应对长期的国际收支需求/获得中期援助	中期贷款(EFF)	GRA	最长 4 年	年度为份额的 145%,项目累计为份额的 435%,特殊情形可超上限	事后,侧重于结构性改革
	中期信贷(ECF)	PRGT	3～4 年,可延长至 5 年	年度为份额的 100%,项目累计为份额的 300%,特殊情形可超上限 2021 年 6 月前零利率[①],宽限期 $5\frac{1}{2}$ 年,期限 10 年	
满足因商品价格冲击、自然灾害和国内脆弱性问题而面临实际和紧急的国际收支需求	快速融资工具(RFI)	GRA	直接购入	低额度、有上限,与新冠肺炎疫情有关的贷款每年额度刚从份额的 50%调高至 100%	没有由国际货币基金组织支持的项目/事后条件,但可能事先采取行动
	快速信贷(RCF)	PRGT	直接拨付	低额度、有上限,与新冠肺炎疫情有关的贷款每年额度刚从份额的 50%调高至 100% 永久性零利率,宽限期 $5\frac{1}{2}$ 年,期限 10 年	

续表

目的	贷款种类	资金来源	贷款期限	贷款额度	贷款条件
非融资/信号工具②	政策支持工具（PSI）	无	1~4年,可延长至5年	无	事后
	政策协调工具（PCI）	无	6个月~4年	无	

注：①PRGT账户下的优惠贷款ECF和SCF,其利率水平每两年审核一次,预计2021年6月底前完成下一次审核。②非融资/信号工具包括PSI和PCI,都是无须基金组织融资的灵活工具,为该国经济政策的实力传递信号效应。PSI针对低收入国家,而PCI适用于所有基金成员国,能够表明该国对改革的承诺,以获得来自其他来源的融资。

资料来源：根据国际货币基金组织官网信息整理。

以备用安排SBA为例,它是国际货币基金组织贷款政策的核心,创立于1952年,2009年进行了升级,向面临短期国际收支困难的国家提供中期援助。由于低收入国家有优惠型贷款工具,所以SBA一般更多地被中等收入成员国使用。其贷款条件要求借款成员国采取政策使人相信其国际收支困难将在合理的期间内得到解决。备用安排的期限比较灵活,通常为12~24个月,但一般不超过36个月。尽管贷款利率并不优惠,但通常低于私人市场利率,年度贷款限额为份额的145%,累计贷款限额为份额的435%。

SBA贷款利率为基本费率（Basic Rate of Charge）加附加费,以特别提款权利率为基本费率,在此基础上加100个基点,对超过187.5%份额的大额信贷加征200个基点。如果3年后信贷额仍保持在187.5%份额以上,则加征300个基点,此举是为了防止成员国持续大量地占用国际货币基金组织的资源。对于根据备用安排或中期安排在每个（年度）期间提取的金额,预先收取承担费,以后根据有关安排提款时,按比例对这项收费进行返还。承诺额度在115%份额以内,承担费收取15个基点;承诺额度介于115%~575%份额,承担费收取30个基点;承诺额度超过575%份额,承担费收取60个基点。若在相应期限内承诺金额被全部提取借出,则承担费退还给借款国。但对预防性的备用安排（Precautionary SBA）,借款国不提取款项,相应的承担费也不予退还。每次提取款项,国际货币基金组织额外一次性收取50个基点的手续费（Service Charge）。偿还期从拨付款项后的第 $3\frac{1}{4}$ 年开始,每季度分期还款,一共偿付8次,到拨付款项后的第五年结束。

图4-1为国际货币基金组织2009—2019年的SBA贷款情况。

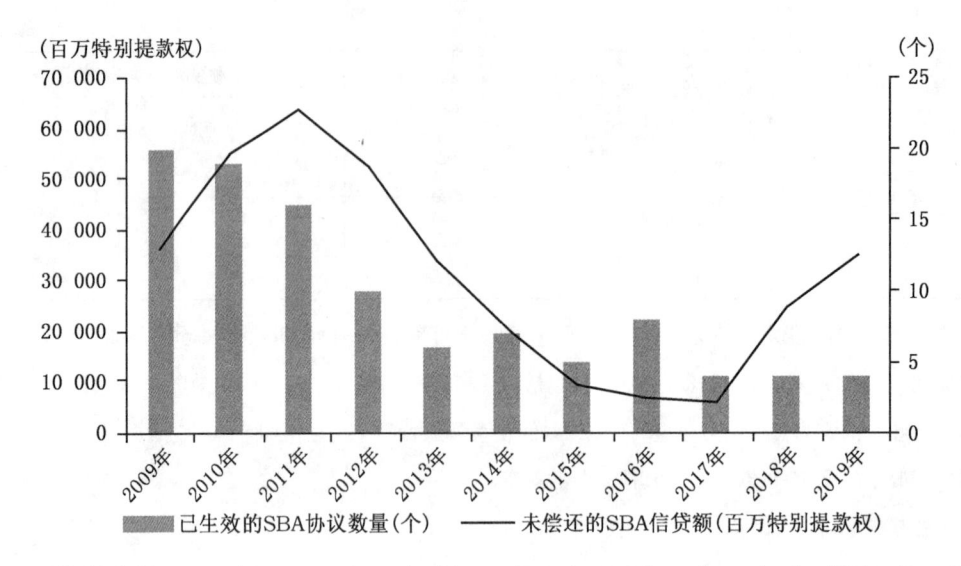

资料来源：https://www.imf.org/en/About/Factsheets/Sheets/2016/08/01/20/33/Stand-By-Arrangement。

图 4-1　国际货币基金组织 2009—2019 年的 SBA 贷款

七、国际货币基金组织贷款的特点

(1) 贷款对象为成员国政府。具体而言，贷款对象是成员国的财政部、中央银行、外汇平准基金等政府机构。

(2) 贷款用途主要是帮助成员国解决国际收支问题，并恢复可持续的经济增长。国际货币基金组织不是援助机构或开发银行，不为特定项目或活动提供融资。

(3) 贷款额度受成员国缴纳的份额限制。最高贷款总额按各成员国的份额及规定的各类贷款最高可贷比例确定，贷款本息均以特别提款权为计算单位。多数情况下，国际货币基金组织贷款仅提供了一国外部融资需求的很小一部分，但由于国际货币基金组织对贷款的批准意味着一国经济政策处于正确的轨道上，这使投资者和官方机构感到放心。

(4) 贷款采用"购买"(Purchase)方式。贷款的发放是由借款国用本币从国际货币基金组织购买等值的外币或特别提款权，偿还则采用"购回"(Repurchase)，即借款国用外汇或特别提款权从国际货币基金组织购回本币，等于偿还了贷款。

(5) 成员国借款需支付相关费用，国际货币基金组织使用成员国货币需支付酬金。成员国借款需向国际货币基金组织支付手续费、承担费、利息等费用，用特别提款权缴付，贷款超过一定数额之后，将收取附加费，以限制对国际货币基金组织资金的过量使用。国际货币基金组织对其使用的成员国货币也相应支付酬金。

(6) 贷款有政策条件(Conditionality)。借款国必须采取能够纠正其国际收支问题的政策,确保通过向国际货币基金组织借款,并非只是推迟做出艰难的选择并积累更多的债务,而是能够加强经济并偿还贷款。国际货币基金组织和成员国必须就需要采取的经济政策行为达成一致,并根据借款国实现其预定政策承诺的情况分期拨款。

八、国际货币基金组织贷款的作用和不足

国际货币基金组织的成立及其业务活动的开展具有积极作用:有助于加强国际货币合作,稳定货币汇率,建立多边清算体系;缓和应对各种冲击,帮助各成员国避免破坏性的经济调整或主权违约,促进国际收支的调节,避免危机;带动其他融资,提升投资者的信心,促进世界经济的发展。然而,国际货币基金组织贷款也暴露出一些问题与缺陷。

(1) 国际货币基金组织的份额分布和治理结构不适应经济全球化的要求。国际货币基金组织目前有 189 个成员国,但发展中国家和贫穷国家话语权太小,难以参与决策。同时,贷款大部分来自其"份额资金池",危机国能获得的贷款规模也与其持有的基金份额直接相关。长期以来,国际货币基金组织的份额未能随着各成员国尤其是发展中国家经济实力的提高而大幅增加,而美国反对大规模援助的倾向对发展中国家更加不利。

(2) 国际货币基金组织援助的有效性有限。国际货币基金组织有条件的援助因影响到主权国的社会稳定而经常受到指责,如 20 世纪七八十年代对拉美诸国援助所附带的经济自由化要求,不但未能使这些国家走上经济成功之路,反而导致拉美陷入 90 年代接连不断的金融动荡之中。此外,1997 年亚洲金融危机、2008 年次贷危机等一系列历史事件显示出国际货币基金组织的不反应或反应滞后。虽然近年来国际货币基金组织宣称将提高贷款额度和简化贷款条件,但真正能够从中受益的国家仍非常有限。

九、国际货币基金组织与中国

中国于 1945 年 12 月 27 日加入国际货币基金组织,是国际货币基金组织的初始成员国,份额是 5.5 亿美元。1980 年 4 月 17 日,国际货币基金组织正式恢复中国的代表权,份额增加到 12 亿美元,占总份额的 4%。1996 年 12 月 1 日,中国接受《国际货币基金协定》第八条款。1991 年,国际货币基金组织在北京设立常驻代表处。2006 年在新加坡举行的国际货币基金组织和世界银行年会结束后,中国在国际货币基金组织的投票权从 2.98% 提高到 3.72%。2015 年 12 月,国际货币基金组织 2010 年改革方案生效,中国份额占比升至 6.39%,跃居第三位。

第二节 世界银行集团贷款

世界银行集团(World Bank Group,WBG)由五个相对独立的机构组成:①国际复兴开发银行(International Bank for Reconstruction and Development,IBRD),向中等收入国家和信用良好的低收入国家的政府提供贷款;②国际开发协会(International Development Association,IDA),以极为优惠的条件向最贫困国家的政府提供融资;③国际金融公司(International Finance Corporation,IFC),提供贷款、股权投资和咨询服务,以刺激私营部门对发展中国家投资;④多边投资担保机构(Multilateral Investment Guarantee Agency,MIGA),向投资者和贷款机构提供政治风险保险和信用增级,以促进新兴经济体的外国直接投资;⑤国际投资争端解决中心(International Centre for Settlement of Investment Disputes,ICSID),对投资纠纷提供国际调解和仲裁。世界银行集团2030年要实现两大目标:一是消除极端贫困,将每天生活费低于1.90美元的贫困人口比例降至3%以下;二是通过促进底层40%人群的收入增长来推动各国共同繁荣。截至2019财年,国际复兴开发银行和国际开发协会向351个重要和具有变革性的项目提供了总额约451亿美元的资金承诺,涵盖约100个国家,其中国际复兴开发银行新增贷款承诺232亿美元,国际开发协会新增贷款承诺219亿美元,三个项目为国际复兴开发银行和国际开发协会混合贷款项目。

一、国际复兴开发银行

国际复兴开发银行简称世界银行(World Bank),是根据布雷顿森林会议上通过的《国际复兴开发银行协定》于1945年12月成立的政府间国际金融机构,是世界银行集团中成立最早、提供贷款最多的金融机构,也是联合国下属的一个专门机构。1946年6月25日,世界银行正式开始营业,总部设在美国华盛顿。作为世界最大的开发银行,国际复兴开发银行向中等收入国家和资信良好的低收入国家提供贷款、担保、风险管理产品和咨询服务,并协调各国应对地区性和全球性挑战,支持世界银行集团的使命。

(一)世界银行的宗旨

《国际复兴开发银行协定》第一条规定了世界银行的宗旨:第一,通过促进生产性投资,协助成员国恢复受战争破坏的经济和鼓励不发达国家的资源开发;第二,通过提供担保和参与私人投资,促进私人对外投资;第三,通过鼓励国际投资以开发成员国生产资源的方法,促进国际贸易长期均衡发展,维持国际收支平衡;第四,在贷款、担保或组织其他渠道的资金中,保证重要项目或时间紧迫项目,不管大小都能优先安排;第五,在业务中适当照顾各成员国国内工商业,使其避免受国际投资的影响。

(二)世界银行的组织结构

世界银行目前拥有189个成员国,只有国际货币基金组织的成员国才有资格申请加入世界银行。其组织结构包括:

1. 理事会(Board of Governors)

理事会是世界银行的最高权力机构,由每个成员国派一名正副理事组成,任期5年。主要职责是批准接纳新成员国、增减银行股份、决定净收益的分配以及其他重大问题。理事会每年举行一次会议,一般与国际货币基金组织理事会联合举行。

2. 执行董事会(Board of Executive Directors)

执行董事会是负责组织日常业务的机构,行使由理事会授予的职权。它由21名执行董事组成,其中5人由持有股金最多的美国、日本、英国、德国和法国委派,另外16人由其他成员国的理事按地区分组选举。近年新增3个席位,中国、俄罗斯、沙特阿拉伯三国可单独选派一名执行董事,世界银行执行董事人数达到24人。执行董事通常由各国政府任命,任期为2～4年。

3. 行长和办事机构

世界银行行政管理机构由行长、若干副行长、局长、处长和工作人员组成。行长由执行董事会选举产生,是行政管理机构的首脑,按惯例通常来自最大的股东国。他在执行董事会的有关方针政策指导下,负责银行的日常行政管理工作,任免银行高级职员和工作人员。行长同时兼任执行董事会主席,但没有投票权,只有在执行董事会表决中双方的票数相等时,可以投关键性的一票。世界银行拥有众多办事机构,办理有关贷款事宜。

(三)世界银行的资金来源

1. 成员国实际缴纳的股本

参加世界银行的成员国都需认股,一般来说,一国认购股份的多少根据该国的经济实力,同时参照该国在国际货币基金组织缴纳的份额大小而定。成员国认购股份的缴纳有两种方法:一是实缴,即成员国认购的股份,先缴20%。其中2%用黄金或美元缴纳,18%用成员国本国货币缴纳;二是待缴,即其余80%的股份,当世界银行催缴时,用黄金、美元或世界银行需要的货币缴付。截至2019年6月30日,世界银行总认缴资本为2 799亿美元,包括实缴资本171亿美元。由于实缴股金比重较低,因而股本资金不是世界银行贷款资金的主要来源。

投票权的大小与成员国认购股本成正比,与基金有关投票权的规定相同。每一成员国拥有250票基本投票权,每认购10万美元股本即增加一票。美国认购股份最多,有投票权 226 178 票,占总投票数的 17.37%,对世界银行事务与重要贷款项目的决定起着重要作用。2010 年世界银行发展委员会春季会议于 4 月 25 日通过了发达国家向发展中国家转移投票权的改革方案,这次改革使中国在世界银行的投票权从 2.78% 提高到 4.42%,成为世界银行第三大股东国,仅次于美国和日本。

2. 借款

世界银行的大部分资金筹自国际金融市场。自 1959 年以来始终保持的 3A 级信用等级使得世界银行能以低成本借债并以优惠条件向中等收入国家提供贷款,帮助确保发展项目以更可持续的方式付诸实施,同时往往还辅以或调动私人资本。所有世界银行债券都被用来支持可持续发展。世界银行既在全球范围内发行债券,也针对特定市场和投资者发行债券。通过全球资产经理、保险公司、养老基金、中央银行、公司和银行等各类投资者的运作,世界银行债券将公共和私营部门与世界银行的发展目标联系起来。世界银行向多个市场的投资者提供不同币种、期限的固定利率和浮动利率债券。它经常以新兴市场国家货币发行新产品或债券,为国际投资者开辟新市场。以优惠市场条件借入的资金降低了世界银行的贷款成本,未立即贷出的资金被保留在世界银行的投资组合中,为业务提供流动性。2019 财年,世界银行共发行了 27 种货币的债券,筹集资金总额相当于 540 亿美元。

3. 债权转让

世界银行将其一部分贷出的债权转让给商业机构为主的私人投资者,可以提前收回资金,扩大其贷款能力。商业机构也借此机会利用世界银行的投资能力,获得较安全的投资渠道。

4. 留存的业务净收益

此外,世界银行资金来源还包括贷款资金的回流,即世界银行借款人到期偿还借款的资金。

世界银行的收入来源为股本收益和贷款盈利,收入用于支付运营经费,纳入储备金,改善收支平衡,并且每年给国际开发协会拨款。如 2019 财年世界银行的可分配净收入中,世界银行执行董事会向理事会建议将 2.59 亿美元转移至国际开发协会,1 亿美元作为盈余,8.31 亿美元作为一般储备金。

(四)世界银行的贷款及其他业务活动

目前世界银行有三种基本贷款工具:投资贷款、发展政策贷款和结果规划贷款。

1. 投资贷款(Investment Project Financing,IPF)

投资贷款可用于所有部门,尤其集中在基础设施、人类发展、农业和公共管理领域。贷款执行期一般为 5~10 年,支持资本密集型投资、农业发展、服务提供、信贷和赠款(包括小微信贷)、社区为基础的开发和机构建设在内的众多活动。与商业贷款不同的是,世界银行投资贷款不仅向借款国提供必需的资金,而且充当全球知识转移和技术援助的持久载体,支持的内容包括:处于项目准备概念阶段的分析和设计工作、实施过程中的技术支持和专业知识(涵盖项目管理、信托、环境和社会活动领域)以及贯穿整个项目过程的机构建设。

2. 发展政策贷款(Development Policy Financing,DPF)

发展政策贷款提供快速支付资金,帮助借款人满足实际或预期的开发融资需求,支持借款人通过政策规划和机构行动实现可持续共享的增长和减贫。发展政策贷款强调国家所有权和一致性、利益相关者咨询、捐助者协调和结果,要求系统处理所支持政策的信托风险和潜在的环境及分配结果。该融资可以通过贷款、软贷款、赠款或担保方式向客户提供资金,主要基于以下条件:第一,维持恰当的宏观经济政策框架,由世界银行根据国际货币基金组织的评估结果确定;第二,全面改革方案顺利实施;第三,完成世界银行和客户之间所达成的一系列关键政策和机构行动。

3. 结果规划贷款(Program for Results Loan,PforR)

结果规划贷款适用于所有世界银行成员国,其特点是使用一个国家自己的机构和程序,将特定规划结果与资金的拨付相挂钩,注重结果导向。世界银行贷款资金支付依据相关指标的完成情况,而不是传统世界银行项目的提款报账制。结果规划贷款旨在助推借款国国内能力建设,提高效率和效益,实现切实、可持续的项目成果。自2012年问世以来,PforR业务稳步增长,截至2019年9月30日,世界银行已发放了108项PforR,总额达到303亿美元。

表4—2　　　　　　　　　世界银行三种贷款产品比较

	投资贷款	发展政策贷款	结果规划贷款
支持项目的类型	基础设施等投资项目	政策调整和体制改革	公共服务
资金支付机制	根据支出发生情况实行提款报账制	根据政府采取的政策改革行动拨付资金	根据结果完成情况拨付资金
实施机制	采用世界银行和借款国的投资项目政策和程序	直接进入政府预算	依赖借款国的行业规划

4. 其他金融产品

(1)或有融资(Contingent Financing)。目的是帮助借款国在特殊情况下快速恢复流动性。借款国并不立即提取该信贷额度,而是留待将来"必要"时再提取。

(2)金融风险管理。目的是降低贷款产品和衍生品交易中面临的货币风险、利率风险和商品价格风险等各种风险。

(3)通过担保提供信用增级。

(4)为自然灾害风险管理提供保险。

专栏 4—1　世界银行集团启动首批新冠肺炎疫情紧急援助项目 加强发展中国家应对能力

2020年4月2日,世界银行执行董事会批准针对发展中国家的首批紧急援助项目,使用应对新冠肺炎疫情快速道专用基金。首批项目总金额19亿美元,其中包括新设立的新冠肺炎专用资金14亿美元,将援助巴基斯坦、斯里兰卡等25个国家,并在40多个国家采用快速道流程推进新项目。此外,世界银行正在世界各地通过项目重组、利用现有项目中的应急子项目和启动巨灾延迟提款选择机制等方式,对17亿美元现有项目资金进行重新调配。

世界银行集团准备在未来15个月部署1 600亿美元,支持新冠肺炎疫情应对措施,帮助各国应对疫情对健康的直接影响并促进经济复苏。更广泛的经济计划目的是缩短复苏时间,为经济增长创造条件,支持中小企业,帮助保护贫困弱势群体。在这些项目中,世界银行将重点关注贫困问题,强调政策性融资,保护最贫困居民及环境。为了解决广泛的供应链中断问题,世界银行还代表政府联系供应商,帮助各国获得急需的医疗物资。世界银行也鼓励其他机构提供资金,支持发展中国家应对新冠肺炎疫情。

（资料来源：新浪网,2020年4月3日。）

（五）世界银行的贷款原则与条件

1. 贷款原则

世界银行的贷款条件比较严格,其遵循的原则是：

(1)贷款对象只限于成员国的政府、政府机构或国营和私营企业。除了成员国政府外,会员国国内的公私机构借款时都必须由政府或中央银行提供担保。

(2)贷款只提供给有偿还能力的成员国。因为银行主要依靠在国际金融市场上借入资金来提供贷款,因而必须确保贷款能如期收回。为此,世界银行在发放贷款前必须先审查申请国的偿债能力。

(3)只有在申请国确实不能以合理条件从其他渠道获得资金时,世界银行才考虑给予贷款。

(4)贷款必须专款专用,并接受世界银行监督检查。监督包括使用款项、工程进度、物资保管、工程管理等方面。世界银行除了派员进行现场考察外,还要求借款国随时提供工程进度或偿还借款的有关资料。

(5)贷款一般只提供为实施某个项目所必须进口的商品和劳务所需要的外汇开支。

(6)借款国承担汇率风险。世界银行贷款都以美元计值。借款国如果提用其他货币,世界银行按照贷款协议的美元数额,按当时汇率付给它所需的货币。还款时,借款国必须以同样的货币还本付息,并按当时汇率折合美元。

表4-3列出了2019财年世界银行前十大借款国。

表4-3　　　　　　　　　2019财年世界银行前十大借款国　　　　　　单位:百万美元

国家	承诺额	国家	承诺额
印度	3 024	中国	1 330
印度尼西亚	1 950	摩洛哥	1 255
约旦	1 591	土耳其	1 113
埃及	1 500	乌克兰	950
阿根廷	1 391	哥伦比亚	930

资料来源:世界银行网站。

2.贷款期限、利率与费用

世界银行贷款的定价由利息和费用共同构成,利息部分又由基准利率(多指6个月LIBOR)和利差组成,客户有固定利差和浮动利差两种利率定价方式的选择,统称为浮动贷款(IBRD Flexible Loans, IFLs)。其最新适用的贷款利率和利差详见表4-4和表4-5。

表4-4　　　　　　　　　　　　固定利差浮动贷款　　　　　　　　单位:基点(bp)

贷款货币	美元					
参考利率	6个月LIBOR					
平均期限	8年以下	8~10年	10~12年	12~15年	15~18年	18~20年
预计融资利差	5	15	15	20	25	25
市场风险溢价	10	10	10	10	15	15
标准利差	50	50	50	50	50	50
标准期限溢价[①]						
A组国家	0	10	20	30	40	50
B组国家	0	10	25	40	55	70
C组国家	0	10	30	50	70	90
D组国家	5	15	40	65	90	115
本次总利差[②③]						
A组国家[④]	65	85	95	110	130	140
B组国家	65	85	100	120	145	160

续表

| C组国家 | 65 | 85 | 105 | 130 | 160 | 180 |
| D组国家 | 70 | 90 | 115 | 145 | 180 | 205 |

注：①期限溢价及相关调整适用于2018年7月1日或之后发出谈判邀请的贷款，以及2018年7月1日之前发出邀请且于2018年10月1日或之后批准的贷款。②总利差适用于2018年12月5日或之后签署的美元贷款。欧元固定利差贷款的利差包括基准掉期利差－15个基点，日元固定利差贷款的利差包括基准掉期利差－35个基点，英镑固定利差贷款的利差包括基准掉期利差－5个基点。总利差不包括超出单一国别上限（SBL）的贷款应收取的附加费。③贷款利率由利息设定日的参考利率和总利差所决定，但不低于0。④世界银行把成员国分为四组。A组指混合、小国、处于脆弱和受冲突影响局势的国家以及近期从国际开发协会毕业的国家；B组指国民收入没有达到国际复兴开发银行毕业标准的国家，不享有A组国家的豁免资格；C组指国民收入超过国际复兴开发银行毕业标准但低于高收入标准，不享有A组国家的豁免资格；D组为高收入国家，不享有A组国家的豁免资格。国家分组详见世界银行文件附件，中国属于C组国家。

表 4－5　　　　　　　　　　　浮动利差浮动贷款　　　　　　　　单位：基点（bp）

贷款货币	美元					
参考利率	6个月 LIBOR					
平均期限	8年及以下	8～10年	10～12年	12～15年	15～18年	18～20年
预计融资利差	－2	－2	－2	－2	－2	－2
标准利差	50	50	50	50	50	50
标准期限溢价[①]						
标准期限溢价调整						
A组国家（豁免）	0	0	－10	－20	－30	－40
B组国家（减息）	0	0	－5	－10	－15	－20
C组国家	0	10	30	50	70	90
D组国家（附加）	5	5	10	15	20	25
本次总利差[②③]						
A组国家	48	58	68	78	88	98
B组国家	48	58	73	88	103	118
C组国家	48	58	78	98	118	138
D组国家	53	63	88	113	138	163

注：①期限溢价及相关调整适用于2018年7月1日或之后发出谈判邀请的贷款，以及2018年7月1日之前发出邀请且于2018年10月1日或之后批准的贷款。②总利差适用于满足注①标准的贷款。总利差不包括按照单一国别上限（SBL）政策有关规定对SBL最后25亿美元收取的附加费。③贷款利率由利息设定日的参考利率和总利差所决定，但不低于0。

资料来源：世界银行网站。

世界银行贷款的费用包括:①前端费(Front-End Fee)。按承诺贷款额一次性收取,费率 0.25%。②承担费(Commitment Fee)。每年按未提取金额收取,费率 0.25%。应对新冠肺炎疫情快速道专用基金第一年免收承担费。

3.贷款币种

借款人可以选定一种或几种世界银行能够有效提供中介服务的币种,包括欧元、日元、美元、英镑等。

(六)世界银行贷款的项目周期

世界银行发放的贷款绝大部分是投资贷款或项目贷款,因此,对项目的管理成为世界银行发放贷款中的重要工作。每个项目都经历以下几个阶段,即所谓的项目周期(Project Cycle):

(1)项目识别(Identification)。该阶段要识别出能够支持各战略实施,满足财务、经济、社会和环境要求的项目,也要对发展战略进行分析。

(2)项目准备(Preparation)。世界银行提供政策与项目咨询建议以及资金援助。借款国开展研究并编制最终项目文件。

(3)项目评估(Appraisal)。世界银行从经济、技术、机构、财务、环境和社会等各方面对项目进行评估,编制项目评估文件及法律文件草案。

(4)项目谈判和执行董事会审批(Negotiation and Board Approval)。世界银行和借款国就贷款协议达成一致,然后将项目提交执行董事会审批。

(5)项目实施与监督检查(Implementation and Support)。借款国实施项目,世界银行确保贷款资金用于既定目的,实现资金的经济和高效使用。

(6)项目完工和评价(Completion and Evaluation)。编制《实施完工报告》,评价世界银行和借款国绩效。世界银行独立评价机构——业务评价局编制审计报告,对项目进行评价,有关分析结果将被用于今后项目的设计工作。

二、国际开发协会

国际开发协会于 1960 年 9 月 24 日成立,是世界银行专门向发展中国家提供赠款和长期优惠贷款的附属机构,也是联合国专门机构之一。总部设在华盛顿,目前有 173 个成员国。

(一)国际开发协会的宗旨

国际开发协会的宗旨是以较优惠的条件向低收入发展中国家提供利息负担较轻的长期贷款,以促进发展中国家经济的发展、生产和生活水平的提高,从而补充世界银行的作用,推动世界银行目标的实现。

(二)国际开发协会的组织结构

国际开发协会按股份公司方式组织,投票权的分配与成员国认缴股份挂钩。组织结构也分为理事会、执行董事会、会长和办事机构三级,理事、执行董事、经理和工作人员都由世界银行的相应人员兼任,经营活动与世界银行共用一套人员体系。

(三)国际开发协会的资金来源

1. 成员国认缴股本

国际开发协会原定法定资本10亿美元,之后由于成员国增加,资本额随之增加。成员国认缴股本数额,按其在世界银行认购股份的比例确定。国际开发协会按照成员国的经济发展状况把成员分为两类。第一类是工业发达国家和高收入国家,认缴股本必须以黄金或自由外汇支付,所缴股本全部供协会出借;第二类是发展中国家,认缴股本10%以自由外汇支付,其余90%以本国货币上缴,这些货币在未得到货币所属国同意前,国际开发协会不得使用。

2. 成员国和其他资助国的补充资金(Replenishment)

补充资金主要由第一类成员国提供,也包括少数第二类成员国。补充资金不计投票权,属于无偿捐款。从1963年起,国际开发协会每三年补充一次资金。作为突破性的国际开发协会第18轮增资安排(涵盖2018—2020财年)的一项内容,协会股东国同意改变国际开发协会融资模式,探索一种将国家捐助与资本市场融资相结合的发展融资模式,55个伙伴国同意提供合计161亿特别提款权(相当于226亿美元)的赠款,其中9亿特别提款权(相当于12亿美元)以优惠贷款中所含赠款成分提供。伙伴国还将提供36亿特别提款权(相当于51亿美元)优惠伙伴贷款;扣除贷款中的赠款成分,则为27亿特别提款权(相当于38亿美元)。另外,伙伴国还提供29亿特别提款权(41亿美元)用于多边减债倡议下的债务免除。2017年11月,60%伙伴国的承诺书和优惠伙伴贷款协议到位,国际开发协会第18轮增资正式生效。截至2019年6月30日,已有49个伙伴国提交了国际开发协会第18轮增资承诺书和优惠伙伴贷款协议,总额191亿特别提款权(相当于268亿美元)。①

3. 世界银行和国际金融公司的资金

1964年后,世界银行每年都将净收益的一部分以赠款形式划拨给国际开发协会。目前国际金融公司也对国际开发协会拨付部分资金。

4. 国际开发协会信贷的偿还

资金回流,即国际开发协会信贷在宽限期之后的偿还,也构成国际开发协会的资

---

① 国际开发协会第18轮增资期融资框架主要以特别提款权管理。这里提供的美元数额系根据国际开发协会第18轮增资参考汇率计算得出。

金来源。另外,国际开发协会的资金还包括业务收益(如手续费和承诺费),但不占重要地位。

5. 发债融资

2016 年,国际开发协会凭借雄厚的资本、股东支持以及谨慎的财务政策和实践获得 3A 信用评级。2018 年 4 月 17 日,国际开发协会首次在国际资本市场发行了 15 亿美元债券,全球认购总额达到 46 亿美元。2019 年 3 月,国际开发协会又开始启动"国际开发协会票据计划",迄今已筹集 15 亿美元,包括 1~8 个月期限不等的 16 笔交易。该计划成功增加了国际开发协会欧元和美元的流动性。今后国际开发协会将继续寻求票据发行货币的多元化,进一步促进其资本市场业务发展。国际开发协会的债务融资业务使它能够大幅扩大对联合国可持续发展目标的支持力度,同时也为投资者提供了为全球发展做贡献的机会。通过对国际开发协会资本的这一优化使用,每 1 美元来自发展伙伴对国际开发协会第 18 轮增资的捐助可以动员 3 美元对受援国的资金承诺。

(四)国际开发协会的主要业务活动

国际开发协会的主要业务是提供贷款。与世界银行贷款不同的是,协会的贷款期限为 25~40 年,且包含 5~10 年的宽限期,无息或低息,条件十分优惠。因此,世界银行提供的贷款一般称为"硬贷款"(Hard Loan),而国际开发协会提供的贷款称为"软信贷"(Soft Credit)。

国际开发协会有时还对面临债务困境的国家提供赠款,通过重债穷国倡议(Heavily Indebted Poor Countries Initiative)和多边债务免除倡议(Multilateral Debt Relief Initiative)为发展中国家提供了大量的债务免除(Debt Relief),同时国际开发协会也提供技术援助,进行经济调研。

自成立以来,国际开发协会在 114 个国家总计提供信贷和赠款 4 220 亿美元,2018—2020 财年国际开发协会的承诺额稳步增长,年均约为 250 亿美元。2020 财年,国际开发协会承诺额达到 304.8 亿美元,涉及 305 个新项目,其中 26% 为赠款。

(五)国际开发协会的贷款条件和特点

1. 贷款对象和资格

国际开发协会贷款对象只能是国家,而且主要是最贫穷的发展中国家,多数集中在南亚和非洲。全球目前有 74 个国家有资格获得国际开发协会的信贷支持,已有 46 个国家从国际开发协会毕业。贷款对象一般需要满足以下条件:人均国民收入(GNI per Capita)低于一定的标准[①];或者需要为本国的发展项目融资,但自身缺乏资信,以至于无法按照市场条件借款的国家。参考受援国的债务风险(Risk of Debt Dis-

---

① 这一标准每年更新一次,如 2021 财年为 1 185 美元。

tress)、人均国民收入水平和获得世界银行贷款的资信度,国际开发协会向相应成员国提供赠款(Grant)和优惠信贷(Credit)。赠款不需要偿还,没有任何费用。信贷的期限比较长、无息或低息,包含加速条款(Acceleration Clause),即允许资信度较高的国家本金偿还额加倍以便加速偿还。贷款条件因国而异,充分反映出它们的收入水平和债务状况。其中,债务高风险国家以赠款方式获得100%的金融援助;中等风险国家以赠款方式获得50%的援助;国际开发协会向其余国家提供38年期的常规信贷(Regular Credit)或30年期的混合和硬条件信贷(Blend and Hard term Credit)。

表4-6列出了2020财年国际开发协会前十大借款国。

表4-6　　　　　　　　2020财年国际开发协会前十大借款国　　　　　　单位:百万美元

国家	承诺额	国家	承诺额
尼日利亚	2 576	坦桑尼亚	950
孟加拉	2 265	尼泊尔	949
刚果	1 642	肯尼亚	943
巴基斯坦	1 471	索马里	903
埃塞俄比亚	1 046	缅甸	900

资料来源:国际开发协会网站。

2.信贷类型

(1)小型经济体信贷(Small Economy)。这类信贷针对自身缺乏资信度难以获得国际复兴开发银行融资的小国和岛国,主要基于这些国家经济的脆弱性而不以人均国民收入为标准。贷款偿还期40年,宽限期10年,第11年开始每年还本2%,第21年开始每年还本4%。无利息。

(2)常规信贷(Regular)。贷款偿还期38年,宽限期6年,第7—38年每年还本3.125%。无利息。

(3)混合信贷(Blend)。这类信贷适用于混合国家[①]以及人均国民收入水平连续两年超过国际开发协会门槛的成员国,过去称为"差距国"(Gap Countries)。贷款期限30年,宽限期5年,从第6年开始每年还本3.3%,第26年每年还本6.8%。利率1.25%。

上述信贷中,国际开发协会每年对已拨付但未偿还余额(Disbursed and Outstanding Credit Balance)征收0.75%的手续费(Service Charge),对借款人未支取的贷款或赠款余额目前不收承担费。主要贷款条件和利率归纳如表4-7和表4-8所示。

---

① 人均国民收入水平符合国际开发协会贷款资格,同时也有资信获得国际复兴开发银行贷款的国家,如尼日利亚和巴基斯坦等国,称为混合国家。

表4—7　　　　　　　　国际开发协会信贷条件（2020年7月1日起生效）

	期限	宽限期	本金偿付		加速条款
赠款	无	无	无	无	无
小型经济体信贷	40	10	11～20年 2.0%	21～40年 4.0%	有
常规信贷	38	6	7～38年 3.125%		有
混合信贷	30	5	6～25年 3.3%	26～30年 6.8%	有
担保	无	无	无	无	无
非优惠性融资——国际开发协会第19轮增资扩大融资（SUF）	最长35年，平均期限最长20年		灵活		无

注：国际开发协会第19轮增资扩大融资（Scale Up Facility，SUF），是对混合国家和中低债务风险的国际开发协会成员国提供的过渡性支持和额外贷款，按国际复兴开发银行浮动贷款条件提供。

资料来源：国际开发协会网站。

表4—8　　　　　　　2021财年第一季度国际开发协会固定利率

		美元	欧元	日元	英镑	特别提款权
小型经济体信贷	手续费	1.31%	0.75%	0.75%	0.75%	0.75%
常规信贷	手续费	1.31%	0.75%	0.75%	0.75%	0.75%
混合信贷	手续费	1.30%	0.75%	0.75%	0.75%	0.75%
	利率	1.33%	0.46%	0.00%	0.91%	1.25%
	合计	2.63%	1.21%	0.75%	1.66%	2.00%

资料来源：国际开发协会网站。

3. 贷款用途

国际开发协会支持的发展项目十分广泛，包括初级教育、基本的健康服务、清洁水源和卫生设施、农业、商业环境改善、基础设施、机构改革等（见图4—2）。国际开发协会的介入为会员国创造公平、经济增长、增加就业以及提高收入和生活水平铺平了道路。

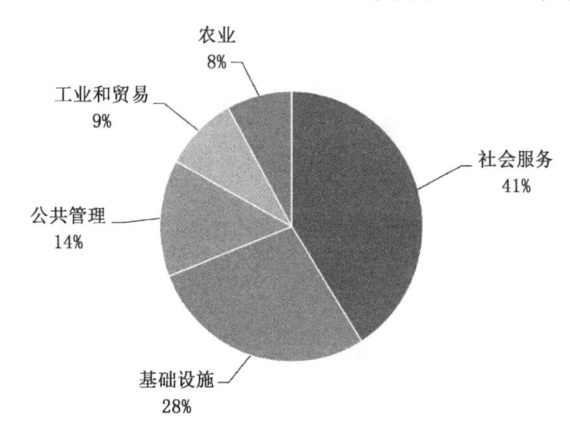

农业 8%
工业和贸易 9%
公共管理 14%
基础设施 28%
社会服务 41%

资料来源：国际开发协会网站。

图4—2　2020财年国际开发协会贷款投向部门及比重

4. 贷款计值

国际开发协会贷款以特别提款权为计算单位,也可以部分或全部用本国货币偿还。

三、国际金融公司

国际金融公司成立于 1956 年 7 月,是世界银行集团的成员,专门对成员国私人企业提供贷款,目前有 185 个成员国。1957 年,国际金融公司成为联合国的专门机构之一。国际金融公司是专注于发展中国家私营部门发展的全球最大的发展机构,成立以来,已为发展中国家的企业提供融资超过 2 850 亿美元。

(一)国际金融公司的宗旨

国际金融公司的宗旨是通过鼓励成员国特别是欠发达地区成员国私营企业的增长来促进其经济发展,并以此作为世界银行各项活动的补充。为了实现这一宗旨,国际金融公司应在成员国私营企业无法按照合理条款获得充足民间资金的情况下,与私人投资者一起为私营企业的建立、改进和扩大提供无须成员国政府还款担保的融资,从而促进成员国的发展;综合利用投资机会、国内外资本以及经验丰富的管理人员;积极推动并创造有利条件使国内外私人资本流动,向成员国的私营企业提供资金。

(二)国际金融公司的组织结构

国际金融公司权力归理事会所有,每个成员国指派理事和副理事各 1 名,理事会授权由 25 名董事组成的董事会行使大部分权力。董事的表决权按各董事所代表的股本加权计算。董事定期在世界银行集团位于美国华盛顿特区的总部开会、审议和决定投资项目,并向公司管理层做出总体的战略性指导。与国际开发协会不同的是,国际金融公司有自己独立的一套行政人员,但某些机构人员也由世界银行相应的部门人员兼任。

(三)国际金融公司的资金来源

1. 成员国认缴的股金

国际金融公司刚成立时原始法定股本为 1 亿美元,后经数次增资,截至 2020 年 4 月,国际金融公司的法定股本已增至 250.799 1 亿美元,共分为 2 507.999 1 万股,每股价值 1 000 美元。

2. 发债融资

国际金融公司凭借其作为国际金融机构所具有的较高政治地位和一流资信,在各种市场上以不同方式和货币发行债券筹集资金,包括全球债券、绿色债券和社会债券、

uridashi 债券①、私募债、贴现票据等。此外,国际金融公司还发行本地货币债券,以发展本国资本市场,便利本币贷放。国际金融公司提供融资的所有项目必须严格遵守环境、社会责任和公司治理(Environment,Social Responsibility and Corporate Governance,ESG)标准和国际金融公司的可持续框架。

3. 公司留存收益

国际金融公司收益不对股东分红,除对某些项目的捐赠外,全部留作自有资金,主要用于支付公司的行政管理费用、资助私人企业项目投资以及技术援助所需费用等。

4. 世界银行贷款

国际金融公司根据与世界银行签订的《贷款总协定》,每年可以优惠条件从后者获得一定数量的贷款。

(四)国际金融公司的业务活动

国际金融公司的业务活动包括投资业务、咨询服务、动员和管理资本用于投资资产管理。

1. 投资业务

投资业务具体包括贷款、股权投资、贸易和商品融资、衍生品和结构性融资以及混合融资(Blended Finance)。2019 财年,国际金融公司承诺投资共计 191 亿美元(见图 4—3),承诺的投资组合达到 589 亿美元。

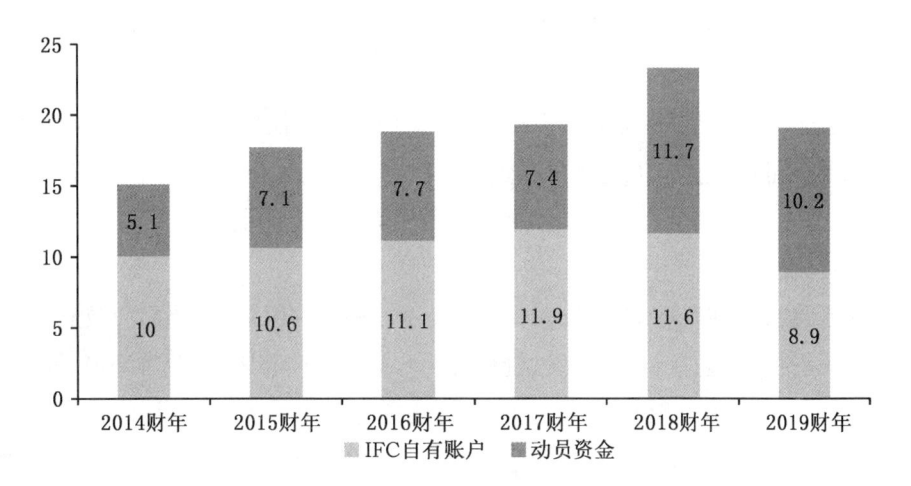

图 4—3 国际金融公司各财年长期投资承诺额

资料来源:国际金融公司网站。

(1)贷款。国际金融公司通过自有账户为公司和项目提供贷款,期限通常为 7～12 年,也贷款给中介银行、租赁公司和其他金融机构进行转贷款。大部分贷款以主要

---

① Uridashi 是一种以日元以外的货币计价但面向日本散户投资者发行的票据。

货币提供,也可以当地货币提供。国际金融公司可提供 74 种当地货币。要获得国际金融公司融资,项目必须符合以下标准:①位于发展中国家并且是国际金融公司成员国;②属于私营部门;③技术上可靠;④有良好的盈利前景;⑤有利于当地经济;⑥对环境和社会无害,满足国际金融公司和东道国的环境、社会责任和公司治理标准。国际金融公司并不直接对小微、中小企业或个体企业家提供贷款,但它的很多投资客户是贷款给小企业的金融中介。2019 财年,国际金融公司提供的新贷款承诺额为 71 亿美元。

(2)股权投资。股权投资对私营企业提供所需的发展支持和长期资本,可以是直接投资于公司和金融机构的股权,也可以通过 PE 基金开展投资。国际金融公司对公司的参股比例通常在 5%～20%,鼓励公司通过公开上市扩大股权。另外,国际金融公司还通过利润分享贷款、可转换贷款和优先股的方式进行投资。2019 财年,国际金融公司利用自有账户提供的股权投资承诺额达到 10 亿美元。

(3)贸易和商品融资。国际金融公司全球贸易融资计划为已核准金融机构与贸易有关的支付义务提供担保。这一计划通过基于交易的风险缓释,扩展和补充了 71 个国家 218 家银行提供贸易融资的能力。2019 财年,国际金融公司提供贸易融资承诺额 45 亿美元。

(4)衍生品和结构性融资。国际金融公司通过提供创新的衍生品、结构性融资和本地货币计价的产品与方案,为客户对冲外汇风险、利率风险、货币风险或商品价格风险。

(5)混合融资。除了商业融资以外,国际金融公司还使用相对小额的优惠性捐助资金参与私人部门融资。混合优惠融资有助于降低投资风险,重新平衡投资的风险回报,使之未来具有商业可行性。气候融资是开展历史最长的混合融资工具。

2. 咨询服务

国际金融公司在全球 73 个国家提供近 1 100 种咨询服务,主要面向政府、金融机构和公司,帮助客户创造新市场,发掘投资机会,提高业绩和影响,改善环境、社会责任和公司治理标准。2019 财年,国际金融公司共参与了 2.951 亿个项目,其中,33% 的项目位于国际开发协会成员国,21% 位于脆弱和冲突影响区域,33% 位于撒哈拉沙漠以南的非洲,24% 的项目与气候有关。

3. 动员和管理资本用于投资资产管理

除了利用自有账户提供融资,国际金融公司从来自 110 多个新兴市场的 500 多家金融机构共计动员了 700 多亿美元的资金,涉及 1 000 多个项目。截至 2019 年 6 月 30 日,国际金融公司管理的辛迪加融资组合达到 160 亿美元,国际金融公司资产管理公司管理的 12 个投资基金资产共计 101 亿美元。

(1)辛迪加融资(Syndications)。针对不同投资者,辛迪加贷款具体分为B类贷款(B Loan)、平行贷款(Parallel Loans)、信贷动员(Credit Mobilization)和管理型联合贷款组合计划(Managed Co-Lending Portfolio Programs,MCPP)四类产品。联合融资者包括国际商业银行、新兴市场本地和地区性的银行、基金、保险公司和开发融资机构(Development Finance Institutions,DFIs)以及新兴市场央行等。

表4—9　　　　　　　　　　　国际金融公司辛迪加贷款的类型

	B类贷款	平行贷款	信贷动员	管理型联合贷款组合计划
投资者类型	商业银行	开发金融机构和主权实体	保险公司	机构投资者(公共和私人)
投资方式	通过交易选择主动交易	通过交易选择主动交易	通过交易选择主动交易	被动投资参与合格项目
投资者的策略	遵循客户的策略	发展的使命	遵循他们自己的信贷策略	遵循国际金融公司的战略
投资流程	投资者开展信贷审批	投资者开展信贷审批	投资者开展信贷审批	授权后全权委托国际金融公司
期限	通常短于A类贷款	通常与A类贷款匹配	与国际金融公司的A类贷款期限匹配	与国际金融公司的A类贷款期限匹配
文件	参与国际金融公司贷款协议	共同条款平行贷款协议	无资金的风险参与协议或信贷保险政策	管理协议/共同服务协议
投资组合权	投票	投票	有限投票和磋商	遵循国际金融公司的决策

资料来源:国际金融公司网站。

(2)国际金融公司的资产管理公司。资产管理公司是国际金融公司的全资子公司,代表各类机构投资者(包括主权基金、养老基金和开发融资机构)调度和管理资金。其资金筹集对象是大型机构投资者,这些投资者希望增加对新兴市场的投资,同时有意利用国际金融公司的项目资源、投资模式和卓越的投资回报。

(五)国际金融公司的贷款特点

国际金融公司的业务活动主要是对私人部门的贷款,其特点概括如下:

(1)贷款对象仅限于会员国的生产性私人企业,[①]并且这些企业不能以合理条件从其他渠道获得资金。如果国际金融公司认为企业能够以合理条件获得充足的私人资本,则不宜为其提供融资。

(2)以利润为导向,执行市场化定价的贷款政策。国际金融公司章程规定按照商

---

① 生产性是指国际金融公司资助的企业应对成员国的经济发展有所贡献。

业原则运作，获取利润。其贷款利率不统一，视投资对象的风险和预期收益而定，一般高于世界银行贷款的利率。国际金融公司应以其认为适当的条款和条件提供融资，同时考虑企业的要求、公司担负的风险以及私人投资者提供类似融资通常采用的条款和条件。

(3)国际金融公司与发起者及融资伙伴共同承担风险，但不参与项目的管理。

(4)贷款不需要政府担保。其贷款也就不纳入国家外债计划。申请借款应该具有健全的资本结构、一定的管理能力和能够获利的项目。国际金融公司审核项目时一般考察政府所有权和控制程度、企业的性质和管理效率，以及将来扩大私人所有权的可能性等因素。

(5)由国际金融公司参与的项目通常能增强各方(如外国投资者、当地合作伙伴、其他债权人和政府机构)的信心，同时平衡各方的利益。国际金融公司具有很强的带动和催化能力，带动融资的方式包括联合融资、银团贷款、国内外资本市场债券及股票承销、提供担保等，也包括介绍外国经营伙伴、技术伙伴加入项目。

(6)除贷款外，国际金融公司还可以对企业进行股权投资，在参股企业的投资一般不超过20%，但投资收益率一般要在10%以上，因而对投资项目的选择比较严格。国际金融公司不对其投资的企业承担管理责任，也不可出于此目的或自认为属于管理范围内的其他目的而行使表决权。

(7)如果会员国不同意对其境内的企业投资，则国际金融公司不得为该企业提供融资。国际金融公司不得施加任何条件限定其融资款项必须在某一国家境内使用。

(六)国际金融公司的贷款条件

1. 贷款对象

国际金融公司贷款主要面向会员国的私人企业或私人同政府合资经营的企业。

2. 融资方式

国际金融公司以提供贷款或协助筹措国内外资金的方式提供资金，一般只承担其中的25%，贷款金额最低为100万美元。但对大型项目，除本身投资外，还可另外筹措大额资金进行股本投资。对发展程度较低的会员国低于100万美元限额的项目、试点项目和试办公司，国际金融公司也尽可能参与投资。

3. 贷款期限

贷款偿还期限一般为7～12年，并根据项目建设期长短确定宽限期。

4. 贷款利率

贷款利率一般高于世界银行贷款利率，根据资金投放风险、预期收益、国际金融市场利率变化情况和每一项目的具体情况制定利率。

5. 贷款币种

贷款币种一般以美元为计算单位,也可用其他可兑换货币或当地货币。偿还贷款时必须以原借入货币偿还,并可按一年一次或一年四次分期偿还。对未提用的贷款余额,每年征收 1% 的承担费。

四、多边投资担保机构

多边投资担保机构成立于 1988 年 6 月。现有成员国 181 个,其中发展中国家 156 个,工业化国家 25 个。多边投资担保机构法定资本为 10 亿特别提款权,分为 10 万股,每股 1 万特别提款权,每个成员国认股数不得少于 50 股。多边投资担保机构的使命是为贷款人和投资者提供担保(政治风险保险和信用增级),促进其在发展中国家的跨境投资。

承保非商业性风险和提供促进性咨询服务是多边投资担保机构的两项主要业务。多边投资担保机构的投资保险业务并不与各国的官方投资保险机构产生竞争,而是起到拾遗补阙的作用。公约规定多边投资担保机构所承保的必须是合格的投资,为合格的投资因以下几种风险而产生的损失作担保:①货币汇兑险,即东道国政府采取新的措施,限制其货币兑换成可自由兑换货币或投保人可接受的另一种货币,并移出东道国境外的风险。②征用险,即东道国政府采取立法或行政措施或懈怠行为,实际上剥夺了投保人对其投资的所有权或控制权或其应从该投资中得到的大量收益。③违约险,即东道国政府不履行或违反与投保人签订的合同,并且投保人无法求助于司法或仲裁机关对毁约或违约的索赔作出裁决,或该司法或仲裁机关未能根据机构的条例在担保合同规定的合理期限内作出裁决,或虽有这样的裁决但未能执行。④战争和内乱险,即因公约适用的东道国境内任何地区的任何军事行动或内乱给投保人造成损失的风险。⑤其他非商业性风险,即由投资者与东道国联合申请,经董事会特别多数票通过,多边投资担保机构可以承保的其他特定的非商业性风险,但在任何情况下都不包括货币贬值的风险。

自成立以来,多边投资担保机构已向 114 个发展中国家提供了逾 550 亿美元的担保。多边投资担保机构也向成员国的多个地区性和全球性项目提供了支持。2019 财年,多边投资担保机构发放了创纪录的 55 亿美元担保,支持了 37 个项目,这比 2018 财年发放的 53 亿美元增长了 6%,比 2015 财年的 28 亿美元几乎增长一倍。

五、国际投资争端解决中心

国际投资争端解决中心于 1966 年 10 月 14 日开始运作。根据《华盛顿公约》,设立国际投资争端解决中心的宗旨在于专为外国投资者与东道国政府之间的投资争端提供国际解决途径,即在东道国国内司法程序之外,另设国际调解和国际仲裁程序。但国际投资争端解决中心本身并不直接承担调解仲裁工作,而只是为解决争端提供便利,为针对各项具体争端而分别组成的调解委员会或国际仲裁庭提供必要的条件,便于他们开展调解或仲裁工作。国际投资争端解决中心可以受理的争端仅限于缔约国政府(东道国)与另一缔约国国民(外国投资者)直接因国际投资而引起的法律争端。对一些虽具有东道国国籍,但事实上却归外国投资者控制的法人,经争端双方同意,也可视同另一缔约国国民,享受"外国投资者"的同等待遇。

调解和仲裁是国际投资争端解决中心的两种业务程序。按《华盛顿公约》规定,在调解程序中,调解员仅向当事人提出解决争端的建议,供当事人参考。而在仲裁程序中,仲裁员作出的裁决具有约束力,当事人应遵守和履行裁决的各项条件。

六、世界银行集团与中国

中国是世界银行创始国之一,1980年恢复了在世界银行集团的合法席位。截至2020年4月,中国在国际复兴开发银行有119 370票表决权,占总投票权的4.75%,居第三位。截至2018财年底,国际复兴开发银行对中国承诺贷款累计约521亿美元。

截至2020年3月,中国在国际开发协会有660 966票表决权,占总投票权的2.29%。截至1999年7月,国际开发协会共向中国提供了约102亿美元的软贷款。从1999年7月起,国际开发协会停止对中国提供贷款。2007年12月,中国向国际开发协会捐款3 000万美元。2016年12月,中国承诺向国际开发协会第18次增资捐款6亿美元,并首次使用部分中国气候变化南南合作基金和用人民币捐款。

截至2020年4月,中国在国际金融公司认购股份470 864股,占法定股本总额的2.41%。投票权为477 079票表决权,占总投票权的2.30%。自国际金融公司1985年批准第一个对华项目起,国际金融公司在中国共投资了约300个项目,并为这些项目提供了近90亿美元的资金。

第三节　国际农业发展基金贷款

国际农业发展基金(International Fund for Agricultural Development,IFAD),简称"农发基金",是联合国的专门机构。农发基金于1977年11月30日成立,1978年1月1日开始运作,总部设在罗马,目前共有173个成员国。

一、农发基金的宗旨

农发基金的宗旨是通过筹集资金,以优惠条件提供给发展中的成员国,用于发展粮食生产,改善人民营养水平,逐步消除农村贫困。

二、农发基金的组织结构

(一)理事会

理事会是农发基金的最高决策机构。成员国各派一名理事和一名副理事。理事会每年召开一届年会,审议批准农发基金的重大事项,包括批准新成员、任命农发基金总裁、批准行政预算、通过主要政策等。

(二)执行董事会

执行董事会由从农发基金成员国中选举产生的 18 位执行董事和 18 位副执行董事组成,任期 3 年。执行董事会受理事会委托监督日常事务,并在每年的 4 月、9 月和 12 月召开执董会会议,审批新的贷款和赠款项目。

(三)内设行政机构

内设行政机构为日常办事机构。负责人是总裁,任期 4 年。目前,农发基金分别在印度、巴西、越南、尼日利亚、埃塞俄比亚等 17 国设立代表处。

三、农发基金的资金来源

农发基金的资金来源主要包括:①创始捐资;②成员国捐资,包括核心捐资、债务可持续性框架捐资、补充捐资、附加捐资等;③来自非成员国和其他方面的特别捐资;④贷款资金回流、投资收益主权借款等。其中,补充捐资是农发基金的主要资金来源,每 3~5 年举行一轮,自 1980 年以来已完成 11 轮,每轮补充捐资目标由各成员国协商确定。

四、农发基金的业务活动

农发基金主要为发展中国家的扶贫和农业开发提供优惠资金支持,涉及农业开发、乡村发展、农村信贷、灌溉、畜牧及渔业等领域,促进实现 2030 年可持续发展目标。

根据借款国的人均国民收入水平和资信评估,农发基金的贷款分为三类:

(1)高度优惠贷款(Highly Concessional Terms Loan)。这类贷款适用于:①人均国民收入低于或等于国际开发协会贷款门槛(2020 财年为 1 175 美元);②人均国民收入高于该门槛但未被国际开发协会归入差距国或混合国的国家;③国际开发协会归类的小型国有经济。贷款期 40 年,含宽限期 10 年,贷款无息但每年收取 0.75% 的手续费(Service Charge)。贷款偿还分两种情况:小型国有经济体第 11—20 年每年还本

2%,第21—40年每年还本4%;其他类型国家第11—30年每年还本4.5%,第31—40年每年还本1%。

(2)混合贷款(Blend Terms Loan)。这类贷款适用于国际开发协会归类的混合国或差距国。贷款期25年,含宽限期5年,贷款年固定利率1.25%,第6—25年每年还本5%。

(3)普通贷款(Ordinary Terms Loan)。这类贷款适用于无法获得高度优惠贷款和混合贷款的其他所有国家。贷款期限和宽限期可变,贷款期限最长35年,平均偿还期限最长20年,宽限期最长10年。贷款有6种平均偿还期:不超过8年、8～10年、10～12年、12～15年、15～18年和18～20年。贷款利率在市场浮动利率基础上加一定利差(借款人可选择固定或浮动利差,利差取决于平均偿还期类型和借款人收入水平,偿还期超过8年的另收期限溢价,并根据借款人收入类别有所差异)。

农发基金可提供单一货币贷款(Single Currency Lending,SCL),允许成员国借欧元或美元以替代特别提款权。成员国可自行决定融资的计价货币,手续费和利率根据计价货币的不同而变化。

农发基金所有贷款均不收取承担费或前端费,不收取消费用,提前偿还也没有罚金。2007年,农发基金开始实施债务可持续框架计划(Debt Sustainability Framework,DSF)。对有资格获得高度优惠贷款的成员国提供债务减免,对债务可持续框架计划项下提供的赠款不收手续费等其他费用。

除了贷款以外,农发基金还向机构与组织提供赠款,目前,农发基金补充捐资的6.5%分配给了赠款计划。

五、农发基金与中国

中国于1980年正式加入农发基金,一直与其保持着良好的合作关系,是农发基金较大的受援国之一。同时,中国积极发挥成员国的作用,给予农发基金积极支持。1996年以来,中国一直担任农发基金执行董事(2005年任副执行董事)。2018年2月,中国宣布在农发基金设立南南及三方合作基金,专门支持农村减贫和发展领域的南南经验与技术交流、知识分享、能力建设与投资促进等。2018年10月,农发基金总裁吉尔伯特·洪博访问中国,就加强双方总体合作与中方交换意见。

第四节 亚洲开发银行贷款

亚洲开发银行(Asian Development Bank,ADB),简称"亚行",是亚洲、太平洋地区的一个区域性国际金融组织。它成立于 1966 年 11 月,总部设在菲律宾首都马尼拉,有 27 个驻地代表处,在东京、法兰克福和华盛顿特区设有 3 个办事处。亚行虽不是联合国下属机构,但它同联合国及其区域和专门机构有密切的联系。亚行目前成员国 68 个,其中 49 个来自亚太地区,19 个来自其他地区。

一、亚行的宗旨

亚行的宗旨是通过发展援助帮助亚太地区发展中成员消除贫困,促进亚太地区的经济和社会发展。其具体任务是:第一,为亚太地区发展中成员国或地区成员的经济发展筹集与提供资金;第二,促进公、私资本对亚太地区各成员国投资;第三,帮助亚太地区各成员国或地区成员协调经济发展政策,以更好地利用自己的资源在经济上取长补短,并促进其对外贸易的发展;第四,对成员国或地区成员拟定和执行开发项目与规划提供技术援助;第五,以亚洲开发银行认为合适的方式,同联合国及其附属机构、向亚太地区发展基金投资的国际公益组织,以及其他国际机构、各国公营和私营实体进行合作,并向它们展示投资与援助的机会;第六,发展符合亚洲开发银行宗旨的其他活动与服务。

二、亚行的组织结构

(一)理事会

理事会是亚行的最高决策机构,一般由各成员国财长或中央银行行长组成,每个成员体在亚行有正、副理事各 1 名。理事会的主要职责是接纳新成员、改变注册资本、选举董事或行长以及修改章程等。亚行理事会每年 4—5 月在总部或成员国轮流召开一次年会。

(二)董事会

亚行 68 个成员国分成 12 个选区,每个选区各派出 1 名董事和副董事。董事会由 12 名董事和 12 名副董事组成。日本、美国和中国三大股东国是单独选区,各自派出自己的董事和副董事。其他成员组成 9 个多国选区,董事和副董事一职由选区内不同成员国根据股份大小分别派出或轮流派出。

(三)行长

亚行设行长 1 名,亚行行长即董事会主席,负责主持董事会,管理亚行的日常工作。行长由理事会选举产生,加盟成员的投票权重依据其向亚行的出资比例而定。行长任期 5 年,下设 3 名副行长(副总裁),分管东、西国别区以及财务和行政。

三、亚行的资金来源

亚行的信贷资金主要来源于普通资金,按近似市场化的条件提供给中低收入国家,从 2017 年开始以极低利率贷款给低收入国家。亚行也通过一些专项基金提供贷款和赠款,其中最大的是亚洲开发基金,该基金对亚行最穷成员国提供赠款。此外,各类信托基金也构成了亚行的融资来源。

(一)普通资金

普通资金(Ordinary Capital Resources,OCR)是亚行最主要的资金来源,主要来自股本(Paid in Capital)、借款(即亚行在国际和国内资本市场发行债务融资工具获得的融资)、留存利润(Retained Earnings)或储备金(Reserves)等。

(二)基金

基金(Fund)包括专项基金(Special Fund)和各类由亚行托管的信托基金(Trust Fund)。亚行在代表捐资机构管理基金方面得到了充分的信任。创立于 1974 年 6 月的亚洲开发基金是其中规模最大的专项基金,资金主要来自亚行发达成员国或地区成员的捐赠,同时亚行理事会还按有关规定从各成员国或地区成员交纳的未核销实缴股本中拨出 10% 作为基金的一部分。此外,还从其他渠道取得部分捐款。最大的捐助国依次是日本、美国、澳大利亚、加拿大、德国、英国和法国。来自非本地区成员国与本地区成员国的捐赠比例约为 53∶47。信托基金是对亚行自有资金的重要补充。信托基金的建立由单边捐助方扩大到多边捐助机制,从面向特定部门发展到覆盖各类专题活动。

四、亚行的业务活动

亚行对发展中成员的援助主要采取四种形式:贷款、赠款、技术援助和股权投资。

(一)贷款和赠款

向发展中成员提供贷款和赠款是亚行最具实质性的援助。

1. 公共部门主权融资

公共部门主权融资一般直接贷给发展中成员政府或由发展中成员政府担保借给成员国的机构。亚行将发展中成员国(Developing Member Countries,DMCs)按照人均国民收入和资信分成 A、B、C 三类(参见表 4-10),A 类国家可以获得亚洲开发基金赠款和优惠贷款,B 类国家既能获得优惠贷款,也可以获得市场化贷款,C 类国家只能获得市场化贷款。不同种类国家贷款的资金来源和贷款优惠程度不同。

表 4-11 和表 4-12 列示了亚行贷款条件。

表 4—10　　2020 年亚行发展中成员国(DMCs)的分类

A 类	只有优惠性贷款（Concessional Assistance-only）	亚洲开发基金（100%赠款）	阿富汗、密克罗尼西亚联邦、基里巴斯、马绍尔群岛、瑙鲁、萨摩亚、塔吉克斯坦、汤加、图瓦卢
		亚洲开发基金与普通资金混合（50%赠款）	吉尔吉斯斯坦、所罗门群岛、瓦努阿图、马尔代夫
		优惠性普通资金贷款（零赠款）	柬埔寨、尼泊尔
		优惠性普通资金贷款（适用差距国①）	不丹、老挝、缅甸
B 类②	混合普通资金贷款（OCR Blend）		孟加拉国、蒙古国、巴基斯坦、帕劳共和国、巴布亚-新几内亚、东帝汶、乌兹别克斯坦
C 类③	只有普通资金贷款（Regular OCR only）	C0:低于国际复兴开发银行贷款门槛的小岛屿发展中国家和新 C 类国家	斐济、斯里兰卡、越南
		C1:高于国际复兴开发银行贷款门槛的小岛屿发展中国家和中低收入国家	库克群岛、亚美尼亚、印度、印度尼西亚、菲律宾、格鲁吉亚
		C2:低于国际复兴开发银行贷款门槛的中等偏上收入国家	阿塞拜疆、土库曼斯坦、泰国
		C3:高于国际复兴开发银行贷款门槛的中等偏上收入国家	哈萨克斯坦、马来西亚、中国
		C4:高收入国家	

注:①国际开发协会指定的这些差距国无法获得亚行优惠援助政策下的赠款;②B 类国家无法获得优惠性援助赠款;③2020 年所有常规普通资金贷款的贷款条件相同,差别化融资条款 2021 年开始生效。如高收入组别国家将对更长的贷款期限支付更高的期限溢价,人均国民收入在 6 976～12 375 美元的中等偏上收入国家根据贷款期限需支付 30 基点的期限溢价。

资料来源:亚洲开发基金网站。

表 4—11　　亚行优惠贷款条件

	期限	宽限期	利率	其他特征
A 类:项目贷款	32 年	8 年	宽限期 1%,偿还期 1.5%	等额偿还,无承担费
A 类:规划贷款	24 年	8 年	宽限期 1%,偿还期 1.5%	等额偿还,无承担费
B 类(普通资金混合贷款)	25 年	5 年	年利率 2%	等额偿还,无承担费
紧急援助贷款	40 年	10 年	年利率 1%	宽限期后的前 10 年每年还本 2%,之后每年还本 4%,无承担费

表 4—12　　　亚行基于 LIBOR 的普通资金贷款费用明细

平均贷款期限	美元(基点) ≤13年	美元(基点) 13~16年	美元(基点) 16~19年	日元(基点) ≤13年	日元(基点) 13~16年	日元(基点) 16~19年	欧元(基点) ≤13年	欧元(基点) 13~16年	欧元(基点) 16~19年
A. 利差									
1. 有效合同利差	50	50	50	50	50	50	50	50	50
2.(可返还)融资成本利差附加费①	2	2	2	−38	−38	−38	2	2	2
3. 期限溢价	无	10	20	无	10	20	无	10	20
LIBOR 以外净利差(1+2+3)*	50	60	70	12	22	32	52	62	72
B. 承担费	15	15	15	15	15	15	15	15	15

注：* 每半年定一次。利差适用于 2020 年 7 月 1 日—12 月 31 日未偿还的以 LIBOR 为基础的普通资金主权贷款,其平均贷款年限最长 19 年(平均贷款年限是平均偿付年份按偿还额加权计算而得的,例如 20 年期贷款,第 10 年和第 20 年两次等额偿还,则平均贷款期限＝10×50％＋20×50％,即 15 年)。

2. 私人部门融资或非主权融资(Non Sovereign Financing)

私人部门融资或非主权融资是亚行对非主权公共部门和私人部门项目提供的各类金融产品,包括:①贷款,如按市场利率提供的直接贷款、B 类贷款和非出资型的风险参与等;②股权投资,如投资普通股、优先股、可转债以及 PE 投资;③担保,对政治风险和信用风险提供担保;④技术援助。

3. 联合融资(Cofinancing)

联合融资是指一个或一个以上的外部经济实体与亚行共同为某一开发项目融资。融资伙伴包括国际开发机构、多边或双边机构、私人部门、其他新兴发展伙伴等,有官方联合融资、商业联合融资及其他优惠性联合融资多种形式。借助这一融资方式,可以为本地区的经济发展筹集更多的开发资金。联合融资对借款国而言,增加了筹资渠道,而且融资条件比纯商业性贷款优惠;对亚行而言,可以克服资金不足的困难;对联合融资者而言,可以节省对贷款的审查费用。

4. 基于结果规划贷款(Results-Based Lending for Programs)

基于结果规划贷款是基于业绩的一种融资方式,贷款的发放与结果的实现相关联,而不像传统投资贷款那样是与前期费用相关。

5. 贸易融资计划(Trade Finance Program,TFP)

贸易融资计划通过为银行提供担保和贷款来支持贸易活动。

6. 多批次融资便利(MFF)

这是亚行2005年向借款成员国推出的一项融资新模式,对于开发大型、中长期投资项目尤为适宜,特别适合融资需求具有不连续性和阶段性的项目。执行董事会批准多批次融资便利的最大额度和提供融资的条件,在此基础上,融资额度分批次满足融资需求。每一批次的融资可以是贷款、赠款、担保或亚行管理的联合融资,每一批次的融资条件不尽相同。

(二)技术援助

技术援助(Technical Assistance,TA)是亚行工作的重要组成部分。亚行以赠款、贷款或赠贷结合的方式为技术援助提供资金。

(三)股权投资

股权投资(Equity Investment)是对私营部门开展的一项业务,不需要政府担保。除亚行的直接股权投资外,还可通过 PE 形式对企业进行投资。

2019年,亚行批准贷款项目133个,总金额204.7亿美元;技术援助项目252个,总金额2.3731亿美元;赠款项目31个,总金额8.4407亿美元。此外,这些业务还吸引了118.6亿美元的主权和非主权联合融资,其形式有贷款和赠款、B类贷款、风险转移协议、联合担保、平行贷款、平行股权,以及为亚行贸易融资计划下的项目进行的联合融资等。2015年1月1日至2019年12月31日,亚行年均贷款额174.1亿美元。同期,由亚行和特别资金资助的投资赠款和技术援助金额平均为7.026亿美元和2.0227亿美元。截至2019年12月31日,亚行共为44个国家的3221个项目累计发放贷款2962.8亿美元;赠款项目409个,总金额102.3亿美元;技援赠款47.2亿美元(包括区域性技术援助赠款)。[①]

五、亚行与中国

1986年3月10日,中国正式成为亚行成员。至今亚行已向中国承诺主权贷款371.5亿美元,非主权贷款37.3亿美元(不包括B类贷款)。亚行向中国累计支付的贷款和赠款达310亿美元。这些贷款和赠款来自常规普通资金和其他专项资金。2019年,亚行向中国承诺了9项主权贷款和4项非主权贷款(不包括B类贷款),总额分别为18亿美元和3.51亿美元左右。此外,还有总额为2000万美元(包括联合融资)的20个技术援助项目作为补充。

2005—2016年,中国共向亚洲开发基金出资2.1亿美元。[②] 2017年,亚行与中国

[①] 上述金额均不包括联合融资。
[②] 中国已向亚洲开发基金(亚发基金)、技术援助特别基金(技援基金)和亚洲开发银行学院(亚行学院)捐资,在2016年12月31日之前,亚洲开发基金是为借款成员体提供优惠贷款的窗口,2017年1月1日后,仅保留亚洲开发基金的赠款援助业务,由技术援助特别基金为借款成员体提供赠款用于筹备项目和技术或政策研究等。

政府签署了一项协议,向中国减贫与区域合作基金出资 5 000 万美元,使承诺总额达到 9 000 万美元。这使亚行能够向发展中成员国提供技术援助和赠款,支持减贫、区域合作和知识共享。迄今为止,该笔资金已为两个项目投资赠款(180 万美元),并为 97 个技术援助项目(5 180 万美元)提供支持。

第五节　其他区域性多边开发机构贷款

本节介绍的多边开发机构主要包括泛美开发银行、非洲开发银行、加勒比开发银行、欧洲复兴与开发银行、北欧投资银行、伊斯兰开发银行、西非开发银行和东南非贸易与开发银行等机构。

一、泛美开发银行

泛美开发银行(Inter American Development Bank,IDB 或 IADB)属于泛美开发银行集团(Inter American Development Bank Group)的一个机构。泛美开发银行集团是由美洲及美洲以外国家联合建立的向拉丁美洲国家提供贷款的区域性金融机构,除了泛美开发银行外,还包括泛美投资公司(Inter American Investment Corporation,IIC)和多边投资基金(Multilateral Investment Fund,MIF)两个机构。

1960 年 10 月 1 日,泛美开发银行正式开业,总部设在美国首都华盛顿,它是世界上历史最悠久、规模最大的地区性政府间开发金融机构,其宗旨是促进拉美及加勒比地区经济和社会发展,在拉美地区乃至全球范围具有重要影响力。

目前该行的战略发展重心集中在公平与效率的社会政策、增长和社会福利制度、竞争性的地区和全球一体化,以及环境保护、应对气候变化、促进可再生能源和确保食物安全。泛美开发银行有 48 个成员国,美、英、德、法、日等世界主要经济体均在其列。

理事会是最高权力机构,由所有成员国各派 1 名理事和候补理事组成,任期 5 年。理事会讨论决定银行的重大方针政策问题,每年召开一次会议。执行董事会是执行机构,负责领导银行的日常业务工作,由 12 名执行董事组成,其中拉美国家 8 名,其余 4 名由美国、加拿大、英国、西班牙各派 1 名。银行行长也是执行董事会主席,任期 5 年。执行董事会根据行长推荐,选派银行副行长,协助行长工作。行长和行政副行长主持银行的业务工作。

银行董事会和执行理事会的投票权分为两种:一是基本投票权,每个成员国有 135 票;二是按认缴资本额分配。美国认缴资金多,投票权也最多,其次是阿根廷和巴西。

泛美开发银行在美洲各国设有办事机构,代表银行同当地官方和借款者处理有关事务,并对银行资助的建设项目进行监督;在巴黎、伦敦也设立了办事机构,以便同区外成员国和金融市场保持经常联系。

泛美开发银行的资金来源主要是成员国认缴的股本和银行的发债融资。该行来自美洲、亚洲和欧洲成员国的股本金包括普通资金(Ordinary Capital,OC)和特种业务基金(Fund for Special Operations,FSO),从 2017 年起,特种业务基金与普通资金合并。此外,银行还代表主权和非主权捐助方管理着 50 多只信托基金。

泛美开发银行的主要业务是向成员国主权和私人客户提供贷款、赠款和担保。对主权借款国,泛美开发银行提供市场化、高性价比的灵活的融资产品和担保以满足项目需求和债务管理目标。对脆弱的低收入成员国,泛美开发银行提供优惠性融资和赠款,以支持其发展。贷款种类有:①投资贷款,对借款国商品、工程和劳务提供融资以促进社会和经济发展,也包括对借款国面临自然灾害时予以支持的特殊工具;②基于政策的贷款,对借款国提供灵活的、流动性(可替换的)融资来支持政策改革和特定部门的制度变革;③特别开发贷款,支持处于宏观经济危机期间的借款国,减轻危机对该国经济和社会进步的影响。此外,泛美开发银行通过贷款和担保对私人部门发展提供各种创新融资,包括贷款、部分信贷担保、赠款以及政治风险担保。

2009 年 1 月 12 日,中国正式加入泛美开发银行。2013 年,中国在该行设立了 20 亿美元的中国对拉美和加勒比地区联合融资基金,支持该地区的经济和社会发展。

二、非洲开发银行

非洲开发银行(African Development Bank,AfDB)成立于 1964 年,1966 年 7 月 1 日开始营业,总部设在科特迪瓦首都阿比让,是非洲最大的地区性政府间开发金融机构,目前有 78 个成员国,包括 54 个地区成员国和 24 个非地区成员国。

非洲开发银行的宗旨是通过贷款和投资,利用非洲大陆的人力和资源,促进成员国经济发展和进步,优先向有利于地区经济合作和扩大成员国间贸易的项目提供资金和技术援助,帮助研究、制定、协调和执行非洲各国的经济发展计划,以逐步实现非洲经济一体化。其主要任务是:促进地区成员国个人与集体的社会进步和经济发展,利用自身所拥有的资源为一些项目和投资计划提供资金,跨成员国投资项目资金优先;与双边和多边开发机构一起,动员资源、联合投资;促进与非洲开发相关问题的国际对话与咨询;通过当地适当的改革,促进非洲公共与私人投资;向非洲提供其选择、研究和准备开发计划所需的技术援助。

理事会是最高权力机构,由各成员国委派 1 名理事组成,一般为成员国的财政和经济部长,通常每年举行一次会议,必要时可举行特别理事会。理事会会议讨论制定银行的业务方针和政策,决定银行重大事项,并负责处理银行的组织和日常业务。理事会年会负责选举行长和秘书长。董事会是银行的执行机构,由理事会选举产生,负责制定非洲开发银行各项业务政策,共有 18 名执行董事,其中非洲以外国家占 6 名,任期 3 年,一般每月举行两次会议。行长由董事会提名并由理事会选举产生,是非洲开发银行的最高权威和法人代表,在董事会领导下,负责管理非洲开发银行的日常事务,任期 5 年,可连任一届。

非洲开发银行的资金主要来源于普通资金(Ordinary Resources)和特殊资金(Special Resources)。普通资金包括:①已认缴的法定资本,特别是非地区成员国的捐赠;②贷款的偿还;③银行在国际资本市场上借款筹得的资金;④发放贷款的收入;⑤银行获得的其他收入,如投资收入。银行建立或托管的特殊资金如非洲开发基金(African Development Fund,ADF)、尼日利亚信托基金(Nigeria Trust Fund,NTF)等。

非洲开发银行提供长期融资,分为主权担保贷款(Sovereign Guaranteed Loan,SGL)和非主权担保贷款(Non Sovereign Guaranteed Loan,NSGL)。非洲开发银行集团还通过其软贷款窗口——非洲开发基金和尼日利亚信托基金提供优惠贷款和技术援助赠款。

三、加勒比开发银行

加勒比开发银行(Caribbean Development Bank,CDB)是加勒比地区次区域政府间开发金融机构,于 1970 年 1 月成立,总部设在巴巴多斯的圣迈克尔。目前该行有 28 个成员国。银行章程规定,本地区成员国的总投票权不得少于 60%。1998 年 1 月 20 日,中国作为非本地区成员国加入。

加勒比开发银行的宗旨是"促进加勒比地区成员国经济,特别是欠发达国家经济的增长和发展,推进经济合作及本地区的一体化"。具体内容包括:帮助本地区成员国经济发展,促进其经济的互补和贸易的有序发展,鼓励本地区私人和公共投资以及资本市场的发展,对本地区成员国提供技术援助等。

加勒比开发银行的资金来源包括:①普通资金来源(Ordinary Capital Resources,OCR),主要有各成员国的实缴股本、欧洲投资银行(European Investment Bank,EIB)借款、泛美开发银行借款、世界银行借款以及国际金融市场借款等。②特殊资金来源(Special Funds Resources,SFR),是成员国和非成员国的捐款,分为两种:一是特殊开发基金(Special Development Fund,SDF),现在基本只来源于捐资,着重向借款国最优先的社会和经济发展领域提供非常优惠的贷款,贷款期限长,利率较低;二是其他特殊基金(Other Special Funds,OSF),来源是附带条件的捐资或贷款,以符合加勒比开发银行宗旨为准则进行管理。

加勒比开发银行主要业务活动是针对特定项目提供融资,贷款分为普通贷款(Ordinary Operations)和特殊贷款(Special Operations)。前者主要来源于普通资金,后者来自特殊资金,具体项目的融资也可以同时包含这两种融资。

四、欧洲复兴与开发银行

欧洲复兴与开发银行(European Bank for Reconstruction and Development,EBRD)于1991年4月14日正式开业,总部设在伦敦。银行共拥有67个成员,2016年中国正式成为该行成员。

该行宗旨是在考虑加强民主、尊重人权、保护环境等前提下,帮助和支持来自中欧、中亚、南地中海和东地中海的项目,促进它们向民主和开放的市场经济过渡。银行主要投资于私人部门,约占77%。培育中小企业的发展也是银行的目标。

理事会为银行最高权力机构,由每个成员国委派正副理事各1名,每年举行一次年会。董事会代理事会行使权力,由23名成员组成,董事任期3年。董事会负责指导银行的日常业务工作,并负责选举行长。董事会主席任银行行长,任期4年。

该行的经营方针是"兼顾开发银行业务和商业投资银行的业务"。主要业务活动包括:①提供必要的技术援助和人员培训;②帮助受援国政府制定政策及措施,推动经济改革,帮助实施非垄断化、非中央集权化及非国有化;③为基本建设项目筹集资金;④参加筹建金融机构及金融体系,包括银行体系及资本市场体系;⑤帮助支持筹建工业体系,尤其注意扶持中小型企业的发展。

该行提供贷款、股权投资和担保。银行章程规定至少60%的贷款必须用于国有企业的私有化,用于满足特定项目的资金需求。对于私人部门的项目,贷款金额一般介于300万~25 000万欧元,平均2 500万欧元,利率固定或浮动,币种是可自由兑换外币或当地货币,期限不超过15年。对于小型项目,银行通过信贷额度、银行同业贷款、备用信贷和股权投资方式支持当地商业银行,由后者对小企业提供贷款。对私营部门项目的股权投资金额介于200万~1 000万欧元。目前,欧洲复兴与开发提供融资的项目主要集中于四个领域:基础设施建设,能源,金融机构,以及工业、商业及农业领域。

五、北欧投资银行

北欧投资银行(Nordic Investment Bank,NIB),简称"北投",成立于1975年,总部设在芬兰的赫尔辛基,1976年8月2日正式开业。成员包括北欧丹麦、芬兰、冰岛、挪威和瑞典五国以及波罗的海的爱沙尼亚、拉脱维亚和立陶宛三国。

北投的业务由 10 人组成的董事会管理。每个成员国政府各任命两名董事和副董事，董事会向北欧部长理事会报告工作。该行还受北欧理事会选出的管理委员会的监督管理。北投具有同北欧各国国内法人相同的法律地位，其资产和收入免缴直接税。

北投为北欧和波罗的海地区的繁荣和可持续而努力，使命之一是提高成员国的竞争力，为此，提供贷款用于大型能源项目、运输等基础设施的投资、公司部门的大型投资如改善制造流程或研发等，以及通过金融中介对中小企业提供融资。另一使命是改善环境，关注清洁生产和资源管理、环保技术、减少排放以及可再生能源等环保领域，是目前唯一一家将环境保护明确作为机构使命的国际金融组织。

成立初期，北投主要使用成员国的实缴资本对外发行贷款。随着业务的不断扩大，贷款资金主要依靠在国际资本市场融资。由于该行享有最高的信用评级，所以能够筹措到最有利条件的贷款资金。北投贷款分为公司贷款、主权贷款、市政贷款以及通过金融中介转贷给成员国/非成员国的贷款计划。通常项目总成本约 2 000 万欧元及以上。北投贷款或担保一般不超过项目总成本的 50%，属于辅助型融资，对其他融资渠道提供补充和增值服务[①]；贷款期限 5～25 年，宽限期 3～5 年；有浮动或固定利率供借款人选择，费用包括承担费和安排费；币种灵活，借款人可选择多种可自由兑换货币；贷款领域多为北欧传统上有竞争力的项目，如能源和供水、基础设施、交通和电信、工业和服务业、金融机构和中小企业等。

自 1985 年 10 月与北投签订第一个贷款协议以来，中国已成为其在亚洲最大的贷款国。

六、伊斯兰开发银行

伊斯兰开发银行（Islamic Development Bank, IDB）是伊斯兰会议组织下的政府间金融合作机构，是伊斯兰国家为加强区域经济合作而建立的国际金融机构，主要作用是促进成员国和非成员国中伊斯兰国家的经济和社会发展，涵盖公共部门和私人部门。银行成立于 1974 年 8 月 12 日，1975 年 10 月 20 日开始营业，行址设在沙特阿拉伯的吉达。该行有 57 个成员国。

该行的宗旨和任务是为成员国的经济和社会发展提供金融服务，对成员国企业进行股份参与，对经济和社会基础设施建设进行投资，向私人及公共部门贷款，援助非成员国的穆斯林共同体特别基金。

理事会是最高权力机构，理事会由成员国各选派 1 名理事（一般由该国的财政部长出任）和 10 名执行董事（6 名由理事会选举，4 名由最大的认股国选派）组成。理事

---

① 对中等市值企业（Midcap）的贷款，北投融资最高可达项目成本的 75%。

会每年召开一次会议,决定银行的重要政策和经营方针。董事会是该行的执行机构,负责处理银行的日常业务,由 11 个成员国组成,其中 5 名由 4 个认股最多的国家指派,其余 6 名则由其他成员国分小组选举产生。董事任期 3 年。

该行不办理有息借款和存款,而是通过参股方式资助发展项目,或提供只收取管理费用的无息贷款。这类贷款多用于对成员国社会经济有长远影响的基础设施项目和农业项目。银行还对成员国提供技术性援助,主要是可行性研究、对工业和农业项目参股、开展设备租赁,还对出口贸易尤其是对成员国之间的贸易提供援助。此外,还设立特别援助账户,对非成员的伊斯兰国家的教育提供资金支持。

七、西非开发银行

西非开发银行(Banque Ouest Africaine de Development,BOAD)是西非经济货币联盟下属的专业投资银行和区域性政府间开发金融机构,于 1973 年根据联盟条约成立,1976 年正式对外营业,总部设在多哥首都洛美。

该行的成员分为 A 类和 B 类。西非经货联盟成员国贝宁、布基纳法索、科特迪瓦、几内亚比绍、马里、尼日尔、塞内加尔、多哥八国及西非国家中央银行为该行 A 类股东。区外成员国或机构为 B 类股东,包括法国、德国、比利时、印度、中国及非洲开发银行、欧洲投资银行。

西非开发银行宗旨是促进成员国经济平衡发展和西非经济一体化进程,优先投资的主要领域是农业开发、基础设施、电讯、能源、工业、农业和交通。

2004 年 10 月,西非经济货币联盟特别首脑会议做出接纳中国入股西非行的决议。同年 11 月,时任中国人民银行周小川行长与来访的西非开发银行行长亚伊签署了谅解备忘录、入股协议和认缴书,中国认购西非行股本 160 股,占总股本的 1.23%。中国在西非开发银行拥有独立的董事席位。

八、东南非贸易与开发银行

东南非贸易与开发银行(The Eastern and Southern African Trade and Development Bank,PTA Bank)成立于 1985 年 11 月 6 日,是非洲区域发展金融机构,总部设在布隆迪首都布琼布拉。

该行宗旨是推动东南非共同市场成员国的社会与经济发展、促进东南非共同市场贸易和区域经济一体化。银行提供广泛的产品和服务,包括私人和公共部门,包括债务、股本和准股本以及担保。银行的投资跨越农业、贸易、工业、基础设施、能源和旅游等领域,以商业基础和可持续发展原则,通过客户关注和创新的融资工具推动资本发展和服务,推动区域增长和融合。

东南非贸易与开发银行与中国人民银行、中国进出口银行自1999年4月以来一直保持正常业务往来和工作关系。经过多次磋商,2000年5月,东南非贸易与开发银行第16届理事会年会通过了中国加入该行的理事会决议,中国同意入股1 700股,约占该行总股本的6.49%。同年8月24日,中国政府向东南非贸易与开发银行支付第一笔股本金,正式成为该行唯一的区外成员。

第六节　新型多边开发机构

本节介绍近年来成立的新型多边开发机构——亚洲基础设施投资银行和金砖国家新开发银行。作为多边金融格局中的新力量,这两家机构的诞生并运营将会给亚洲以至国际金融体系带来巨大变化。

一、亚洲基础设施投资银行

亚洲基础设施投资银行(Asian Infrastructure Investment Bank,AIIB),简称"亚投行",是一个政府间性质的亚洲区域多边开发机构。该行由中国于2013年10月首次倡议筹建,2016年1月开业,总部设在北京。截至2020年7月,亚投行有103个成员国。

(一)宗旨

亚投行成立宗旨是通过在基础设施及其他生产性领域的投资,促进亚洲经济可持续发展、创造财富并改善基础设施互联互通;与其他多边和双边开发机构紧密合作,推进区域合作和伙伴关系,应对发展挑战。

(二)机构设置

亚投行的治理结构分理事会、董事会、管理层三层。理事会是最高决策机构,每个成员在亚投行有正副理事各1名。一切权力归理事会,理事会可将其部分或全部权力授予董事会。董事会负责指导银行的总体业务,除行使协定明确赋予的权力之外,还应行使理事会授予的一切权力。董事会有12名董事,其中域内9名,域外3名。董事任期两年,可以连选连任。管理层由行长和5位副行长组成。金立群任首任行长,任期5年。

(三)股本及投票权

亚投行的法定资本为1 000亿美元,各意向创始成员同意以国内生产总值(GDP)衡量的经济权重作为各国股份分配的基础。

每个成员的投票权总数是基本投票权、股份投票权以及创始成员享有的创始成员投票权的总和。每个成员的基本投票权是全体成员基本投票权、股份投票权和创始成员投票权总和的 12% 在全体成员中平均分配的结果；每个成员的股份投票权与该成员持有的银行股份数相当；创始成员投票权的设立是相较于世界银行、国际货币基金组织和亚行的一大创新点，每个创始成员均享有 600 票创始成员投票权。

中国目前为亚投行的最大股东，在亚投行股份占比为 30.7924%，拥有 26.525% 的投票权，印度和俄罗斯分别拥有 7.614% 和 5.9969% 的投票权，位居第二和第三位。

（四）业务运营

《亚洲基础设施投资银行协定》将亚投行业务分为普通业务与特别业务两大类。普通业务是指由亚投行普通资本（包括法定股本、授权募集的资金、贷款或担保收回的资金等）提供融资的业务；特别业务是指为服务于自身宗旨，以亚投行所接受的特别基金[①]（包括纳入特别基金的资金、贷款或担保所得及其股权投资的收益、特别基金投资收入以及可由特别基金支配使用的其他资金）开展的业务。两项业务各有侧重，有传统投资银行多元融资的功能，也能定点定向开展业务。两种业务可以同时为同一个项目或规划的不同部分提供资金支持，但在财务报表中应分别列出，因此，两部分风险也相对独立。

普通业务主要为成员国和地区发放、参与贷款，以及为其提供担保。除此之外，亚投行还能将未使用资金进行投资或存储、进行证券投资买卖、为其投资的证券提供担保、承销证券、成立并管理信托基金等。亚投行也可通过举债等方式向成员国筹集资金。但是上述活动应当符合亚投行设立的宗旨。截至 2020 年，亚投行批准的普通业务项目达 83 项，规划及拟建项目达 47 项，并且呈现逐年上涨的趋势（参见图 4—4）。[②] 特别业务在亚投行业务中占据相当部分。当成员国能够从规划项目中获益，或出于满足可持续性发展需求，但产能受限不足以支持项目时，亚投行可为该项目建立特别基金，上限为 500 万美元。根据亚投行官方网站数据，目前亚投行已经批准设立 12 项专项业务，共计融资 2 000 万美元以上[③]，涵盖能源、交通、城市建设等类型项目。相较亚洲开发银行等多边开发融资机构，亚投行的特别业务聚焦于具体国家的某一类型项目，更有针对性，与亚洲开发银行等融资机构形成互补。[④]

[①] 特别基金成立于 2016 年 6 月，是一个有多方捐助者的融资机制，为处于早期筹备阶段的项目提供启动资金，给基础设施项目提供技术援助赠款。
[②] https://www.aiib.org/en/projects/summary/index.html。
[③] https://www.aiib.org/en/projects/list/index.html?status=Special%20Fund。
[④] 王达：《亚投行的中国考量与世界意义》，《东北亚论坛》2015 年第 3 期。

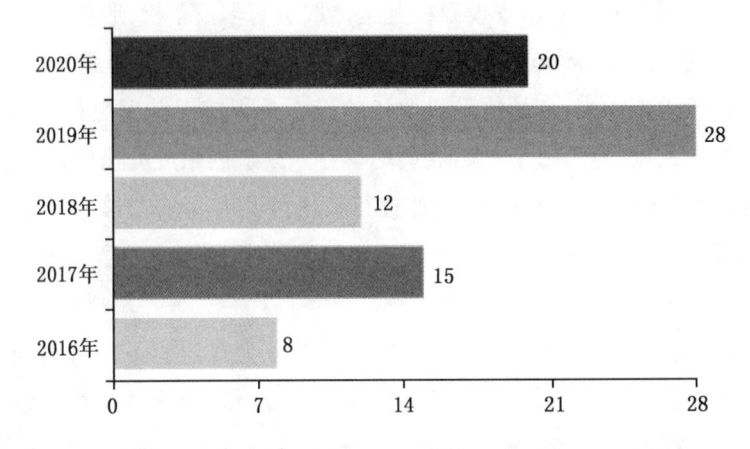

资料来源：https://www.aiib.org/en/projects/summary/index.html。

图 4—4　2016—2020 年亚投行批建普通业务项目数量

亚投行开展业务的方式包括：直接贷款、联合融资或参与贷款；参与机构或企业的股权资本投资；作为直接或间接债务人，全部或部分地为用于经济发展的贷款提供担保；根据特别基金的使用协定，配置特别基金的资源；在符合亚投行宗旨和职能的情况下，可提供技术咨询、援助及其他类似形式的援助；其他经理事会批准的融资方式。

1. 直接贷款

根据融资对象，直接贷款可分为主权支持融资（Sovereign-Backed Financing）和非主权支持融资（Nonsovereign-Backed Financing）。对成员国的主权贷款及主权担保贷款是亚投行项目融资的主要业务，平均期限 20 年，最长 35 年。非主权支持融资针对其成员的领土上经营的任何实体或企业，以及参与本区域经济发展的国际或区域性机构或实体，采取市场化原则，贷款或担保金额最多提供项目金额的 35%，期限最长 18 年。在亚投行已开展的项目融资中，主权贷款及主权担保贷款占比达到 63.5%，而非主权融资仅占 36.5% 左右。

2. 联合融资

联合融资是亚投行控制风险的重要途径之一。亚投行从第一批贷款项目起，就十分注重运用联合融资方式开展业务，以分散业务风险。联合融资伙伴包括东道国政府及相关企业、世界银行及其旗下的国际金融公司、欧洲复兴开发银行、亚开行等国际金融机构，也包括英国贸易发展部等投资机构。作为一种筹集资金的途径，联合融资既促进了公私部门资本的融合，为调动私人资本开辟了广阔空间，也通过风险分担为业务运营提供保障。2019 年，亚投行批准了 28 个项目共计 45 亿美元，其中 18 个项目为自身融资，9 个项目为联合融资（见图 4—5）。

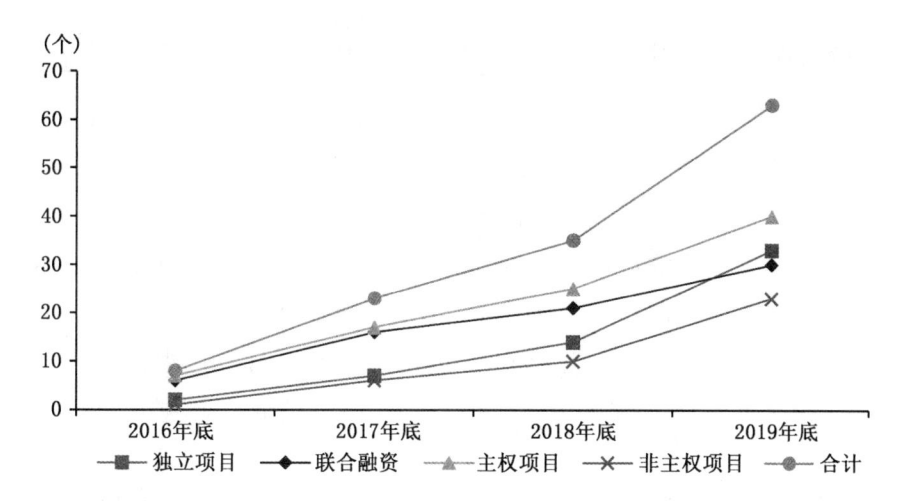

注：以上数字均为累计年终数据。

资料来源：2019 AIIB ANNUAL REPORT AND FINANCIALS。

图 4—5　亚投行建立以来批准的项目数量

3. 股权投资

亚投行对公共或私人部门公司的股权投资可采取多种形式，包括认购普通股和/或优先股以及贷款转股权。股权投资比例通常不超过公司股权的30%，除非例外情况下，董事会可批准一个更高的非控股股权比例。进行股权投资的金额最高不超过可用资本的10%。亚投行在目标企业中扮演少数股权投资者的角色而不寻求控股权益。

4. 其他业务

其他业务包括担保业务、咨询业务和信托业务。担保业务主要支持其他金融机构用于经济发展的贷款，有利于开拓商业银行的金融资源。咨询业务则有利于提升亚投行的全球影响力。此外，亚投行还将不断拓展信托业务，吸引公共和私人机构的信托基金用于项目投资。自2019年以来，亚投行不断开发新产品，如推出主要针对私人借款者的当地货币融资和部分信用担保。

（五）亚投行与中国

中国积极发挥亚投行股东国、捐款国和东道国作用，遵循多边规则和程序，通过理事会、董事会等多边治理机制参与决策，加强与各成员及管理层的沟通协调，为推动亚投行业务运营做出积极贡献。截至2019年底，亚投行共批准了两个在华项目，贷款承诺额总计7.5亿美元。亚投行的成功运转给"一带一路"基础建设带来更多的可能性和机会。

二、金砖国家新开发银行

金砖国家新开发银行(The New Development Bank BRICS, NDB BRICS)是由金砖国家组织成员共同建立的国际性金融机构。2009年6月,中国、俄罗斯、巴西和印度四国领导人举行首次会晤,正式开启金砖国家之间的金融合作机制;2014年7月15日,金砖五国第六次峰会宣布成立金砖国家新开发银行,初始法定注册资本1 000亿美元,发起成立的五个成员国——中国、巴西、俄罗斯、南非和印度各占20%的股份,初始认缴资本500亿美元,于2016年开始运营,总部位于上海。与之一同诞生的还有1 000亿美元的金砖国家应急储备安排,用于应对金砖五国出现的金融风险或危机。

(一)成员

创始成员国包括巴西、俄罗斯、印度、中国和南非。银行成员资格向联合国成员开放,其加入的时间和条件由银行理事会以特别多数确定。银行成员资格向借款成员和非借款成员开放。银行可以根据理事会的决定,接受国际金融机构作为理事会会议观察员。有意成为银行成员的国家也可应邀以观察员身份出席上述会议。

(二)宗旨和职能

该行宗旨是为金砖国家及其他新兴经济体和发展中国家的基础设施建设和可持续发展项目动员资源,作为现有多边和区域金融机构的补充,促进全球增长与发展。为履行其宗旨,该行有权行使下列职能:第一,利用其支配的资源,通过提供贷款、担保、股权投资以及其他金融工具,支持金砖国家及其他新兴经济体和发展中国家的公共或私人部门的基础设施建设和可持续发展项目;第二,在银行认为合适的情况下,在其职能范围内与国际组织以及国内的公共或私人实体特别是国际金融机构和国家开发银行进行合作;第三,为银行支持的基础设施建设和可持续发展项目的准备和实施提供技术援助;第四,支持涉及一个以上国家参与的基础设施和可持续发展项目;第五,设立或受委托管理符合银行宗旨的特别基金。

(三)组织与管理

该行设一个理事会、一个董事会、一名行长和由理事会决定的数名副行长以及其他所需要的官员和职员。银行一切权力归理事会,董事会负责银行的一般业务经营。理事会应从创始成员国中轮流选举产生行长,且不得为理事、董事或副理事、副董事。行长应为银行工作职员的主管,并在董事会的指导下开展银行的日常业务。

(四)业务

(1)该行可在任何借款成员国参与公共或私人项目,包括公共-私人部门伙伴项目,通过担保、贷款或其他金融工具提供支持,并可开展股权投资,承销证券发行,或为在借款成员国的领土上开展项目的任何商业、工业、农业或者服务业企业进入国际资本市场提供协助。

（2）该行可在其职能范围内与国际金融机构、商业银行或者其他合适的实体为项目提供联合融资、担保或联合担保。

（3）该行可为本银行支持的基础设施建设和可持续发展项目的准备和实施提供技术援助。

（4）理事会可以特别多数方式批准一项总体政策，授权银行在非成员新兴经济体或发展中国家开展本条前述各款所列的公共或私人项目有关业务，前提是按照该总体政策的规定，该业务对某个成员具有重大利益。

（5）董事会可以特别多数方式特别批准在非成员新兴经济体或发展中国家开展本条前述各款所列的特定公共或私人项目。对于在非成员国开展的主权担保项目，在采取降低风险措施及由董事会确定的任何其他条件的情况下，其定价还将充分考虑涉及的主权风险。

（五）最新进展

该行开业至今，取得了以下三项重要成就：

（1）提供贷款达 102 亿美元。迄今为止，该行提供了 37 笔基础设施贷款，总价值 102 亿美元，涵盖交通、可再生能源、水资源和城市重建等领域。这与联合国确定的 2030 年可持续发展目标相一致，因而获得联合国的高度认可，并被邀请以联合国观察员身份参与联合国大会会议和工作。

（2）获得一个 AAA 和两个 AA＋的国际信用等级。2019 年 8 月，该行获得日本信用评级机构的 AAA 国际信用等级，并于 2018 年分别获得了标准普尔和惠誉国际的 AA＋级。这些评级大大高于金砖国家的平均水平。高信用等级使该行可以相对便宜地从债券市场筹集资金，并以低于主权借款人所能获得的利率提供贷款。

（3）成功开展本币筹资活动。以本币提供贷款与融资，也是该行的一大创新亮点。该行以本币发行的贷款占比约为 20％，而其他开发银行约为 5％，这一做法降低了贷款项目的汇兑风险。该行致力于向其所有成员国提供本币资金。该行已成功在中国（100 亿元人民币）、南非（100 亿兰特）注册了本币债券项目，并即将注册卢布项目（1 000 亿卢布），接下来是印度和巴西。迄今为止，中国已发行了两次人民币债券，分别于 2016 年和 2019 年筹集 30 亿元人民币，两次共筹集了 60 亿元人民币。

此外，随着绿色债券市场的快速发展，绿色融资发展势头强劲。2016 年 7 月，该行在中国发行第一只绿色金融债券，债券规模为 30 亿元人民币，期限 5 年，票面年利率 3.07％。这是多边开发银行首次获准在中国银行间债券市场发行人民币绿色金融债券，也是金砖国家新开发银行在资本市场的首次亮相。

专栏 4—2　亚投行 COVID-19 危机恢复基金（COVID-19 Crisis Recovery Facility）

2020 年年初，新冠肺炎疫情爆发，亚投行成员国向亚投行提出，希望能够得到资金支持，控制本国疫情发展，弥补预算支出增加和财政收入减少造成的资金缺口，减轻流动性限制和抵消疫情带来的其他负面影响。4 月，亚投行宣布设立 COVID-19 危机恢复基金，以有效应对快速变化的形势，灵活高效地应对客户需求，支持亚投行的成员和客户减轻因新冠肺炎疫情带来的紧急经济、财政和公共卫生压力。[①]

2020 年 4 月 16 日，亚投行发布《关于支持新冠肺炎危机恢复基金的决定的文件》，该基金下的所有项目都将按照理事会批准的现有政策进行。贷款项下的融资将适用亚投行的常规融资条款和风险标准，融资批准也将基于亚投行的现行程序。在未来 18 个月（2020 年 4 月至 2021 年 10 月 16 日），危机恢复基金将为任何正在面临疫情或处于疫情风险的成员提供 50 亿～100 亿美元的融资，面向成员境内的公共部门和私营部门实体，融资领域涵盖医疗卫生、经济弹性、资金流动性和基础设施等。亚投行在 COVID-19 危机恢复基金下还设立了特别基金窗口，为低收入成员国提供符合条件的主权支持融资，提供利率回购。

此次 COVID-19 危机恢复基金是紧急状态下的应对战略，更有灵活性和针对性，其融资可以使用亚投行现有或尚未使用的任何工具，具体如下：

（1）主权支持或非主权支持的经常投资项目融资。虽然亚投行在此类融资方面经验丰富，但通常需要客户准备新业务，而在当前危机中，这些业务往往过于缓慢，难以满足他们的迫切需要。因此，在当前危机中，可以将重点放在向借款银行客户提供流动资金和流动性支持上。在主权或非主权支持融资下的金融中介机构提供信贷额度，这将借鉴亚投行在金融中介业务方面的经验，但在当前危机中，可能会侧重于为借款银行客户提供流动资金和流动性支持。

（2）增加主权支持或非主权支持的融资。在现有客户关系和项目结构的基础上，亚投行可以通过扩大追溯融资、增加亚投行对特定项目的融资份额以及扩大项目范围等方式，促进更快速地支付资金和扩大应对疫情挑战的活动；还可以为其他发展伙伴资助的项目提供额外资金，从而利用受信任的同行机构所支持的客户关系和项目结构。

---

① COVID-19 Crisis Recovery Facility, https://www.aiib.org/en/policies-strategies/COVID-19-Crisis-Recovery-Facility/index.html.

(3)世界银行的结果规划贷款(PforR)和亚洲开发银行的基于结果规划贷款(RBL)。这类工具特别适合为政府方案提供资金,这些方案由大量较小的支出组成,在社会部门和当地获得基础设施服务方面是典型的。虽然亚投行没有单独的融资政策框架,但理事会决定,亚投行可以根据各自同行机构的政策框架,共同资助由主权支持的融资,而不是亚投行的采购政策(PP)、环境及社会政策(ESP)。

(4)政策性融资。这是在紧急情况下提供快速支付的财政资源的一个重要工具。亚投行没有政策性融资的常规工具,但在COVID-19危机恢复基金基础上扩大了此类融资,允许其金融产品使用此类工具,通过与世界银行或亚洲开发银行合作以支持其成员国抗击疫情。例如,当借款人邀请亚投行与世界银行和亚洲开发银行合作并与国际货币基金组织合作时,亚投行可以例外地考虑选择性地提供政策性融资。联合融资将与国际复兴开发银行和亚开行的普通资金资源合作,仅面向信用良好、财政管理健全的国家,并将基于国际货币基金组织对债务和财政可持续性的评估。

自2020年4月16日起至2020年7月18日,亚投行COVID-19危机恢复基金已向11个国家支出53.573亿美元的贷款(见图4—6),用于应对疫情带来的紧急状态等。

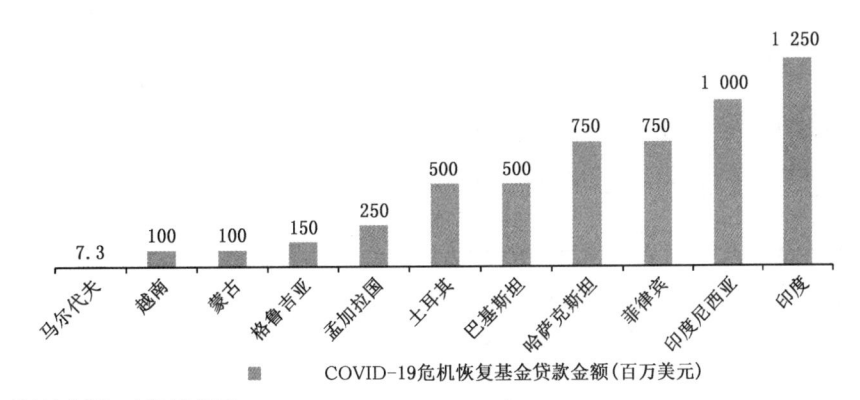

国家	COVID-19危机恢复基金贷款金额(百万美元)
马尔代夫	7.3
越南	100
蒙古	100
格鲁吉亚	150
孟加拉国	250
土耳其	500
巴基斯坦	500
哈萨克斯坦	750
菲律宾	750
印度尼西亚	1 000
印度	1 250

资料来源:亚投行官网。

图4—6 亚投行COVID-19危机恢复基金贷款金额

世界银行在《全球经济展望》中指出,新冠肺炎疫情使各国经济停摆,世界经济陷入严重收缩状态,2020年全球经济将下滑5.2%,世界经济陷入第二次世界大战以来最为严重的衰退之中。在这种背景下,亚投行设立的COVID-19危机恢复基金无疑对相关主权国家和企业缓解疫情期间融资压力和应对经济挑战都是一项重大利好。亚投行秉承其"促发展,应挑战"的宗旨,希望通过提供一定比

> 例的资金支持,来缓解亚投行各成员国在经济金融特别是公共卫生领域所面临的压力,助力各国破解融资的困境,提高企业应对风险的能力,对相关基础设施项目建设提供一个新的选项。

截至 2019 年 12 月 31 日,我国利用各类国际金融机构(包括世界银行、亚洲开发银行、国际农业发展基金、欧洲投资银行、金砖国家新开发银行、欧佩克国际发展基金、北欧投资银行)贷款累计承诺额 1 109.49 亿美元,累计提款额 862.62 亿美元,累计归还贷款本金 501.21 亿美元,债务余额(已提取未归还贷款额)361.41 亿美元。贷款用于支持我国 1 089 个项目,涉及大气污染防治、节能环保、应对气候变化、农业发展及农村扶贫、医疗卫生与养老服务、基础设施、文化教育、区域合作等领域。具体情况见表 4—13。

表 4—13　　2019 年中国利用的各类国际金融机构贷款　　单位:个,亿美元

贷款来源	贷款项目个数	累计承诺额	累计注销额	累计提款额	未提取贷款额	累计还本额	债务余额
世界银行	442	640.90	45.35	532.02	63.53	369.32	162.70
亚洲开发银行	259	377.31	21.94	287.53	67.85	110.78	176.75
国际农业发展基金	31	9.99	0.02	8.36	1.61	2.74	5.62
欧洲投资银行	9	28.12	0.00	16.05	12.07	4.90	11.15
金砖国家新开发银行	12	35.16	0.00	2.92	32.24	0.01	2.91
欧佩克国际发展基金	12	2.92	0.07	1.09	1.76	0.20	0.89
北欧投资银行	324	15.09	0.41	14.65	0.03	13.26	1.39
合　计	1 089	1 109.49	67.79	862.62	179.09	501.21	361.41

注:以上数据均按国家外汇管理局 2019 年 12 月 31 日汇率折算。

资料来源:http://gjs.mof.gov.cn/zhengcefabu/202003/t20200310_3480642.htm 财政部官网。

案例 4—1　国际货币基金组织对欧债危机的援助

2009 年 10 月,希腊政府宣布面临主权债务违约,标志着欧债危机的全面爆发。国际货币基金组织与地区性组织欧盟以及欧洲中央银行(ECB)共同协作,形成了治理欧债危机的"三驾马车"(the Troika)机制。在危机救助机制中,国际货币基金组织主要承担了辅助贷款人、经济改革监督者以及全球舆论引导者这三个重要角色。

一、辅助贷款人

欧盟相继建立了区域性援助机制 EFSM(European Financial Stability Mechanism)与 EFSF(European Financial Stability Facility),并与欧元区国家联合提供大部

分援助贷款,国际货币基金组织主要通过备用安排(SBA)或中期贷款(EFF)提供补充性援助。

(一)对希腊的三次贷款援助

希腊政府于 2010 年 4 月 23 日正式宣布向国际货币基金组织和欧盟申请 450 亿欧元的援助,供其偿还即将到期的债务。希腊也因此成为第一个向国际货币基金组织申请援助的欧元区国家。面对希腊政府的援助申请,2010 年 5 月 2 日,欧盟成员国和国际货币基金组织宣布向希腊提供 3 年期、利率 5%、总额 1 100 亿欧元的金融援助。其中,国际货币基金组织提供数额 300 亿欧元的备用安排(SBA)。欧元区国家共提供 800 亿欧元的双边贷款,德国和法国分别向希腊贷款 222 亿欧元和 167 亿欧元。援助资金在希腊政府满足相关条件的前提下分期拨付,欧元区和国际货币基金组织的第一轮援助贷款基本可以填补希腊 2010 年约 500 亿欧元的融资需求。2011 年 7 月 21 日,第二轮援助计划出台,欧元区国家向希腊提供 1 090 亿欧元的双边贷款,贷款利率 3.5%,期限 15~30 年;私人部门将通过债务折减等方式提供 370 亿欧元援助;国际货币基金组织在 2015 年额外提供 82 亿欧元的援助资金。在援助希腊的过程中,逐渐形成了"国际货币基金组织-欧盟-私人部门"的一套完整的贷款援助机制。2015 年 6 月 25 日,对希腊的救助协议即将到期,"三驾马车"在欧元区峰会上提出一份新的协议草案,同意向希腊提供第三轮贷款,7 月 13 日就第三轮救助达成协议,提供 860 亿欧元的救助资金。

(二)对爱尔兰的贷款援助

2010 年 11 月 21 日,爱尔兰政府正式请求欧盟和国际货币基金组织给予贷款援助。11 月 28 日,国际货币基金组织和欧盟首脑会议通过了援助计划,贷款总额达到 850 亿欧元,其中爱尔兰财政和国家养老基金共筹集 175 亿欧元,其余 675 亿欧元来自援助机构:国际货币基金组织提供 225 亿欧元援助贷款,占援助贷款总额的 26.5%,EFSM 提供 225 亿欧元贷款,剩余的 177 亿欧元援助来自 EFSF,48 亿欧元来自双边贷款。贷款中的 350 亿欧元被用于向银行系统注入流动性,其余 500 亿欧元则被用于支持政府财政。

(三)对葡萄牙的贷款援助

2011 年 4 月 6 日,葡萄牙总理苏格拉底宣布申请救助。5 月 16 日,欧元区财长批准对葡萄牙的援助方案,同意在今后三年中和国际货币基金组织一起向葡萄牙提供 780 亿欧元的援助贷款,其中 520 亿欧元来自欧盟内部的 EFSM 和 EFSF,剩余的 260 亿欧元由国际货币基金组织提供。

二、经济改革监督者

除了提供救援资金,国际货币基金组织还作为改革的倡导者,积极参与到受援国的经济结构性调整和政策改革进程中,并监督其改革计划的执行情况。对于受援国,国际货币基金组织提出有针对性的改革方案,并对其经济改革成果进行监督评估。国际货币基金组织与欧盟、欧洲央行合作,开创性地成立了 EFSM 和 EFSF 两个临时性的区域救助机制,在这一过程中,国际货币基金组织的主要作用在于:提供初始援助资金;根据其丰富的危机援助经验为 EFSM、EFSF 提供咨询服务;作为第三方监督救助计划的实行,确保资金的来源和使用都合乎规范。

在发放紧急援助贷款的同时,国际货币基金组织贷款通常附加一定的经济改革政策条件,如表 4—14 所示。国际货币基金组织设定贷款条件的目的主要有两个:一是确保借款国调整其相关政策,解决实际问题;二是确保借款国有能力按时足额还款。

表 4—14　　　　　国际货币基金组织对受援国提供援助的附加条件

受援国	时间	援助主体	附加条件
希腊	2010 年 5 月 2 日	国际货币基金组织、欧盟	2016 年之前实现 280 亿欧元的增收节支目标,并加速实施总额为 500 亿欧元的私有化改革
希腊	2011 年 11 月 29 日	国际货币基金组织、欧元区	从 2011 年起引入一套名为"欧洲学期"的宏观经济政策协调机制,欧元区成员国每年的财政预算和经济改革方案需要提交欧盟委员会审核通过
爱尔兰	2010 年 11 月	国际货币基金组织、欧盟	在未来四年内通过削减公共开支和提高税赋等手段削减赤字 150 亿欧元,从而到 2014 年将财政赤字占经济规模的比例控制在 3% 之内
葡萄牙	2011 年 5 月 17 日	国际货币基金组织、欧盟、欧洲央行	2013 年必须改变预算赤字过高的局面,2011 年将财政赤字占 GDP 的比例从 2010 年的 9.8% 降至 5.9%,2012 年更要进一步降至 4.5%,2013 年达到 3%;改革医保和公共管理制度,实施国企私有化计划,并"鼓励"私人投资者"自愿"继续持有葡萄牙相关资产

三、全球舆论引导者

除了直接提供资金援助、指导和监督经济改革,国际货币基金组织的影响还体现在其对于全球舆论的领导力方面。国际货币基金组织逐渐建立起一套全面的危机预警模型,对近期可能发生的危机进行预判,在危机发生前发布预警。国际货币基金组织每年会发布两期《全球金融稳定报告》以及《世界经济展望》,对危机发展形势持续关注。国际货币基金组织一直对欧债危机保持高度关注,并提出政策建议。国际货币基金组织还通过提出警告的方式敦促相关国家关注自身的债务危机形势,及时修正可能出现问题的财政金融体系。总体而言,国际货币基金组织在欧债危机的救助过程中发挥了积极的作用。

（资料来源：谢世清、王赟：《国际货币基金组织（IMF）对欧债危机的援助》，《国际贸易》2016年第5期。）

思考题：

1. 对欧债危机的援助，国际货币基金为何只承担了辅助角色？
2. 如何评价国际货币基金组织的贷款援助方案？

案例4—2　卡洛特水电站项目

巴基斯坦卡洛特水电站位于巴基斯坦吉拉姆河干流上，凭借领先的融资模式、施工方案、建设历程，荣获了全球能源基础设施领域权威机构IJGlobal颁发的2017年度亚太地区水电项目最佳融资奖，拿到了多项"第一"。它不仅是中巴经济走廊首个水电投资项目，也是丝路基金成立后投资的首个项目，巴基斯坦首个完全使用中国技术和中国标准建设的水电投资项目。卡洛特项目总投资约17.4亿美元，是国际金融公司迄今为止在"一带一路"沿线国家投资的最大一单项目，同时，该项目也已被列入《中巴关于建立全天候战略合作伙伴关系的联合声明》。

一、引入国际资本搭建多元化平台

卡洛特水电站项目由三峡国际控股的三峡南亚投资有限公司（以下简称"三峡南亚"）采用BOOT模式投资开发，建设工期5年，运营期30年。三峡南亚以巴基斯坦为战略核心市场，负责南亚地区投资业务。2015年，国际金融公司和中国丝路基金公司各斥资1.25亿美元，分别收购了公司15%的股权，正式以股东的身份参与公司在巴基斯坦的清洁能源项目开发。通过引入国际金融公司和丝路基金，三峡集团成功搭建了一个国际资本投资平台，实现了股权的多元化和资本的国际化，获得多方优势，一是可以分担风险，二是可以集多家管理、协调能力合力攻克项目难关。特别是如果项目处于敏感地区，在项目推动、政府审批方面，因不同的金融机构各有优势，可以相互借力推进项目开展。

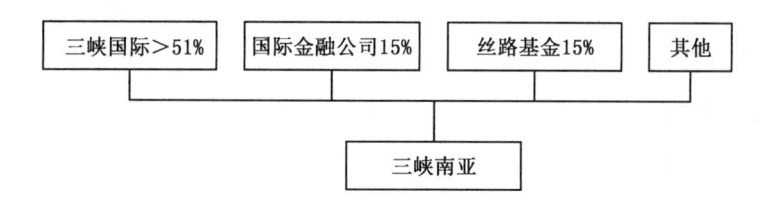

图4—7　三峡南亚公司股权架构

二、分层设计创新银团贷款

卡洛特水电站项目采用有限追索的融资方式,项目公司为卡洛特电力(私营)有限责任公司,项目融资较为复杂,由中国进出口银行牵头,中国进出口银行、国家开发银行、丝路基金以及国际金融公司在内的国际银团共提供13.92亿美元贷款。其中,中国进出口银行贷款6亿美元,占贷款总额的45%;国家开发银行贷款5亿美元,占贷款总额的32%;丝路基金贷款2亿美元,占贷款总额的15%;国际金融公司贷款1亿美元,占贷款总额的8%(见图4—8)。国际金融公司及丝路基金既是股东,又提供了债权融资。

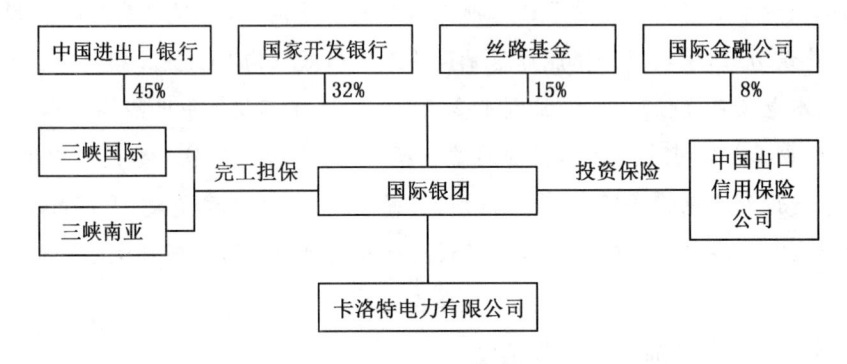

图4—8 卡洛特项目融资架构

虽然是银团贷款,但国际金融公司与其他三家中资金融机构的银团贷款条件并不一致。国际金融公司不需要中国出口信用保险公司的担保,它对于项目融资的信用结构、条款、融资费等具体事项的安排与其他三家中资金融机构不尽相同。在这种情况下,三峡国际采取银团贷款分层设计方案,即银团贷款里嵌入平行贷款——在大的总的银团贷款框架协议达成一致的前提下,在放款条款里根据不同金融机构的要求,进行个性化的条款设置,最终分别跟四家金融机构签署小的贷款协议。

三、携手国际金融公司引入国际经验

由于国际金融公司入股,因而在公司治理方面,国际金融公司具有较为明显的影响力。三峡南亚在董事会层面成立各项专业委员会,设立独立董事,建设诚信经营体系,三峡国际、国际金融公司、丝路基金均享有一票否决权,一旦否决,就可以不履行出资义务并拒绝放款。在银团层面,国际金融公司在项目环境影响、可持续性发展方面有强势发言权。因此,国际金融公司虽然是小股东、小伙伴,却是一个强权股东,能迫使公司提升自身能力,学习现代国际化的公司治理机制,学习国际先进做法,并接受国际机构监督制约,向国际标准靠拢。

通过与国际金融公司合作,公司还可以分享国际金融公司先进的项目管理理念和丰富的国际项目经验。作为世界银行的成员机构,国际金融公司尤其重视潜在投资对象对环境保护和社会影响方面的态度和实绩,任何负面评价报告都会一票否决投资立项。项目建设需要满足国际金融公司绩效标准的相关要求,国际金融公司的《绩效标准》涵盖项目全周期,对项目建设过程中企业行为合规性、社会责任履行、移民境保、员工权益保护等内容都有严格、细致的要求。例如,卡洛特水电站项目两岸有许多村庄,受征地工作影响,需要搬迁的居民很多。所有的搬迁工作不仅要遵循所在国家的风俗礼节,在搬迁墓地时还要考虑卫生因素。对文物古迹的搬迁工作一定要遵循国际金融公司社会环境绩效标准中对"文化遗产保护"的原则。国际金融公司的管理机制,特别是它对社会与环境标准、社会与责任、反腐败合规经营等方面的高标准要求,可以帮助公司提升国际化水平。

(资料来源:曹跃生,《卡洛特水电站项目案例研究》,《市场观察》2018年12期。)

思考题:

1. 企业与国际金融公司合作的优势和挑战是什么?
2. 该案例带来了哪些启示和思考?

本章小结

1. 国际金融机构是从事国际货币关系的协调、管理或国际金融业务的经营,以促进世界经济发展的具有超国家性质的各类金融组织,其贷款具有援助性质,期限长,利率较低。

2. 国际货币基金组织资金目前由份额、多边借款安排和双边借款安排三个"弹药库"组成,提供多种贷款工具,应对不同类型的国际收支需求以及成员国的具体国情。如备用安排与备用信贷、中期贷款与中期信贷、灵活信贷额度、预防性和流动性额度、快速融资工具及相应的快速信贷等。

3. 世界银行集团包括国际复兴开发银行(世界银行)、国际开发协会、国际金融公司、多边投资担保机构和国际投资争端解决中心五个机构,分别侧重于不同发展领域。世界银行资金来源于成员国实际交纳的股本、借款、债权转让、留存的业务净收益和贷款资金回流。目前有投资贷款、开发政策贷款和结果导向型规划贷款三种基本贷款工具。国际开发协会专门向发展中国家提供赠款和长期优惠贷款。资金来源于成员国认缴股本、成员国和其他资助国的补充资金、世界银行和国际金融公司的资金、信贷资金的偿还,以及发债融资。除了赠款以外,国际开发协会还提供小型经济体信贷、常规信贷和混合信贷。国际金融公司通过鼓励成员特别是欠发达地区成员国的私营企业的增长来促进经济发展。资金来源于成员国认缴的股金、发债融资、公司留存收益和国际复兴开发银行贷款。业务活动包括投资业务、咨询服务、动员和管理资本用于投资资产管理。

4. 国际农业发展基金向发展中成员国提供低利率的贷款和赠款用于农村发展和农业项目,扶持农业发展,消除贫困与营养不良,促进农业范围内南北合作与南南合作。贷款分为高度优惠贷款、混合贷款和普通贷款三类。

5. 亚洲开发银行通过发展援助帮助亚太地区发展中成员消除贫困,促进亚太地区的经济和社会发展。资金来源于普通资金和各种专项基金及信托基金,开展贷款、赠款、技术援助和股权投资等业务。除此以外，国际金融市场上还活跃着大量的区域性开发机构，如泛美开发银行、非洲开发银行、加勒比开发银行、欧洲复兴与开发银行、北欧投资银行、伊斯兰开发银行、西非开发银行、东南非贸易与开发银行等。

6. 亚洲基础设施投资银行和金砖国家新开发银行是近年来成立的新型多边开发机构。前者业务分为普通业务与特别业务两大类，后者由金砖国家组织成员共同建立，它们的业务运营将会给亚洲乃至国际金融体系带来巨大变化。

基本概念

国际货币基金组织　　特别提款权　　份额　　预防性和流动性额度　　备用安排
灵活贷款额度　　中期贷款　　快速融资工具　　减贫与增长贷款　　投资贷款
发展政策贷款　　结果导向型规划贷款　　软贷款　　硬贷款　　国际开发协会
国际金融公司　　世界银行　　国际农业发展基金　　亚洲开发银行　　泛美开发银行
亚洲基础设施投资银行　　金砖国家新开发银行

思考与练习

1. 简述国际货币基金组织贷款的类型及特点。
2. 简述世界银行集团及其内部分工。
3. 世界银行的贷款种类有哪些？
4. 国际开发协会的资金来源有哪些？
5. 比较国际货币基金组织与世界银行在资金来源、主要业务、贷款方式及特点等方面的不同。
6. 亚洲开发银行的宗旨和主要业务活动是什么？
7. 如何理解亚洲基础设施投资银行与亚洲开发银行是合作而不是竞争的关系？
8. 金砖国家新开发银行"新"在何处？

第五章　国际贸易短期信贷

教学目的与要求

- 熟悉进口贸易信贷的各种类型及操作
- 熟悉出口贸易信贷的各种类型及操作
- 掌握保付代理的概念、分类及操作流程
- 了解国际贸易融资发展的新趋势
- 知晓供应链融资等各种新型贸易融资方式

国际贸易信贷（International Trade Credit）[1]是指为开展或支持国际贸易,进出口商在国际贸易的各个环节如商品采购、打包、储运、结算等各个阶段,从各种渠道获得的融资便利[2],具有自偿性（Self-liquidating）的特征。国际贸易信贷不仅为国际贸易活动提供资金融通,加速商品流通,减少企业资金积压,促成进出口交易顺利完成,同时也为商业银行拓展了业务范围和服务对象,增强了自身的竞争力,有利于获得更大收益,成为利润收入的重要途径。

根据提供信贷主体,国际贸易信贷分为商业信用（Commercial Credit）和银行信用（Bank Credit）。前者是指进出口商之间相互提供的贸易信贷;后者是指银行或其他金融机构向进出口商提供的贸易信贷,通常称为贸易融资。按照信贷期限,国际贸易信贷分为国际贸易短期信贷和国际贸易中长期信贷。前者是指期限在1年以内,主

---

[1] 贸易信贷与贸易融资严格意义上讲含义不同。贸易信贷是一国居民与境外机构作为货物交易的买卖双方,由于付款和交货时间不同而产生的债务,包括供应商为商品交易和服务直接提供信贷以及购买者为商品和服务以及进行中的工作预先付款。贸易融资是第三方（如银行）向出口商或进口商提供的与贸易有关的贷款,如外国金融机构或出口信贷机构向买方提供的贷款。与贸易有关的信贷则包括贸易信贷、贸易融资、与贸易有关的短期票据等。本章主要从接受对象角度介绍各种信贷融资手段,因而对贸易信贷与贸易融资不作细致区分。

[2] 具体而言,各种渠道的国际贸易信贷活动包括:进出口商相互之间为达成贸易而进行的资金或商品信贷活动;银行及其他金融机构、政府机构或国际金融机构为支持国际贸易而进行的资金信贷活动;银行及其他金融机构为支持贸易信贷而进行的信用担保;以及各国政府机构为支持本国出口而提供的出口信用保险等。

要用于满足商品周转快、成交金额不大的进出口所需要的贸易信贷;后者是指信贷期限在1年以上的贸易信贷。根据信贷标的物,国际贸易信贷分为商品信贷和货币信贷。前者是指国际贸易中出口商向进口商提供的各种延期付款和赊销信贷;后者是指国际贸易中的各种资金信贷。根据信贷接受对象,国际贸易信贷分为进口贸易信贷和出口贸易信贷,即分别对进口商和出口商提供的信贷。

第一节 进口贸易信贷

进口贸易信贷是指银行或出口商对进口商提供的各类资金融通和信用支持,包括出口商对进口商提供的信贷和银行对进口商提供的信贷。

一、出口商对进口商提供的信贷

出口商对进口商提供的信贷通常称为公司信贷(Corporate Credit),具体分为赊销信贷和票据信贷两种方式。

(一)赊销信贷(Open Account Credit)

赊销信贷是指在双方订立赊销协议的基础上,当出口商将货物发运后将货款借记进口商账户,进口商收到货物后将货款贷记出口商账户,进口商在约定的期限向出口商支付货款。

(二)票据信贷(Bill Credit)

票据信贷是指进口商收到货物后并不立即付款,而是先行承兑出口商开立的远期汇票,并于汇票到期日再支付票面金额的融资方式。

二、银行对进口商提供的信贷

(一)承兑信用(Acceptance Credit)

承兑信用是指应进口商的申请,银行对出口商开出的远期汇票进行承兑,从而向进口商提供融资。当出口商不完全相信进口商的支付能力时,往往提出汇票由银行承兑的条件,此时,进口商应征得银行方面同意承兑出口商汇票。出口商无需向进口商提示汇票,而是向进口商银行提示汇票,因银行同意承兑,所以必须在汇票规定期限内兑付,进口商则于付款日前将货款交付承兑行,以便后者兑付出口商的汇票。承兑信用的特点在于银行承兑汇票时,不必立即垫付本行资金,而只是将自己的信用借出,使持票人能够取得短期融资的便利。

（二）开证授信额度(Limit for Issuing L/C)

开证授信额度是指银行对资信良好的长期往来客户，根据其经营状况和业务数量，给其核定一个额度，在该额度内银行为其开立信用证不收保证金或不要求其办理反担保或抵押。授信额度有两种基本类型：一是普通开证额度(General L/C limit)，即开证行确定额度后，申请人可以在额度范围内委托银行对外开出信用证，额度可循环使用。开证行根据客户资信状况和业务需求变化随时调整额度。它一般适用于在银行开立账户并与银行长期保持良好业务关系的进口商。二是一次性开证额度(One-time L/C limit)，即开证行为申请人一笔或几笔贸易合同核定的一次性开证额度，不得循环使用。它主要用于银行对其资信有一定了解，但业务往来不多的进口商。对客户而言，避免了普通开证额度不能满足大宗交易的不足或大量占用信贷额度所带来的不利影响。

（三）无抵押进口营运贷款(Unsecured Loans of Operation to Importers)

无抵押进口营运贷款是指进口方银行为进口商提供的无抵押的、用于日常营运的专用贷款。这种贷款多以允许支票透支的方式来办理，也称为透支信贷。

（四）信托收据(Trust Receipt, T/R)

信托收据是指进口商承认以信托方式向银行借出全套商业单据时出具的一种保证书。银行是信托人(Trustor)，代表委托人掌握物权，进口商是被信托人或受托人(Trustee)，代表信托人处理货物。进口商以银行受托人身份代办理提货、报关、存仓、保险等手续，货权仍归属银行所有，如果货物出售，则货款将存入银行。此后，进口商在汇票到期时向银行偿付票款，收回汇票，赎回信托收据。

信托收据的使用分为：①托收项下远期付款交单业务中进口商凭信托收据借单。在远期付款交单业务中，进口商在承兑汇票后，可以凭信托收据向代收行借取单据，待货物售出后在付款到期日将货款交付给银行，收回自己的信托收据。②信用证项下的凭信托收据借单。在信用证业务中，进口商保证到期付款或保证货物经有关当局许可入境时付款，同时承认在未付清货款前，货物所有权及其收益归银行。在信用证业务下，一般银行在未经信用证受益人同意的情况下自行决定凭进口商出具的信托收据借单。在此情况下，只要信用证付款条件达到，不管进口商是否拒付或破产，银行都必须无条件向受益人付款。实务中，开证行或代收行对是否同意接受进口商的信托收据应十分谨慎，需注意以下问题：第一，了解进口商的资信状况、抵押和质押物情况，据此对进口商核定一定的授信额度，并在核定的额度内办理信托收据业务；第二，向进口商借出单据后，应加强对货物存仓、保险、销售、收款等各个环节的监控，直到进口商赎回信托收据，以免造成"钱货两空"；第三，熟悉当地法律，例如，在通常情况下，信托人在受托人破产清算时对货物或货款有优先索偿权，但不同的国家可能有所不同。

(五)进口押汇(Inward Bills)

进口押汇是银行在收到信用证或进口代收项下单据时应进口商的要求所提供的短期融资,进口商可以利用银行资金进行商品进口和销售,无须占用自有资金。

1. 分类

根据基础结算方式的不同,进口押汇分为进口信用证押汇和进口代收押汇。

进口信用证押汇是指信用证开证行在收到出口商及其银行寄来的单据后先行付款,待进口商得到单据、凭单提货并销售货物后再收回该货款的融资活动。

进口代收押汇是指代收项下代收行凭包括物权单据在内的进口代收单据为抵押向进口商提供的一种融资性垫款,一般适用于付款交单(D/P)为结算方式的进口代收业务中。这里有托收委托方授权代收行对进口商凭信托收据借单和代收行自行对进口商凭信托收据借单两种情况。前者是托收委托人明确授权代收行可以向进口商提供凭信托收据借单提货的便利,为进口商提供资金融通。其中风险由委托人(出口商)自行承担,与银行无关。后者则是在托收委托人没有明确授权代收行情况下,代收行自行为进口商(托收业务的付款人)提供凭信托收据借单的便利,因此,其中风险由代收行承担,与托收委托方无关。

2. 操作流程

(1)向押汇行——开证行/代收行提出申请与审查。进口商应首先向银行提出书面申请,银行要对进口押汇申请进行严格审查,并根据进口商的资信等情况确定押汇金额。

(2)签订进口押汇协议。进口押汇协议是开证行与进口商之间签订的确定双方权利与义务的书面契约。基本内容包括:①押汇金额及进口商的付款义务;②押汇期限及利率;③进口商的保证条款;④货权及其转移条款;⑤违约条款等。

(3)开证行/代收行对外付款。开证行/代收行在收到出口方银行寄来的单据后,应严格审单,如果单证相符,即可代进口商先行对外支付货款。

(4)凭信托收据向进口商交付单据。银行根据进口押汇协议,凭信托收据将货权单据交付给进口商,进口商处于代为保管和销售货物的地位。

(5)进口商凭单据提货、销售货物、回笼货款。进口商在向银行借出货权单据后,即可凭单据向承运人(船公司)提货,并可销售货物或对货物做其他处理。

(6)进口商归还押汇本息,赎回信托收据。在约定的还款日到期时,进口商应向银行偿还贷款及本息,并于还清本息后收回信托收据,解除还款责任。押汇银行采用"后收利息法",其利息计算公式为:

$$押汇利息 = 本金 \times 年利率 \times 押汇天数 / 360$$

其中,进口押汇的天数一般以30天或60天计算,最长不超过90天。

以上流程如图 5-1 所示。

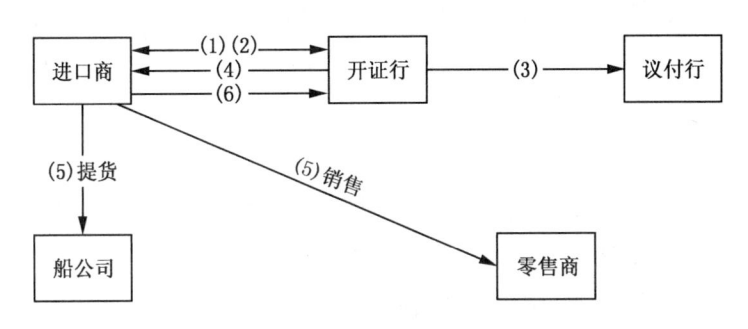

图 5-1　进口信用证押汇基本流程

3. 押汇的风险点与防范

(1)押汇款项的偿还存在风险。对押汇银行而言,押汇款项的偿还依赖于进口商的信用,进口商有可能违反信托规定,不愿或无力退还货物或货款,因此,即使进口商签署了信托收据,银行也要按照进口商的信用或用其他抵押品方式来核定额度。

(2)银行没有控制货权。信托收据只是进口商名义上保证为银行保管货物,实际上货物可能已经不存在或灭失,因此银行可考虑增加其他安全措施,如增加第三方担保、抵押或质押等,使银行可能发生的损失降到最小。

(3)货物内销或出口存在市场风险。这一风险来自市场发生变化,货物不能按期实现销售。考虑到押汇还款来源的单一性,银行应从严控制押汇业务,例如:要确保真正的贸易背景;进口货物必须是市场适销商品;偿贷来源必须是货物出售的货款,不能够提供融资性贷款等。

(六)提货担保(Shipping Guarantee,S/G)

提货担保是指在进口货物早于货运单据抵达港口时,银行向进口商出具的、有银行加签的、用于进口商向船公司办理提货手续的书面担保。其主要内容是:要求凭担保在没有正本提单的情况下提货,银行向承运人保证赔偿因不凭正本提单交货而遭受的损失。进口商保证提单一经收到立即补交,换回银行担保,并承担运输公司的一切费用和损失。

在通常情况下,收货人应凭正本提单向承运人办理提货。可是,在航程过短的近海航运情况下,货物常常先于单据到达,如果收货人急于提货,可采用提货担保方式,请开证行出具提货担保,要求承运人先行放货,保证日后及时补交正本提单,并负责交付承运人的各项费用及赔付由此可能遭受的损失。这样可以节省收货人的滞港费用和额外费用,并避免可能产生的其他损失。银行出具或加签担保后,对随后收到的证下单据,无论单证是否相符,均必须立即偿付议付行或交单行。因此,在受理提货担保申请时,必须要求收货人放弃拒付的权利。

提货担保一般仅运用于信用证项下。如客户要求对跟单托收项下的货物出具提货担保,则必须提供有关交易单据,以便银行审查贸易的归属和真实价值,否则银行不予受理。

1. 银行的风险防范和注意事项

(1)关注开证申请人的资信状况。根据具体情况要求开证申请人提供绝对付款的书面保证和保证金,或者要求进口商在赔偿担保或信托收据中说明承担无限责任,必要时还可以考虑要求进口商提供抵押品或由信誉良好的第三方提供无限责任担保,以便防范届时开证申请人以单证不符为由达到提取货物后不付款的目的。

(2)关注货物的状况。开证行需通过议付行获得货物的详情资料,确认该货物为其自身开立的信用证项下的货物,核对货物名称、总价值、起运港和卸货港等有关内容。

(3)银行作为担保人,要向船公司承担因没有提单而提货所导致的一切费用和损失,并且这一担保没有期限和金额。所以,在收到正本提单后,开证行应督促开证申请人及时用正本提单换回提货担保,尽早解除担保责任。

(4)提货担保一般应用于近洋贸易中货物先于单据到达的情形,如果远洋业务单据先到而货物后到,进口商还申请S/G,则系明显反常,银行需要特别警惕。

2. 申请人注意事项

(1)一般信用证(L/C)项下进口,运输方式为海运,并规定提交全套海运提单条件下,货已到港,但信用证项下单据未到开证行,为避免货物压港,防止不必要的经济损失时方可办理,对采用其他结算方式进口,非海运运输方式,2/3 提单等物权不完整条款的 L/C,通常不办理。

(2)一旦申请了提货担保,则申请人丧失了拒付的权利。信用证到单后,无论单据是否存在不符点,开证行及进口商都不得拒付。

(3)提货担保属于银行的授信业务,开证申请人若不及时退还提货担保会影响到自己的授信额度。因此,开证申请人在收到有关单据后,应立即用正本提单向船公司换回提货担保并退还给开证行。

(4)因出具提货担保而使开证行遭受的任何损失,申请人应承担赔偿责任。

第二节 出口贸易信贷

出口贸易信贷是指出口地银行或其他金融机构、经纪人或进口商对出口商提供的资金融通和信用支持,包括进口商对出口商的信贷、经纪人对出口商的信贷和银行对出口商的信贷。

一、进口商对出口商的信贷

进口商在收到货物之前,就支付一定金额给出口商,是对出口商的预付货款(Advance Payment),将来出口商以供货方式偿还。预付款有两种:一是作为进口商执行合同的保证,俗称定金;二是进口商对出口商提供的信贷。属于前者还是后者,主要视预付金额与货款总额的比例关系、预付时间的长短和出口商的情况而定。

二、经纪人对出口商的信贷

经纪人通过信贷方式可以加强对出口商的联系与控制,因为信贷使得出口商必须通过经纪人出售货物,甚至在可能将货物直接卖给进口商的情况下,也必须通过经纪人出售。

(一)无抵押商品采购贷款

经纪人在与出口商签订合同时即发放这一贷款。通常合同规定,在一定时期内出口商必须通过经纪人经销一定的商品。贷款常以出口商签发的远期汇票为担保,金额约等于交售给经纪人货价的 25%～50%。偿还方式是将贷款转为商品抵押贷款。不过,有时这一贷款按规定期限偿还,并不一定与供货周期相同。

(二)货物单据抵押贷款

经纪人提供的货物单据抵押贷款,按照货物所在地的不同可以分为出口商国内货物抵押贷款、在途货物抵押贷款、运抵经纪人所在国家的货物抵押贷款或运抵某预定出售地的第三国货物抵押贷款。

(三)承兑出口商汇票

若经纪人资本有限,还可使用承兑出口商汇票的方式来提供信贷,经纪人办理承兑,收取手续费,由出口商持承兑汇票向银行贴现。

三、银行对出口商的信贷

出口商可在其出口业务的各个环节和各个阶段,从银行获得信贷资金,常见的方式有:

(一)打包放款(Packing Loan)

打包放款是指出口地银行向出口商提供从接受国外订货到货物装运前这段时间所需流动资金的一种短期性贷款。打包放款的依据是进口商开来的信用证、得到认可的出口成交合同和订单或最终开出信用证的证明。因此,打包放款可以分为信用证项下打包放款(出口商须提交信用证正本和外销合同)和非信用证项下打包放款(如汇款和托收结算方式下出口商须提交外销合同)。实务中常见的是信用证项下打包放款,是指采用信用证结算方式的出口商,凭收到的信用证正本作为还款凭据和抵押品向银行申请的装船前融资,主要用于生产、收购及其他从属费用。融资额度通常不超过信用证金额的90%。发货后,出口商将信用证项下的出口单据提交银行议付,用所得款项偿还银行贷款。

打包放款的期限一般自借款之日起,到外销贷款结汇日为止,以国外进口商开出的信用证有效期或外销合同所规定的结汇方式的收汇期为限,原则上最长不超过180天。提供贷款的银行还承担了将来进一步做出口押汇的义务。银行通常根据客户的资金状况和清偿能力为其核定相应的打包放款额度,供其循环使用。

从形式上看,打包放款属于抵押放款,实际上,其抵押对象是尚在打包中而没有达到可以装运出口程度的货物,因此,实质上是一种无抵押信用放款,银行应密切关注以下风险,做好防范工作:①受益人信用风险。银行需考虑贷款申请人(L/C受益人)的能力和信用,落实有效担保,发放贷款后要监督,控制贷款的专款专用。②开证行信用风险和所在地的国家风险。银行要审查信用证开证行的资信状况,印鉴是否符合,所在国的政治经济状况是否稳定,以免日后因开证行信誉不佳而遭拒付。③信用证条款风险。银行要审查信用证条款是否清楚、合理,有无对出口商不利的"软条款"(Soft Clause)和出口商难以履行的规定,运输条款的审核主要看L/C是否要求全套货权单据,能否控制物权单据以减少风险等。④打包贷款期间,贷款行应与客户保持密切联系。实时了解与掌握业务进展和有关合同的执行情况,督促客户及时发货交单,严格审核L/C项下单据。如果修改L/C或外销合同,需要征得融资银行的同意,并保管好修改函,因为贷款是基于这笔贸易而发放,任何信息改动都可能影响贷款的安全性。如果信用证过期后仍未能提交单据,银行应根据贷款协议有关规定,要求出口商立即归还全部贷款本息。

(二)出口押汇(Outward Documentary Bills/Outward Bills)

出口押汇是指出口商在发货后,将代表货权的单据(提单)和汇票为抵押,银行在扣除押汇利息和费用后给予出口商的有追索权的垫款。这种由出口地银行对出口商提供的资金融通,又称为"出口买单"(Bills Purchased)。

出口押汇包括从议付到收回货款的全过程,类似于银行的贴现业务,但其安全程度较贴现更高。其主要特点是:第一,押汇是短期融资,期限一般不超过180天;第二,押汇是银行预扣利息后将余额支付给客户;第三,押汇是银行保留追索权的垫款。

出口押汇分为出口信用证押汇与出口托收押汇。前者有开证行的付款保证,属于银行信用;后者属于商业信用,收汇风险大。

1. 出口信用证押汇(Negotiation Under Documentary Credit)

出口信用证押汇适用于即期和远期 L/C，是指出口方凭进口方银行开来的信用证将货物发运后，按照信用证要求制作单据并提交往来银行，以出口单据为抵押，要求银行提供资金融通。对议付行而言，这种融资风险较小，收款比较有保障。但银行仍然需要注意：①出口商的资信状况。银行面临的风险与出口方的资信状况密切相关。②开证行信誉及所在地的政治、经济背景。如果开证行信誉欠佳，所在国家政局不稳、外汇短缺，又无第三国银行加具保兑，原则上应拒绝办理押汇，而通常按照信用证做寄单(不议付)处理，即收妥货款后再解付给出口商。③信用证条款。银行必须认真审核信用证条款及单据是否符合国际惯例，有不符点单证的押汇，应谨慎处理。若存在软条款和运输单据为非物权凭证或不能提交全套物权单据，会对出口商正常收汇不利。此外，银行还应注意进口商的信用风险、进口国国家风险以及对单据所代表的对物权控制等。

押汇金额一般不超过提交单据金额的 90%。银行均采用预扣方式收取押汇利息。

$$押汇利息 = 本金 \times 年利率 \times 押汇天数/360$$

其中，押汇天数通常等于押汇放款日到预计收汇日的天数再加 5～7 天。

2. 出口托收押汇(Advance against Documentary Collection)

出口商提交单据，委托银行向进口商收取款项，要求托收行先预支部分贷款，待托收款项收妥后归还银行垫款。托收行凭押汇成为全套单据(含汇票和物权单据)的正当持有人，因而有权要求付款人支付货款。在正常情况下，这是托收行收回押汇款项的主要渠道。如果付款人拒付，托收行可以向出口商追索，而当出口商破产倒闭，自己追索无望时，托收行对该款项可以寻求物权的保障，通过处理单据即货物来回笼资金，并且保留就不足部分对出口商索偿直至参与破产清理的权利。此外，为了防止遭进口商拒付的风险，避免陷入追索出口商甚至被迫变卖货物的被动局面，托收行在叙做托收押汇时一般事先与出口商签订质押书(Letter of Hypothecation)，而且托收押汇利率一般也稍高于信用证出口押汇。

为了控制风险，银行通常核定相应额度，只在额度内叙做出口托收押汇。为核定额度通常需要审查的项目包括：①出口商的资信状况、清偿能力和履约能力。保证单据在遭到拒付时银行可以从出口商那里追回垫款。②跟单托收的交单方式。由于承兑交单，代收行凭进口商对汇票的承兑即可放单，但对到期付款不承担任何责任，因此，银行在承兑交单方式下对押汇额度的控制相对较严，而在付款交单方式下，对托收押汇额度控制稍松。③运输保险。银行叙做托收押汇原则上要求出口商安排相应的货物运输保险。一旦货物在运输途中或在目的地仓库发生灭失或损失，银行就可以通过向保险公司索赔来保障自身权益。④恰当的代收行。银行应在进口商所在地选择一家资信良好、合作较佳的银行作为代收行,保证国际惯例的严格遵守及代收指示的执行,顺利收取款项。

(三)票据贴现(Discount)

票据贴现是指银行保留追索权地买入已经银行承兑、还未到期的远期票据。短期贸易融资项下的贴现业务通常限于远期信用证项下的已承兑汇票和已加具保付签字的远期汇票。承兑人通常是进口商、开证行或其他付款人,票据持有人通常是出口商。这类票据可靠性和流通性比较强,贴现手续简便易行,所以是银行最愿意提供的贸易融资业务。对出口商而言,有助于即期收回远期债权,加快资金周转,缓解资金压力;对进口商而言,可以提供远期付款的融资便利,扩大贸易机会。

一般出口贴现适合以下两种情形:第一,远期承兑信用证项下的远期汇票被银行承兑后,因临时资金周转困难而需要短期资金融通;第二,远期承兑信用证项下的远期汇票被银行承兑后,遇到新的投资机会,且预期投资收益率高于贴现利率。

出口商要求叙做贴现时,应向银行提出书面申请。银行审核同意后,按规定的贴现率和融资期限贴现,将扣除贴息后的票款付给出口商。待汇票到期时,用收回的货款冲销垫款。如发生付款人迟付现象,贴现银行有权向出口商追收迟付利息;如发生拒付,贴现行有权向出口商追索垫款及迟付利息。

(四)银行承兑(Banker's Acceptance)

银行承兑是指银行在远期汇票上签署"承兑"字样,成为票据承兑人,保证到期无条件承付票款。持票人(出口商)能够在所在地银行办理贴现,或在金融市场上出售,提前收回货款。银行承兑业务以贸易背景和票据为基础,承兑的对象主要是有贸易背景的汇票,如信用证项下出具的以银行为付款人的远期汇票、融通汇票等。

(五)无抵押出口订单贷款(Unsecured Loans of the Orders to Export Manufacturers)

无抵押出口订单贷款是指出口方银行给得到国外订单的生产厂商提供的无抵押的、用于安排出口商品生产的专用贷款。它既可以允许支票账户透支的方式办理,也可以开立特种账户的方式办理。

(六)出口采购及储备货物抵押贷款(Loans Secured by the Purchasing and Reserving Goods to Exporters)

出口采购及储备货物抵押贷款是出口地银行以出口商正在采购及储备的待出口货物为抵押,向出口商提供的用于继续采购及日常营运的专用贷款。它多以允许支票账户透支方式办理,一般按照抵押物市场价值的50%~70%放贷。

(七)远期信用证融资(Usance Letter of Credit)

这里所指的远期信用证是卖方远期信用证,是付款期限与贸易合同规定一致的远期信用证。融资主要是通过远期汇票的承兑与贴现来实现。出口商发运货物后,通过银行将全套单据交给开证行,经银行承兑汇票并退还寄单行后,寄单行以贴现方式购买全套汇票并以此向出口商融资,寄单行作为承兑汇票的正当持票人,保存汇票并于到期日向开证行索偿,或将汇票转让。

第三节 保付代理

一、保付代理的概念

保付代理(Factoring)又称为保理、保付代收、承购应收账款,是指保理商(Factor)应出口商的申请,在对进口商进行资信调查的基础上,为短期赊销出口商提供信用管理、账务管理、坏账担保以及应收账款融资等综合性的金融服务。它适用于赊销(O/A)、承兑交单(D/A)、付款交单(D/P)等非信用证交易结算方式。

按照《国际保理公约》的定义,保理系指卖方(供应商、出口商)与保理商之间存在的一种契约关系。根据该契约,卖方将其现在或将来的基于其与买方(债务人)订立的货物销售、服务合同所产生的应收账款转让给保理商,由保理商为其提供下列服务中的至少两项:①贸易融资。为出口商融通资金,包括贷款和预付款。②销售分账户管理。在出口商叙做保理业务后,保理商会根据出口商的要求,定期、不定期地向其提供关于应收账款的回收情况、逾期账款情况、信用额度变化及对账单等各种财务和统计报表,协助出口商进行销售管理。③应收账款的催收。保理商一般都有专业人员和专职律师处理账款的追收,并且还会根据应收账款的逾期时间采取信函通知、打电话、上门催款及采取法律手段等。④信用风险控制与坏账担保。在出口商与保理商签订保理协议后,保理商会对进口商核定一个信用额度,在协议执行过程中,随时根据进口商资信状况的变化对信用额度进行调整。对出口商在核准信用额度内的应收账款,保理商提供100%的坏账担保。由此可见,保理是一种集融资、结算、资信调查、账务管理和风险担保为一体的综合性金融服务业务,本质上是一种债权转让,即保理商通过收购债权人"应收账款"的方式为债权人提供融资服务,其核心内涵是一种"服务"。

二、保理的产生与发展

现代意义上的保理业务起源于18世纪的欧洲和美国。当时,英国凭借其发达的纺织工业,在美国建立了庞大的纺织品销售市场。由于出口商对美国市场的情况知之甚少，也不熟悉交易对手的资信，因而纺织品大多采用寄售（Consignment）方式向海外出口，由进口商所在地的商务代理机构负责货物的仓储、销售和收账，这一商务代理制方式逐渐演变成为提供短期贸易融资的保理服务。出口商在商品出运后，可将有关单据售给经营保理业务的机构，以便及时收回销售货款，继续扩大再生产。

第二次世界大战以来，国际贸易买方市场逐渐形成，国际竞争愈演愈烈，进口商一般都要求卖方接受基于商业信用的承兑交单或赊销方式，使卖家经营风险和成本加大，而国际保理业务可以事前获得对方的资信信息，有助于缓解出口商的资金压力和还账风险，因此，国际保理业务得到很大的发展。同时，信息产业的进步和电子通信技术的普遍应用，提高了保理服务的效率，扩大了服务对象的范围。此外，国际保理相关惯例规则的制定、银行业业务创新的需求，推进了国际保理业务的广泛应用。

目前保理行业蓬勃发展，呈上升趋势。国际保理商联合会的统计数据显示，截至2019年末，全世界保理业务量达29 170亿欧元，比上年末增长超过5%。欧洲地区贡献最大，占全球业务量的68%，合计19 760亿欧元，同比增长8%。其中，法国（3 500亿欧元，增幅9.1%）、英国（3 290亿欧元，2.7%）、德国（2 750亿欧元，12.8%）和意大利（2 630亿欧元，6.4%）四国占据欧洲市场62%的份额。亚太地区占全球总量的23%，为6 880亿欧元，同比下降1%。其中，大中华区在亚太地区的占比达到73%（中国大陆下降2%，香港下降10%，台湾增长17%），业务量总计超过4 940亿欧元。整个美洲地区占全球总量的8%，总计2 210亿欧元，稳居各大洲第三位，增幅不足5%。其中，南美洲和中美洲占全球总量的5%，合计1 320亿欧元，增幅为8.9%。该地区排名前三的分别是阿根廷（增幅35%）、智利（增幅275%）和秘鲁（增幅16%）。北美地区业务量合计不足870亿欧元，降幅3.7%，可归因于对华贸易量的下降。非洲地区被称为保理业务即将快速起飞的"明日之子"，业务量总计超过250亿欧元，增幅11%，主要得益于南非（增幅12%）和埃及（增幅14%）的贡献。中东地区业务量则接近100亿欧元，同比增长12%。[①]

三、保理机构与公约

作为国际保理行业最权威的专业机构，国际保理商联合会（Factors Chain International，FCI）成立于1968年，总部设在荷兰的阿姆斯特丹，是一个由全球各国保理公司参与的开放性的跨国民间会员组织，为会员提供国际保理服务的统一标准、程序、法律依据和技术咨询，并负责组织协调和技术培训。

---

① 国际保理商联合会官网，https://fci.nl/en/news/press-release-confirmed-growth-global-factoring-volume-2019?language_content_entity=en。

1969 年，国际保理商联合会制定了《国际保理惯例规则》(Code of International Factoring Customs)和仲裁规则(Rules of Arbitration)，所有国际保理商联合会成员在办理国际双保理业务时都必须遵守。经过多次修改，2002 年《国际保理惯例规则》易名为《国际保理通用规则》(General Rules For International Factoring，GRIF)。最新版 GRIF 于 2013 年 7 月颁布。随着国际保理商联合会会员的日益增加，GRIF 在全球保理界的影响越来越大，被称为国际保理业的"UCP"。

国际保理商联合会还开发并运营了国际双保理电子数据交换系统(EDI-Factoring)，类似于全球的银行所采用的 SWIFT 报文体系，会员可以由此交换信息，包括开立保函、汇寄发票数据、争议通知和付款信息。除此之外，国际保理商联合会还在推进 FCIreverse 平台——反向保理交易架构。

2016 年 1 月 1 日，国际保理商联合会和国际保理商组织[①]正式合并，新组织以国际保理商联合会的名义开展工作。目前会员 400 多家，遍布全球 100 多个国家和地区，构成了整个全球主流的业务体系。全球国际保理九成的业务量是国际保理商联合会会员贡献的。

1988 年 5 月国际统一私法协会通过的《国际保理公约》(The Convention on International Factoring)是国际保理发展史上另一重要里程碑。该公约对签约国都适用，但不是强制性的法律文件，即便是公约签字国的供应商和保理商，也可以在保理协议中排除该公约对其保理业务的管辖，影响力相对有限。

四、保理的服务内容

提供保理业务的保理商大多是国际上一些资信良好、实力雄厚的跨国银行的全资附属公司，它们通过保理业务对客户提供综合性的一揽子金融服务，主要体现为：

(一)资信调查(Credit Examination)和信用控制(Credit Control)

保理商利用其母行在国外广泛的分支机构、代理网络和官方或民间的咨询机构，通过现代化手段获取客户最新动态资料，依据所掌握的客户资信情况的变化，为出口商提供其客户的信用销售额度，从而将应收账款的风险降到最低，而这对大多数出口供应商来说是力所不能及的工作。

(二)债款回收(Collection from Debtors)

保理商拥有专门的收债技术和丰富的收债经验，并可借助其母公司作为资本雄厚的大银行的威慑力，催促进口商遵守信用、按时付款。一旦发生纠纷，保理商又有专门

---

① 国际保理商组织(International Factors Group，IFG)于 1963 年成立，总部设在比利时的布鲁塞尔，在 50 多个国家拥有 120 多个成员，成员基本上都是大型跨国公司，具有优良的商誉。

的法律部门,提供有效的法律服务,负担为收回应收账款而发生的一切诉讼费和律师费用,因此大大节省了出口商的营运资金,又免除了出口商对应收账款收不回的后顾之忧。

(三)销售账户管理(Maintenance of the Sales Ledger)

保理商通常是大型商业银行的附属机构,拥有完善的账户管理制度、先进的管理技术和经验,有能力对客户提供高效、优良的账务管理服务。如保理商收到客户交来的销售发票后,在电脑中设立分户账,输入必要的信息及参考数据,如债务人、金额、支付方式、付款期限等,然后由电脑进行自动处理,诸如记账、催收、清算、计息、收费、统计报表打印等各项工作。保理商可根据客户的要求,随时或定期提供各种数字和资料,这样,供应商就可以集中力量进行生产、经营和销售,并可相应减少财务管理人员和办公设备,节省相关费用。

(四)应收账款融资(Trade Financing)

保理商买入一定比例的应收账款,即对出口商提供无追索权的贸易融资。供应商在发货或提供技术服务后,将发票通知保理商,即可获得不超过发票金额80%的预付款融资,基本解决资金占用问题,而且手续简便,不需要办理复杂的审批手续,也不像抵押放款那样需要办理抵押品的移交和过户手续。

(五)坏账担保(Full Protection against Bad Debts)

对因买方无力支付、无理拒付或破产等原因而导致的坏账,保理商在已核准应收账款的范围内承担赔偿责任。能获得保理商坏账担保的应收账款应同时符合两个条件:第一,必须是在信用销售额度内的应收账款;第二,必须是毫无争议的应收账款。保理商对客户及买家之间的贸易纠纷(Dispute),包括货物质量有瑕疵、数量不对、迟发货、退货等不承担任何担保或保证责任。但进口商由于贸易纠纷以外的原因如信誉、资金问题、经营风险等不按时支付,保理商则必须履行对出口商的担保责任。

五、保理的当事人

国际保理业务一般涉及以下几方当事人:

(1)卖方(Exporter/Seller),即出口商、供货商,对提供货物或服务出具发票,并且其应收账款已被出口保理商叙做保理业务的当事人。

(2)买方(Buyer/Debtor/Importer),即进口商、债务人,是对因提供货物或服务所产生的应收账款负有付款责任的当事人。

(3)保理商,即承办保理业务的商业银行或者专业保理公司,包括出口保理商(Export Factor)和进口保理商(Import Factor)。出口保理商通常在出口商所在地,是与卖方签订保理协议,对卖方的应收账款承做保理业务的一方。进口保理商是同意代收卖方以发票表示的并过户给出口保理商的应收账款的一方当事人,对出口保理商承担担保付款的责任。

六、保理的类型

(一)按照是否可以立即得到现金,分为到期保理和预支保理或融资保理

到期保理(Maturity Factoring)是指保理商为出口商的短期赊销贸易提供应收账款管理、信用销售控制、收账服务与坏账担保等结算服务,但不提供融资服务,只在赊销到期时才支付款项。届时不管货款是否收到,保理商都必须支付货款。

预支保理或融资保理(Financed Factoring)是指保理商一收到出口商的销售发票,就立即以预付款的方式提供不超过发票额80%的融资,到期后,保理商从收妥的货款中扣除融资的本息和手续费用,将其余货款返还出口商。

(二)按照是否公开保理公司的名称,分为公开保理和隐蔽保理

公开保理(Disclosed Factoring)是指出口商以书面形式将保理商的参与通知其所有客户,并指示他们将货款直接付给保理商。

隐蔽保理(Confidential Factoring)是指保理商的参与对外保密,货款依然直接付给出口商,再由后者向保理商偿还预付款。

公开保理与隐蔽保理的不同之处在于:在公开保理方式下,受让人(保理商)有权直接以自己的名义向进口商索偿或提起诉讼;而隐蔽保理的受让人则不能直接以自己的名义向进口商索偿或提起诉讼,当与进口商发生债务纠纷时,隐蔽保理的受让人必须跟转让人(出口商)联名向债务人提起诉讼。《中华人民共和国合同法》规定债权转让需通知债务人才能生效,因此,我国国内保理业务均为公开型。

(三)按照保理商有否追索权,分为有追索权保理和无追索权保理

有追索权保理(Recourse Factoring)是指保理商并不为客户核定信用额度和提供坏账担保,而仅提供包括融资在内的其他服务。若债务人因清偿能力不足而形成坏账时,保理商有权向客户追索。

无追索权保理(Non-Recourse Factoring)是指保理商负责为客户核定信用额度和提供坏账担保,在核定信用额度内,由债务人资信等问题造成的坏账损失由保理商承担。

(四)按照保理业务在境内外的不同,分为国内保理和国际保理

国内保理(Domestic Factoring)是指进出口商处于同一国家或地区。

国际保理(International Factoring)是指进出口商分别处于不同国家或地区。按经营机制,国际保理又分为单保理(Single Factor)和双保理(Two Factor)两种。单保理包括一个进口保理商为出口商提供保理服务的直接进口保理机制(Direct Import

Factor's System)和一个出口保理商为出口商提供保理服务的直接出口保理机制(Direct Export Factor's System)。双保理是指出口保理商通过进口保理商共同为出口商提供保理服务。

还有一些特殊的双保理,例如:①背对背保理(Back-to-back Factoring)。这是一种多了进口经销商作为中间商的特殊双保理机制。这里的进口保理商不但是出口保理商在进口地的面对进口经销商的代理保理商,还通常担当该经销商在当地的面对本国购货商的国内保理商,有着双重的保理责任。②一个半保理(One-and-a-half Factor)。这是在一定程度上免除了进口保理商或出口保理商部分服务责任的特殊双保理机制。

(五)根据服务提供主体不同,分为银行保理和商业保理

银行保理更侧重于融资,办理业务时仍然要严格考察卖家的资信情况,并需要有足够的抵押支持,还要占用其在银行的授信额度,所以更适用于有足够抵押和风险承受能力的大型企业,中小微企业通常达不到银行的标准。

商业保理机构则更注重提供调查、催收、管理、结算、融资、担保等一系列综合服务,专注于某个行业或领域,提供更有针对性的服务;更看重应收账款质量、买家信誉、货物质量等,而非卖家资质,真正做到无抵押和坏账风险的完全转移。从这一点来说,商业保理更适用于中小型企业。

七、保理的操作流程

以国际双保理为例,一笔国际保理业务的操作一般包括信用调查、确定信用额度、签订保理合同、提交发票、预付款融资、催收账款等步骤。

(一)出口商向出口保理商申请债务人(进口商)的信用额度

出口商有意向以国际保理方式进行贸易结算,向出口保理商提出申请,提交"出口保理额度申请表",出口保理商根据出口商的客户分布情况选择进口保理商,将此申请转递给进口保理商。

(二)进口保理商对进口商进行资信调查评估并核定其信用额度

进口保理商对进口商的资信、经营状况进行调查、分析,并根据出口商所提供的资料,核定每个进口商的信用额度,在14天内作出答复,发送《出口保理信用额度评估回复书》,将信用额度和报价转递给出口保理商。根据进口商的不同和交易的需要,信用额度的确定主要有三种方式:一是为每个进口商核定相对稳定的信用额度。限额内的应收账款均为已核准的应收账款,暂时超过限额的部分将随着进口商的付款和应收账款余额的下降自动转为已核准应收账款。二是为每份交易合同逐一核定信用额度,该合同项下产生的限额之内的应收账款均为已核准应收账款。三是对每个债务人核定日销售信用额

度,当日在信用限额内的应收账款为已核准应收账款。凡在额度内的已核准应收账款,保理商可以提供坏账担保,超过额度的部分,其坏账风险由出口商自负。

(三)出口保理商与出口商签订保理协议

出口保理商在此基础上结合风险和成本提出自己的保理条件和报价,与出口商签订《出口保理协议》。出口保理商再分别同进口保理商签订具体的保理协议,向出口商发出正式的《出口保理信用额度核准通知书》。

(四)进出口双方签订商品或劳务销售合同

如果保理协定规定采用公开保理,则出口商应向进口商寄送"保理业务介绍信",将选定的进口保理商介绍给进口商,并要求进口商在赊账到期时直接付款给保理商,如果为隐蔽保理,则合约表面上看起来与普通合约一样。

(五)出口商在保理额度内发运货物并将单据交给出口保理商

出口商应严格按照合同规定发货,否则会因交货质量、数量、时间等不合规定产生与进口商的争议。一旦发生争议和纠纷,那么即便在信用额度内,保理商也不提供坏账担保,一切后果由出口商自行承担。出口保理商审核单据无误后,在正本发票上加贴有关债权转让条款并在发票上注明账款的到期日后,留下一份副本发票,寄送给进口保理商。

(六)出口保理商为出口商办理融资

出口商如需资金融通,出口保理商立即支付不超过发票金额80%的预付款。

(七)进口保理商在规定的时间向进口商催收货款

进口保理商负责按期收取账款,并及时将收妥的款项转交出口保理商。

(八)出口保理商将货款余额付给出口商

出口保理商在收到进口保理商的付款后,扣除预付款、保理业务的费用和贴现利息等,将余额付给出口商。

(九)保理商对争议的处理

如果到期进口商拒付货款,而这笔债款已获核准且债权毫无争议,则保理商负坏账担保责任,必要时通过法律手段向进口商追讨货款。如果系合同争议引起进口商拒付,由于保理商承担的是买方的信用风险,而非卖方的履约风险,故产生争议,保理商可行使追索权,要求出口商退还已支付的预付款。按照惯例,保理商虽不承担贸易纠纷项下的付款责任,但有义务尽力协助解决纠纷,包括对进口商的法律诉讼。

八、保理对各方当事人的作用

(一)对出口商的作用

1.可以代出口商开展对进口商的资信调查

对海外进口商的资信调查是贸易业务的首要环节,即便是长期合作的老客户,随着经营状况、所在国经济金融政策的变化,资信状况也会不断发生变化,保理商可以利用其遍布全球的网络和合作伙伴为出口商提供快捷、有效的资信调查和评估服务。

2. 有利于出口商转移信用风险、消除坏账

只要出口商的交货符合贸易合同的约定,在保理商无追索权地购买其出口债权后,出口商就可以将信用风险和汇率风险一并转嫁给保理商,大大减少潜在的坏账风险。

3. 为出口商提供短期融资

保理商提供的预付款融资可以满足出口商资金流转的需要,加速其资金周转,为出口商开展赊销贸易提供便利,而对于新的或现有客户,提供更有竞争力的 O/A、D/A 或 D/P 付款条件又可以扩大出口商的贸易份额。它尤其适合中小企业拓宽企业融资渠道,解决融资难题。

4. 保理商提供的综合服务可以节约企业财务成本

出口商把售前的资信调查、售后的账务管理工作和催收账款等交由保理商处理后,可相应减轻业务负担、减少人力和大量的费用开支,使企业集中精力参与国际竞争。

5. 保理业务手续简便、易行

保理相对于 L/C 较为简单,避免了繁琐的单证手续和信用证条款的约束。相对于贷款方式,保理有助于改善财务报表的有关指标与结构,费用比出口保险低。

对出口商不利之处是出口成本增加、利润下降。

(二) 对进口商的作用

1. 不必占用自有资金、简化进口手续

出口商采用保理服务使之能以承兑交单和赊销方式与进口商达成交易,进口商不需要向银行申请开立信用证,免交开证押金,从而避免资金占用、简化进口手续,免去传统结算方式所需支付的各项费用,扩大营业额。

2. 避免货物风险

保理商承担信用风险的前提是出口商严格按照合同出货,不存在贸易争议。出口商为顺利收回货款,一般会按照合同条款执行,从而保证了进口商所收到的货物与合同相符。

3. 获得卖方赊购额度

进口商凭借自身信誉和良好的财务表现获得卖方赊购额度,无须担保或抵押,特别是成批产生信用额度后,购买手续简化,进货快捷。

但对进口商而言,由于保理业务增加了出口商的成本,因而进口货物的价格可能

上升。

(三)对保理商的作用

1. 开拓业务品种,赚取丰厚利润

保理业务不仅丰富了保理商的业务产品,开拓了金融服务领域,而且能够提高其综合服务能力和收益水平,获得丰厚利润。保理的收费主要由两部分构成:一是保理佣金(Commission of Factoring),即保理公司对出口商提供劳务而索取的酬金,如账户管理费、资信调查费、额度核定费等。对每次信用额度申请,无论批准与否,批准多少,保理商都收取一定的资信评估费用。保理商根据年销售量、发票平均金额、买家名单的资信质量、交易期限的长短四个基本因素向客户收取佣金,一般是应收账款总金额的 0.6%～1%。二是利息(Interest),即保理公司从收买单据付现到票据到期从海外收到货款这段时间的利息。贴现利率一般按市场优惠利率加 0.5%～2%。

2. 减少经济资本的占用,提高经济资本回报率

保理是一种新型的贸易融资。贸易融资业务风险权重低,资金占用少。《巴塞尔协议》将"有货物自行清偿的跟单信用证"的风险系数确定为一般信贷业务的 0.2,中国银监会规定与贸易相关的短期或有负债的风险资本占用为 20%,出口信用保险项下融资的风险资本为零。因此,保理可以在资本约束情况下减少风险资本占用,提高回报率,是开拓新的信贷市场、优化银行信贷资产结构的有效手段。

九、保理的风险及注意事项

(一)保理商面临的风险

1. 进口商信用风险

保理商买断了出口商的应收账款,同时也承担了原先由出口商承担的坏账风险,实质上依赖于进口商的商业信用,所以应全面、客观地考量进口商的信誉、贸易背景、销售情况等,提高业务的成功率。

2. 进口国国家风险

进口国的政治经济状况突然发生变化可能使进口商经营恶化,无法继续履约,从而导致保理商遭受巨额损失且难以得到补偿,所以保理商应密切关注进口国的政治经济状况,有效控制风险。

3. 外汇风险

如果出口商到期前获得保理商的融资,意味着外汇风险由保理商承担。

4. 文件风险

保理协议签署应明确保理商和出口商之间的权利与义务关系,确保保理商能够取得毫无瑕疵的应收账款所有权。

5. 系统风险

大量应收账款单据,每笔应收账款的到期日和期限都不相同,需要保理商拥有强大的系统来处理这些数据,然后定时地催收和收款。保理商应尽可能把这类系统风险降至最小。

（二）出口商面临的风险

1. 合同风险

进出口商应订立符合国际惯例的贸易合同,详细注明进口商提出抗辩或反索时所需要的法律书面证明。如货物品质不合格时,由进口国或国际性的商检机构出具检验证等,以便出口商在按质按量履约后发生纠纷或法律诉讼时,使自己能够处于有利地位。

2. 保理商风险

出口商在选择进出口保理机构时应尽量选择信誉卓著、资信良好、海外机构较多、账务管理严格的国际性大银行,避免出口保理商督促收汇不力及进口保理商无理迟付货款或在诉讼时偏袒进口商或自身无力支付破产倒闭的风险。

3. 履约风险

由于保理商承担的是买方的信用风险,而非卖方的履约风险,故一旦发生贸易争议,在未得到公平解决并确认非出口商责任前,保理商对该核定的应收账款项不做担保,若已有预付款,还可以向出口商行使追索权。因此,出口商是否在核定额度内按时按质按量地交货,将直接关系到保理商是否履行对出口商的保付责任。

十、中国保理业

国际保理业务在我国起步较晚。1987年10月,中国银行与西德贴现信贷公司签署了国际保理协议,标志着国际保理业务在我国的正式登陆。1993年,中国银行成为国内第一家加入国际保理商联合会的银行。1994年,交通银行也加入该组织成为正式会员。随着保理行业的发展,更多银行、商业保理公司也纷纷加入国际保理商联合会,目前国际保理商联合会的中国会员仍以银行会员数量居多。银行保理业务蓬勃开展,截至2018年,我国银行保理业务量约2万亿元人民币,其中,国内保理业务量约1.68万亿元人民币,国际保理业务量354.44亿美元。随着"一带一路"建设的不断推进,未来我国国际保理市场将不断扩大。

自2012年6月商务部发布《关于商业保理试点有关工作的通知》以来,商业保理快速增长,银行和商业保理的合作逐步深入。经过7年的发展,国内注册的商业保理公司达到13 000家,业务规模突破1万亿元人民币。2018年5月,商业保理行业业务经营和监管规则的职责从商务部划转到银保监会,有助于这一行业未来的规范化发展。

专栏 5—1　中国保理立法迎来历史性突破

2020年5月28日,《中华人民共和国民法典》正式通过,将于2021年1月1日开始施行。其中,民法典将保理合同列为新增典型合同,扩大了担保合同的范围,明确了融资租赁、保理、所有权保留等非典型担保合同的担保功能,增加规定担保合同包括抵押合同、质押合同和其他具有担保功能的合同,再加上民法典合同编第六章债权转让部分条款,构成了开展保理业务的基本法律框架。

民法典具体条款确立了如下规则,为行业发展扫除了三大障碍:一是未来应收账款可做保理;二是应收账款的禁止转让约定不得对抗保理人;三是从权利转移不因未登记受影响。同时,保理合同章节还针对保理业务实践,明确了对保理人的保护性规则,控制了三大风险:虚构应收账款风险、基础交易变更风险、双重融资风险。

以民法典通过为标志,保理业务实现了从无名合同到有名合同、从依债权转让一般规定到有专门法律条款可依的历史性突破。商事债权转让(保理)规则列入民法典后,中国将成为世界上第一个在民法典中明定保理合同为独立的典型合同的国家。这是国际保理界一个标志性事件,必将进一步促进中国保理业的发展,对其他国家和地区商事债权转让(保理)立法也具有重要的借鉴意义。

(资料来源:中国服务贸易协会商业保理专业委员会官网,www.cfec.org.cn。)

第四节　国际贸易融资的新发展

一、国际贸易融资的发展趋势

当今国际贸易融资领域,银行作为资金融通的主要提供者,对进出口商提供的贸易融资品种不断推陈出新。一方面,国内银行间竞争日益激烈,迫使银行不断创新和开发新型融资产品,提高市场竞争力;另一方面,客户对贸易融资服务的需求也在不断提高。因此,国际贸易融资呈现出以下新的特点和发展趋势。

(一)从低风险结算方式向高风险结算方式发展

传统贸易融资中,基于银行信用的信用证结算方式下的融资占有绝对优势,如进口开证、进口押汇、打包贷款、出口押汇和贴现等,但是信用证结算手续复杂、银行费用高,随着过剩经济取代短缺经济和买方市场的形成,贸易结算从信用证向商业信用"复辟"。目前,全球大约85%的交易以赊销方式结算,传统贸易融资的市场只剩下15%。银行要想在激烈的市场竞争中占得先机,必须拓展赊销、托收等高风险结算方式下的贸易融资比例,并在风险控制方面取得突破。因此,各种非信用证结算方式下的贸易融资产品层出不穷,如进口代收押汇、进口代收代付、出口托收押汇和贴现、进口T/T融资、进口T/T代付、出口发票融资、订单融资、商品融资等。保付代理、应收账款融资、短期出口信用保险项下融资等产品也顺应这种市场需求应运而生。

(二)从单笔业务融资向综合性融资发展

传统贸易融资针对某一种结算方式下的单笔业务,每笔业务相互独立。随着贸易融资业务的发展,融资不再局限于单笔交易,如"应收账款池融资"将赊销、承兑交单、付款交单和信用证等不同结算方式下产生的多笔零散、小额、连续的应收账款汇聚成"池",只要应收账款保持在一定的余额之上,银行就可在核定的授信额度内,向企业提供融资。这种融资依托贸易的真实性和连续性,突破传统授信要求、授信金额和融资与贸易期限不匹配的局限,有效盘活应收账款,改善企业现金流转状况,加速企业资金周转。

(三)从单一环节向多环节、全过程延伸

传统贸易融资停留在单个企业、单笔交易的单个业务环节,进口贸易融资和出口贸易融资、国际贸易融资和国内贸易融资相互独立。近年来,银行的融资服务逐渐渗透到客户的整个业务过程,集内外贸和本外币业务为一体的融资产品不断涌现。

贸易融资不仅贯穿客户的整个业务过程,而且开始关注其上下游产业链的各个环节。供应链融资改变了银行对单一企业风险控制的融资模式,关注整个产业链条上包括供应商、制造商、分销商和零售商在内的关联企业的整体信用和实力,通过对核心企业的上下游配套企业的融资,既解决了供应商和分销商等中小企业融资难的问题,又通过与核心企业的信用捆绑,降低了融资风险,并提升了产业链的整体竞争力。

(四)从传统化、标准化产品向个性化、组合式设计转变

传统贸易融资产品品种少,功能相对单一。为了全面满足客户需求,银行开始推出专业化、综合性解决方案,逐步开发出了灵活组合各类贸易金融工具的结构性贸易金融产品,即根据每宗贸易业务的特征,结合交货期等计划,结合进出口商的融资需要,综合考虑借款人本身的还贷能力、融资成本、期限和风险承担能力,量身打造融资产品组合,如组合"福费廷+出口买方信贷""出口买方信贷+出口买方信贷""银行担保+境外融资"的内保外贷方式等。同时,也出现了较多资金产品和金融衍生工具相结合的创新型产品,如人民币汇率形成机制改革以后,与规避汇率风险相关的金融衍生品组合及理财产品受到众多进出口企业的青睐。人民币国际化进程加快后,与人民币跨境结算相关的结算、融资、避险组合新品种也层出不穷。

(五)从客户授信向代理行授信延伸

传统贸易融资以客户授信为基础,贸易融资产品创新将代理行纳入授信范围。打包贷款、信用证项下出口押汇、福费廷等业务需要审查开证行的资信状况,信用证项下出口应收账款贸易融资业务纳入代理行授信管理,占用信用证开证行或保兑行的授信额度,不占用客户的授信额度。对远期信用证结算方式下的出口企业,银行通过叙做福费廷业务,对出口商的应收账款进行买断,在不占用企业授信额度的情况下,使企业提前获得融资,办理结汇,规避远期收汇可能带来的各种风险,还可以拓展高风险贸易地区出口市场的银行贸易融资业务。

(六)金融科技与贸易融资相结合成为亮点

近年来,金融科技得到广泛的应用。银行运用大数据、区块链在贸易融资领域进行了许多有益尝试:2018年5月,汇丰控股利用区块链技术完成了全球首笔贸易融资交易;2018年,香港金融管理局宣布建立基于区块链的贸易融资平台;之后,中国人民银行宣布运用区块链技术建设中国的贸易融资平台。国内的建设银行等也积极利用区块链技术进行贸易融资的试点与运作,此外,多家银行还上线区块链二级市场福费廷交易平台等。科技发展没有对银行传统的贸易融资业务形成冲击,相反给贸易融资的发展带来了新的活力,在流程上对贸易融资产品不断完善。

二、国际贸易融资的新品种

近年来,国际贸易融资的新品种不断涌现,如供应链融资、池融资、结构性贸易融资、出口信保融资,以下重点介绍国内的这几类新产品。

(一)供应链融资(Supply Chain Finance)

《欧洲货币》杂志将供应链融资形容为近年来"银行交易性业务中最热门的话题"。2008年,全球50家最大的银行中就有46家开展了供应链融资业务。2017年,全球传统贸易金融业务金额约4.6万亿美元,占比85%,供应链融资8 130亿美元,占比15%。然而,目前约80%的国际贸易采用赊销方式,供应链融资被大部分银行视为未来1~3年优先发展的业务,说明供应链融资有巨大的发展潜力。[①]

2005年,深圳发展银行在国内率先推出"1+N——基于核心企业的供应链金融服务"[②],成为我国银行供应链融资业务最早的开拓者,目前国内商业银行都已涉足该项业务。

---

① 国际商会银行委员会:《2018年度全球贸易金融调查报告:全球贸易确保未来增长》。
② "1+N"中的1是指供应链中的核心企业,N是指核心企业上下的供应链成员企业。

1. 供应链融资的概念

供应链融资是指银行通过整体审查供应链上的企业，基于对供应链运作管理过程中核心企业的综合实力、信用记录、与上下游企业供求关系的了解和把握，为其核心企业或相关上下游企业的资金需求提供适合的、量身订制的、风险可控的、封闭的金融产品和服务组合的一种融资模式。

2. 供应链融资的特点

(1)供应链融资的对象仅限于与核心企业有密切商品交易关系的配套企业，大致分为两种：一是供应商融资，即为核心企业的采购端提供融资；二是经销商融资，即为核心企业的销售端提供融资。

(2)供应链融资的授信依据不是只看单个企业的资质规模和财务报表，而是通过对整条供应链的审查，将核心企业的信用风险及其与供应商、经销商的关系黏度作为重要衡量指标。

(3)供应链融资并非单一的融资产品，而是各类产品的序列组合，包括很多具体的业务模式，每种模式又包含不同的产品，因此，供应链融资方案灵活多样，融资方式、期限、金额均可为客户度身定制。

(4)供应链融资的方式多样。传统融资重点支持流通环节，较少进入生产过程，而供应链融资中，银行可以针对企业运作流程的各个环节如采购、生产和销售进行融资，因此可以推出原材料融资、存货融资、装船前/后融资、进出口保理和信用保证等多种产品。企业不仅获得融资，还能够在买方风险承担、销售分户账管理、单笔发票管理、账款催收等方面获得便利。

3. 供应链融资与传统银行融资的区别

从银行角度看，两者的区别主要在于四个方面：

(1)供应链融资对供应链成员的信贷准入评估不是孤立的，银行将首先评估核心企业的财务实力和行业地位，以及它对整个供应链的管理效率，对成员融资准入评价的重点在于它对整个供应链的重要性、地位，以及与核心企业既往的交易历史。传统融资则主要关注的是申请企业的经营业绩、财务实力以及历史信用情况等指标。

(2)供应链融资对成员的融资严格限定于其与核心企业之间的贸易背景，严格控制资金的挪用，并且以针对性的技术措施引入核心企业的资信，作为控制授信风险的辅助手段。而传统融资偏重的是单个企业的高效运行。

(3)供应链融资的服务方式是整个产-供-销供应链上的涉及企业提供"一站式"的跟进式、全过程融资。而传统融资仅针对供应链某一环节提供贸易融资。

(4)供应链融资将风险分散于整条供应链，而传统融资风险集中于单个企业。

上述区别可归纳如图 5-2 所示。

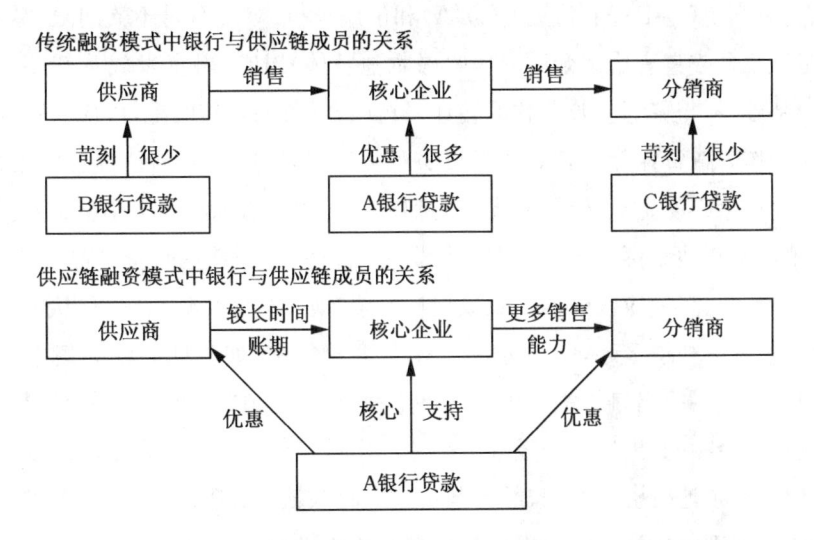

图 5—2 供应链融资与传统融资模式的比较

4. 供应链融资的优势和作用

(1) 突破了商业银行传统的评级授信要求,也无须另行提供抵押、质押和担保,将资金有效注入相对弱势的上下游配套中小企业,切实解决中小企业融资难问题。

(2) 将银行信用融入上下游配套企业的购销行为,提升商业信用和配套企业商务履约能力,与核心企业建立起更持久的战略合作关系,提高整个供应链竞争能力。

(3) 上下游企业有效的融资安排降低了整个供应链融资成本,进而降低核心企业产品成本,并促进销售。

(4) 帮助企业进行物流与现金流管理,提高管理水平,降低业务风险。

(二) 池融资(Pool Financing)

1. 池融资的概念

池融资是指企业无须额外提供抵押和担保,只要将日常分散、零星小额的应收账款、背书商业汇票、出口退税申报证明等单据集聚起来,转让给银行,银行为企业建立相应的"池"并根据"池"容量为企业提供一定比例的融资,企业可随需而取,将零散应收账款快速变现。其创新价值在于全面盘活企业频繁发生的各类分散账款,保障企业的资金流动性。

2. 池融资产品

"池融资"是深圳发展银行首创的融资理念,包括出口发票池融资、票据池融资、国内保理池融资、出口退税池融资、出口应收账款池融资五大业务内容。

(1) 出口应收账款池融资(Accounts Receivable Pool Financing)。出口应收账款池融资由深圳发展银行于 2007 年 5 月率先推出,是指将不同结算方式下如赊销

(O/A)、付款交单(D/P)、承兑交单(D/A)和信用证(L/C)、不同还款期限、零散的、合格应收账款集合成具有稳定余额的应收账款池整体转让。融资发放及归还以应收账款余额为基础,不与单笔应收账款的转让、付款、金额、期限相匹配,以应收账款池的持续回款来源作为融资保障。它适合于交易对手众多且分散、交易持续且频繁、应收账款笔数多而单笔交易金额又很小,无法达到银行传统授信标准的中小型企业。

(2)出口发票池融资。出口发票池融资是出口应收账款池融资产品的"升级版",是指企业将连续、多笔应收账款汇聚成出口发票"池",整体转让给银行,从银行获得高达"池"总量80%的融资支持。它适合于出口客户集中(如长期向较为集中的两个或更多的国外固定买家出口货物)、单笔交易金额较大、出口收汇记录良好且保有相对稳定的应收账款余额的、出口规模较大的企业。出口发票池融资提高了对融资主体的准入门槛,但放松了池融资对"买家数量与单笔应收账款最高限额"的结构要求。

(3)国内保理池融资。国内保理池融资是指企业将一个或多个不同买方、不同期限和金额的应收账款转让给银行获得融资支持。它适合于交易记录良好且应收账款余额相对稳定的中小企业,解决企业应收账款分散、发生频繁、期限不一、账务管理困难、融资受限等问题。

(4)票据池融资。票据池融资是指企业将连续、多笔、单笔金额较小的应收票据汇聚成"池",整体转让于银行,即可获得融资支持。它适合于与上游、下游长期使用票据结算的企业,以及原料以进口为主但销售以国内市场为主的企业。

(5)出口退税池融资。企业可办理一站式出口退税融资业务,一张退税单最高融资至半年九成。银行根据国税局确认的"出口退税申报证明单据"计算出应退未退税的累积金额,只要企业将此累积成"池"的出口退税款质押给银行,银行就向出口企业提供贷款,而不再审核企业单笔出口发票、增值税专用发票、出口报关单和收汇核销单等单据。

3. 池融资的优势

(1)为企业提供融资便利。企业零散、小额的应收账款汇聚成"池"申请融资,无须其他抵押担保,信用评级门槛低;手续简便,免缺单笔融资逐笔提交申请资料,延长融资存续期间。

(2)节约企业管理成本。银行提供专业化应收账款管理服务,定期提供交易对手应收账款信息,使企业节省了人力和财力。

(3)盘活企业资金,加速资金流转。只要将应收账款持续保持在一定余额之上,企业可以在银行核定的授信额度内,批量或分次支取货款。

(4)期限灵活,融资期限可超越单笔应收账款账期,融资币种多样化,融资比例可达80%。

(5)规避汇率风险。融资款以外币发放,企业在应收账款到账之前,可将外币贷款按照当日汇率提前结汇成人民币,应收账款到期,公司可直接以外币回款偿还本息,减少汇兑损失。

(三)出口信保融资

1. 出口信保融资的概念

出口信用保险项下的贸易融资,简称出口信保融资(Export Credit Insurance Financing)或保单融资,是银行利用出口信用保险的保障,在保单项下赔偿权益转让的前提下向权利人提供的资金融通方式。

出口信保融资可分为出口信保押汇和出口信保应收账款买断。出口信保押汇是指境内外贸公司在出口货物或提供服务并办理了出口信用保险后,将保险权益转让给银行,银行按发票面值的一定比例向外贸公司提供的资金融通。出口信保应收账款买断是指外贸公司在出口货物或提供服务并办理了出口信用保险后,将出口合同项下应收账款债权和保险权益一并转让给银行,银行在保单承保范围内,按发票面值的一定比例买断出口商应收账款,并对保单承保范围以外的风险保留追索权。

2. 出口信保融资的适用范围

出口信保融资适用于办理汇款(T/T)、托收(D/A 或 D/P)和信用证(L/C)等结算方式以及赊销的客户。客户须为已投保短期出口信用保险、具备出口履约能力、信用记录良好的出口企业。融资净额最高可达应收账款票面金额的 80%,但不超过中信保给予出口企业的担保额度。融资期限与结算期限累计不超过 180 天。

3. 出口信保融资的流程

操作信用保险保单下的贸易融资时,企业需要将赔款权益转让给银行,银行在中国出口信用保险公司核定的额度内为企业提供融资。在发生保险责任范围内的损失时,中国出口信用保险公司将按照保险单规定,将赔款直接全额支付给融资银行。该业务的基本流程如下:

(1)出口商投保,中国出口信用保险公司签发保险单,信用限额申请与审批。

(2)短险融资额度申请与审批,出口商与银行签署《贸易融资主协议》。

(3)出口商、中国出口信用保险公司与银行三方签署《赔款转让协议》。

(4)出口商出运货物后,向中国出口信用保险公司申报、缴纳保费。

(5)出口商向银行交单并提交短险融资业务申请书。

(6)中国出口信用保险公司向银行发出承保情况通知书。

(7)银行发放融资款项。

4. 出口信保融资的作用

(1)企业可选择更为灵活的结算方式和付款条件,如 L/C、D/A、D/P 或 O/A 等,增加贸易成交机会,提高国际市场上的竞争力。

(2)放宽客户准入标准,弱化其他担保措施。信保融资以得到保障的海外应收账款权益作为贷款的基础,通常情况下企业无须另外提供担保或抵押,也不占用企业原有授信额度,银行利用出口信保的信用额度直接审批授信额度(银监会规定中国信保承保的信贷风险权重为0),有助于解决中小企业融资难问题。

(3)企业可享受银行低成本的出口融资支持。出口信用保险的保费有政府扶持,因此企业的贸易融资成本相对较低,利润大增。

(4)企业可以提前收汇,既增加融资企业现金流量,改善财务状况,又能规避汇率风险,还可以提早办理出口退税。

(5)实现企业、银行和中国出口信用保险公司的三赢:银行通过应收账款的保险获得贷款的安全保障;企业通过中国出口信用保险公司的搭桥以少量的融资成本发挥杠杆作用,解决资金"瓶颈"并实现利润;信保公司则实现帮助企业"走出去"、保驾护航的政策性目标。

(四)结构性贸易融资(Structured Trade Finance)

1.结构性贸易融资的概念

结构性贸易融资是指银行通过对不同的贸易融资工具和风险缓释工具进行搭配组合,最大限度地满足进出口双方的融资需求,并相应降低总体的融资风险。它并不是一种具体确定的融资方式,而是一种综合性的、运用风险分散和资本市场的技术,根据贸易的实际要求,用量体裁衣的方式,创造性地设计、组合融资的方法和条件的统称。

结构性贸易融资起源于西方工业发达国家,最初是针对这些国家的大宗商品如钢铁、能源、石油等,这些商品贸易额巨大,出口融资的还款来源主要依赖于商品本身出售后的资金来源,而非债务人的信誉,因此形成了结构性贸易融资的方法体系。这一业务最早由外资银行引入我国,如花旗银行、汇丰银行、渣打银行等。中国进出口银行是国内第一家从事结构性贸易融资业务的银行,越来越多以贸易融资为重点业务方向的股份制商业银行也已开展了结构性贸易融资业务。

2.结构性贸易融资的特点

与传统的贸易融资相比,结构性贸易融资具有以下典型特征:

(1)个性化、专业化与灵活性。结构性贸易融资的核心在于根据债项的具体条件进行一户一策的结构安排,通过对各环节风险的有效识别,配合以恰当的风险控制结构,如资金流与物流的控制、收益权转让等,以债项内含的资金周转与回收作为还款保障。融资结构的安排以交易结构为基础,由于每笔交易的金额、风险程度、程序、结算条件、参与方等都不相同,因而产生不同结构的融资方案,具有很强的个性化、专业化与灵活性。

(2)高度综合性。融资过程中包括了证券化、风险规避、促进出口的最新方法,与传统的贸易信贷及结算手段相结合,集合了各方面力量,是为特定贸易项目设计的专有解决方案。

(3)资信评估及授信额度的特殊性。结构性贸易融资通过对债务项目进行组合性的结构安排,在一定程度上弱化对受信主体承债能力的依赖程度,而更多依赖于与其挂钩合约自身的履约能力或其他风险缓释结构的有效性,因此,银行在对借款人进行信用评估和授信限额测算时不遵循常规模式,信用评级可能是"未评级(优秀)客户",必须预算未来现金流量以估算授信额度。

(4)融资的资金价格随融资结构不同而存在差异。结构性贸易融资的融资结构不同,导致操作难度、风险程度、银行运营成本不同,因此,相应的资金价格也有一定差异,特别是引入保险和第三方监管后,考虑到实际风险下降以及客户承担的实际费用种类增多,资金价格会相对优惠。

(5)产品更适合于自然资源、大宗商品和资本商品的交易。一些国家的政策性银行多对金额大、融资周期长、涉及环节复杂的贸易融资项目开展此类业务。如美国进出口银行支持的结构性贸易融资项目包括多国光导纤维电缆、天然气、石油项目、空中交通控制、电讯和制造业大型设备等。

3. 结构性贸易融资的模式构造

借款人的主要目标是降低融资成本和规避风险,因此,结构性贸易融资主要包括两个结构:一是资金结构,二是风险缓释结构。融资的构造可以通过以下公式来体现:

$$STF=F+R$$

式中:STF——结构性贸易融资组合;F——融资工具;R——风险缓释工具。

资金结构包括融资方式、期限、利率、还款方式等条件,可以通过融资工具的选择来实现。结构性贸易融资使用的金融工具除了结算工具、金融衍生工具以外,主要有出口信贷(包括买方信贷和卖方信贷)、银团贷款、银行保函、保理、福费廷、传统银行贷款、票据承兑、贴现、出口退税账户托管贷款业务[①]等综合性融资工具。风险缓释结构旨在弥补借款人较低的信用等级,有助于银行缓解与特定融资相关联的信用风险、国家风险、汇率风险等多种风险。这部分通过选择风险缓释工具来实现,包括担保(Guarantee)、抵押(Pledge)、保险(Insurance)、风险参与(Risk Participation)、信用风险衍生产品如信用互换(Credit Swap)、信用期权(Credit Option)和信用关联票据

---

① 出口退税账户托管贷款业务是为解决出口企业出口退税未能及时到账而出现短期资金困难,在对企业出口退税账户进行托管的前提下,向出口企业提供的以应收出口退税款作为还款保证的短期流动资金贷款。

(Credit-Linked Notes)等安排。

4. 结构性贸易融资的作用

结构性贸易融资是一项与债项基础条件紧密结合的全新融资技术,其专业性、复杂性及为客户带来的业务突破将使融资具有较高的议价空间,而其与基础交易结合的紧密度又使风险的识别更为有效。因此,对银行而言,将高收益与相对的低风险有机统一;对企业而言,突破融资"瓶颈",代表了未来贸易融资业务的发展方向。

5. 结构性贸易融资与供应链融资

两者都是近年来银行界的创新服务,但并非同质。结构性贸易融资是融资核心技术的创新,体现的是区别于传统贸易融资的崭新融资理念与技术;而供应链融资是融资目的或融资服务对象上的创新,着眼于全链条,围绕企业供应链管理的金融服务需求开展融资,往往针对链条中资金薄弱环节的企业提供资金支持。供应链融资既可以是结构性的,也可以是非结构性的,而结构性贸易融资既可以应用于供应链融资,也可以是其他领域的融资,因此,两者有时"你中有我,我中有你"。

案例 5—1　虚假贸易融资案

青岛 Z 公司主营保税区转手买卖业务。由于其他项目需要资金,因而该公司便篡改海关报关单中的品名、单价、数量等信息,将付汇金额放大 5 倍,骗取银行超额贸易融资转投其他项目。具体操作为:Z 公司与 R 公司签订购买合同,与 W 公司签订销售合同,合同标的是保税仓库存储的阿拉斯加冻狭鳕鱼,货权单据为 X 公司(仓库)出具的交货单、被篡改的进口报关单。卖家 R 公司和买家 W 公司的境内营业地址和法定代表人相同,两家公司的银行大额付款确认人为 Z 公司实际控制人,X(仓库)与 Z 公司办公地点相同,且共享一套班子的工作人员,由此,交易的上下游对手、仓库、境内企业全部为关联企业。

在银行尽职调查中,Z 公司向银行提供了篡改的进口报关单和伪造的仓库货权证明,并全程陪同银行查验冷库货物。由于银行了解 Z 公司和 X(仓库)的关联关系,因而便未要求仓库人员入库查验,也未调阅仓库的真实单据,而是直接认可了 Z 公司提供单据的真实性,未能识别其篡改报关单、提供虚假货权证明的行为。由于上述公司都是关联企业,通过上下游账户资金对接划转,虚假套融资金回流顺利完成了。

(资料来源:张朝晖、徐潇,《管窥虚假贸易融资模式及监管实践》,《中国外汇》2019年8月。)

思考题:

1. 虚假贸易融资会产生哪些危害?
2. 本例虚假贸易融资有何特征?

3. 银行应从本案例中吸取什么教训？

案例5-2 国际双保理的风险

Z公司是一家生产通机设备的公司，产品远销欧美等海外市场，采取赊销OA90天的结算方式。B银行作为出口保理商为其对美出口向美国当地的保理商W银行申请了买方M公司的授信额度。W银行很快做出核准，B银行通知Z公司，开始出单转让，进口商M公司付款正常，出口双保理业务开展顺利，业务量也不断增长，Z公司在销售高峰还向B银行提出了进一步调增进口商M公司的信用额度的申请。

业务进行了半年时，B银行收到了W银行传递的信息：W银行作为进口保理商在对几单已到期发票向M公司催收的时候，被告知出口商Z公司和进口商W公司对有关付款期限做出了相应的推迟调整。根据W银行传递的信息，B银行迅速与出口商Z公司取得了联系，了解到Z公司确实与M公司协商调整了账期，且这是它们之间的业务习惯，但出口商Z公司并没有将此账期调整告知B银行，导致B银行也没有按照保理惯例规则通知W银行，从而造成了最终W银行向M公司催收的尴尬局面。

（资料来源：肖前，《出口双保理业务风险防范》，《中国外汇》2011年11月。）

思考题：

1. 本案中，进口保理商W银行未被及时通知账期调整，是否可以因此提出异议而拒绝承担付款责任？

2. 如果进口保理商W银行不承担担保付款责任，出口保理商B银行是否需要对Z公司承担担保付款的义务？

3. 保理商应如何防范此类风险？

案例5-3 供应链融资案例

M公司为某地大型设备企业生产龙头，生产的矿山设备品牌信誉度高，市场受欢迎。M公司生产所需的原材料主要由几家贸易商代为进口，合作多年，关系良好，且进口货物靠港后都由M公司的物流部门负责清关运输；M公司产品的销售主要依托各地的代理经销商。

从2014年开始，全球大宗商品价格暴跌，步入漫漫熊市。全球各大矿山纷纷缩减成本、减产、停产，由此对矿山设备的需求降低。同时，银行对于大宗商品相关贸易的信贷支持也有所减少。为M公司进口原材料的贸易商信用证开证额度被腰斩，而各地经销商因为M公司的设备销售进度缓慢，纷纷提出延迟还款或者融资需求。M公司将上述情况反馈给其授信银行A并请求帮助。A银行对M公司目前的整个供应链做了如下分析：

(1) 由于 M 公司是大型国有生产企业,虽然受到产品销量下降的影响,但作为当地龙头企业,其银行授信并未受到影响,同时,由于销售下降,企业放缓生产进度,因而授信相比以往来说空余较多。

(2) 替 M 公司进口原材料的贸易商与 M 公司合作多年,履约情况良好,且货物靠港口由 M 公司的物流部门负责清关运输。

(3) M 公司在各地的经销商与 M 公司也属于多年合作关系,未有不良记录。

综合上述分析,A 银行给 M 公司及其上下游设计了综合授信融资方案,供其选择:

方案一:由于 M 公司授信尚有富裕,由 M 公司提供担保,A 银行将闲置授信分别给予其进口贸易商和各地经销商。

方案二:M 公司提供担保,A 银行为进口贸易商提供进口押汇融资,同时为经销商提供存货质押融资。

(资料来源:徐进亮、王路、宣勇,《国际贸易融资理论与实务》,清华大学出版社 2017 年版,第 222 页。)

思考题:
1. 以上融资方案对参与各方有哪些好处?
2. 银行设计供应链融资需要注意哪些问题?

本章小结

1. 国际贸易信贷是指为开展或支持国际贸易,进出口商在国际贸易的各个环节、从各种渠道获得的融资便利。国际贸易信贷根据信贷期限可分为国际贸易短期信贷和国际贸易长期信贷,根据信贷接受对象可分为进口贸易信贷和出口贸易信贷。

2. 进口贸易信贷是指出口商或银行对进口商提供的资金融通和信用支持,前者有赊销信贷和票据信贷,后者有承兑信用、开证授信额度、进口押汇、无抵押进口营运贷款、信托收据和提货担保等。

3. 出口贸易信贷是指出口地银行或其他金融机构、经纪人或进口商对出口商提供的资金融通和信用支持。其中,银行对出口商提供的常见贸易融资方式有打包放款、出口押汇、票据贴现、银行承兑、无抵押出口订单贷款、出口采购及储备货物抵押贷款、远期信用证融资以及保付代理等。

4. 保付代理是指保理商应出口商的申请,在对进口商进行资信调查的基础上,为短期赊销出口供货商提供信用管理、账务管理、坏账担保以及应收账款融资等综合性的金融服务。其本质是债权的转让。保理有不同的类型,以无追索权保理最为常见。

5. 近年来银行提供的国际贸易融资发展的新趋势体现为:从低风险结算方式向高风险结算方式发展;从单笔业务融资向综合性融资发展;从单一环节向多环节、全过程延伸;从传统化、标准化产品向个性化、组合式设计转变;从客户授信向代理行授信延伸;金融科技与贸易融资相结合成为亮点。供应链融资、池融资、出口信保融资和结构性贸易融资等贸易融资新品种不断涌现。

基本概念

国际贸易信贷　　进口押汇　　赊销　　信托收据　　提货担保　　开证行授信额度
打包放款　　出口押汇　　保付代理　　单保理　　公开保理　　隐蔽型保理　　到期保理
预支保理　　双保理　　无追索权保理　　供应链融资　　池融资　　出口信保融资
结构性贸易融资

思考与练习

1. 说明出口信用证押汇和出口托收押汇有何不同。
2. 说明进口信用证押汇和进口代收押汇有何不同。
3. 解释信托收据在跟单托收与信用证业务中的运用。
4. 提货担保业务一般适用于什么情形？
5. 银行叙做打包放款有何风险？
6. 简述保付代理业务的特点及服务内容。
7. 保付代理对进出口双方各有什么影响？
8. 说明三种对进出口商提供的贸易融资方式，并分别指出它们的优缺点。
9. 举例说明金融科技在贸易融资中的典型应用。

第六章 出口信贷与保险

教学目的与要求

- 掌握出口信贷的概念与特点
- 熟悉买方信贷与卖方信贷的贷款原则及操作流程
- 掌握福费廷的概念、特点及操作
- 明确出口信用保险的概念及特点

第一节 出口信贷的概念与特点

国际贸易中长期信贷的借贷期限通常在1年以上,其目的着重于扩大出口,所以国际上将国际贸易中长期信贷统称为出口信贷。

一、出口信贷的概念

出口信贷(Export Credit)全称为官方支持的出口信贷(Officially-Supported Export Credits,OSECs),是指国家为了鼓励商品出口,增强国际竞争力,以利息补贴并提供信贷担保的方式,通过银行对本国出口商或外国进口商或银行提供的贷款。[①] 它是一国出口商利用本国银行贷款扩大出口,特别是针对金额较大、期限较长的商品,如成套设备、船舶等资本商品出口的一种手段,属于国际贸易中长期信贷。

二、出口信贷的特点

(1)出口信贷的利率一般低于市场利率。出口信贷是一种相对优惠的贷款,利率

---

① 出口信贷从内容上说应该包括三项内容:直接贷款、出口信用保险和出口信贷担保。因此,Export Credit 实际上译作"出口信用"更为准确,外延更广,可以涵盖上述三项内容。但本书还是采用人们的习惯称法,即出口信贷。

一般低于相同条件资金贷放的市场利率,利差由国家贴补。由于大型机械设备制造业在西方国家经济中占据重要地位,为了增强出口竞争力、削弱竞争对手,许多国家的银行竞相以低于市场的利率对外国进口商或该国出口商给予信贷支持,以扩大资本货物的国外销路。

(2)出口信贷的发放一般与信用保险、担保相结合。由于出口信贷期限长、金额大、风险较高,为了保证资金安全,由政府支持的出口信用保险机构提供保险,如果贷款不能收回,则利用国家资金给予补偿,相当于政府完全承担了信贷风险,免除了贷款行的后顾之忧。可见,作为一种官方资助的政策性金融业务,出口信贷实质上包括融资、保险和担保三方面内容,其中融资是核心,保险和担保是基础与保障。

(3)国家成立专门机构管理与分配信贷资金。发达国家提供的国际贸易中长期信贷一般直接由商业银行发放,若金额巨大,商业银行资金不足时,则由国家专设的出口信贷机构给予支持。某些类型的国际贸易中长期贷款则直接由出口信贷机构发放。它的好处是利用国家资金弥补私人商业银行资金的不足,改善出口信贷条件,加强本国出口商夺取国外销售市场的力量。

(4)投资领域侧重于出口资本货物。大宗成套设备、船舶及高新技术产品等资本型货物价格较高,进口商现汇支付较为困难,往往要求延期或分期付款,而出口商在交货前又需要资金制造和采购设备,且延期付款还存在未来无法收回的潜在风险,出口信贷可以解决本国出口商资金周转的困难,同时满足外国进口商延期付款的需求,在资本型货物出口中起着举足轻重的作用。

(5)出口信贷的周期较长,风险较大。出口信贷期限较长,多为1～5年,甚至长达30年以上,一般分期偿还,投资周期长,周转慢,投资风险较大。

三、政府对出口信贷的支持

(一)政府参与出口信贷的类型

各国政府在出口信贷的运行中发挥着重要作用:可以干预信贷成本,通过补贴降低贷款利率或直接、间接为筹集信贷资金提供便利;还可以作为风险的担保人和最终承保人,保障贷款人的利益。一般来说,政府参与出口信贷主要有以下两种方式:

1. 直接参与型

直接参与型是指政府成立出口信贷机构(Export Credit Agency,ECA),向贸易双方提供贷款。贷款通常具有比较优惠的条件,如期限长、利率优惠甚至固定。如美国进出口银行(Export-Import Bank of United States,EXIMBANK)对购买大型资本性设备的进口方提供偿还期在5年以上的买方信贷。"为美国出口商与其他受本国政府支持的出口商竞争,提供与其他国家政府出口融资利率和其他条件相匹配的支持"是美国进出口银行的基本职能。值得一提的是,美国进出口银行在提供直接贷款时,其宗旨是不与商业银行竞争,仅在出口商无法从商业领域取得贷款,而出口商又面临其他国家的竞争时才提供,一般采取直接贷给国外买方或转贷给外国金融机构的方式。

除了直接贷款以外,政府的出口信贷机构或中央银行还可以通过再融资方式提供贷款,即在商业银行向进出口商提供出口信贷以后,再由商业银行到出口信贷机构或者中央银行办理再贷款或者票据贴现。

2. 间接参与型

政府的间接参与集中体现为政府出口信贷机构(ECA)的利息贴补、保险和担保。

(1)政府作为利差补贴人。出口信贷业务中,外国买方为固定其成本,往往更青睐固定利率,而贷款由商业银行提供时,银行筹集资金的成本往往是浮动的。为解决这一矛盾,有些国家的出口信贷机构,如英国出口信用担保局(ECGD),与商业银行有一个固定利率出口融资机制(Fixed Rate Export Finance,FREF)的安排,保证商业银行的正常利润(即协议利率)。若筹资成本高于贷款利率,ECGD在提供补贴差额的同时,再加一个溢价(协议利率);若贷款利率高于筹资成本,且差额高于协议利率,商业银行支付差额给ECGD。

(2)政府作为担保人。出口信贷具有较大的风险,商业银行在缺乏有力担保的情况下通常不愿意提供,由政府出口信贷机构为商业银行的出口信贷提供担保,是政府提供支持的体现。例如,英国出口信贷业务大多由商业银行办理,由ECGD为进出口商提供担保。

(3)政府作为保险人。私人保险机构往往不愿意对出口信贷风险承保,或者收取比较高的保费。因此,各国政府就出面设立出口信用保险机构,开展信贷保险业务,或者委托私营保险机构办理,由国家承担经营损失,例如英国的ECGD、法国的科法斯集团(Coface)、瑞士的出口风险保证部、意大利的国家信贷保险公司等。承保风险包括商业性风险和非商业性风险,以非商业性风险(如中长期政治风险)为主。以美国进出口银行为例,它所承保的商业风险包括拖延违约险、买方无力偿还险等,非商业性风险包括战争、敌对和内战险、征用险和没收险、美元汇兑险等。政府保险的金额一般比私人保险机构高,达到出口信贷金额的80%～90%,有时甚至高达100%。

(二)出口信贷两类方式的结合

实践中,不少国家的出口信贷机构在出口信贷业务中将直接方式和间接方式相结合。美国进出口银行就兼具融资、保险、担保三大功能:一方面直接向购买大型资本性设备、偿还期在5年或5年以上的进口方(或其银行)提供买方信贷,另一方面向美国商业银行的中期卖方信贷业务提供担保、保险和再贴现。英、法等国采用的是利差补贴和担保相结合的方式。商业银行以商业参考利率(Commercial Interest Reference

Rate,CIRR)提供固定利率贷款,从出口信贷机构(ECA)得到还贷担保和利率支持。德国政府承担买方信贷中的政治和商业风险,由两家私营公司 Hermes 和 Treuarbeit 发放小额贷款,政府则发放大额贷款。在日本,由日本进出口银行单独或会同商业银行提供出口信贷(如出口信贷机构承担 70%,商业银行提供 30%),而由通产省的进出口保险部提供出口信用保险保障。还有的国家发放混合贷款,将出口信贷和政府援助资金结合,大大加强了政府对本国出口的支持。

总之,政府在出口信贷中所扮演的角色多种多样,作用举足轻重,但是有一个共同点,政府都非常重视商业银行的作用,与商业银行的合作已成为政府发放出口信贷的新共识。政府更倾向于用少量的资金投入和政策性的金融支持带动商业资金对出口的支持,这样可以更好地利用商业银行的优势和资源,而政府始终起着对金融市场的引导作用,发挥所谓"四两拨千斤"的作用。

四、国际上出口信贷的相关协议和规则

为了赢得出口,发达国家曾经一度竞相提供优惠的出口信贷条件,导致出口补贴成本上涨,于是各国开始寻求这一领域的合作和协调,先后达成了一系列协议。

(一)《伯尔尼联盟协定》

伯尔尼联盟(Berne Union)[①]建立于 1934 年,目前有 37 个成员,包括 29 个官方出口信贷机构或政府部门和 8 个私人保险公司。在 1953 年的《伯尔尼联盟协定》中,成员们同意对提供出口信贷的条件给予以下限制:对资本货物提供出口信贷的最长期限为 5 年,并且要求给付至少 20%的定金(此规定在 1961 年后仅适用于卖方信贷)。目前,伯尔尼联盟在国际出口信贷业务中占据着重要的技术地位而非管理地位,发挥联络和沟通信息的作用。

(二)《君子协定》

1.《君子协定》的制定和修订

1975 年,美、英、法、德、日、意六国就出口信贷达成一项"君子协定",协调各国出口信贷的利率、额度和贷款期限。这一协定的原则后来被经济合作与发展组织所接受,在此基础上,该组织于 1978 年 2 月制定了《官方支持的出口信贷指导原则协议》(Arrangement on Guidelines for Officially Supported Export Credit),简称《君子协定》,1978 年 4 月 1 日开始生效。之后,该协定在 1983 年、1987 年、1992 年、1999 年、2005 年和 2015 年经过多次修改和补充,已成为出口信贷业务的国际惯例,不仅约束

---

① 伯尔尼联盟是"投资和信用保险人协会"的简称,它是全球投资保险机构和出口信用保险机构的国际组织。协会内设短期出口信用保险、中长期出口信用保险和投资保险三个分会。

着经济合作与发展组织成员国,而且日益受到世界各国官方出口信贷机构的广泛效仿和参照。[①]

2.《君子协定》的具体内容

目前,《官方支持出口信贷的安排》(2015年修订版)已经发布,成为指导和协调各国出口信用保险机构的重要文件。协定的内容在不断演进和发展,是发达国家协调相互间关系的产物。该修订版的具体内容如下:

(1)适用范围。协定适用于由政府或代表政府为货物和/或服务出口(包括融资租赁)提供的、还款期在2年或2年以上的所有官方支持,官方支持可采取的形式有出口信用担保或保险(纯保险)、官方融资支持(直接信贷/融资和再融资或利率支持)、上述形式的任意组合;适用于约束性援助、与贸易有关的非约束性援助,但不适用于军用设备和农产品的出口贸易;若有明确证据显示,合同买方所在国并非货物的最终进口国,买方的目的主要是为获取更优惠的还款条件,则不得提供官方支持。

(2)预付款。协定要求参与国在购买官方支持的商品或服务时,在信贷的起始日之前至少支付合同价款的15%。在计算预付款时,若交易中包含未接受官方支持的第三国货物和服务,出口合同金额可按比例降低。保费允许进行100%的融资/保险。保费可计入也可不计入出口合同金额。在信用起始日之后支付的质保金不被视为预付款。

(3)最长还款期。最长偿还期依进口商所在国家的类别而定(见表6-1)。国别分类根据世界银行为借款国进行国别分类而测算的人均国民收入来确定。非核电站的最长还款期为12年。

表6-1　　　　　　《君子协定》的国家类别划分标准及最长期限的规定

国家类别	划分标准	最长偿还期限
Ⅰ类国家	高收入的经合组织国家	5年,根据有关规定预先通知后可以达到8.5年
Ⅱ类国家	第Ⅰ类国家以外的所有国家	10年

资料来源:经济合作与发展组织,《官方支持出口信贷的安排》(2015年修订版),中国出口信用保险公司译,中国金融出版社2015年版。

(4)本金偿还和利息支付。出口信贷的本金应等额分期偿还;应至少每6个月偿还一次本金并支付一次利息,第一次本金偿还和利息支付应不迟于信用起始日之后的6个月;在为租赁交易提供出口信贷支持的情况下,可采取本金和利息等额共还的方

[①] 《君子协定》最重要的内容是:出口信贷的贷款条件(如利率、偿还期、宽限期等),不由市场决定,也不由各国政府决定,而是由经济合作与发展组织的《君子协定》所规定。也就是说,各成员国在提供出口信贷时,信贷条件只能低于或等于《君子协定》的规定,而不能超越《君子协定》的规定。

式,而无须按照上述规定等额分期偿还本金;在特殊且有正当理由的情况下,可不按前述规定提供出口信贷。

(5)最低固定利率。对固定利率贷款提供官方融资支持的加入国应采用相关的商业参考利率(CIRR)作为最低利率。商业参考利率依照贷款期限和进口国的类别而定,由表6—2中的两种基本利率之一加上100个基点(bp)得出。各参加国有权选择上述两种利率中的任何一种来决定CIRR,贷款协议的利率一般要求是签订合同日的CIRR。

CIRR每个月会根据市场利率情况变动一次,利率固定期限不应超过120天。若官方融资支持的条款在合同签署日前确定,则应在有关商业参考利率的基础上再加上20个基点。

在为浮动利率贷款提供官方融资支持的情况下,银行和其他融资机构不得提供商业参考利率(在初始合同签订时)和贷款期间短期市场利率中的较低者;在自愿、提前全部或部分偿还贷款的情况下,借款人应向提供官方融资支持的政府机构赔偿因提前还款而产生的所有费用和损失,包括政府机构替换因提前还款而受影响的固定利率现金流所产生的成本。

表6—2 《君子协定》的两种基本利率

基本利率种类	偿还期限	基本利率
第一种基本利率	2~5年(含5年)	3年期政府债券收益率
	5~8.5年(含8.5年)	5年期政府债券收益率
	8.5年以上	7年期政府债券收益率
第二种基本利率	任何偿还期限	5年期政府债券收益率

资料来源:经济合作与发展组织,《官方支持出口信贷的安排》(2015年修订版),中国出口信用保险公司译,中国金融出版社2015年版。

(6)保费。保费不应低于最低保费费率(Minimum Premium Rates,MPR)。最低保费费率根据可使用的国别风险分类、风险期间、已确定的债务人的买方风险分类、官方出口信用保险产品的政治和商业风险承保比例及产品特质、任何已应用的国别风险降低技术及任何已应用的买方风险信用增进的方法来确定。最低保费费率以信贷本金金额的百分比表示,保费在第一次信贷提款日全额支付。

(7)国别风险分类。除了高收入经济合作与发展组织国家和高收入欧元区国家,对其他国家,应根据偿还外债的可能性进行国别风险分类,分为8种(第0—7类),仅对第1—7类国家确立最低保费费率,而第0类国家没有最低保费费率标准。

(8)约束性援助。约束性援助可采取官方开发援助(ODA)贷款、赠与、其他官方资金流(OOF)、任何其他相关援助(如混合援助)。约束性援助优惠水平的计算与发展援助委员会计算赠与成分的方法相同,但不包括差别贴现率,并应于每年1月15日按照以下计算方法调整:平均商业参考利率+溢价。溢价随还款期变动如表6—3所示。

表6—3 《君子协定》的还款期与溢价调整

还款期	溢价
少于15年	0.75
15(含)~20(不含)年	1.00
20(含)~30(不含)年	1.15
30年(含)以上	1.25

资料来源:经济合作与发展组织,《官方支持出口信贷的安排》(2015年修订版),中国出口信用保险公司译,中国金融出版社2015年版。

对所有币种,平均商业参考利率的计算方法是自前一年度8月15日至本年度2月14日的6个月期间,每月有效商业参考利率的平均值。利率和溢价计算,四舍五入为最近的10个基点。如果该货币的商业参考利率多于一个,则应采用还款期最长的商业参考利率。

2015年修订版相比2005年版本内容更为丰富,增加了"铁路出口信贷的行业谅解""对于涉及第0类国家交易的市场基准""买方风险分类的定性描述"三个附件,对民用航空器、可再生能源、气候变化减缓和水资源项目等行业的谅解内容进行了大幅充实。

(三)WTO《补贴与反补贴协定》

WTO规则关于官方出口信贷和出口补贴的规定主要来自《补贴与反补贴协定》(SCM协定),该协定定义了禁止性官方出口信贷构成要件:第一,政府通过自身/授权或控制的机构提供的利率低于其成本利率的官方出口信贷,或直接为官方出口信贷的提供机构支付费用;第二,该种官方出口信贷被用于保证官方出口信贷方面的实质性优势。如果一国在贸易中违反该规定,就可以按这一条款予以惩罚。同时,该协定提供了一项豁免,是专门为经济合作与发展组织《君子协定》所设定的"安全岛"例外,其用意是说明经济合作与发展组织《君子协定》的参加方或实施相关承诺的利率条款的成员的出口信贷做法不被视为禁止性出口补贴。"安全岛"例外只限于符合以下条件的出口信贷:第一,是一项官方财政资助;第二,还款期限至少两年;第三,有固定的利率。只有三个条件都得到满足,某项措施才可能因为符合经济合作与发展组织《君子协定》的规定而享受《补贴与反补贴协定》下的豁免。由此,《补贴与反补贴协定》将

《君子协定》纳入了 WTO 法律体系。

第二节 出口信贷的主要类型

出口信贷的形式主要有卖方信贷、买方信贷、福费廷、信用限额、混合贷款、签订存款协议等。其中,对出口商提供的出口信贷称为卖方信贷(Seller's Credit),对进口商或进口国银行发放的出口信贷称为买方信贷(Buyer's Credit)。

一、卖方信贷

(一)卖方信贷的概念

卖方信贷是指在大型机器设备与成套设备贸易中,为便于出口商以延期付款方式出售设备,出口商所在地银行对出口商(即贸易合同的卖方)提供的信贷。

(二)卖方信贷的流程

卖方信贷操作流程如图 6—1 所示。

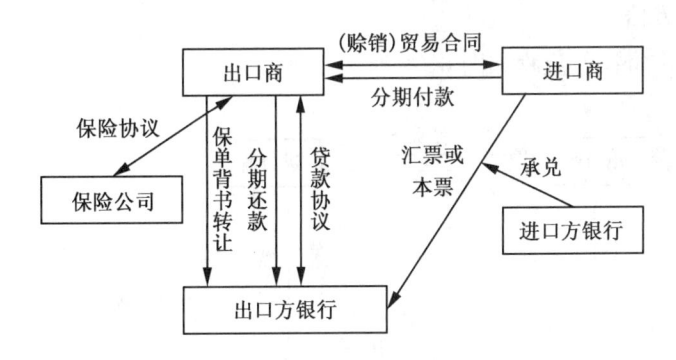

图 6—1 卖方信贷流程

(1)出口商与进口商签订买卖合同,规定延期付款。在这种情况下,进口商先支付 10%～15% 的定金,其余货款在全部交货后若干年内分期偿还(一般每半年还款一次),并支付延期付款期间的利息。贸易合同中,一般要求进口商或其银行出具汇票或本票,并明确注明该票据可自由转让。

(2)出口商办理出口信用保险后,向出口方银行申请卖方信贷,双方签订贷款协议,信贷资金约占合同金额的 85%。签订贸易合同前,出口商一般先向当地保险公司投保,将有关保险费用打入成本,以免在固定合同价格后保费无法开支。出口商投保后,贷款行一般要求将该保单的受益人转让给贷款行,保单转让必须征得保险公司的同意。

(3)出口商向国外进口商赊销商品。按照国际惯例,出口商发货时,一般向贷款行提交出口货运单据以及商业发票,按照发票金额的85%从贷款中提取货款,进口国银行将承兑汇票或本票交给贷款银行。贷款行一般要求出口商将出口合同项下的债权凭证抵押在银行,并且到期的票据优先偿还贷款本金和利息。

(4)进口商按合同分期付款(包括利息)给出口商。

(5)出口商将所收货款分期偿还银行贷款本息。

二、买方信贷

(一)买方信贷的概念

买方信贷是指在大型机器设备或成套设备贸易中,由出口商所在地的银行贷款给外国进口商(即贸易合同的买方)或进口方银行,以便给予资金融通便利,扩大本国设备的出口。

(二)买方信贷的类型

买方信贷分为直接贷给进口商的企业买方信贷和贷款给进口方银行的银行买方信贷。

1. 企业买方信贷

企业买方信贷操作流程如图6-2所示。

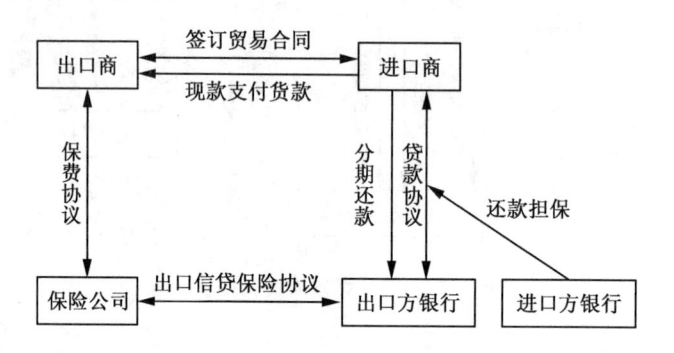

图6-2 企业买方信贷流程

(1)进口商与出口商洽谈贸易,签订合同后,进口商先行支付相当于货价15%的现汇定金,现汇定金在合同生效日支付,也可在合同签订后的60天或90天支付。

(2)进口商再与出口方银行签订贷款协议。贷款协议以上述贸易合同作为基础。

(3)进口商用借得的款项,以现汇付款条件向出口商支付货款。

(4)进口商按贷款协议的条款分期偿还出口方银行的贷款。

由于买方信贷方式下是出口国银行向海外借款人提供贷款,存在较大的政治风险和商业风险,国际惯例要求出口商必须自费为贷款银行投保出口信贷保险,因此,在买方信贷中,还涉及两个重要的协议:保险公司同出口商签订的保费协议和保险公司与出口国贷款银行之间的买方信贷保险协议。另外,出口方银行与进口商直接签订贷款协议,一般都要求有认可的进口国银行提供还款担保。

2. 银行买方信贷

银行买方信贷操作流程如图 6-3 所示。

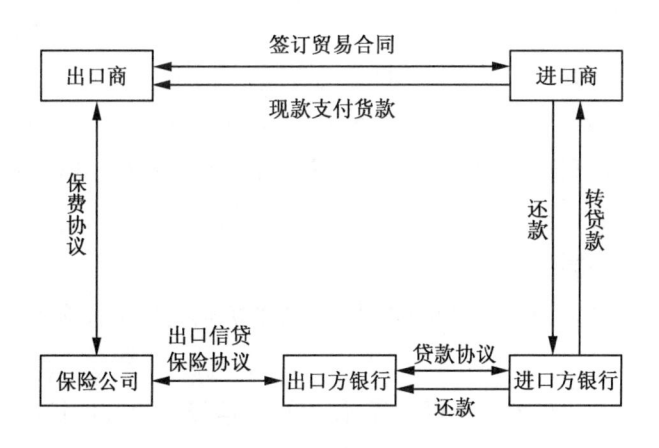

图 6-3 银行买方信贷流程

(1)进口商与出口商签订贸易合同,进口商先付 15% 的现汇定金。

(2)进口方银行与出口方银行签订贷款协议。

(3)进口方银行将借得的款项转贷给进口商,后者以现汇条件向出口商立即支付货款。

(4)进口方银行根据贷款协议分期向出口方银行偿还贷款。

(5)进口商与其银行的债务按双方商定的办法在国内清偿结算。无论进口商是否能按期还贷,进口方银行均须以其自身的信誉履行按期还贷的义务,当进口商不能还贷时,债权银行可向信贷担保人或保险人索赔。

这一方式下,同样另有前面提及的两个协议:一是保险公司同出口商签订的保费协议;二是保险公司与出口国贷款银行之间的买方信贷保险协议。

(三)买方信贷与卖方信贷的比较

1. 贷款对象不同

虽然都是由出口方银行提供的信贷,但买方信贷的接受者是贸易合同的买方即进口商或进口方银行,而卖方信贷的接受者是卖方即出口商。

2. 风险不同

一般情况下,银行的资信高于企业的资信,对贷款行而言,贷款给国外买方银行比贷给国内企业风险更小,即使直接贷给进口商,通常也需要进口方银行提供担保,所以银行更愿意提供买方信贷。

3. 费用不同

使用卖方信贷时,出口商承担贷款本息、管理费以及保险费等费用,而这些费用都会计入货价而转嫁给进口商,影响后者对真实货价的判断,不利于进口商贸易谈判时讨价还价;而在买方信贷方式下,进口商以现汇方式支付货款,货价不涉及信贷费用,对其谈判有利。

4. 对企业财务状况的影响程度不同

在卖方信贷方式下,出口商的赊销会增加资产负债表中的应收账款项目,对其资信和股票价格产生不利影响;而在买方信贷方式下,出口商可以获得现汇货款,既不影响资金周转,也不会因资产负债表的变化而影响资信。

5. 贷款的货币不同

卖方信贷的币种多为出口国的本国货币;而买方信贷的币种多为各种可自由兑换的货币。

显然,对进口商、出口商和银行而言,使用买方信贷比卖方信贷更为有利,所以目前在西方发达国家,买方信贷已成为出口信贷的主要方式。

(四)买方信贷的一般贷款原则

(1)信贷资金的支付对象只能是授信国的出口商、出口制造商或在该授信国注册的外国出口公司,不能是第三国。

(2)信贷资金购买的标的物仅限于资本货物如单机、成套设备等,不能用于进口原材料和消费品。提供买方信贷国家出口的资本货物仅限于该国制造,如该资本货物的部件由多国产品组成,一般要求本国部件应占50%以上,有的国家规定只对资本货物的本国制造部分提供买方信贷。

(3)信贷金额只提供贸易合同的85%(船舶为80%)。这意味着买方必须现汇支付15%(或20%)后才能使用贷款。

(4)信贷均为分期偿还,Ⅰ类国家一般为5年,Ⅱ类国家为10年,通常每半年还本付息一次。

(5)信贷最低利率(Minimum Interest Rate)按照商业参考利率(CIRR)加上100个基点计算。

三、福费廷

(一)福费廷的概念

福费廷(Forfeiting)也称为"包买票据"。根据《福费廷统一规则》(URF800),福费廷是指当事人双方订立协议,无追索权地买卖特定付款请求的交易,分为一级市场和二级市场。福费廷项下的基础金融工具包括本票、汇票、信用证项下经银行承兑的远期或延期付款单据等。① 目前国内银行界一般解释为,福费廷是包买商(银行)从出口商那里无追索权地买断由开证行承兑的远期汇票或确定的远期债权,或出口商出具的由进口商所在地银行担保或保付的远期汇票,或由进口商出具的远期本票的一种融资方式。

第二次世界大战后,欧洲各国需要进口大量建设性物资和日用品,因为缺乏外汇资金需要向银行贷款,而银行的融资能力又相对有限,于是瑞士苏黎世银行协会首创了福费廷业务,后该业务推广到资本货物与设备的对外贸易中。20世纪50年代后期,这一融资方式逐渐活跃。七八十年代以后,债务危机抑制了正常的银行信贷,而福费廷业务持续增长并逐渐向全球发展,目前已形成伦敦、苏黎世和法兰克福三大福费廷市场。

1999年8月,国际福费廷协会(International Forfeiting Association,IFA)在瑞士成立,这是一个国际性民间商务组织,致力于全球福费廷业务的开展并制定有关国际惯例。2004年,国际福费廷协会发布了《国际福费廷协会指引》;2008年,又发布了《福费廷一级市场介绍》。2012年《福费廷统一规则》(URF800)正式通过,已于2013年1月1日生效,有助于促进全球范围福费廷业务的规范发展。

专栏 6—1　《福费廷统一规则》(URF800)的主要特点

作为国际商会(ICC)银行委员会和国际福费廷协会(IFA)联合制定的规则,《福费廷统一规则》(URF800)对于福费廷业务的市场分类、交易条件及当事方的责任都做了详细的阐述。《福费廷统一规则》(URF800)共14条,为当事各方提供了清晰简便的业务流程和操作实务,主要特色在于:

(1)拓展了融资工具,扩大了规则的使用范围。实践中,福费廷业务不仅局限于票据的卖断,信用证项下、O/A发票项下的应收账款都可以叙做福费廷,为此,《福费廷统一规则》(URF800)提出了"付款索偿权"(Payment Claim)的概念,并将融资工具扩展到信用证、汇票、本票、发票融资以及其他经当事方同意的代表债权债务关系的工具,从而扩大了规则的使用范围。

(2)同时涉及一级市场和二级市场。《福费廷统一规则》(URF800)是第一个同时面向一级市场和二级市场的国际规则。其中,第5—7条针对一级市场,第8—10条针对二级市场。

---

① 中国国际商会:《福费廷统一规则(URF 800)》,中国民主法制出版社2014年版。

(3) 具有单据化的特色。《福费廷统一规则》(URF800)规定了福费廷业务中相关各方需要提交何种单据，单据包含什么内容，怎样审核单据以及后续如何处理等。《福费廷统一规则》(URF800)第 7 条和第 10 条分别规定了一级和二级市场满足条件的单据。如一级市场满足条件的单据表明，一级市场的最初卖方应在有效期之前将福费廷协议规定所需的单据提交给一级包买商。一级包买商必须审单，以确定交单是否是所需要的单据，以及所交单据是否满足条件。至于单据是否满足条件，可以考虑但不局限于如下因素：单据的真实性，证明债权的支持性文件的合法性、有效性，债权到期日是否能以相应的货币全额支付，债权是否可以自由转让，单据是否与福费廷协议中的条款相符，等等。无论单据是否满足条件，第一包买商都必须通知最初卖方。如果是不满足条件的单据，还要告知判断依据。

(4) 首次涉及欺诈内容。《福费廷统一规则》(URF800)第 13b 款第 V 项提及，如果在清算日之前或之后，因债权或者基础交易出现欺诈而影响到付款索偿权的实现或者其他义务履行的，福费廷最初卖方要对第一包买商负责。例如，包买商从出口商处无追索权地买断某一应收账款，结果出口商涉嫌基础合同的欺诈，进口方向当地法院申请了止付令拒绝支付款项，在这种情况下，包买商依然有权利向出口商追索款项。

(资料来源：徐进亮、王路、宣勇，《国际贸易融资理论与实务》，清华大学出版社 2017 年版。)

(二) 福费廷的特点

1. 无追索权

包买商无追索权地购买出口商的债权凭证，使出口商的风险得以转移，如果票据到期进口商无力或无法支付票款，包买商也不能从出口商处获得任何补偿，这是福费廷业务的最大特色。但是，出口商要免受包买商追索，必须保证同时满足三个前提条件：第一，交易正当。产生福费廷业务的基础合同应当是合法、正当的交易，符合有关国家规定，得到贸易当局的批准。第二，出口商所出售的债权合法有效。债权凭证或福费廷业务中的相关单据合法有效，各方当事人的签字都是真实或经授权的。第三，银行担保有效。担保行为须符合所在国的法律规定，担保人签字真实有效且不存在越权行为。任何一项条件欠缺，出口商仍有可能遭到追索。可见，福费廷业务的无追索权是相对的。

2. 银行担保

设定担保是福费廷业务广泛开展的前提。在大多数情况下,担保人是进口商所在地经营金融业务的一流大银行。担保方式一种是保付签字,即担保行在进口商已承兑的汇票或本票上加注"保证"(Per Aval)字样以及被保证人的名称,并签上担保行的名字,从而构成担保银行不可撤销的保付责任;另一种是由担保行出具单独的保函,保证到期支付票款。担保行的资信应获得包买商的认可,保函不仅要写明应付票据的总金额,还应写明每一期付款的金额及期限。

3. 中期融资

福费廷业务的期限一般为 1~5 年,但近年来国际上最短的福费廷业务为 180 天,最长可达 10 年。福费廷业务的融资期限与资本性物资交易的付款期限是基本一致的。

4. 多以资本商品交易为背景

福费廷业务主要集中于资本商品的交易,如成套设备、船舶、基建物资等及大型项目交易。目前,为了顺应市场竞争,一些包买商也开始对非资本性商品交易提供此项服务。

5. 存在二级市场

包买商可通过二级市场流通转让债权凭证,将自身风险转嫁给二级包买商,增强自身流动性。

(三)福费廷的程序

(1)出口商与进口商在洽谈设备、资本货物贸易时,若要使用福费廷,应该在业务洽谈阶段先行联系包买行(如出口方银行)提出申请。

(2)进出口商签订贸易合同,言明使用福费廷。出口商与包买行签订包买票据协议。

(3)出口商发运货物后,将全套货运单据寄给进口商以换取由进口商承兑、有银行担保的汇票。

(4)进口商承兑汇票,向担保行(如进口方银行)申请加保并将加保的汇票交出口商。

(5)出口商将汇票无追索权地出售给包买商,包买行付款给出口商。

(6)包买行于汇票到期日前寄交汇票给担保行。

(7)担保行于汇票到期日提示进口商付款。

(8)进口商付款给担保行。

(9)担保行将货款汇交包买行。

福费廷流程如图 6—4 所示。

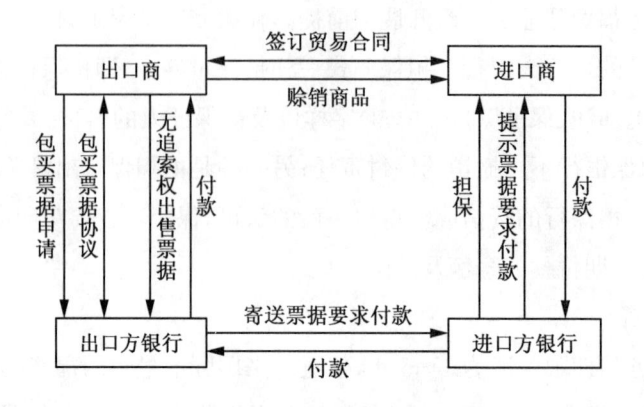

图 6—4 福费廷流程

> **专栏 6—2　区块链福费廷交易平台快速突破**
>
> 福费廷业务是一项与贸易密切相关的融资产品,对银行来说,福费廷业务流程、核验材料相对复杂,国内各大行福费廷业务都存在着无市场公开报价平台、无加密交易磋商工具、无加密文件传输平台等实际问题。区块链福费廷交易平台(Block Chain Forfeiting Transaction,BCFT)的建立,正是深度剖析行业痛点与需求后,与区块链技术完美融合的成果。
>
> 2018 年 9 月 30 日,由中国银行、中信银行、民生银行设计开发,融联易云金融信息服务(北京)有限公司负责运营的区块链福费廷交易平台正式上线,并于当日完成首笔跨行资产交易。该平台充分发挥区块链技术去中心化、不可篡改、高透明度、强安全性等特点,是真正意义上实现了多节点、分布记账的联盟链模式。平台实现了国内信用证福费廷二级市场买卖的全线上操作,功能覆盖国内信用证福费廷业务询价报价、资产发布、资金发布、交易撮合等全部环节,实现交易流程数据化、自动化、智能化,能有效解决跨行间福费廷业务互信度不高、业务处理效率低、流程不可视等难点和痛点。
>
> 2019 年 8 月,区块链福费廷交易平台进行了新升级,统一了银行间的福费廷业务协议,推出了《区块链国内信用证福费廷业务主协议》。在解决福费廷二级市场缺乏公开报价、交易流程脱节、双边交易标准不统一、操作人员工作量繁复、缺少中文报文支持的行业痛点的基础上,根据中国人民银行《国内信用证结算办法》、中国银行业协会《商业银行福费廷业务指引》、《福费廷统一规则》(URF800)等监管政策及行业惯例,结合业界良好实践,推出区块链福费廷主协议,实现业务流程、报文格式、协议文本标准化以及单据电子化。

> 作为创新的区块链技术应用场景,区块链福费廷交易平台在业界反响强烈,截至2020年1月,平台累计跨行交易2 019笔,交易金额超过1 300亿元,并有40余家银行机构已加入或有明确加入意向。该平台已成为国内银行业最大的区块链贸易金融交易平台,在区块链创新领域处于领先地位。区块链福费廷交易平台将保持包容、开放的姿态,期待更多的行业机构加入联盟链中,推进行业的高效发展,构建一个合作共赢的金融生态圈。
>
> (资料来源:根据新浪网相关信息整理。)

(四)福费廷业务的当事人及利弊分析

福费廷业务的主要当事人包括:

1. 出口商

出口商以延期付款方式成交,将表明交易金额的票据转售给包买商后,即提前获得无追索权的货款。福费廷融资给出口商带来下列收益:第一,不影响出口企业的负债状况,有利于提高企业的资信,不受银行信贷规模的限制;第二,立即获得现金,改善资金状况,同时卖断一切风险,包括政治、金融和商业风险,免除后顾之忧;第三,为买方提供延付信贷条件,提高出口产品竞争力;第四,采用固定利率,可预知业务成本;第五,操作简便,融资迅速。

2. 进口商

进口商以赊销方式购入货物,在包买商向其提出付款要求时,应无条件履行付款责任,按期归还款项。由于利息与所有费用负担均计算在货价之内,一般货价较高。但利用福费廷的手续较简便,不像买方信贷需要多方联系、多方洽谈。从这一点来讲,与卖方信贷很相似。但在福费廷方式下,进口商要取得担保行对远期汇票的担保,往往需要向担保行交付一定的担保费或抵押品,视进口商资信情况而定。

3. 担保人

担保人多为进口方银行,必须是包买商所认可的银行。担保人对到期票据负有绝对的、无条件的付款责任,任何与货物或服务有关的贸易纠纷都不能解除或延缓担保人的付款责任。在履行付款责任后,担保人有权向进口商追索。但追索能否成功,取决于进口商的资信状况,所以担保人要承担追索不成功的风险。

4. 包买商

包买商多为出口商所在国的银行及有中长期融资实力的大金融公司。包买票据业务最大的吸引力是收益率高,因为贴现期长,而且是固定利率,可以免受市场利率下跌的风险。除了可观的贴息外,出口商还需要向包买商支付:①选择费。从先期得到包买商报价到最终决定是否叙做之间有一个选择期,出口商为此支付的费用。②承担费。承担期是指从包买商与出口商签订包买票据协议起到出口商实际贴现付款日为止的一段时间,不是事先规定的,但一般不超过 6 个月,由出口商决定。银行一旦承诺为出口商贴现票据,就要随时准备支付票据,因此按一定费率和天数收取承担费。③宽限期贴息。④罚金。如出口商未能履行或撤销贸易合同,以致福费廷业务未能实现,则银行要收取罚款。此外,融资文件简单,操作方便,而且贴现的票据可随时在二级市场上出售,福费廷业务便利了包买商的资金回收。然而,由于无追索特性,在福费廷业务中风险最大的便是包买商,承担政治、金融和商业风险,还可能遭受汇率和利率风险,因而办理业务之前,包买商一定要重视对出口商、进口商以及担保人本身资信情况和进口商所在国情况的调查。

(五)福费廷与贴现、保理的比较

1.福费廷与贴现的区别

福费廷与贴现极其相似,但又不相同,主要区别在于:

(1)一般票据贴现,如票据到期遭到拒付,银行对出口商能行使追索权;而福费廷所贴现的票据,不能对出口商行使追索权,出口商贴现票据是一种卖断,以后票据遭到拒付与出口商无关,即票据拒付的风险完全转嫁给贴现票据的包买商。

(2)贴现的票据一般为国内贸易和国际贸易往来中的票据;而福费廷所贴现的票据则多为与出口设备相联系的有关票据,可包括数张等值的汇票(或本票),每张票据一般间隔 6 个月。

(3)贴现的票据无须银行担保;而福费廷业务的票据必须有一流银行的担保。

(4)办理贴现的手续比较简单;而福费廷业务比较复杂。

(5)贴现的费用一般按市场利率收取贴息;而福费廷费用较高,由出口商支付,最后以提高货价的方式转嫁给进口商。

2.福费廷与保理的区别

福费廷与保理虽然都是赊销商品的票据卖断,能够为出口商提供贸易融资,但是两者之间还是有区别的:

(1)保理多在中小企业之间进行,成交的是一般进出口商品,交易金额不大,付款期限在 1 年以下;而福费廷在较大的企业之间进行,成交的商品为大型设备,交易金额较大,付款期限较长。

(2)保理不需进口商所在地的银行对汇票的支付进行保证或开立保函;而福费廷必须履行该项手续。

(3)保理业务中,出口商不需事先与进口商协商;而福费廷业务进出口商必须事先协商并取得一致意见。

(4)保理的内容比较综合,常附带资信调查、会计处理、托收等服务内容;而福费廷内容比较单一,主要是融资服务。

(5)保理融资一般是80%的发票金额;而福费廷的融资比例可以达到票面额的100%。

四、混合贷款

混合贷款(Mixed Loan)是指出口信贷与政府贷款或赠款混合贷放的国际信贷方式,是出口信贷的一种发展形式。一方面,混合贷款可以降低贷款利率,增加商品出口的竞争力;另一方面,混合贷款含有政府赠款成分,带有援助性质,可以扩大与借款国在政治、经济、技术和金融各个领域的合作,加强双方友好合作关系。

(一)混合贷款的特点

1. 政府出资占贷款一定比重,政府赠与成分一般不低于35%

按照经济合作与发展组织的规定,参加国提供混合贷款的赠与成分不得低于35%,向最不发达国家提供混合贷款的赠与成分不得低于50%。政府捐款或赠款的比例越大,越能体现贷款的优惠程度。

2. 贷款条件比较优惠

综合利率一般为1.5%~2.5%,期限可达30~50年,金额可达合同金额的100%,不收费用或费用较少。

3. 贷款手续及管理比较复杂

由于混合贷款中有政府资金,因而对项目的选择、评估、审批和使用都有特定的程序和要求,一般须先提出具体的备选项目,经双方政府审定批准后再签订具体的贷款协议,而且混合贷款一般由指定银行来办理贷款项目下的贸易结算,比出口信贷要复杂。

(二)混合贷款的方式

根据各国的实践,混合贷款的发放可归纳为以下四种:

1. 联合发放

政府间签订一个关于混合贷款利率和期限等方面优惠条件的协议,对于具体的贷款项目不再另外签订具体的贷款协议,直接利用两国银行之间原有的买方信贷协议与额度在贷款的利率和期限等条件上给予优惠,如加拿大、瑞典和挪威等国就采取这一形式。

2. 混合发放

在两国银行原有的买方信贷协议与额度之内,由政府授权本国银行与进口国银行签订具体的贷款协议,提供混合利率的项目贷款(资金由银行提供,政府补贴利差),英国和奥地利等国就是采取这一形式。

3. 分成发放

政府与银行按照一定比例分成共同为同一项目提供贷款，分别签订具体的贷款协议（两个协议同时生效，共同执行），并按不同利率和不同还款期不分离地用款和还款，如意大利、法国和西班牙等国就采取这一形式。

4. 分离发放

政府与银行按照一定比例分别为同一项目提供贷款，分别签订具体的贷款协议（两个协议同时生效，分离执行），并按不同的利率和不同的还款期分离地用款和还款，如瑞士常采取这种形式发放混合贷款。

五、信用限额

信用限额（Line of Credit）是指出口方银行为促进本国一般消费品或基础工程的出口，给予进口方银行一定限额的中期融资便利[①]，由后者向本国分散的进口商分别提供金额不大的贷款，以促成分散的小额业务成交。按照申请贷款的贸易标的不同，信用限额分成两类：一类是一般用途信用限额（General Purpose Credit Line），也称为购物篮信用限额（Shopping Basket Credit Line），是用于为分散的进口商向该出口国购买一般商品（主要是消费品）时提供融资便利的信用限额；另一类是项目信用限额（Project Credit Line），是用于分散的进口商向该出口国购买项目的资本货物（Project's Capital Goods）或工程建设物资（Program's Capital Works）时提供融资便利的信用限额。

第三节　出口信用保险

一、出口信用保险的概念

出口信用保险（Export Credit Insurance）是国家为了推动本国的出口贸易，保障出口企业的收汇安全，由国家财政支持的保险机构对本国出口商和银行在出口收汇和出口信贷等业务中所面临的商业风险和政治风险所提供的政策性保险业务。

二、出口信用保险的特点

(1) 由国家财政支持，不以营利为目的，属于政策性保险。出口信用保险以促进本

[①] 所谓中期融资便利，是指出口方银行给予进口方银行一定的中期信贷限额，由进口方银行按照实际需求逐笔安排具体的信贷合同，提供给本国的进口商，还款期一般为2～5年。

国出口为宗旨,不以营利为目的,承保的风险涉及风险较高的政治风险,一般要有国家财政的支持。它不同于一般的商业风险,难以按大数法则来测算进口国政治风险的损失概率,只能结合进口商或借款人的资信以及进口国或借款国的政治状况等信息作出承保决策,不计亏损地以较高承保比重和较低保险费率开展业务。

(2)由政府支持的专门机构直接管理。由于风险高,出口信用一般由政府支持的专门机构管理其保险业务。在中国,经营政策性出口信用保险业务的是中国出口信用保险公司。

(3)只为本国的出口项目及出口信贷提供保险。一般来说,出口信用保险承保项目所采购的商品其国产化成分至少应在50%以上。如中国的出口信用保险,对一般商品出口要求其国产化成分在70%以上,但对出口船舶的国产化成分可以降低至50%以上。

三、出口信用保险的作用

(一)促进对外贸易的发展

在对外贸易中,买方不能按时付款的风险会经常出现,既包括买方失信拒绝付款、资金周转困难无力支付等商业风险,也包括因国家动乱、战争、政策等原因所造成的政治风险,因此,出口信用保险成为保障出口商货款不受或少受损失的必要防范措施。同时,承保前后,出口信用保险机构还会利用与国内外合作伙伴建立的信息网络,帮助投保企业评定进口商资信等级,调查进口国国情,跟踪项目进度,识别风险,有利于出口企业减少风险管理的运营成本,减少坏账率。出口商还可将保险赔款权益转让给银行,向银行申请保单融资,一般会获得信用额度60%~80%的融资款项,以解决资金周转困难的问题,从而保障对外贸易的顺利开展。

(二)鼓励和推动本国企业到海外发展

出口信用保险利用政策性金融支持,采取事前防控、事后补偿的方式,提供专业的风险管理,帮助企业管理海外业务的各类风险,降低损失,解除其后顾之忧,使之自如开拓新的海外市场。同时,投资项目若获得了海外投资保险,企业更容易获得银行的信贷支持,从而促进海外项目的顺利融资。

(三)推动产业结构升级换代

对国家重点扶持的产业,出口信用保险公司可适度扩大限额,在规定范围内降低保费,通过承担更多风险,帮助新兴产业在国际市场上赢得更多发展机遇。出口信用保险支持的出口额占国家出口总额的比重越大,所发挥的推动产业结构升级的作用也就越大。

(四)推动国家信用体系的建设

完整的国际信用体系有助于维护市场秩序、降低交易成本、优化资源配置。出口信用保险公司作为一个国家的对外窗口,一方面掌握较为完整的兼具时效性的企业资信数据库,能够为国家信用体系提供最准确有效的数据,另一方面具有与国外同行或著名资信评级机构沟通的优势,有助于借鉴国际先进经验,为完善本国信用体系建设出谋划策。

四、出口信用保险机构及经营模式

(一)出口信用保险机构

出口信用保险最早诞生于19世纪的欧洲。1919年,英国建立了出口信用制度,成立了第一家官方支持的出口信贷担保机构——英国出口信用担保局(Export Credit Guarantee Department,ECGD)。紧随其后,比利时于1921年成立出口信用保险局(ONDD),荷兰、挪威、西班牙、瑞典、美国、加拿大和法国也相继建立了以政府为背景的出口信用保险和担保机构,专门从事对本国的出口和海外投资的政策支持。第二次世界大战后,世界各国政府将出口信用保险作为国家政策性金融工具大力扶持。1950年,日本政府专门制定了《输出保险法》,同时,在通产省设立了贸易保险课,经营出口信用保险业务,支持日本的出口和资本输出。20世纪60年代以后,众多发展中国家也纷纷建立了自己的出口信用保险机构,如印度1957年成立的出口信用担保公司等。

上述各国建立的出口信贷机构全称为官方支持的出口信贷机构(Officially Supported Export Credit Agency),是指得到本国政府直接或间接支持,通过提供出口信贷、信用担保、保险、官方发展援助和其他出口信用支持,促进本国对外贸易和对外经济技术合作,提高本国企业国际竞争力的政策性金融机构,一般简称为出口信贷机构(Export Credit Agency,ECA)。这些机构的共同特点是:一般属于政府机构或准政府机构;法律地位为法人;成立宗旨基本相同;专门立法,单独监管;政府从资金来源、税收和风险补偿等方面提供支持;业务受有关国际规则(如WTO《补贴与反补贴措施协定》)的约束。

随着出口信用保险机构的建立,国际合作需求日益强烈。1934年,英国、法国、意大利和西班牙成立了国际信用监督保险人联盟(简称"伯尔尼协会"),旨在为成员搭建信息共享的平台。1974年,该协会更名为"国际信用和投资保险人协会"(The International Union of Credit & Investment Insurers)。其作用主要是在各成员之间交流有关出口信用保险的信息和对出口信贷和官方担保原则的看法,协商出口信贷的指导原则。目前,该协会已成为出口信用保险行业最大和最重要的国际组织。

2008年金融危机后,出口信用保险的政策性职能得到进一步强化。出口信用保险已成为世界大多数国家支持出口的重要手段。2017 年,伯尔尼协会会员实现承保金额 2.3 万亿美元,占全球贸易额的比重达到 14%。

(二)出口信用保险机构的经营模式

根据承保主体性质的不同,出口信贷机构可以分为以下五种模式:

1. 政府直接设立机构办理

在该模式下,一国政府以其财力作保证,由单独设立的特别机构进行运作管理,所有承保业务都在政府开设的账户进行经营和管理。英国出口信用担保局(ECGD)、澳大利亚出口融资与保险局(EFIC)、日本通产省贸易局输出入保险课(EID)等采用的就是这种模式。

2. 政府成立全资公司办理

由国家出资建立全资国有公司专门从事出口信用保险业务的办理,政府只享有所有权而并不拥有经营权。国有公司不仅要实现国家的政策性意图,而且要通过市场化和商业化的运作机制,实现公司保本的经营目标。在一般情况下,各国都设立出口信用保险风险基金,为信用保险机构全额提供资本金,并根据业务规模的扩大,在资本金不足时由财政预算予以补充。同时,对信用保险机构实行全面的税收优惠政策,包括免除营业税以及所得税等。加拿大出口发展公司(EDC)、芬兰担保委员会(FI-NNVERA)、香港出口信用保险局(HKEC)、韩国输出保险公社(KEIC)和中国出口信用保险公司(SINOSURE)均采用这一模式。

3. 政府成立控股公司办理

在这一模式下,由某家股份公司具体经营出口信用保险业务,政府部门以直接或间接的方式成为该公司具有最终决策权的股东。机构经营的出口信用保险业务通常分为自营业务与国家业务。自营业务项下一旦发生亏损,全部由股份公司自行承担;国家业务项下若发生亏损,则由政府承担。法国外贸信贷保险公司(COFACE)以及新加坡、荷兰、波兰和葡萄牙等国采取这一模式。

4. 政府委托私营保险机构经营

由政府委托私营信用保险公司代理政府从事官方出口信用保险业务,该部分业务记入"国家账号",政府承担所有风险,政府每年付给该私营公司一定金额的代理费。公司另设"公司账号",在自负盈亏的基础上自主经营纯商业性业务。该模式特点是政府制定政策,私营机构办理,国家承担最终风险,政府负担较小,经营相对灵活,既体现了国家的支持,又发挥了私营机构的经营优势,但由于业务委托给私营机构办理,因而在资金保障方面可能会有所欠缺。采用该模式的典型国家如德国(Euler Hermes)和阿根廷(CASCE)。

5. 进出口银行兼营

以美国进出口银行(EXIMBANK)为代表,特点是进出口银行在直接经营出口融资业务的同时兼营出口信用保险业务。它是一个通过议会立法成立的、独立于政府的机构,其宗旨是促进美国商品出口,承担私人出口商和金融机构不愿意或无力承担的风险,通过优惠出口信贷条件,增强美国出口商品竞争力。

五、出口信用保险的分类

(一)按照承保期限长短划分

短期出口信用保险(Short-term Credit Insurance)通常适用于原材料和消费品贸易,信用期一般不超过180天。

中长期出口信用保险(Medium & Long-term Credit Insurance)适合于半资本品和资本品,如成套设备、船舶贸易。中期信用保险承保的信用期一般在180天至3年之间,长期信用保险承保的信用期在3年以上。

(二)按照保险责任的起止时间划分

出运前信用保险(Pre-shipment Credit Insurance)起于贸易合同生效日,止于货物出运日,主要承保合同签字后卖方支付的产品设计、制造、运输及其他费用等成本损失。

出运后信用保险(Post-shipment Credit Insurance)起于货物出运日,止于债务清偿日,主要承保商品出运后由于政治风险(仅限出口信用保险)和债务人商业风险造成的不能及时收回贷款的风险。

(三)按照承保方式划分

综合保单(Comprehensive Policy)一般适用于大宗货物多批次、全方位的交易。

特别保单(Specific Policy)适用于逐笔交易的资本品贸易。

选择保单(Selected Policy)虽然原则性地规定了一些承保条件,但允许投保企业在保险合同规定的范围和限度内进行选择。

(四)按照贸易活动项下使用银行融资方式划分

买方信贷保险(Buyer's Credit Insurance)适用于买方使用银行贷款项下的出口合同。

卖方信贷保险(Seller's Credit Insurance)适用于卖方使用银行贷款项下的出口合同。

(五)按照保障风险划分

根据保障风险的不同,出口信用保险分为只保商业风险(Commercial Risks Only)、只保政治风险(Political Risks Only)、既保商业风险又保政治风险的出口信用保险和汇率风险保险(Foreign Exchange Risks Insurance)。

(六)按照贸易区域划分

根据贸易区域,出口信用保险分为国内贸易信用保险(Domestic Credit Insurance)和出口信用保险(Export Credit Insurance)。前者的买卖双方均在国内,而出口信用保险的买方在国外。

六、中国出口信用保险的发展历程

1988年,为了鼓励高附加值的机电产品出口,国家批准中国人民保险公司设立出口信用保险部,办理机电产品出口信用保险业务,标志着出口保险业务在我国正式开展。

1994年7月1日,为扩大对机电产品和成套设备等资本性货物出口,中国进出口银行(The Export-Import Bank of China)正式成立,其业务包括买方信贷保险、延付合同保险(即卖方信贷保险)、境外投资保险的中长期信用保险业务,以及短期出口信用综合险、买方毁约保险、特定方式保险的短期出口信用保险业务。这一阶段,中国人民保险公司主要承办短期信用保险,中国进出口银行则承办大型机电设备的中长期信用保险业务。

2001年12月18日,国务院批准成立专门的国家信用保险机构——中国出口信用保险公司(China Export & Credit Insurance Cooperation-SINOSURE),财政部全额注资40亿元。公司主要职责是"依据国家外交、外贸、产业、财政、金融等政策,通过政府性出口信用保险手段,支持货物、技术和服务等出口,特别是高科技、附加值大的机电产品等资本性货物出口,积极开拓海外市场,为企业提供收汇风险保障,促进国民经济的健康发展"。自此,中国人民保险公司和中国进出口银行停办出口信用保险业务,其原有业务和未了责任全部由中国出口信用保险公司承接。中国出口信用保险公司作为代表中国的唯一出口信用保险机构,是伯尔尼协会的正式成员。2020年以来,中国出口信用保险公司已获得穆迪(Moody's)、惠誉(Fitch Ratings)、标普三家国际评级机构主权级主体评级,其中,穆迪授予中国出口信用保险公司A1级,惠誉和标普授予A+级,展望均为稳定,等同于中国主权评级,展现了中国出口信用保险公司世界一流的信用风险管理机构的良好形象。

2013年1月1日,中国人民财产保险公司获批经营短期出口信用保险业务,2014年,国务院批准中国平安财产保险公司、中国太平洋财产保险公司和中国大地财产保险公司三家商业保险机构试点经营短期出口信用保险业务,加上已试点的中国人民财产保险公司,经营短期出口信用保险的商业保险机构达到4家,标志着我国出口信用保险市场化进程的开始。[①]

---

① 目前国内短期出口信用保险市场向商业保险公司适度开放,中长期出口信用保险仍由中国出口信用保险公司独家经营。

中国出口信用保险公司的市场份额在整个出口信用保险市场一直处于绝对领先地位,公司利用其政策性地位,积极促进出口,充分发挥着"保驾护航"的功能。2018年,中国出口信用保险公司的短期险、中长期险和投资保险业务规模在伯尔尼协会的排名分别提升至第 2 位、第 1 位和第 1 位,总承保金额和各主要险种承保金额连续三年跃居全球所有官方机构之首。2018 年,中国出口信用保险公司出口信用保险对我国出口覆盖面首次超过 20%,达到 20.3%;对小微出口企业覆盖面首次超过 30%;对我国向新兴市场出口的覆盖面达 25.2%。[①] 截至 2019 年末,中国出口信用保险公司累计支持的国内外贸易和投资规模超过 4.6 万亿美元,为超过 16 万家企业提供了信用保险及相关服务,累计向企业支付赔款 141.6 亿美元,累计带动 200 多家银行为出口企业融资超过 3.6 万亿元人民币。

七、出口信用保险产品及承保风险

以下以中国出口信用保险公司承保的主要产品为例加以说明。除了保险产品,中国出口信用保险公司还提供担保、信息服务以及保单融资服务。

(一)中长期出口信用保险(Medium and Long-term Export Credit Insurance)

中长期出口信用保险为金融机构、出口企业或融资租赁公司收回融资协议、商务合同或租赁协议项下应收款项提供风险保障。承保业务的保险期限一般为 2~15 年。

中长期出口信用保险承保风险及赔偿比例见表 6—4。

表 6—4　　　　　　　　中长期出口信用保险承保风险及赔偿比例

承保风险	商业风险	债务人宣告破产、倒闭、解散或拖欠商务合同或贷款协议项下应付款项
	政治风险	债务人所在地政府或还款必经的第三国(或地区)政府禁止或限制债务人以约定货币或其他可自由兑换货币偿还债务
		债务人所在地政府或还款必经的第三国(或地区)政府颁布延期付款令,致使债务人无法还款
		债务人所在地政府发生战争、革命、暴乱或保险人认定的其他政治事件
损失赔偿比例	\multicolumn{2}{l}{出口买方信贷保险、出口延付合同再融资保险最高赔偿比例为 95%}
	\multicolumn{2}{l}{出口卖方信贷保险项下最高赔偿比例为 90%}
	\multicolumn{2}{l}{金融机构(含金融租赁公司)作为被保险人的海外租赁保险最高赔偿比例为 95%,非金融机构作为被保险人的海外租赁保险最高赔偿比例为 90%}

中国出口信用保险公司提供的中长期出口信用保险产品具体包括:

---

① 国务院发展研究中心宏观经济部、中国出口信用保险公司:《中国出口信用保险公司政策性职能履行评估报告 2018》。

（1）出口买方信贷保险。这是在买方信贷融资方式下，由中国出口信用保险公司向金融机构提供的、用于保障其资金安全的保险产品。

（2）出口卖方信贷保险。这是在出口方提供融资的方式下，由中国出口信用保险公司向出口方提供的、用于保障其收汇安全的保险产品。

（3）再融资保险。这是在金融机构无追索权地买断出口商务合同项下的中长期应收款后，由中国出口信用保险公司向金融机构提供的、用于保障其资金安全的保险产品。

（4）海外融资租赁保险。中国出口信用保险公司为出租人提供租赁项目所在国政治风险及承租人信用风险的风险保障。其承保风险及赔偿比例详见表6—5。

表6—5　　　　　　　　海外融资租赁保险承保风险及赔偿比例

承保风险	政治风险	承租方或项目所在国发生战争、征收、汇兑限制导致被保险人应收租金或租赁合同终止款发生损失
	承租人违约	承租人因不可抗力以外的原因，未能按期向出租人支付《租赁协议》中所约定租金的行为
损失赔偿比例	被保险人为非金融机构的，最高赔偿比例为实际损失的90%		
	被保险人为金融机构的，最高赔偿比例为实际损失的95%		

（二）海外投资保险（Overseas Investment Insurance）

海外投资保险为投资者及金融机构因投资所在国发生的征收、汇兑限制、战争及政治暴乱、违约等政治风险造成的经济损失提供风险保障。承保业务的保险期限不超过20年。

海外投资保险承保风险及赔偿比例见表6—6。

表6—6　　　　　　　　海外投资保险承保风险及赔偿比例

承保风险	征收	东道国采取国有化、没收、征用等方式，剥夺投资项目的所有权和经营权，或投资项目资金、资产的使用权和控制权
	汇兑限制	东道国阻碍、限制投资者换汇自由，或抬高换汇成本，以及阻止货币汇出该国
	战争及政治暴乱	东道国发生革命、骚乱、政变、内战、叛乱、恐怖活动以及其他类似战争的行为，导致投资企业资产损失或永久无法经营
	违约	东道国政府或经保险人认可的其他主体违反或不履行与投资项目有关的协议，且拒绝赔偿
损失赔偿比例	赔偿比例最高不超过95%	

中国出口信用保险公司提供的海外投资保险产品具体包括：

（1）海外投资（股权）保险。该产品是中国出口信用保险为鼓励中国企业的对外投资而提供的、承担投资项下股东权益损失的保险产品。

(2)海外投资(债权)保险。该产品是中国出口信用保险为鼓励中国企业为其海外投资项目提供股东贷款、金融机构为中国企业海外投资项目提供贷款,以及中国出口信用保险认可的其他投融资形式,向企业或金融机构提供的、承担其债权损失的保险产品。

(三)短期出口信用保险(Short-term Export Credit Insurance)

短期出口信用保险为以信用证、非信用证方式从中国出口的货物或服务提供应收账款收汇风险保障。承保业务的信用期限一般为1年以内。

短期出口信用保险承保风险及赔偿比例见表6—7。

表6—7　　　　　　　　短期出口信用保险承保风险及赔偿比例

承保风险	商业风险	买方破产或无力偿付债务
		买方拖欠货款
		买方拒绝接收货物
		开证行破产、停业或被接管
		单证相符、单单相符时开证行拖欠或在远期信用项下拒绝承兑
	政治风险	指买方或开证行所在国家、地区禁止或限制买方或开证行向被保险人支付货款或信用证款项
		禁止买方购买的货物进口或撤销已颁发给买方的进口许可证
		发生战争、内战或者暴动,导致买方无法履行合同或开证行不能履行信用证项下的付款义务
		买方或开证行付款须经过的第三国颁布延期付款令
损失赔偿比例		政治风险所造成损失的最高赔偿比例为90%
		破产、无力偿付债务、拖欠等其他商业风险所造成损失的最高赔偿比例为90%
		买方拒收货物所造成损失的最高赔偿比例为90%
		出口信用保险(福费廷)保险单下的最高参与比例可以达到100%
		中小企业综合保险下的最高赔偿比例为90%

(四)短期出口特险(Short-term Project Insurance)

短期出口特险为出口企业提供在出口合同和工程承包合同项下,由于买方未履行或无法履行合同项下的付款义务而遭受的成本投入损失或应收账款损失的风险保障。承保业务的信用期限为两年以内。

中国出口信用保险公司提供的短期出口特险产品具体包括:

(1)买方违约保险。这是中国出口信用保险公司向中国出口企业提供的、承担因政治风险和商业风险导致的商务合同项下成本投入损失的短期出口信用保险,适用于机电产品、成套设备、工程承包、船舶等行业。

买方违约保险承保风险及赔偿比例见表6—8。

表6—8　　　　　　　　买方违约保险承保风险及赔偿比例

承保风险	商业风险	买方破产或无力偿还债务
		买方单方面解除合同
		买方恶意变更合同；买方拒绝付款
	政治风险	指买方所在国家或地区颁布法令或采取行政措施,禁止或限制汇兑货款
		买方所在国家或地区颁布法令或采取行政措施,禁止货物进口或撤销进口许可证
		买方所在国家或地区颁布延期付款令,影响货款支付
		买方所在国家或地区被禁运或制裁
		买方所在国家或地区发生战争等不可抗力因素,导致买方无法履行合同
损失赔偿比例	赔偿比例由被保险人自由选择,最高赔偿比例为90%	

(2)特定合同保险。这是中国出口信用保险公司为中国出口企业提供的、承担其出口商务合同项下因政治风险和商业风险导致的应收账款损失的保险。商务合同项下的出口标的物通常为机电产品、成套设备、高新技术产品等资本性或准资本性货物、大宗贸易商品及承包工程,以及与之相关的服务。

(五)国内贸易信用保险(Domestic Trade Credit Insurance)

中国出口信用保险公司为在中国境内注册的企业保障在国内贸易中因买方商业风险造成的应收货款损失,或因供应商商业风险造成的不能收回预付款的损失。承保业务的信用期限一般为1年以内。

(六)进口预付款保险(Import Advance Payment Insurance)

中国出口信用保险公司为有进口经营权的企业提供在进口贸易中因供应商所在国政治风险或供应商商业风险导致的预付款无法收回的风险保障。

八、出口信用保险与保理的比较

出口信用保险和保理都可以为出口商提供资信调查服务,承担买方的信用风险,保障出口商的收汇安全,但是两者也存在不少差异,有一定的互补性。

(1)性质不同。保理是营利性质的商业性金融服务；而出口信用保险是政策性金融扶持。

(2)服务功能不同。保理提供综合服务,包括账务管理、账款催收、融资和风险担保等；而出口信用保险是一种保险服务,只负责承保和对进口商的资信调查,虽然也办理赔款追收,但手续相当繁琐。

（3）应用范围不同。保理主要针对普通消费品;而出口信用保险承保范围除了消费品还包括大型机电产品、成套设备等资本性货物,并对投保产品的国产化率有一定要求。保理服务出于安全性和盈利性的考虑,一般限于政局稳定、经济较发达国家的贸易;而出口信用保险业务中,很多是面向经济不发达且政局动荡的国家,体现了其鼓励出口的初衷。

（4）保障程度不同。无追索权的保理可以使出口商获得信用额度内100%的收汇保障;而出口信用保险通常只提供70%～90%的风险保障。

（5）结算方式和费用不同。保理主要针对赊销或承兑交单方式,出口商须支付各类费用,一般占贸易额的0.7%～1.2%;出口信用保险投保业务涵盖各种支付方式,保险费率按照支付方式、信用期限和出口国国家风险大小而有所差异。

第四节　中国的出口信贷

为了改善我国的出口商品结构,扩大机电产品的出口,在国家政策的指引下,1980年,中国银行开办了出口卖方信贷业务,对机电产品发放政策性低利率贷款,1988年,又开办出口买方信贷业务,提供第一笔出口买方信贷。1992年,《中国银行出口买方信贷试行办法》获中国人民银行批准,中国银行成为当时国内唯一一家开办出口买方信贷业务的银行。1994年,中国进出口银行成立,归口办理出口信贷业务。2000年以后,随着我国的外汇储备越来越多,同时国家又积极倡导企业"走出去",于是中国工商银行、中国建设银行、中国农业银行、中信实业银行等一大批商业银行开始拓展出口买方信贷业务。我国加入世界贸易组织后,外资银行也积极办理此项业务,2001年12月,中国出口信用保险公司成立,加强了对出口商的风险保障,我国出口信贷业务快速发展。

中国进出口银行是由国家出资设立、直属国务院领导、支持中国对外经济贸易投资发展与国际经济合作、具有独立法人地位的国有政策性银行。中国进出口银行依托国家信用支持,积极发挥在稳增长、调结构、支持外贸发展、实施"走出去"战略等方面的重要作用。以下主要介绍中国进出口银行为支持对外贸易经营而开展的出口信贷业务。[①]

[①] 除此以外,中国进出口银行在外贸领域还提供优惠出口买方信贷(详见本书第三章)和进口信贷。进口信贷是中国进出口银行为保障国民经济发展所需的商品、服务和技术进口,向符合要求的境内借款人提供的本、外币贷款。

一、出口卖方信贷

中国进出口银行的出口卖方信贷是对我国境内（不包括港澳台地区）企业出口低技术含量和一般机电产品、成套和高技术含量产品、船舶以及农产品、文化产品等其他经批准的产品和服务所需资金提供的本、外币贷款，具体包括下列业务品种：

(1) 低技术含量和一般机电产品出口卖方信贷，是指为支持我国境内企业出口劳动密集型产品和机电产品，对借款人在产品出口的采购、生产、运输、销售等环节所需资金提供的本、外币贷款。

(2) 成套和高技术含量产品出口卖方信贷，是指为支持我国境内企业出口设备、对外提供设备相关技术服务及高新技术产品和"两自一高"产品[①]，对借款人在产品的采购、生产、运输、销售或承接国际服务外包项目（含软件项目）的研发、场地及设备租用、材料采购、人员工资、税费支出、技术鉴定等环节所需资金提供的本、外币贷款。利用世界银行和亚洲开发银行等国际金融机构贷款、外国政府贷款的国内项目进行国际招标，由我国企业中标提供设备的，适用本要求。

(3) 船舶出口卖方信贷，是指为支持我国境内企业出口船舶、改装或修理国外船舶、生产用于出口船舶的关键船用设备、开展船舶技术和工艺研发，对借款人所需资金提供的本、外币贷款。远洋船和海洋工程结构物的内销视同出口。

出口卖方信贷的贷款对象为：凡在我国工商行政管理部门登记注册，具有独立法人资格的境内企业或具备借款资格的事业法人，均可申请。采用资金集中管理模式的集团企业，确保在中国进出口银行不重复融资的前提下，并在借款合同中约定贷款用于集团企业子公司出口业务时可申请。

出口卖方信贷的贷款申请条件为：第一，借款人经营管理、财务和资信状况良好，具备偿还贷款本息的能力。第二，如借款人可按中国进出口银行现行办法进行信用等级评定，则借款人在中国进出口银行的信用等级一般应为 BBB 级（含）以上；以银行、战略客户全额保证或变现能力强的抵押物、质物提供担保的，借款人信用等级可放宽至 BB 级；相关实施方案有特殊规定的，以实施方案为准。第三，提供中国进出口银行认可的还款担保（如涉及）。第四，在中国进出口银行认为必要时投保出口信用保险。第五，项目经我国及项目涉及的其他国家有权机关批准（如涉及）。第六，中国进出口银行认为必要的其他条件。

二、出口买方信贷

中国进出口银行的出口买方信贷是向境外借款人提供的促进中国产品、技术和服

[①] 具有自主知识产权、自主品牌和高附加值的出口产品，简称"两自一高"产品。

务出口的本、外币贷款。

出口买方信贷的贷款对象为:境外金融机构、进口国财政部或进口国政府授权的机构,以及进出口银行认可的进口商或境外业主。

出口买方信贷的贷款申请条件为:第一,借款人所在国经济、政治状况相对稳定,或项目所在国国别风险可控。第二,借款人资信状况良好,具备偿还贷款本息的能力。第三,出口产品、技术及服务符合我国及进口国有关规定,其中文化产品应列入我国有关部门颁布的《文化产品和服务出口指导目录》,或属于图书、报刊、电子音像制品、电影和电视剧版权出口和文化企业开展对外劳务合作等。第四,借款人提供中国进出口银行认可的还款担保(如涉及)。第五,在中国进出口银行认为必要时投保出口信用险。第六,借款人为国际多边金融机构时,如其成员国中有未与中国建交的国家,申请前应取得进出口银行同意。第七,借款人为境外金融机构时,其相关资信材料可通过银行家年鉴(Banker Almanac)、全球银行与金融机构分析(Bank Scope)、穆迪(Moody's KMV)及其他专业信息渠道获得。第八,中国进出口银行认为必要的其他条件。

三、福费廷

福费廷业务在我国起步较晚,中国进出口银行最先涉足并建立了最早的福费廷业务的管理办法和操作规程。目前,国内银行业已普遍涉足这一领域。为了加强业务管理、防范业务风险,中国银行业协会 2019 年 8 月发布《中国银行业协会商业银行福费廷业务指引》,进一步明确银行真实性审核责任。

结合市场形势的变化和客户的业务需求,业界已推出了多种福费廷的创新产品。基础金融工具从国内外信用证、票据拓展到被保付的所有应收账款付款责任(例如托收或赊销项下),还包括电子化时代下的 BPO(银行付款责任)产品。资金来源可以从集团内到集团外,从银行到非银行投资公司,还可以跨币种办理。操作方式从最常见的自买和中介方式,向包买和风险参与方式拓展,也包括代理福费廷业务。[①] 目前常见的福费廷模式有:

(1)NRA 客户信用证福费廷。这是在出口信用证结算方式下,为在银行开立 NRA 账户[②]的境外出口商办理的中介型福费廷业务,一般用于集团内外联动融资。

(2)跨币种信用证福费廷。对境内银行开出的跨境人民币信用证,该银行的境外

[①] 夏霖:《福费廷业务的产品创新》,《中国外汇》2017 年第 12 期。
[②] 国家外汇管理局于 2009 年 7 月 13 日发布《国家外汇管理局关于境外机构境内外汇账户管理有关问题的通知》,允许境内银行为境外机构开立境内外汇账户,即 NRA 账户。NRA 账户也可能指外机构在中国境内银行业金融机构开立的人民币银行结算账户。为了区别于境外机构境内外汇账户,境外机构境内人民币账户也称为 RMB NRA 账户。

分支机构对境外受益人或境内 NRA 客户办理的外币融资业务,可以办理中介型或自买型福费廷。操作类型包括"人民币出单、外币融资、人民币还款",或"人民币出单、外币融资、外币还款"。

(3)托收保付福费廷。对采用托收等结算方式的客户,也可以办理福费廷业务,但需要境内银行为托收项下应收账款加保。

(4)进口方福费廷。对进口方银行开立信用证并办理进口信用证下押汇等融资的业务,境内银行可邀请境外机构作为包买商,在境内银行对外承兑的基础上,办理由进口方发起申请的中介型福费廷业务,实现对进口方客户表内进口融资的替代和转化。

(5)代理福费廷。根据境内金融机构的申请,由银行无追索权地购买远期付款承诺下的应收账款,操作方式包括自买、中介、转卖他行及风险参与。

(6)国内信用证福费廷。2016 年,中国人民银行发布新版《国内信用证结算办法》,与《跟单信用证统一惯例》(UCP)不同的是,国内信用证下议付包括在单据存在不符点的情况下到期付款责任已确认的情景。另外,国内信用证福费廷二级市场也发展很快。

(7)二级市场和风险参贷业务。一级市场福费廷商可以在二级市场转卖,同样,二级市场福费廷包买商也可以再向其他后手包买商转卖。若银行对付款承诺行的授信不足,或大额业务需要风险分担,则银行可以寻找参贷行共同办理福费廷业务。

(8)BPO(银行付款责任)项下福费廷。BPO 是纯电子化结算工具,可用于国际或国内贸易,是国际商会近年来主推的产品。BPO 是赊销业务项下不可撤销的银行付款承诺,付款行在贸易数据与基础信息匹配的情况下,承担对收款行的付款责任。

(9)大型项目福费廷。与保理业务相比,福费廷更适用于为大型设备进出口商提供融资。在"一带一路"背景下,工程项下福费廷业务具有广阔的发展空间。

(10)与其他第三方合作的福费廷。此类业务可以利用出口信用保险或国际金融组织的政策优势,对某些国家风险较大的出口业务开展融资。前者即出口信用保险项下福费廷,对于客户已投保出口信用保险的出口贸易,银行在落实相关担保的情况下,凭客户提供的基础贸易单据、出口信用保险投保凭证、赔款转让协议等,向客户提供无追索权融资业务。后者是对国际金融公司、亚洲开发银行、欧洲复兴与开发银行等国际组织的全球贸易融资项目协议,凭国际组织对金融工具的保兑,融资行无追索权地买入客户持有的未到期债权。

案例 6—1　中远海运重工巴油 FPSO 项目

海洋工程装备产品是中国高端制造的代表,船舶海工制造行业是国家重大战略行业,巴西国家石油公司 FPSO 出口买方信贷项目凝聚了中资企业和金融机构的大量心血,是中国船舶海工制造业产融结合的成功典范。

一、海工市场崭露头角,成功斩获巴油订单

中远海运重工有限公司(以下简称"中远海运重工")是中国远洋海运集团有限公司旗下的装备制造产业集群,是集船舶和海洋工程装备建造、修理改装及配套服务于一体的大型重工企业,2016年12月由原中远船务工程集团有限公司(以下简称"中远船务")与中远造船工业公司和中海工业有限公司合并成立,致力于建设中国领先、世界一流的船舶和海洋工程装备制造企业。中远海运重工是中国技术领先的装备制造企业,多个项目属世界首制和国际高端产品。

巴西作为全球前九大产油国及拉丁美洲最大产油国,是极具潜力及吸引力的海上项目增长区。巴西国家石油公司(以下简称"巴油")成立于1953年,是以石油为主体、上下游一体化经营的跨国公司,年产值占GDP的13%,在巴西国内具有举足轻重的地位,2018年福布斯世界500强排名第73位。

从2012年起,原中远船务进入海工模块建造市场,凭借"中国第一大FPSO改装厂"的品牌优势和扎实的技术实力,陆续与巴油FPSO项目下的总包船厂签署了系列浮式生产储油设备(FPSO)模块设计和建造合同。2014年,中国出口信用保险公司为该系列项目出具了短期出口信用保险特定合同保单。特定合同保险承保出口商在商务合同项下已确立债权的应收账款因商业风险或政治风险造成直接损失的风险,同时可加保债权确立前的实际投入成本损失,其商务合同项下的出口标的物通常为机电产品、成套设备、高新技术产品等资本性或准资本性货物、大宗贸易商品及承包工程,以及与之相关的服务。此外,中国出口信用保险公司在受理特定合同保险时,还往往要求商务合同项下主要商品和服务由中国提供或从中国境内出口,信用期限在24个月以内,合同金额在100万美元以上等。相较于采用传统的买方信贷融资的项目,特险产品审批机制灵活、操作便利,绝大多数项目不需要业主所在国家提供主权担保或者财政担保等复杂条件,仅凭业主自身状况即可进行承保。

二、项目进程一波三折,银保助力终成正果

自2014年末,国际原油价格断崖式下跌,同时,巴油腐败案曝光,部分涉嫌高层被捕,巴油股价暴跌。三大评级机构均下调公司评级,欧美金融机构全面收窄其授信额度,巴油遭遇重大经营困难,融资渠道大幅缩减,对外偿付面临危机。促进实际船东巴油接船成为在建FPSO项目获得妥善处理、顺利交付的关键。

自2014年以来,中远船务多次派员赴巴油,了解总包船厂情况,商讨项目接船方案。2015年5月李克强总理访问巴西期间,在两国领导人共同见证下,中国进出口银行董事长胡晓炼与巴油总裁本迪内签署了《中国进出口银行与巴西国家石油公司关于支持中巴海洋工程装备产能合作的融资备忘录》。根据该协议,中国进出口银行为巴油在中国采购海洋工程装备以及为巴油向中国出口石油产品等提供信贷支持。中国进出口银行与巴油签署 30 亿美元融资框架,中远船务承建的巴油 FPSO 系列项目正式纳入该融资框架,签署了 FPSO 出口买方信贷项目合作协议。中远船务作为出口方,与巴西 ECOVIX、ENSEADA、QGI 等船厂合作,将承建 P66-P73 FPSO 模块建造等数个项目,项目总金额为 15.84 亿美元。2016 年 2 月,中国出口信用保险公司与巴油签署合作备忘录,第一时间开展项目尽职调查、融资结构梳理,以及 FPSO 市场分析等各项工作。2016 年初,船厂就交船方案谈判取得重要进展,巴油同意接手项目,商务结构获得改进,该项目融资意向已签署,中国出口信用保险公司完成意向书审批,一切进展顺利。

天有不测风云,2016 年 4 月初,巴油发布 2015 全年财务数据,主要财务指标显著恶化。5 月末,巴西总统卢塞夫遭弹劾停职 180 天,政局走势不明。年中,国际油价深度探底,长期在 50 美元左右徘徊,海工市场一片萧条。在坚持"该项目风险可控"的基本判断下,中国出口信用保险公司及时积极推进相关工作,积极联系机电商会、我驻外使馆、经商参赞处,出具项目支持函电,推动巴油完善项目担保结构。2016 年 10 月,中国进出口银行与巴油成功签署贷款协议。12 月,在建系列 FPSO 项目由巴西总包船厂转让至巴油下属全资子公司。年末,中国出口信用保险公司启动项目上报财政部审批。

进入 2017 年,项目批复消息迟迟未到,潜在危机却接踵而至。由于国际油价缓慢回升,巴油股价 2017 年末较年中上涨 5%,因而国际资本回归巴西市场,巴油融资成本大幅下降,中国融资方案失去两年前的吸引力,成为摆在中方面前的又一次考验。中国出口信用保险公司审时度势,重新厘定融资保险方案,积极推动财政部审批进展;及时向巴油反馈项目进展,并提议借力金砖峰会助推项目审批;船厂加强监控,确保项目顺利建造。9 月,金砖国家峰会举行,巴西总统特梅尔向中方表达了希望巴油 FPSO 出口买方信贷项目能够尽快获批的请求,中方委派商务部负责督办项目落实。2018 年初,巴油向中方反馈由于巴西财税政策调整,项目原有担保条件将发生变化,希望调整贷款协议,以免触发违约事项。经过多次沟通,各方达成了一致的解决方案。2018 年 5 月,该项目最终获得审批通过,当月实现放款。

(资料来源:中国出口信用保险公司辽宁分公司,《为国际高端装备制造提供中国方案——记中远海运重工巴油 FPSO 系列项目》,《国际融资》2020 年第 1 期。)

思考题:

1. 中国企业参与中巴国际产能合作可能面临哪些风险?应如何应对?
2. 中国出口信用保险公司如何通过专业服务帮助解决了该项目的诸多难题?
3. 作为政策性银行,中国进出口银行应如何发挥金融引导作用,助推企业"走出去"？如何平衡好机遇与挑战、风险管控之间的关系？

案例6—2 国际信用证项下议付＋福费廷

中国企业A与境外企业B叙做进出口贸易，A向B出口化工原料，并约定以远期信用证结算。B通过当地V银行向A开证，由中国K银行通知。信用证为任意银行可议付，装运后90天付款。A发货后交单给K银行，经审核单证一致、单单相符，K银行向V银行交单并获得了V银行的承兑。K银行依据开证行的承兑为A叙做了议付。为了腾出信贷规模，K银行通过二级市场福费廷，将经开证行V承兑的债权转让给包买商L银行，约定只有在出现因欺诈而被法院止付的情况时，L银行才可向K银行追索。

临近到期日，K银行收到V银行报文，声称接到申请人通知，因实际收到的货物与合同规定不一致，已向当地法院提出了止付请求，且V银行也收到了当地法院的通知，故要求延期支付信用证下的款项。到期日K银行果然没有收到开证行的款项。

为了维护自身权益，K银行马上与V银行、包买商L银行和企业A联系。为了敦促开证行尽快付款，K银行通过SWIFT、电话、邮件等多种途径与开证行交涉，要求开证行马上付款。K银行主张，根据《跟单信用证统一惯例》（UCP600）的独立性，银行就相符交单的付款责任不受申请人抗辩的影响。银行处理的是单据，而不是单据可能涉及的货物、服务或履约行为。因此，申请人和受益人之间关于货物的纠纷不能构成其不付款的理由。K银行已经根据信用证规定议付，成为善意第三方，而L银行作为福费廷包买商购买了K银行针对开证行的债权，成为正当持票人。按照《跟单信用证统一惯例》（UCP600）第七条关于"开证行偿付指定银行的责任独立于开证行对受益人的责任"的规定，V银行要么偿付K银行，要么偿付L银行。对于当地法院要求延期付款的通知，V银行有责任向法院解释在单证相符的情况下其必须付款的《跟单信用证统一惯例》原则，告知法院此笔业务存在善意第三方的情形，尽力争取法院撤销止付。K银行强调，若V银行迟迟不予偿付，K银行会将此案例报告国际商会及国内同业，并保留通过法律途径进行追索的权利。

本案中的申请人可能是想借口欺诈迫使受益人降价，但因证据不足而未能起诉。本案最终以止付令失效、开证行不得不付款而完结。

（资料来源：宋扬、闫夏，《福费廷风险实例剖析》，《中国外汇》2017年第12期。）

思考题：

1. 本案中包买商L银行可能存在的风险是什么？L银行是否有权向K银行追索？
2. V银行承兑后，是否还可以以欺诈的理由拒付款项？
3. 如果涉及欺诈，L银行和K银行能否行使追索权？

4. 在福费廷业务中银行应如何做好风险防控？

本章小结

1. 国际贸易中长期信贷期限在 1 年以上，着重于扩大出口，统称为出口信贷。出口信贷是指国家为了鼓励商品出口，增强商品的国际竞争力，以利息补贴并提供信贷担保的办法，通过银行对本国出口商或外国进口商或银行提供的贷款。

2. 出口信贷的特点包括：利率低于市场利率；信贷的发放与信用保险、担保相结合；国家成立专门机构管理与分配信贷资金；投资领域侧重于出口大型设备；期限较长，风险较大。各国政府积极参与出口信贷，直接提供资金或以利差补贴人、保险人或担保人角色间接提供支持。在实践中，经济合作与发展组织国家《君子协定》对出口信贷的基本原则和贷款条件做出了规定。

3. 出口信贷有卖方信贷、买方信贷、福费廷、信用限额、混合贷款等类型。对出口商提供的信贷称为卖方信贷。对进口商或进口国银行发放的信贷称为买方信贷。福费廷又称为包买票据，是指出口商把经进口商承兑的并经其银行担保的远期汇票或本票无追索权地售予出口商所在地的银行或大的金融公司，提前获得现款的资金融通方式。

4. 出口信用保险是指国家为了推动本国的出口贸易，保障出口企业的收汇安全，由国家财政支持的保险机构对本国出口商和银行在出口收汇和出口信贷等业务中所面临的商业风险和政治风险提供的政策性保险业务。1994 年，中国进出口银行成立，归口办理出口信贷业务。2001 年 12 月，中国出口信用保险公司成立。

基本概念

出口信贷　　君子协定　　卖方信贷　　买方信贷　　福费廷　　混合贷款　　信用限额
出口信用保险

思考与练习

1. 如何理解出口信贷？
2. 简述买方信贷的贷款原则与贷款条件。
3. 买方信贷与卖方信贷有何区别？
4. 出口商欲获得包买商的免除追索，应满足什么条件？
5. 试析福费廷业务对各有关当事人的利弊。
6. 保付代理与福费廷有何异同？
7. 出口信用保险的特点及作用是什么？
8. 简述买方信贷与混合贷款的具体做法。

第七章 国际债券融资

教学目的与要求

- 理解国际债券的概念、特点和主要类型
- 了解债券信用评级的概念、评级机构和等级
- 掌握国际债券的发行条件
- 熟悉债券的价格和收益率的计算
- 了解国际债券市场的发行和交易

第一节 国际债券的概念和类型

国际债券融资是近20年来发展极为迅速的国际融资方式。自20世纪80年代以来,长期国际债券融资在国际资本市场中所占的比例已显著超过国际贷款融资,与其相联系的金融创新层出不穷,成为国际资本市场证券化的重要标志。

一、国际债券与国内债券

债券是指政府、企业、金融机构等各类经济主体筹措资金时,向投资者发行,同时承诺按约定利率支付利息并按约定条件偿还本金的债权债务凭证。根据发行地的不同,债券可以分为国内债券(Domestic Bonds)和国际债券(International Bonds)。国内债券是指国内借款人在本地发行的,通常以本国货币为面值的债券。国际债券则是跨国发行的债券,涉及两个或两个以上的国家,是一国政府、金融机构、工商企业或国际组织为筹措和融通资金,在国外金融市场上向外国投资者发行的债券。

与国内债券相比,国际债券具有以下优点:第一,资金来源广泛,可以吸收多国投资者的盈余资金;第二,发行规模大,因为发行国际债券门槛较高,只有高信誉的发行人才能顺利筹资;第三,以可自由兑换货币作为计价货币,一般以美元、欧元、日元、英镑和瑞士法郎为主。

与其他融资方式相比,发行国际债券筹资的优势在于:第一,资金来源广泛,债权

人分散,资金使用不受债权人的限制;第二,偿还办法灵活,发行者处于主动地位;第三,发行债券可以提高发行者的国际声誉,能获得在较优惠条件下连续发行的机会;第四,债券适合投资者的要求,借款人便于筹资。不利的方面在于:发行债券的准备工作时间长,审查严格,提供的资料多,手续复杂,发行以后仍要密切关注市场动态等。

二、国际债券的分类

(一)按照是否以发行地所在国的货币计值,分为外国债券和欧洲债券

1. 外国债券(Foreign Bond)

外国债券是指一国发行人或国际金融机构为筹集外汇资金,在外国资本市场上发行的以发行市场所在国货币标价的债券。在某些国家发行的外国债券通常被冠以特定的名称,如外国借款人在美国发行的美元债券,称为扬基债券(Yankee Bond);在日本发行的日元债券,称为武士债券(Samurai Bond);在英国和瑞士发行的外国债券,分别称为猛犬债券(Bulldog Bond)和巧克力债券(Chocolate Bond)。2005年10月13日,中国人民银行批准国际金融公司和亚洲开发银行在全国银行间债券市场首发人民币债券11.3亿元和10亿元,被命名为熊猫债券(Panda Bond),也属于外国债券。

2. 欧洲债券(Euro Bond)

欧洲债券是指一国政府、金融机构、工商企业或国际组织在债券票面货币发行国以外或在该国的离岸金融市场发行的债券。例如,中国银行在伦敦发行的美元债券就属于欧洲债券,它实际上是一种无国籍的债券。

3. 欧洲债券与外国债券的比较

欧洲债券在国际债券市场发展迅速,成为国际债券的主导类型,与外国债券相比,差异主要体现为:

(1)票面标价货币不同。外国债券以发行市场所在国的货币标价,而欧洲债券以发行市场所在国以外的货币标价,这是区分两种债券的主要标志。

(2)管制的程度不同。由于外国债券的发行实际上是依托发行市场所在国的国内债券市场进行融资活动,因此,发行市场所在国金融监管部门为了防止外国债券发行人可能对本国金融市场造成的各种不良影响,通常都用立法形式对外国发行人的信用等级及债券发行规定严格的法律限制。而对于欧洲债券发行人来说,由于其发行的是以境外货币而非市场所在国法定货币标价的债券,或者债券的标价货币虽然与市场所在国的法定货币相同,但并非来源于发行市场,从而使欧洲债券的发行独立于发行市场所在国的国内债券市场,使之不受影响。因此,各国金融监管部门对外国筹资人在本国发行的欧洲债券不实施管制或仅在个别方面进行监管,可见,欧洲债券的监管程度相对于外国债券要低得多。

(3)税收不同。外国债券的投资所得既要缴纳国际税收中的预扣税[①],又要缴纳投资人的国内所得税。因此,当发行人所在国与发行国没有签订避免双重征税的国际税收协定时,外国债券投资人的债券利息收入就面临着双重征税的风险。欧洲债券则不同,对欧洲债券发行人所支付的债券利息免征利息预扣税已成为一种国际惯例。此外,欧洲债券以不记名方式发行,投资人可将债券投资所得保存在国外,避免国内所得税,这对投资人具有极大的吸引力。

(4)货币选择性不同。在欧洲债券市场发行的债券并不限于某一种货币,借款人可以根据各种货币的汇率、利率与需要选择发行币种,投资者也可以根据债券收益,选择购买任何一种货币的债券,这在依托于一个国家的外国债券市场上是无法做到的。

(二)按债券利率确定方式,分为固定利率债券、浮动利率债券和零息票债券

1. 固定利率债券(Fixed Rate Bond)

固定利率债券是指具有固定息票和固定到期日的债券。是国际债券的传统类型,至今仍是国际债券所采用的主要形式。固定利率债券通常在市场利率相对稳定的条件下发行。20世纪80年代以后,欧洲债券市场上出现了一些固定利率债券的变形,最为典型的是可撤销债券(Retractable Bond),将债券期限分为若干期,发行时仅固定第一期利率,其后每期均另行确定利率,以此来克服固定利率债券自身的缺陷。

2. 浮动利率债券(Floating Rate Notes,FRNs)

浮动利率债券是指票面利率随一般市场利率水平的变动而变动的债券。浮动利率债券是通货膨胀的产物。典型的浮动利率债券通常每隔半年或一个季度调整一次,有些债券的票面利率视短期利率而定。

3. 零息票债券(Zero Coupon Bond)

零息票债券是指不支付任何息票的债券。债券到期前,借款人不支付任何利息,仅到期还本。零息票债券通常以低于面值的价格发行,债券面值与购买价格之差就是投资者的收益,因此也称作初始发行折价债券、大幅折价债券或者纯折价债券。

零息票债券还经常被称为本息分离债券(Separate Trading Registered Interest and Principal Securities,STRIPS),是指债券发行后,把该债券的每笔利息支付和最终本金的偿还进行拆分,然后依据各笔现金流形成对应期限和面值的零息债券。本息分离债券是近20年来债券市场的创新之一,只有在到期或出售时才能得到收益,期间没有收益,所以属于零息票债券。这种利息收入所有权和偿付本金所有权的分离使投资者可以对债券的本息分别进行投资和交易,具有很多优点:第一,期限结构多样化,可以满足投资者对零息票债券期限的不同要求,化解长期利率的风险。另外,不同期限债券的组合可以得到预期收益的最大化。第二,债券到期时才支付全部利息,利息税将得到延迟,在此期间,投资者可以合法利用这一资金。

---

① 预扣税是一国税务当局对外国人在本国所得的课税,是国际税收中一国主权的体现。

(三)按债券的可转换性,分为一般债券、可转换债券和附认股权债券

1. 一般债券

一般债券是指按债券的一般还本付息方式发行,不附带任何利息外权益的债券,通常以平价或略低于平价发行,附有息票。

2. 可转换债券(Convertible Bond,CB)

可转换债券是指债券持有人除了拥有收取利息的权利外,还拥有在未来某一时间或时期,根据事先约定的转换价格(Conversion Price)将债券转换成其他资产的权利。常见的是转换成债券发行公司的股票,也可转换成黄金、石油资产或者其他特征的债券,如浮动利率的可转换债券转换成固定利率债券或相反。

可转换债券为发行人提供了一种在不扩张股本条件下的低利率融资工具,融资效率往往高于股票发行和一般债券发行。对投资者来说,可转债的吸引力实际取决于其转换升水(转换日股票市场价格高于约定每股转化价格的差额的百分比),它大大提高了债券的收益潜力。不仅如此,二级市场的存在,使可转债市场价格实际上与发行公司的股票价格具有相关性,从而直接提高债券的投资价值。20世纪80年代以后,国际债券市场又产生了双重选择权的可转换债券,持有人依此可以要求将其转为发行人公司的股票,也可要求转为担保人公司的股票。

3. 附认股权债券(Equity Warrant Bonds,WBs)

附认股权债券又称可分离债券,是债券加认股权证的产品组合。投资人除了拥有收取利息的权利外,通过债券附带的认股权证,还赋予了债券投资人以固定价格(履约价格)在固定日期(履约日期)购买债券发行公司股份的权利。

(四)按发行货币,分为双币债券和复合货币债券

1. 双币债券(Dual Currency Bond)

双币债券以某种货币发行和支付利息,到期日以另一种货币偿付本金,两种货币的汇率在发行时已事先确定。美国联邦国民抵押协会于1985年发行欧洲日元双重货币债券时,投资者购买时用日元,获得的利息收入也用日元支付,但获得偿还的本金则是按预先约定的汇率将日元面值折算的美元。

2. 复合货币债券(Composite Currency Bond)

复合货币债券是指以一篮子货币如特别提款权或欧元计价的债券。

(五)按照国际债券的兑付期限,分为短期债券、中期债券、长期债券

(六)其他国际债券

1. 短期票据

对于短期票据,美国称为"商业票据"(Commercial Paper),欧洲称为"欧洲票据"(Euro Notes)。其原来是一种货币证券,仅可提供短期资金信用,自20世纪80年代以后,金融机构通过一系列金融安排,可以形成1~7年的中短期融资,实践中称为"短

期票据的便利化使用"(Note Facility)①,是国际货币市场主要融资工具之一。

欧洲票据的主要种类有:

(1)非承销性欧洲票据(Non-underwritten Euro Note)。它以商业信用为基础,票据的发行银行不做承诺担保。

(2)承销性票据发行便利(Underwritten Note Issuance Facility)。它是承销性的欧洲票据。银行向客户承诺约定一个信用额度,在此额度内帮助客户发行短期票据取得资金,票据如果未能全数出售,则由该银行承购或提供贷款以弥补其不足额,使发行人顺利取得必要的资金。

(3)循环承销便利(Revolving Underwriting Facility)。它又称为展期承销便利,是借款人希望通过发行欧洲短期票据来满足其较长期限(如5～7年)的资金需求时,承销银行提供的、可循环使用的信用额度。每期短期票据到期后,发行人可根据需要决定是否需要继续融资,如果需要继续融资,则承销银行有义务通过发行新欧洲票据来偿还到期票据的方式,满足发行人的需求。

(4)多种选择融资便利(Multiple Option Facility,MOF)。它允许借款人采用多种方式提取资金,如短期贷款、浮动信用额度、银行承兑票据等。借款人在选择借款期限、货币种类、利率基数等方面有较大的灵活性,也能筹集到发行欧洲票据所不能筹集到的资金,并在最便宜或者最适时的情况下提取资金。此外,还有借款人的票据和包销备用信贷选择的便利。它把非承销性的票据发行便利、美国商业票据和已承诺的备用信贷归集成一揽子计划,如果条件对发行欧洲票据或商业票据不利,借款人可将备用信贷当作循环信贷支取款项。这种票据于1984年由瑞典率先采用,是欧洲票据市场的又一创新。

(5)欧洲中期票据(Euro Medium Term Note,EMTN)。这种票据在欧洲货币市场发行,作为连接短期商业票据和长期债券之间的"桥梁"性产品出现,期限在5～10年之间。公司发行中期票据,通常会通过承销行安排一种灵活的发行机制,通过单一发行计划,多次发行期限不同的票据,这样更能切合公司的融资需求。现在10～30年的中期票据变得更为普遍。

2. 全球债券(Global Bond)

全球债券是指在全球主要国际金融市场(主要是美、日、欧)同时发行,并在多个证交所上市,24小时进行交易的债券。它由世界银行于1989年5月首次发行。其突出特点是全球发行,往往覆盖全球主要资本市场,此外,还有全球交易、流动性强、借款人信用级别高且多为政府机构等特点。

3. 次级债券(Subordinated Debenture)

---

① 欧洲票据发行便利(Note Issuance Facility)就是其中主要的一种。这种融资便利由发行公司和若干银行组成的银团达成承销协议,允许发行者在今后几年随时通过发行票据而筹措短期资本,每次发行由银团承销。如果票据没有完全销售出去,承销商承担买进未售出票据的义务。

次级债券是指清偿顺序排在存款和高级债券之后、优先股和普通股之前的债券品种。作为债券持有人，只能获得发行条件载明的固定利息和本金金额，即次级债券的持有人不能分享银行的超额收益，却承担了较大的违约风险。目前国际上的次级债券多为商业银行所发行。

4. 布雷迪债券(Brady Bond)

布雷迪债券是一项供第三世界国家使用的债务工具，以美国财政部部长尼古拉斯·布雷迪(Nicholas Brady)的名字命名。通常的做法是：由债务国政府发行美元债券(Brady Bond)，然后将其与国际商业银行持有的美元贷款交换，国际商业银行将换回的美元债券在市场出售给投资者收回贷款。其特点是：第一，与原先的贷款协议相比，布雷迪债券的期限大多有所延长，减轻了债务国的还款时间压力；第二，大大降低了债务国的利息支出，而且债务国政府通过购买美国零息国库券并由美国保管的方式为债务的偿还提供担保。

5. 绿色债券(Green Bond)

绿色债券是指任何将所得资金专门用于资助符合规定条件的绿色项目或为这些项目进行再融资的债券工具。国际上绿色债券的定义通常参照《绿色债券原则》(The Green Bond Principles，GBP)和《气候债券标准》(Climate Bonds Standard，CBS)。2018年6月发布的最新版《绿色债券原则》规定："绿色债券是任何一种其收益将全部或部分用于符合条件的绿色项目的融资或再融资、并与GBP的四个核心组成部分保持一致的债券工具。"[①]2017年年中发布的最新《气候债券标准》将绿色债券界定为"符合气候债券标准并通过气候债券标准委员会认证的债券"[②]。作为近年来国际社会开发的新型金融工具，绿色债券具有清洁环保、投资周期长、平均成本低等显著特点，最早起源于欧洲投资银行2007年发行的一笔6亿欧元5年期气候意识债券(Climate Awareness Bond)，用于可再生能源项目。2008年，世界银行与瑞典北欧斯安银行(SEB)联合发行了首只明确以绿色债券命名的债券。随着各国对环境问题和可持续发展的日益重视，2012年以来，国际绿色债券市场持续快速增长(见图7—1)。2019年，全球绿色债券累计发行额突破2 577亿美元，美国、中国和法国发行规模位居前三。

三、国际债券的用途

发行国际债券筹集资金，主要目的在于：第一，弥补发行国政府的财政赤字和国际收支逆差；第二，为大型或特大型工程筹集建设资金；第三，为大型工商企业或跨国公司筹措资金，从而增强其实力；第四，为主要的国际金融机构筹措活动资金。

---

① ICMA，"Green Bond Principles Voluntary Process Guidelines for Issuing Green Bonds"，2018。
② Climate Bonds Initiative，"Climate Bonds Standard (2.1)"，2017。

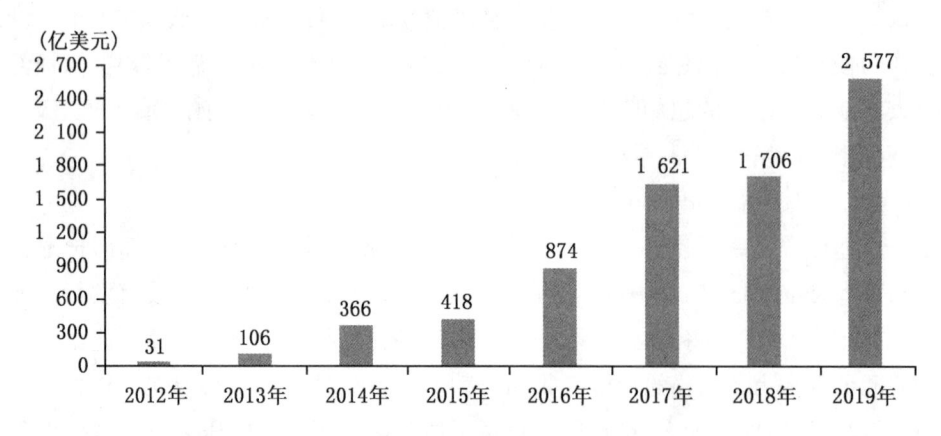

资料来源：Climate Bonds Initiative。

图7—1　2012—2019年全球绿色债券发行规模

第二节　国际债券的评级、发行与收益率

一、国际债券的信用评级

信用评级是国际债券发行工作的重要环节，在参照评级结果的基础上，根据发行者本身的财务状况和债券市场发展动向进而具体确定发行条件、发行时机、费用负担及偿还方式。

(一)信用评级的概念

债券的信用评级(Credit Rating)是指专门的证券统计机构用某种标志来表示拟发行或已发行债券的质量级别的活动。

(二)评级的作用

对投资者而言，首先可以揭示债券发行人的信用风险、提高证券发行效率；其次可以降低投资者的交易成本和投资风险；最后可以作为债券交易决策及内部信用评价的参考。

对发债人而言，首先有助于降低融资成本；其次是企业改善经营管理的外在压力和内在动力；最后有助于发债人拓展融资渠道，扩大投资者基础，树立良好的信用形象。

对监管者而言，一方面，可以协助监管部门加强市场监管，防范金融风险；另一方面，可以减少政府对金融市场的直接干预，提高金融市场的效率。

(三)评级的依据

评级机构对债券的信用评级不是对发行者总的资信评定，而是对发行者发行该项债券还本付息能力的评定，主要根据以下三个因素进行债券评级：一是债券发行人的

偿债能力,即考察发行人的预期盈利、负债比例、能否按期还本付息;二是债券发行人的资信状况,即考察发行人在金融市场上的信誉、历次偿债情况、历史上是否如期偿还债务等;三是投资者承担的风险水平,主要分析发行人破产可能性的大小,另外还要预计在发行人发生破产或其他意外时,债权人根据破产法等有关法律所能受到的保护程度和所能得到的投资补偿程度。

(四)评级机构与等级

目前,资本市场评级机构已基本形成国际范围内以美国标准普尔公司、穆迪投资者服务公司和惠誉国际评级机构三大评级机构为主导,各国以本土信用评级机构为主的格局,如日本的日本公司债研究所、日本评级研究所和日本评级公司,英国的艾克斯特尔统计服务公司,加拿大的债务级别公司等。[①] 根据国际清算银行的报告,在世界上所有参加信用评级的银行和公司中,穆迪投资者服务公司涵盖了80%的银行和78%的公司,标准普尔公司涵盖了37%的银行和66%的公司,惠誉国际评级机构涵盖了27%的银行和8%的公司。[②]

1. 标准普尔公司(Standard & Poor's)

该公司最初由普尔先生(Henry Varnum Poor)于1860年创立。1941年,美国普尔出版公司和标准统计公司合并,成立标准普尔公司。标准普尔为投资者提供信用评级、独立分析研究、投资咨询等服务,其中包括反映全球股市表现的标准普尔全球1200指数和作为美国投资组合指数基准的标准普尔500指数等一系列指数。1975年,美国证券交易委员会认可标准普尔为全国认可的统计评级组织(National Recognized Statistical Rating Organization,NRSRO)。

标准普尔首创多种类别的金融评级工具和评级标准。其信用等级评级由高到低依次分为AAA、AA、A、BBB、BB、B、CCC、CC、C、D 10个等级,详见表7—1。

表7—1 标准普尔评级简介

等 级	说 明
AAA	偿还债务能力极强,为标准普尔给予的最高评级
AA	偿还债务能力很强
A	偿还债务能力颇强,但还债能力较易受外在环境及经济状况变动的不利因素影响
BBB	有足够还债能力,但若在恶劣的经济状况下其还债能力可能较脆弱
BBB−	市场参与者认为的最低投资级评级
BB+	市场参与者认为的最高投机级评级

---

① 中国较为著名的证券评级机构有中国诚信证券评估有限责任公司、大公国际资信评估有限责任公司、长城资信评估有限责任公司、深圳市资信评估有限责任公司、上海远东资信评估有限公司和上海新世纪投资服务公司等。
② 李建云、田京海:《百年金融发展中的国际信用评级业》,《中国金融》2006年第16期,第31—32页。

续表

等级	说 明
BB	相对于其他投机级评级,违约的可能性最低,但持续的重大不稳定情况或恶劣的商业、金融、经济条件可能令发债人没有足够能力偿还债务
B	违约可能性较 BB 级高,发债人目前仍有能力偿还债务,但恶劣的商业、金融或经济情况可能削弱发债人偿还债务的能力和意愿
CCC	目前有可能违约,发债人须依赖良好的商业、金融或经济条件才有能力偿还债务;如果商业、金融、经济条件恶化,发债人可能会违约
CC	目前违约的可能性较高
C	提交破产申请或采取类似行动,但仍能偿还债务
D	发债人未能按期偿还债务

标准普尔的信用评级过程如图 7—2 所示。

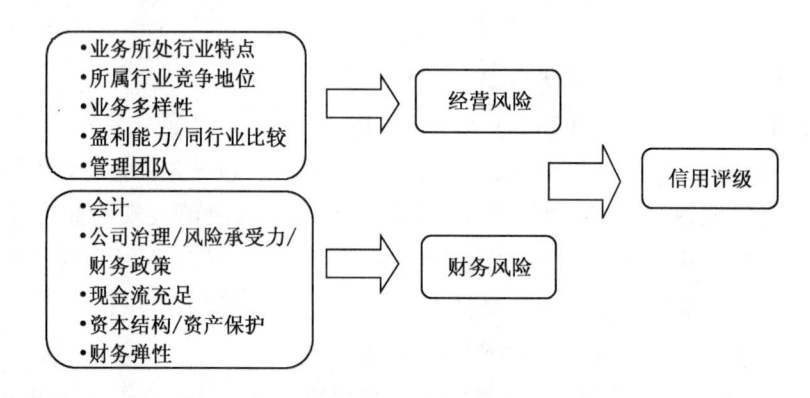

资料来源:Standard & Poor's。

图 7—2　标准普尔的信用评级过程

2.穆迪投资者服务公司(Moody's Investors Service)

公司由约翰·穆迪创立,在 1909 年首创对铁路债券进行信用评级。1913 年,穆迪开始对公用事业和工业债券进行信用评级,是美国历史最为悠久的信用分析和研究机构之一。全球使用穆迪所发布信息的主要客户有 2 万多家,其中包括 100 多家机构投资者,它们管理着全球 80%的资本市场。穆迪信用评级由高到低依次为 Aaa、Aa1、Aa2、Aa3、A1、A2、A3、Baa1、Baa2、Baa3(Baa3 及以上的评级具有投资价值)、Ba1、Ba2、Ba3、B1、B2、B3、Caa1、Caa2、Caa3、Ca 和 C 共 21 个级别,其中,Baa3 为最低投资级别,Ba1 为最高投机级别。

3.惠誉国际评级机构(Fitch Ratings)

该公司于 1913 年由约翰·惠誉(John K. Fitch)创办,总部设在纽约。1997 年,惠誉并购了英国的 IBCA 公司,2000 年又并购了 Duff &Phelps。

以上这三家评级机构各有侧重,标准普尔侧重于企业评级方面,穆迪侧重于机构融资方面,而惠誉国际则偏重于金融机构的评级。此外,惠誉在美国市场上的规模要比其他两家评级公司小一些,但在全球市场上的规模较大,其视野比较国际化。

二、国际债券的发行条件

国际债券的发行条件由发行人和牵头经理人协商确定,与发行人的筹集成本、债券能否发行成功有密切关系,主要包括以下几个方面:

(一)发行金额(Issue Amount)

一笔债券的发行金额由发行人和承销团在综合考虑发行人的资金需求、信用等级、市场条件等因素的基础上共同商定。

(二)期限(Year to Maturity)

债券的期限是指从债券的发行日到还本日的时间。其影响因素主要有筹集资金的性质、筹资者对未来市场利率水平的预期以及交易市场的发达程度。此外,债券市场上其他债券的期限构成以及投资者的心理状态、储蓄倾向等也是确定债券期限时应考虑的因素。

(三)发行价格(Issue Price)

发行价格以债券的出售价格与票面金额的百分比来表示,主要有平价(At Par)、溢价(Over Par)、折价(Under Par)三种方式,即按照等于、高于或低于票面金额的价格发行。债券是折价、溢价还是平价发行取决于票面利率和市场利率的关系。当债券票面利率等于市场利率时,债券发行价格等于面值;当债券票面利率低于市场利率时,企业仍以面值发行就不能吸引投资者,一般要折价发行;反之,当债券票面利率高于市场利率时,一般溢价发行。

(四)偿还方式(Repayment)

国际债券的偿还有还本、债券替换、转换公司债券三种方式。

1. 还本

还本分为期满一次性偿还(Bullet Repayment)和期中偿还两大类。前者是指在债券有效期结束时才最终偿还本金,是国际债券中最典型的本金偿还方式;后者是指在最终偿还期未到之前就偿还本金。期中偿还又可以分为:

(1)定期偿还(Mandatory Redemption)。每半年或一年偿还一定金额,期满时还清余额。

(2)选择性偿还(Optional Redemption),也称为选择性购回,可进一步分为两种:一种是发行人选择性偿还(Callable Redemption),即发行人在债券发行的合同中预先制定赎回安排(Call Schedule)[①],有权在债券到期前,以相当于或高于票面值的价格直接向债券持有人购回部分或全部债券,使发行者可随时根据自己的情况调整债务结构,但可能使持有人失去将来可以获得的收益,因此,购回价格应超过票面价格,酌加升水加以补偿。另一种是持有者选择性偿还。发行人在发行债券时就明确约定了投资人有权选择在债券到期前的指定日期里,按固定价格将债券回售给发行人。

(3)购回注销(Purchase in the Market)。发行者在本身资金情况及所发债券在二级债券市场上的价格对己有利时,甚至在宽限期内,即从流通市场买回已发行的债券并注销。

2. 债券替换(Substitution)

债券替换是指用一种到期日较迟的债券来替换到期日较早的债券,一般以发新债来兑换未到期的或已到期的旧债。

3. 转换公司债券(Conversion)

转换公司债券是指举债公司用自己的股票来兑换债券持有人的可转换公司债券。

(五)票面利率(Coupon Rate)

票面利率是指发行者1年内向投资者支付的利息占票面金额的比例。确定票面利率时,应考虑投资者的接受程度、债券期限、市场利率水平、债券信用级别、利息支付方式及管理当局对票面利率的指导和管理等因素,它的高低直接影响发行人的发行成本和投资者的收益。

(六)付息方式

付息方式是指发行人在债券有效期内,何时和分几次向债券持有者支付利息。它分为一次性付息和分期付息两大类。一次性付息是在债务期间不支付利息,只在债券到期时按规定的利率一次性向持有者支付利息并还本的债券。一次性付息有三种形式:一是以单利计息,到期还本时一次付清所有应付的利息;二是以复利计息,将票面折算成现值发行,到期时票面额即等于本息之和,故按票面额还本付息;三是以贴现方式计息,投资人按票面额和应收利息之差价购买债券,到期按票面额收回本息。一般来说,在相同条件下,单利计息的到期一次性付息债券,其利率水平应高于分次付息的债券利率,以补偿投资者因不能将中期所得利息进行再投资的利益损失。分期付息债券又称附息债券,是在债券到期之前按约定的日期和票面利率分次支付利息,到期再偿还债券本金。分次付息一般分按年付息、半年付息和按季付息三种方式。对投资者来说,在票面利率相同的条件下,分次付息可获取利息再投资收益,或享有每年获得现金利息便于支配的流动性好处。

---

① 这种方式偿还的债券被称作可赎回债券(Callable Bond)。

三、国际债券的价格

影响债券价格的主要因素包括内部因素与外部因素。内部因素有债券的面值、债券的票面利率、债券的有效期、债券是否可以提前赎回或者可转换、债券的税收待遇、债券的流通性和债券的信用等级等。外部因素包括市场利率、投资者预期的市场因素水平、通货膨胀水平和汇率水平等,其中市场利率是主要的影响因素。当其他条件相同时,债券面值越大,价格越高;债券票面利率越高,价格越高;债券期限越长,市场价格的变动可能性越大,债券的市场价格与面值之间的偏差相对越高;债券所给予的税收优惠越高,投资者的收益越高。对于固定收益债券和零息债券而言,如果预期持有期内的市场利率上升,则债券价格会下跌。如果债券的计价货币走强,则会带动债券价格水涨船高;相反,如果计价货币的流动性较差、波动幅度较大,有贬值压力,则会降低债券的价格。

(一)发行价格

这是债券第一次发售的价格,一般根据预期收益率计算出来。

1. 单利计息

一次性还本付息债券的发行价格为:

$$发行价格 = \frac{偿还价格 + 年利息 \times 期限}{1 + 收益率 \times 期限}$$

2. 复利计息

多次付息债券的发行价格为:

$$P = \frac{C \times (1+r)^n - C + r \times R}{r \times (1+r)^n}$$

式中:P——发行价格;C——年息票;n——偿还期限;R——偿还价格(面值);r——到期收益率。

例如:已知某种债券的票面利率是5%,期限为20年,复利收益率为4%,每半年付息一次,求它的发行价格。

解:半年的利息收入 $C = \dfrac{5\% \times 100}{2} = 2.5(元)$

半年的收益率 $r = \dfrac{4\%}{2} = 2\%$

期限 $n = \dfrac{20}{0.5} = 40$

其发行价格为:$\dfrac{2.5 \times (1+2\%)^{40} - 2.5 + 2\% \times 100}{2\% \times (1+2\%)^{40}} = 113.68(元)$

(二)交易价格

二级市场上的债券交易价格主要是指转让债券的价格。一般来说,转让价格是指二级市场上债券还未到期,投资者就想收回本金时的卖出价格。附息债券的转让价格可用下面的公式计算:

$$P = \frac{C}{r} \times \frac{(1+r)^n - 1}{(1+r)^n} + \frac{R}{(1+r)^n}$$

式中:P——转让价格;C——年息票;R——面值;r——到期收益率;n——距离偿还的期限。

例如:票面为100元的附息债券,息票率为6%,到期收益率为8%,距离到期偿还还有5年。若一年付息一次,求转让价格。

解:$P = \frac{6}{8\%} \times \frac{(1+8\%)^5 - 1}{(1+8\%)^5} + \frac{100}{(1+8\%)^5} = 92.02(元)$

若每年计息两次,到期收益率变为4%,偿还期限变为10年,则其转让价格为:

$P = \frac{6}{4\%} \times \frac{(1+4\%)^{10} - 1}{(1+4\%)^{10}} + \frac{100}{(1+4\%)^{10}} = 116.22(元)$

交易价格的高低取决于公众对该债券的评价、市场利率以及人们对通货膨胀的预期等。一般来说,债券价格与到期收益率成反比,也就是债券价格越高,从二级市场上买入债券的投资者所得到的实际收益越低,反之亦然。不论到期收益率与票面利率的差异多大,离债券到期日越近,其价格变动越大。

四、国际债券的收益率

(一)债券收益率的含义

债券收益率是指债券收益与其投入本金的比率,通常用年利率表示,是衡量债券投资收益的常用指标。[①]

(二)债券收益率的类型

1. 名义收益率(Coupon)

名义收益率是指每年约定的利息额与债券面额的比率。固定利率债券的名义收益率往往就是票面利率(息票率)本身,浮动利率债券的名义收益率随着票面利率的浮动而浮动。

2. 即期收益率(Interest Yield)

---

① 债券的投资收益不同于债券利息,债券利息仅指债券票面利率与债券面值的乘积,它只是债券投资收益的一个组成部分,除了债券利息以外,债券的投资收益还包括资本收益(价差)和利息再投资所得的利息收入,其中价差可能为负值。

即期收益率也称当期收益率,是指投资者当期所获得的利息收入与投资支出的比率。用公式表示为:

$$即期收益率 = \frac{年利息收入}{投资支出} \times 100\%$$

3. 持有期收益率(Holding Period Yield or Holding Period Return, HPR)

持有期收益率是指买入债券后持有一段时间,又在债券到期前将其出售而得到的收益,包括持有债券期间的利息收入和资本损益与买入债券的实际价格之比率。用公式表示为:

$$持有期收益率 = \frac{年利息 + \dfrac{卖出价格 - 买入价格}{持有年数}}{买入价格} \times 100\%$$

例如:某债券面值为 100 元,息票率为 6%,期限为 5 年,某人以 95 元买进,持有两年后将其卖出,此时价格回涨到 98 元,求其持有期收益率。

解:持有期收益率 $= \dfrac{100 \times 6\% + \dfrac{98-95}{2}}{95} \times 100\% = 7.895\%$

4. 到期收益率(Yield to Maturity, YTM)

到期收益率是指投资者在二级市场上买入已发行的债券并持有到期满为止的年平均收益率,它将投资者持有债券获得的利息和资本收益都计算在内。按照现金流贴现法,到期收益率应该满足①:

$$P = \sum_{t=1}^{T} \frac{C}{(1+r)^t} + \frac{R}{(1+r)^T}$$

式中:P——购买价格;C——年息票;r——到期收益率;R——面值;T——投资者买入债券到债券期满之间的时间。

---

① 通过这一方法可以解出到期收益率,但这一方法计算过于复杂,通常用以下近似公式计算到期收益率:

$$r = \frac{C + \dfrac{R-P}{T}}{\dfrac{R+P}{2}} \times 100\%$$

例如:某投资者于 2002 年 1 月 1 日以 960 元价格购入 2001 年发行的 3 年期国债,面值 1 000 元,年末派息,票面利率为 3%。如果一直持有到期满,求到期收益率。

解:到期收益率 $= \dfrac{30 + \dfrac{1\,000 - 960}{2}}{\dfrac{1\,000 + 960}{2}} \times 100\% \approx 2.35\%$

需要说明的是,上述收益率的计算没有考虑交易成本、通货膨胀以及税收等因素的影响,同时也没有考虑把获得的利息进行再投资的因素,因此只是一种简单的近似计算,实际操作过程中还需要对上述计算公式作相应的调整。

第三节　国际债券市场

国际债券市场(International Bond Market)是由国际债券的发行人和投资者形成的金融市场,分为发行市场和流通市场。发行市场组织国际债券的发行和认购,流通市场安排国际债券的上市和买卖,两者相辅相成、相互联系。

一、国际债券市场的形成与发展

19世纪初,国际经贸往来迅速发展,国际债券市场逐渐形成。最初只是发行外国债券,主要满足国际贸易的需要以及弥补一国国际收支的逆差。19世纪20世纪初,外国债券的发行主要集中在英国伦敦。第二次世界大战爆发时,纽约取代伦敦成为最重要的外国债券市场。据估计,1946—1963年,美国大约发行了140亿美元的"扬基债券"。20世纪80年代,日本"武士债券"市场和瑞士法郎债券市场迅速发展。到20世纪80年代末,瑞士法郎的外国债券市场份额已经超过"扬基债券"市场份额而居于首位。除了这三大外国债券市场外,早期还存在一些规模较小的债券市场(如英镑、荷兰盾、西班牙比塞塔、卢森堡法郎等外国债券市场)。

20世纪60年代,许多国家有大量的美元盈余需要投入市场生息,而此时美国政府却对美国的外国债券进行了诸多限制,使得大量美元资金的借贷转向欧洲市场,由此产生了欧洲债券市场。第一笔欧洲债券由意大利国家高速公路管理局于1963年7月发行,该债券名义金额为1 500万美元,到期期限为10年,息票率为5.5%。绕过美国的利息平衡税是该债券选择在欧洲发行的主要原因。20世纪70年代,欧洲债券市场上发行最多的是欧洲美元债券,其次是德国马克债券和荷兰盾债券。随着布雷顿森林体系的瓦解,投资者开始重视多元化货币管理,欧洲债券市场上以日元、英镑、法郎以及加元为发行货币的债券迅速发展,欧洲债券市场的币种结构得以进一步丰富和完善。20世纪80年代,欧洲债券市场发展迅速。据统计,1990年,欧洲债券市场的发行量占国际债券市场发行量的3/4。1999年欧元诞生以后,欧洲债券市场的规模迅速扩大,提高了国际债券市场的流动性,欧元也成为债券市场上极为重要的发行币种。

国际债券融资得以高速成长的原因是多方面的。首先,20世纪80年代初期,源自发展中国家的债务危机使得国际商业银行蒙受了巨大的损失,而这一时期修订的《巴塞尔协议》对于跨国银行资本金的要求也导致银行收缩了一般信贷业务。其次,债券市场为投资者提供了收益稳定、高流动性、风险分散的投资工具。此外,各种债券融资工具对于发行人来说也具有筹资便利、降低筹资成本的优点。其中,欧洲债券市场一经产生就得到了迅速发展。从1980年至今,欧洲债券的发行量一直超过外国债券的发行量。如表7—2所示,截至2019年末,全球未清偿债券余额(含国内债券和国际债券)总规模为102.30万亿美元,其中,国际债券未偿余额为25.196万亿美元。发达国家是国际债券发行的主体,2019年末未偿余额达到17.515万亿美元,占全球国际债券余额的69.5%左右,其次是来自离岸中心的发行人,新兴市场及发展中国家在国际债券市场中所占份额相对较小,占比约为10.88%。中国居民发行的国际债券规模迅速上升,国际债券余额由之前不足200亿美元上升到2019年末的2 170亿美元。

表7—2　　　　　按发行人国别来源划分的未清偿国际债券　　　　单位:10亿美元

类型	2019年12月
发达国家	17 515
新兴市场及发展中国家	2 742
离岸中心	3 234
国际组织	1 705
合计	25 196

资料来源:*BIS Quarterly Review*,2020(6)。

表7—3显示了2019年末不同类型的发行主体所发行的国际债券数量。[①] 其中,金融机构是全球和发达国家国际债券发行的主体,分别占全部国际债券的69.8%和78.9%左右。非金融企业国际债券在全球的占比则呈现先降后升的趋势,2019年升至15.59%,政府和国际组织发行的规模较为接近,两者合计占当年全部未清偿国际债券余额的14.56%左右。政府一直是发展中国家发行国际债券的主体,21世纪初占比在60%以上,即便是在全球金融危机爆发的2008年仍占50.6%。虽然发展中国家政府发行的国际债券占比已呈逐步下降态势,但2019年政府仍是最主要的国际债券发行主体,占比为45.30%。金融机构和非金融企业发行的国际债券占比明显上升,分别由21世纪初的15%和20%左右逐步上升到2019年的28.67%和26.04%。与发展中国家不同的是,在中国,金融机构是国际债券发行的主体,占全部国际债券的比重由21世纪初的50%左右上升到2015年最高的75.3%,2019年缓慢下降到68.66%;政府国际债券占比则由21世纪初的40%左右逐步下降到2019年的11.06%;非金融企业国际债券占比明显提高,由21世纪初的5%左右逐步上升至2011年最高的28.1%,之后由于金融机构国际债券的迅猛发展,非金融企业国际债券

---

① 国际清算银行将国际债券发行主体分为政府部门、金融机构(包括中央银行、银行和非银行金融机构)、非金融企业和国际组织四大类。

占比逐步下降到 2019 年的 20.28%。[①]

表 7—3　　　　　按发行主体类型划分的未清偿国际债券　　　　单位：10 亿美元

类　型	2019 年 12 月
1. 金融机构	17 599
其中：银行	7068
2. 非金融企业	3 928
3. 政府	1 964
4. 国际组织	1 705
合　计	25 196

资料来源：BIS Quarterly Review，2020(6)。

近年来，国际债券市场上不同币种计价的债券都在迅速发展，但美元国际债券依然占据主导地位，在未清偿的国际债券中，美元标价的债券规模最大，其次是欧元计价的债券（见图 7—3）。

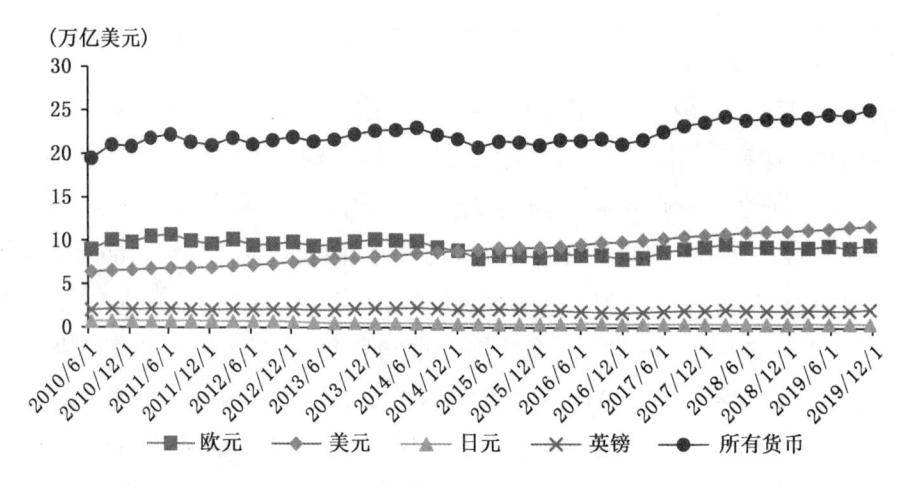

资料来源：BIS Quarterly Review，2020(6)。

图 7—3　按币种划分的未清偿国际债券

二、外国债券市场

外国债券市场是指某一国借款人在本国以外的另一国家发行以该国货币为面值的债券的市场。外国债券市场主要集中在少数发达国家的资本市场上，如美国、德国、

---

① 部分历史数据参见钟红：《论本币计价国际债券市场发展的影响因素——基于国别以及分部门视角的实证研究》，《国际金融研究》2019 年第 11 期。2019 年数据来自 BIS Quarterly Review，2020(6)。

瑞士、英国、荷兰和日本等。

从外国债券发行者的角度来看，一方面要受本国外汇管理法规的约束，另一方面又要获得发行市场所在国的批准。通常情况下，发行市场所在国的政府对本国债券和外国债券的管理非常不同[①]，外国债券发行人要受到发行市场所在国金融监管当局的监督与管理。

从外国债券投资者的角度来看，既可能面临发行者财务状况恶化而无力还本付息的信用风险，还可能面临债券发行国政局变动、新政府不承担前政府债务的政治风险。[②]

(一)外国债券的发行程序

外国债券的发行基本上要经历以下五个步骤：

1.选择与委托发行市场所在国的债券承销商

外国债券发行人决定发行债券后，首先需要在发行市场所在国选择一家有承销资格的债券主承销商。根据所在市场国的金融业经营模式，债券主承销商可以是专门从事证券发行的投资银行，也可以是一家全能银行的证券业务部。确定主承销商后，发行人需要与承销机构协商发行金额、发行价格、利率形式和水平等发行条件，债券发行的具体安排将通过承销机构完成。

外国债券的发行分为公募和私募两种方式。公募(Public Issue)是指借款者与国际大银行或证券公司协商，确定发行条件，选择牵头行组成银团包销。在这一方式下，必须详细公开有关资料。官方借款者必须提供关于政治经济局势、对外贸易、国际收支、国际储备和国内金融经济情况等资料。公司借款者则需要提供资产负债表、企业经营情况等资料。私募(Private Issue)是指借款者与若干家金融机构协商确定发行条件，然后由这些金融机构认购。这一方式发行的债券既不公开出售，也不在二级市场流通，借款者不必详细披露有关资料。

2.提出债券发行申请，接受信用评级

外国债券市场所在国的相关监管部门一般对外国债券发行人制定比较严格的准入条件，包括提出债券发行申请、拟发行债券的评级和市场所在国监管部门的审查与批准发行三个步骤，有明确的主管部门和相关审批程序。申请材料提交后，各国相关监管部门会对材料的真实性、完整性等进行严格审查，符合准入要求的申请才能被批

---

① 发行市场所在国政府对非居民在本国发行的债券(即外国债券)制定了单独的法律规定。例如，在金融监管上，通常表现为对发行者的信用等级、信息披露、发行时间、发行规模、注册与登记以及本国投资人是否可以购买等方面所作出的专门规定；在税收待遇上，通常表现为对本国投资人来源于外国(即发行人所在国)的投资所得是否可避免双重征税以及在本国如何纳税的规定等。

② 但是，若投资者是债券发行市场的当地居民，则一般不存在外汇风险问题，因为还本付息也是以当地货币为结算工具。

准。债券评级后,承销商根据本国监管部门的要求,为发行人准备好全部的申请材料并提交,经审查批准生效后,外国债券的发行就可进入下一步骤。

3. 向有关机构支付各种费用

外国债券的发行费用通常包括:①认购费用,即借款者支付给认购集团作为销售债券报酬的费用;②受托费用,即借款者支付给受委托筹办债券发行事宜的机构的费用,以及该机构在筹办过程中发生的差旅费和应酬费;③代理支付费用,即借款者支付给代理债券登记业务的机构的费用;④处理费用,即借款者在还本付息后取回所有的债券、息票、文书等支付给受托机构的费用;⑤其他费用,包括债券印刷费、广告费、律师费等。一般来说,各种外国债券发行费用占发行金额的比例为扬基债券 0.5%～1%,武士债券 2%～2.5%,瑞士法郎外国债券 2.5%～3%。

4. 向投资者销售债券

债券的销售由外国主承销商根据与发行人协商确定的具体发行方式进行操作。主承销商要对市场潜在投资者进行分析,并将初始发行说明书送到其手中。此阶段的核心是通过路演(Road Show)、推销报告、电话会议等方式使潜在投资人充分了解即将发行的债券。在此基础上,主承销商正式向市场发售债券。订单得到确认、交割后,发行便取得了成功。

5. 偿还到期债券

债券的偿还是按照预先约定的发行条件,由发行人在规定期限内向投资人还本付息的清算过程。通常资金的划拨由债券发行市场所在国的财务或支付代理人负责。

在不同国家,外国债券的发行程序不尽相同。下面以在美国和日本发行外国债券为例加以说明。在美国,按照 1933 年《证券法》,发行扬基债券必须要向管理当局注册,要达到美国证券交易委员会的信息披露要求。如果扬基债券需要上市交易,按照 1934 年《证券交易法》,还需要向管理当局注册,并达到上市交易的要求。另外,扬基债券的发行通常要由标准普尔公司和穆迪公司这样的评级机构评级,过去只有达到 AAA 等级的借款人才能发行扬基债券,后来这一规定有所放宽。扬基债券的发行不仅要符合美国联邦法律的规定,还要受《蓝天法》即各州法律的制约,如拟发行的扬基债券不符合某州的法律,便不得向该州居民发行。如纽约州法律规定,人寿保险公司所持各种外国证券的总值不得超过其资产的 1%,这就限制了该机构对扬基债券的购买,使之在纽约州的推销受到影响。

在美国债券市场上发行公募债券的手续较为复杂,从开始筹集到正式发行大约要用 6 个月时间。具体步骤是:第一,外国债券发行人首先要向美国的信用评级机构提供资料,以便后者调查和评定债券发行人的资信等级,同时还要草拟向美国证券委员会呈报的注册文件。第二,发行人选择一名主牵头公司,由它负责组织包销及有关工作。发行人同有关人员决定发行条件,并分发初次说明书。但在委员会宣布登记报告书生效之前,不得出售有价证券。第三,美国证券委员会对注册报告进行审查,并对其中一些明显的疑问向发行人提出意见,发行人应对此作出明确答复。第四,发行人根据证券委员会的意见对提交的注册进行补充修改,提交一份"补充说明书"作为发行说明书的最后文本。第五,发行人和有关认购人员签订认购协议,并向包销团成员分发债券。第六,证券交易委员会收到"补充说明书"和请求,在当天几小时之内,即通知注册报告生效。发行人及其有关人员选择一个生效日期,根据他们视为最有利的市场条件给有价证券定价并正式发行。

日元公募债券的发行手续是:第一,发行人选择牵头人、支付代理人、计划发行债券的各项工作。发行人为牵头人编写有价证券申请书,后者向大藏省申请以及起草有关合同文件。第二,集团讨论有价证券申报书和其他合同文件,定稿后印刷成册,签字生效后向大藏省递交。第三,牵头人组织承购团,发行双方共同确定承购团成员。第四,牵头人代表发行人向日本银行递交呈报书,申请支付日元投资资金。第五,发行双方最后确定发行条件,牵头人与其他承购团成员签订承购合同。第六,发行人签订承购合同、募集委托合同、登记合同和支付合同,将这些合同作为附件,第二次向大藏省提交有价证券申请书,并得到批准生效。第七,开始销售债券。销售结束,投资人在规定日期内向发行人缴款。两个月后,债券在东京证券交易所上市。

(二) 外国债券的交易

外国债券的二级市场包括证券交易所和柜台市场。符合上市条件的外国债券可以在证券交易所交易,不符合上市条件或者没有申请上市的则在投资银行或证券公司柜台上交易。

上市的扬基债券通常在纽约证券交易所交易,上市的武士债券通常在东京证券交易所交易。以东京证券交易所为例,武士债券交易分为大宗交易和非大宗交易。前者是指1 000万日元或1 000万日元以上武士债券的交易。交易时间是东京时间上午9:00到11:00以及下午12:30到3:00,交易基本单位是100万日元的武士债券,最小价格变化幅度是每100日元0.01日元,接受限价指令,成交后在3个营业日内滚动交割,即分批交割。后者是指1 000万日元以下武士债券的交易。交易时间是东京时间下午1:30到2:00,基本交易单位是10万日元的武士债券,最小价格变化幅度是每100日元0.001日元,接受市价指令和限价指令,成交后正常交割时间是成交后3个营业日内,但签订特别协议可以延长到15个营业日交割。

(三) 主要的外国债券市场

1. 美国外国债券市场

扬基债券以其价值、流动性及收益率为大多数投资人所青睐,因而形成了世界上规模最大、资金实力最强、发展最成熟的外国债券市场。20世纪80年代,该市场一直被AAA级和AA政府债券、地方债券以及国际机构债券所垄断。到了90年代,其市场构成以A级和BBB级公司为主,且亚洲发展最快。扬基债券的特点是:第一,期限长,数额大。期限通常为5~7年,一些信誉好的大机构发行的扬基债券期限甚至可达20~25年。近年来,发行额平均每次都在7 500万~1.5亿美元,有些大额发行甚至高达几亿美元。第二,美国政府控制较严,申请手续远比一般债券繁琐。扬基债券必须经美国证券交易委员会批准才能够出售给美国民众。第三,发行者以外国政府、国际组织和外国银行为主,也有一部分为公司借款人。第四,投资者以人寿保险公司、储蓄银行等机构为主。第五,非常重视信用评级。无担保债券发行数量比有担保债券发行数量多。

2. 日本外国债券市场

武士债券的特点是:第一,发行和募集需首先向日本大藏省申报,批准后方可发行,发行时需要日本某家证券公司作为主承销商。第二,主要发行人是信用评级较高的国际机构和主权国家。发展中国家在日本债券市场发行的比较多。第三,期限一般为5~20年,多在东京证券交易所交易。第四,日本公募债券缺乏流动性和灵活性,不容易做美元互换业务,发行成本较高。

20世纪80年代中期以前,日本政府对外国借款者在日本发行武士债券实行严格的控制,如借款者的信用等级必须达到AAA级,借款者获得的日元必须转换为外国货币等。1984年以后,日本政府放宽了对武士债券市场的管制,原则上信用等级在A级以上的国际机构、外国政府、外国政府机构、有政府担保的借款者,都可以发行武士债券,于是该市场活跃起来了。

3. 瑞士外国债券市场

瑞士外国债券市场具有以下特点:第一,瑞士法郎外国债券业务的经营仅限于瑞士本国的银行与金融公司;第二,发行公募债券需经瑞士银行批准,期限一般为8~15年,一律由固定的包销团包销,且分配比例通常固定;第三,私募债券的发行量比公募债券大;第四,外国债券的流通市场不如发行市场的规模大,因为大部分债券都存入瑞士各银行的顾客账户里,一直持有到期满。

4. 德国外国债券市场

德国的外国债券市场在法兰克福,是仅次于纽约和瑞士的外国债券市场。其债券期限为5~10年。德国由6家主要银行组成外国债券小组委员会,委员会每月召开一次会议,决定和公布发行债券的时间和发行量,以自我调节的方式调整债券的发行。

5. 英国外国债券市场

英国外国债券市场历史悠久,其债券期限为5~40年,债券利率多参照相同期限的金边债券(Gilts)利率而定。外国政府或外国私人企业均可发行,分为公募和私募两种,前者由伦敦市场的银行组织包销,后者则由管理集团包销。

三、欧洲债券市场

欧洲债券市场随着欧洲货币市场的形成而逐渐兴起,产生于20世纪60年代,最先形成的是欧洲美元债券市场。目前欧洲美元债券市场规模最大,在全球国际债券市场中占主导地位。2008年金融危机后,欧洲美元债券市场发展放缓,2008—2018年年均增长率降至6.4%,截至2019年第二季度,欧洲美元债券存量规模约为11.4万亿美元(见图7—4),在全球国际债券存量规模中的占比约为46.4%。

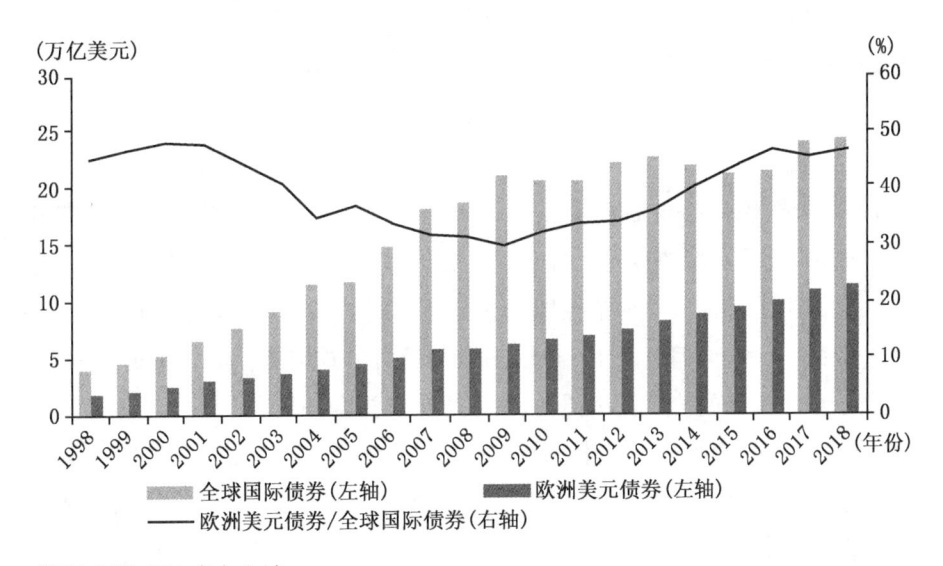

资料来源:BIS,东方金城。

图7—4 全球国际债券和欧洲美元债券存量规模及占比

(一)欧洲债券的发行程序

发行条件与外国债券基本相同,但发行欧洲债券通常不受发行市场所在国管制的干扰,具体而言,包括以下几个步骤:

1.选定牵头行

债券发行人选定一家与自己有业务往来且关系密切的银行作为牵头行,多数为资历雄厚的大型跨国银行或国际联合银行。其职责是带头认购一部分债券,并组织银团来承销全部债券,是债券整个发行工作的组织者。

2.宣布发行债券,组织承销辛迪加(Underwriting Syndicate)

欧洲债券发行金额比较大,不是一家银行可以包销的,要经过辛迪加银行集团的承购包销。完成与发行人的协商后,牵头行即可组织银团。大约两周后,牵头行举行新闻发布会,宣布发行债券,并向可能参与承销或销售的银团成员发出传真邀请函,后者通常要在 7～10 天内给予答复。与此同时,牵头行开始根据承销商的意向分配认购额。

3. 确定最终发行条件,正式发行债券

牵头行和发行人在认购期即将结束时确定最终的债券发行价格,并且签订认购协议,欧洲债券开始正式发行。牵头行通知各承销商和销售商的认购额,然后承销集团和销售集团开始债券的销售活动。发行期一般为两周,在此期间,牵头行会通过买入或卖出欧洲债券的方式稳定债券的市场价格。

4. 进行结算,债券发行结束

结账日到来时,各承销集团和销售集团成员会将欧洲债券的认购资金存入牵头行的账户,牵头行将相应资金交付债券发行人,投资人得到债券。

由于国际债券市场上竞争激烈,除了传统的发行程序外,欧洲债券的发行方法还有:

(1) 预定价销售(Pre-priced Deals)。预定价销售是指牵头行组织少数几家银行组成承销辛迪加,对某一新债券的发行先预先定价,并全额承购,然后对外销售。这种发行方式大大减少了承销辛迪加中经理行和销售集团的参与人数,提高了发行效率,认购期从一般的 7～10 天缩短至 1～4 天。然而,这种方式增加了辛迪加成员的风险,若不能以高于预定价格的价格售出债券,则由成员承担全部损失。

(2) 包买(Bought Deal)。具体做法是:牵头行在发行日宣布之前按照确定的条款从发行人手中买下全部债券后,再安排组织承销辛迪加。发行条件在认购期之前固定下来,缩短了整个发行时间,并减少了承销商和销售集团的人数,当然也增加了牵头行的风险。

(3) 收益定价(Yield Pricing)。在这种方式下,报盘日之前不公布初步发行条件,在接近认购期结束时才确定债券的息票率、价格、佣金等条件。发行价格按照其他相似条件发行的债券由二级市场的价格来确定。这一方法同样可以缩短债券发行时间。

(4) 拍卖发行(Auction Issue)。发行人宣布国际债券的期限和利率,并邀请投资者投标。潜在投资者按照平价的一定百分比投标,并附上愿意按此价格购买相应数量的声明。发行人按照价格优先的原则,首先满足出价最高投资者的规模数量,根据投标价格由高到低分配债券直到售出全部国际债券。这一方法类似于美国政府债券的发售,可以减少经理费和辛迪加费用,对知名度较高的主权发行人、国际组织等较为有利。

(5) 固定价格再发行(Fixed Price Re-offer,FPRO)。债券发行时,由借款人向牵头经理发出委任书,然后牵头经理组织一个小型的辛迪加参与发行。在正式发行之前,牵头经理与辛迪加的核心成员就发行价格进行协商,确定价格后,辛迪加成员签订协议,承诺在发行过程中以商定的价格将债券出售给最终投资者。当牵头经理认为债券出售额已足够大时,才宣布取消价格限制,并允许债券自由交易。但它仍有义务维持债券价格,并应报出买入价,以再出售价格(Re-offer Price)买入他人出售的债券。其实质是保证每笔债券销售的边际收益,因为机构投资者不能按照发行价格的折扣购买债券。这种方式增加了发行市场的透明度,保证了发行市场价格的统一。它只适用于需在短期内迅速将债券出售给机构投资者的大额债券发行,而不适合向个人投资者的发行。

从欧洲债券发行方式的发展来看,总的趋势是发行辛迪加的规模趋向于缩小,发行时间趋于缩短。可以预见,随着欧洲债券市场的发展,新的发行方式将不断涌现。

(二)欧洲债券的交易

欧洲债券的交易分为场内交易和场外交易,以场外交易为主。该市场是由美国的经纪公司、跨国银行以及欧洲和日本的主要银行组成的通信网络。债券买卖一旦成交,交易价格就确定下来,但债券和资金的转手(即交割)要到起息日才能进行。欧洲债券交易起息日通常在成交后一个星期。

(三)欧洲债券的清算

债券清算的主要目的是减少因债券交易而发生的债券转手成本。欧洲债券的清算采取了类似于外汇交易和欧洲货币存款交易的方法,即有关金融机构在进行一笔债券交易后,只需改变账户上所有者的名称和金额即可。大多数欧洲债券的清算通过两个主要清算系统——欧洲清算系统(Euro Clear System Limited)和塞德尔国际清算机构(Cedel Centre of Delivery)进行。清算系统通过与世界各主要银行的联系,建立了以遍布世界各金融中心的大银行为受托人的提供委托保管服务的全球网络。

1. 欧洲清算系统

1968年,美国摩根保证信托公司联合一些美国银行在布鲁塞尔成立了第一家专门交易欧洲债券的金融机构,称为欧洲清算公司(Euro Clear),它可用记账办法组织二级市场交易。1972年,该公司发展成为由118家银行和非银行金融机构共同拥有的、在英国注册的公司,改称为欧洲清算系统。该系统拥有先进的电路设备,在纽约、伦敦、卢森堡、苏黎世、法兰克福等16个国家或地区的金融中心设立了债券清算、存放代理机构和货币清算行,具有安全及时、服务周到、对市场变化敏感等特点。

2. 塞德尔国际清算机构

该机构于1970年成立,总部在卢森堡,业务范围与欧洲清算系统大致相同,在各国金融中心设有45家债券实体清算存放机构,并与这些地方的37家银行建立了货币清算代理关系。

专栏 7—1　亚洲美元债券市场发展现状

亚洲美元债券是指在亚洲地区(多为在新加坡证券交易所、香港联合交易所)发行的离岸美元债券,属于欧洲债券的一部分。1971 年,新加坡发展银行首次发行美元债券,同年香港怡和国际公司发行 1 500 万美元的债券,形成最初的亚洲美元债券市场,发行地以新加坡和香港为中心。初期亚洲美元债券市场发展缓慢,总金额仅 22.3 亿美元,在整个欧洲债券市场中所占比重较小。1976 年后,在新加坡政府的积极支持下,亚洲债券市场国际化程度不断加深。1983 年,世界银行进入该市场,欧洲投资银行、法国里昂信贷银行等国际著名债券发行机构也经常发行亚洲美元债券筹措资金。

2008 年以来,在亚洲新兴经济体庞大的融资需求带动下,亚洲美元债券市场进入扩张阶段,发行量和存量规模均快速攀升,主要呈现以下特征:

(1)发行量大幅扩张,中资美元债券逐渐占据主导。2009—2018 年,亚洲美元债券市场存量规模从 421 亿美元增长至 1 万亿美元,增幅在 20 倍以上,总发行额从 353 亿美元增长至 2 550 亿美元,增长 6 倍以上,其中 2017 年达到 3 424 亿美元的历史最高发行额(见图 7—5)。截至 2019 年 12 月初,亚洲美元债券未偿余额达到 1.3 万亿美元。这是由于:一方面,亚洲新兴经济市场发展较快,融资需求随之增长;另一方面,发达国家量化宽松政策导致全球流动性过剩、利率水平走低,使新兴市场国际融资成本下降。其中存量规模排名前三位的国家和地区分别是:中国大陆(7 490 亿美元,57.3%)、中国香港(1 005.7 亿美元,7.7%)和澳大利亚(855.3 亿美元,6.5%)。中资美元债券存量占比从 2010 年的 10% 左右上升到 2019 年的 50% 以上。

资料来源:Bloomberg,东方金诚。

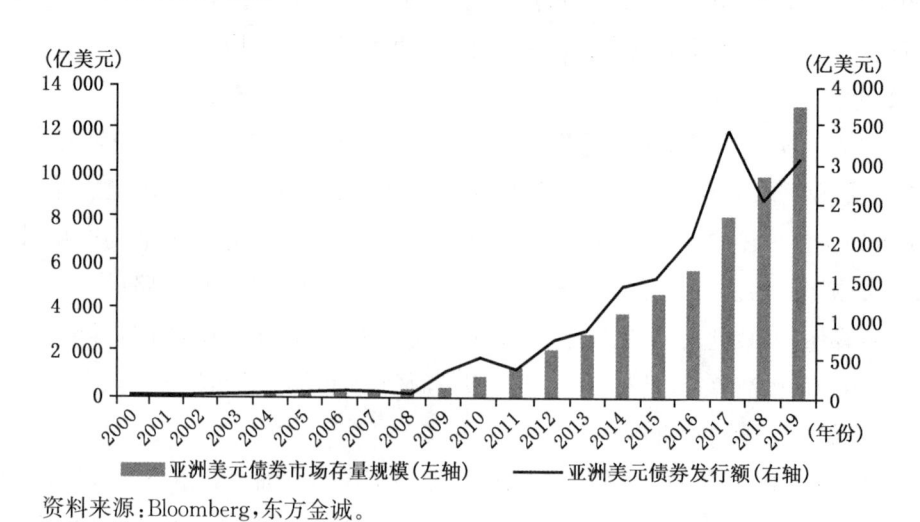

图 7—5　亚洲美元债券存量规模及发行量

(2) 发行行业主要分布于银行、地产和主权债。从亚洲美元债券发行行业(按照 Bloomberg BIC2 分类)占比来看,排名前五大行业分别为银行(24%)、地产(12%)、主权债(8%)、金融服务(6%)和产品加工类(5%)。从国家主权级别与发债行业关系来看,主权评级较高的国家和地区如澳大利亚、韩国、新加坡和中国等,非政府实体发债相对较多;主权评级较低的国家和地区如越南、蒙古国、巴基斯坦和斯里兰卡,非政府实体受主权评级上限的影响发行成本较高,仍以发行政府主权债券为主。

(3) 信用评级以投资级债券为主,高收益债券占比上升。从亚洲美元债券发行历史看,级别为 A 和 BBB 的债券发行量一直较高,但 B 级别(包括 B、B+ 和 B-)的发行量占比在 2019 年已提升至 15.4%,超过 A 级别 15.3% 的占比。从评级分布来看,截至 2019 年 11 月,亚洲美元债券以投资级发行人为主,投资级债券占比约为 68%。其中,存量占比最大的分别是无评级(14.6%)、BBB(12.4%)、A+(10.8%)和 BBB+(10.5%)(见图 7—6)。

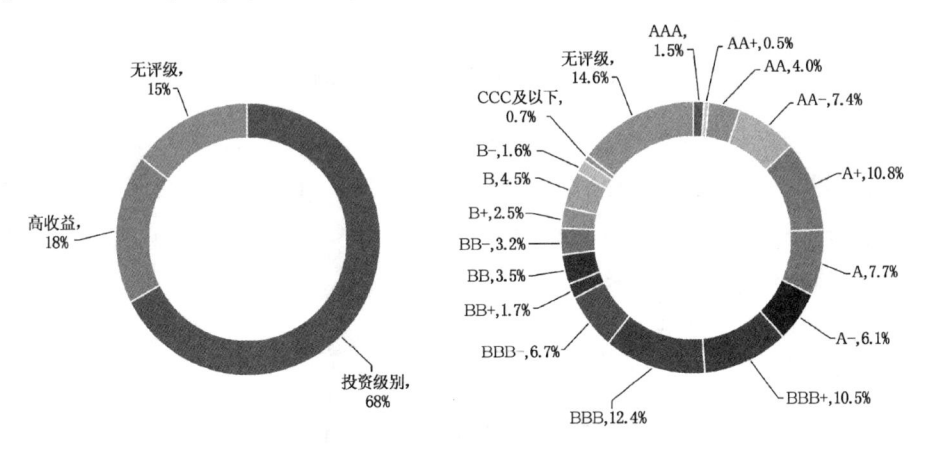

资料来源:Bloomberg,东方金诚。

图 7—6 2019 年亚洲美元债券评级结构

(4) 发行期限以 3~5 年为主。亚洲美元债券的发行期限以 3~5 年为主,以发行主权债为主的国家债券期限普遍较高,反之越低。根据 2019 年 11 月的统计数据,从发行期限占比看,3~5 年和 7~10 年中长期债券分别占比 28.9% 和 27.8%,居于主导(如图 7—7 所示)。其中 3~5 年期主要是亚洲不同国家发行的信用债,7~10 年期主要是主权和类主权的美元债券。两类国家或地区发行期限较长:一类是以发行主权债为主,如印度尼西亚、哈萨克斯坦、菲律宾、马来西亚等;另一类虽然以发行非主权债为主,但国家或者区域主权评级高,例如澳大利亚、中国香港。主权评级相对不高,以发行非主权债为主的国家,如中国和印度,

国际投资者对其期限风险容忍度下降,因此,这类国家美元债券存量久期偏低。

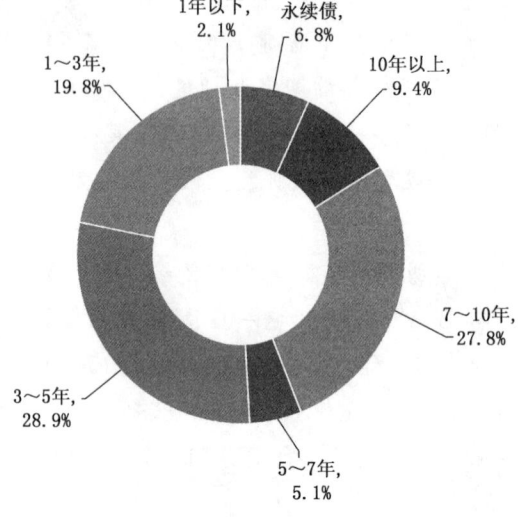

资料来源:Bloomberg,东方金诚。

图7—7 亚洲美元债券期限结构

(5)投资者主要是欧美机构投资者,中资参与者较少。亚洲美元债券市场以银行、基金、资管等机构投资者为主导。截至2019年11月,排名前10位的机构投资者所持份额达到37.4%,集中度较高(见表7—4)。持仓份额前20位均未出现中资机构,可能是QDII的额度限制,在一定程度上制约了中资机构直接参与亚洲美元债券市场,考虑到投资额度现已取消,未来中资参与国际美元债投资的前景可期。

表7—4 亚洲美元债券机构投资者持仓份额排名

排名	持有人	份额(%)
1	Allianz SE	7.35
2	Blackrock	6.96
3	JP Morgan Chase & Co	4.80
4	HSBC	3.81
5	Prudential PLC	3.21
6	Value Partners Group	3.07
7	Credit Suisse Group AG	2.52

续表

排名	持有人	份额(%)
8	Schroders PLC	2.16
9	Vanguard Group	1.85
10	Prudential Financial	1.67
合计		37.4

资料来源：Bloomberg,东方金诚。

(6)违约率显著低于世界平均水平。截至2019年11月,亚洲美元债券违约金额为593亿美元,整体违约率仅为0.45%,大幅低于欧美市场债券违约率。亚洲美元债券的两次违约高峰分别发生在2012年和2018年。2012年,亚洲美元债券违约金额为89.54亿美元,违约率3.67%,哈萨克斯坦外债违约是造成亚洲美元债券违约高峰的主要原因。2018年,中资美元债券违约金额为53.56亿美元,占当年亚洲美元债券违约总额的93%。

(资料来源:曹源源、白雪,《走进充满机遇的亚洲美元债市场》,东方金诚国际信用评估有限公司研究报告。)

第四节 中国债券市场的对外开放

债券市场的对外开放是指债券类有价证券的发行、投资和交易超越了一国的国界。狭义而言,它主要包括以下两个方面的内容:一是债券融资的开放,即外国政府、企业、金融机构以及国际金融机构在本国的债券发行和本国的政府、企业、金融机构在外国及国际债券市场上的债券发行;二是债券投资的开放,即外国投资者对本国的债券投资和本国投资者对外国的债券投资。中国债券市场的开放,主要围绕"引进来"和"走出去"两个方面展开。在"引进来"方面,表现为逐步放开境外机构在境内发行债券和进行债券投资;在"走出去"方面,主要表现为有序推进境内机构境外发行债券和开展境外债券投资。

一、中国境内机构境外发行外币债券

境内机构在境外发行外币债券可以视为我国债券市场最早的对外开放举措,始于

20世纪80年代初。为了利用外资,加快经济建设步伐,1982年1月,中国国际信托投资公司率先在日本东京债券市场发行了100亿日元的私募债券。债券期限12年,宽限期5年,从1982年1月29日起计息,年利率为8.7%,每半年付息一次,宽限期后每年还款8%。从1987年起,我国财政部开始代表中央政府在境外发行外币主权债券。

1993年以前,我国在国际债券市场的筹资主体主要是中国国际信托投资公司和特定的金融机构。1993年以后,我国逐渐改革国际债券发行方式,允许企业直接进入国际债券市场,国家外汇管理局实施总量控制,国内借款人要接受国际信用评级机构的审查,于是,我国一些上市公司和跨国公司也陆续进入国际债券市场。

2003年1月《外债管理办法》的出台,基本确立了境内机构境外发债业务的严格审批核准制度。近年来,随着改革开放的不断深化,境内机构境外发债业务完成了从审批制到登记备案制的转变,并建立了本外币一体化、全口径跨境融资审慎管理的机制,带来诸多政策红利,如审批流程简化、跨境融资额度扩大、境外发债资金可意愿结汇、采用内保外贷方式境外发债不再受到资金回流的限制等。在监管环境相对宽松、境外融资成本低、企业加快"走出去"和人民币国际化等多重因素影响下,我国境内主体在境外发行国际债券增长迅猛,据彭博的不完全统计,2018年中资机构海外发行美元债券接近1 900亿美元。同时,境内主体投资境外债券市场的规模亦在不断攀升。根据国家外汇管理局《中国国际投资头寸表》的数据,截至2018年末,在不包含外汇储备资产的统计口径下,中国对外债券资产余额为2 279亿美元,约占对外全部证券投资的46%。

二、国外机构境内发行人民币债券

经国务院批准,2005年9月28日,国际金融公司和亚洲开发银行成为首批在华发行人民币债券(又称熊猫债券)的国际多边金融机构。2008年12月,国务院明确进一步放开境外机构和企业在境内发行人民币债券。2010年9月,中国人民银行会同其他相关部门颁布《国际开发机构人民币债券发行管理暂行办法》,提升了熊猫债券市场活跃度。2013年,境外非金融企业在银行间债券市场募集资金渠道正式建立,经注册核准后可发行债务融资工具。德国戴姆勒公司在银行间市场定向发行了50亿元非金融企业债务融资工具。2015年9月,香港上海汇丰银行有限公司和中国银行(香港)有限公司分别在我国银行间债券市场发行10亿元和100亿元人民币债券。2015年12月15日,韩国政府在中国银行间债券市场发行30亿元3年期人民币债券,成为首笔主权"熊猫债"。2018年9月,中国人民银行和财政部联合发布公告,将国际开发机构人民币债券发行纳入境外机构在境内发行债券框架予以统一管理,进一步完善了境外机构在银行间债券市场发行债券的制度安排。

经过十多年的发展和建设,熊猫债券市场规模稳步增长,债券发行主体不断扩大,已涵盖境外政府类机构、国际开发机构、境外金融机构与境外非金融企业。其中,境外非金融企业的熊猫债券发行量占市场总量的80%以上。截至2020年5月末,熊猫债券累计发行规模已达4 053.7亿元,其中存量规模为2 777.7亿元。[①]

> **专栏7—2　特别提款权计价债券登陆中国银行间债券市场**
>
> 2016年8月31日,国际复兴开发银行(世界银行)在中国银行间债券市场成功发行首期特别提款权计价债券"木兰债",发行规模为5亿特别提款权,折合人民币46亿元,期限为3年,票面利率为0.49%。这标志着中国特别提款权债券市场正式开启。1980年以前,国际市场一共发行过13笔特别提款权计价债券,累计金额仅为5.94亿美元,这将成为35年来全球发行的首只特别提款权计价债券。
>
> 此次特别提款权计价债券的发行,具有里程碑式的重要意义:
>
> 首先,特别提款权多年来仍未成为一种实际交易货币,使用范围狭窄,重启特别提款权计价债券市场是扩大特别提款权使用、增强全球经济金融稳定性的重要环节。特别提款权分为由国际货币基金组织官方分配的SDR(Official SDR, O-SDR,仅由指定官方部门持有)和市场上以特别提款权计价的金融工具(Market SDR,M-SDR)。M-SDR不牵涉国际货币基金组织分配的官方特别提款权,特别提款权仅作为计价单位,可随时由任何一方持有和发行,不论是私人还是官方部门,无须国际货币基金组织批准,且发行利率、结算货币也由发行方决定。此次世界银行发行的特别提款权计价债券便属于M-SDR,有助于强化特别提款权作用,使M-SDR形成二级市场。
>
> 其次,在全球金融市场动荡期,特别提款权计价债券是一种优质的投融资工具。特别提款权计价债券为投资者提供了一种相对安全的资产选项。它的成功发行,体现了这类债券规避单一货币工具利率和汇率风险、多元化境内外投资者资产配置的优势,此次债券的正收益对投资者也十分具有吸引力。
>
> 第三,特别提款权计价债券助力中国债券市场开放扩容,间接推动人民币国际化进程。发行特别提款权计价债券,不仅可以丰富我国债券市场交易品种,改善发行人与投资者结构,也将顺应人民币加入特别提款权的新机遇,进一步推进我国债券市场开放。

[①] http://bond.10jqka.com.cn/20200628/c621355351.shtml。

> 世界银行对于获得此次机会也十分满意。世界银行目前每年通过向投资者提供20多种货币的债券,在国际资本市场筹集500亿~600亿美元资金。在中国发行"木兰债"的计划,是世界银行支持新市场发展战略的组成部分,它扩展了世界银行的产品种类,有助于吸引新的国内和国际投资者购买世界银行债券。世界银行的一份资料显示,之所以选择在中国发行特别提款权计价债券,主要是出于以下考虑:在中国发行特别提款权计价债券,将支持20国集团扩大特别提款权使用的目标,帮助促进中国国内资本市场的发展,也将拓展中国投资者在国内债券市场获得外币债券的渠道,并为在中国寻求优质投资产品的国际投资者创造新的投资机会。
>
> (资料来源:钟红、赵雪情,《协调推进SDR债券市场》,《中国金融》2016年第18期。)

三、境外发行离岸人民币债券

离岸人民币债券是指在中国大陆以外地区发行的以人民币为结算单位的债券,定期获得利息、到期归还本息均以人民币支付,始于中资银行在香港发行的点心债券(Dim Sum Bond)。2007年7月,国家开发银行在香港完成50亿元人民币债券的发行,成为首家获批赴港发行人民币债券的境内银行。汇丰银行(中国)和麦当劳则分别成为第一家获准在香港发行人民币债券的境外法人银行和外资企业。2009年9月28日,财政部在香港发行60亿元人民币债券,这是我国首次在内地以外地区发行以人民币计价的主权债券。

2012年前,离岸人民币债券都是在香港发行,近年来,随着人民币国际化进程提速,离岸人民币债券市场取得了突破性发展。首先,发行规模不断扩大,2011年发行规模突破千亿元,2014年达到1 890多亿元的历史高峰。2019年上半年共计发行离岸人民币债券170多只,募集金额1 066.07亿元。截至2019年11月底,全年境外人民币债券新发规模达1 790亿元,比2018年大幅增加1 000亿元,增幅超过126%(见图7—8)。[①] 其次,发债主体日益丰富,由财政部和境内银行扩展到境内外企业、外国政府及跨国组织或机构。最后,区域分布拓展到全球,"宝岛债""狮城债""凯旋债""大洋债""莲花债""申根债""彩虹债"等多种离岸人民币债券相继出炉。截至2019年上半年,包括中国香港在内,已有伦敦、中国台湾、新加坡、德国、卢森堡、巴黎、莫斯科等

---

① 参见贾知青、杜帅、毕玉升:《境外人民币债券市场回顾与展望》,《债券》2019年第12期。

十余个国家和地区出现了离岸人民币债券，为境外人民币提供了新的投资渠道。

(亿元人民币)

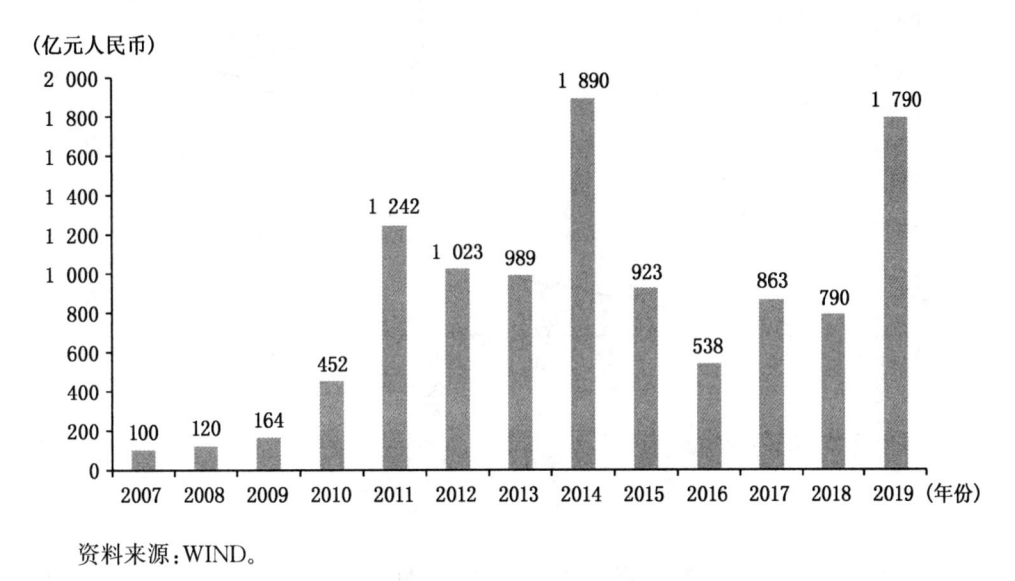

图7－8　2007年至2019年11月境外人民币债券发行规模

资料来源：WIND。

数据：2007年100；2008年120；2009年164；2010年452；2011年1 242；2012年1 023；2013年989；2014年1 890；2015年923；2016年538；2017年863；2018年790；2019年1 790。

四、引入和拓展境外投资主体

2002年，央行允许境内的外资法人金融机构以备案形式进入银行间债券市场投资债券，同年开放合格境外机构投资者（Qualified Foreign Institutional Investor，QFII）进入中国证券市场，使得中国境外基金管理机构、保险公司、证券公司等可以在中国证券市场进行投资。QFII制度正式启动后，2011年底我国又推出RQFII，即人民币合格境外机构投资者制度，海外投资者可以使用人民币在境外募集投资于境内股票和债券市场，试点范围从香港逐步扩大到19个国家和地区。2019年9月10日，国家外汇管理局进一步取消QFII和RQFII投资额度限制，取消RQFII试点国家和地区限制，极大地便利了境外投资者投资境内金融市场。截至2020年3月31日，国家外汇管理局审批QFII投资额度1 131.59亿美元，RQFII投资额度7 124.42亿元人民币（见图7－9）。[①]

2005年5月，泛亚债券指数基金（PAIF）获准进入中国银行间债券市场投资，这是我国银行间债券市场引入的第一家境外机构投资者。2010年8月16日，中国人民银行发布《关于境外人民币清算行等三类机构运用人民币投资银行间债券市场试点有关事宜的通知》，允许境外中央银行或货币当局、香港和澳门地区人民币业务清算行、

[①] 张一帆：《外汇局：至3月底审批QFII投资额度1131.59亿美元》，《证券时报》2020年3月31日。

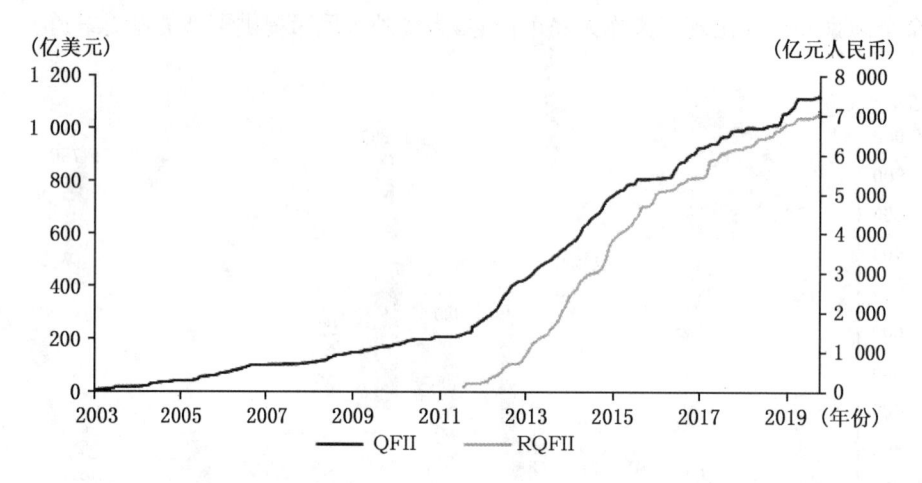

资料来源：WIND，华泰证券研究所。

图 7-9　QFII 和 RQFII 投资额度

跨境贸易人民币结算境外参加银行三类境外机构进入银行间债券市场投资试点。2015 年 7 月，境外央行或货币当局、国际金融组织、主权财富基金（央行类机构）被允许自由进入中国银行间债券市场并自由选择代理，且没有投资额度和产品限制。2016 年 2 月 24 日，中国人民银行发布公告，允许各类境外金融机构及其向客户发行的投资产品，以及养老基金、慈善基金、捐赠基金等投资银行间债市，同时取消了投资额度限制。

自此，银行间债券市场境外机构迎来一次又一次扩容，目前已涵盖 QFII、RQFII、境外央行、国际金融组织、主权财富基金以及在境外依法注册成立的商业银行、保险公司、证券公司、基金管理公司及其他资产管理机构等各类金融机构，以及上述金融机构依法合规面向客户发行的投资产品，与养老基金、慈善基金、捐赠基金等中国人民银行认可的其他中长期机构投资者。

五、建立内地与香港的互联互通合作——债券通

2017 年 5 月 16 日，中国人民银行与香港金融管理局发布联合公告，决定同意两地金融市场基础设施开展香港与内地债券市场互联互通合作。同年 7 月 3 日，"债券通"北向正式开通，即香港及其他国家与地区的境外投资者经由香港与内地基础设施机构之间在交易、托管、结算等方面互联互通的机制安排，投资于内地银行间债券市场。"债券通"是债券市场对外开放的一大突破和创新，成为国际投资者进入中国债券市场的重要渠道。截至 2020 年 6 月底，"债券通"已汇集了 2 012 家境外投资者。全球排名前 100 的资产管理公司中已有 72 家完成备案入市。此外，"债券通"还在 2020

年6月迎来了首批俄罗斯投资者,服务范围扩展至全球33个国家和地区。2020年上半年,"债券通"交易量达2.331万亿元人民币,日均交易量为199亿元人民币,参与机构数量和日均交易量均超过直接入市渠道。① 未来将适时研究将"债券通"扩展至"南向通",使离岸与在岸之间人民币双向流通机制更加完善和有序。此外,中英"债券通"也处于可行性研究中。

"债券通"与原有的直接入市及QFII、RQFII等多种渠道并存的开放模式互为补充,较好地满足了境外投资者的需求,进一步助推了中国债券市场的开放。境外机构参与境内债券市场的数量和规模均出现较快增长,中国债券市场对外开放持续扩大。中国人民银行数据显示,截至2020年6月末,我国债券市场存量规模为108万亿元人民币,位居全球第二。共有近900家境外法人机构进入银行间债券市场,覆盖世界60多个国家和地区,持有人民币债券规模约2.6万亿元,2017年以来每年以近40%的速度增长。境外机构持债规模占我国债券总量的比重为2.4%,持有国债规模占比达9%。②

综上所述,近年来我国债券市场在"请进来"和"走出去"两方面都取得了重大进展。从2019年4月1日起,中国债券被正式纳入彭博-巴克莱全球综合指数,凸显了中国债券市场深化开放所取得的成绩,以及环球市场对中国债券市场开放的认可。未来中国债券市场的国际化步伐有望继续加快。

专栏7—3 中国债券纳入国际债券指数

当前,国际上使用最广泛的三大旗舰债券指数分别为彭博-巴克莱全球综合指数(Bloomberg Barclays Global Aggregate Index)、富时世界国债指数(WGBI)以及JP摩根全球新兴市场多元化债券指数(GBI-EM Global Diversified)。

2019年1月31日,彭博公司正式确认,人民币计价的中国国债和政策性银行债券将从2019年4月起被纳入彭博-巴克莱全球综合指数,并将在20个月内分步完成,这标志着中国债券市场首次被纳入国际主要债券指数。在纳入全球综合指数完成后,人民币计价的中国债券将成为继美元、欧元、日元之后的第四大计价货币债券,届时将有363只中国债券被纳入指数,在该指数54.07万亿美元(2019年1月31日的数据)的市值中占比达6.03%。

---

① 常佩琦、范子萌:《债券通开通三年成外资加速进入中国债市"助推器"》,《上海证券报》,2020年7月3日。

② https://finance.sina.cn/2020-07-03/detail-iirczymm0267000.d.html?from=wap。

2019年9月4日,摩根大通宣布,以人民币计价的高流动性中国政府债券将于2020年2月28日起被纳入摩根大通旗舰全球新兴市场政府债券指数系列(GBI-EM),纳入工作将在10个月内分步完成。

此外,富时罗素宣布将中国债券保留在可能升级到市场准入水平2的观察名单中,并将在2020年3月进行中期评估后发布更进一步的信息。

中国债券纳入国际主要债券指数,是我国债券市场发展与对外开放的又一重大成果。纳入国际债券指数有助于实现海外机构对中国债券市场的被动投资,吸引大量境外资金进入中国债券市场。外资将跟随债券指数进入中国债券市场,实现对中国债券市场的被动投资。纳入国际债券指数还将进一步促进中国债券市场与国际接轨,对中国债券市场的基础设施建设和金融机构能力培育提出更高的要求。

中国人民银行副行长、国家外汇管理局局长潘功胜表示:"国际债券指数供应商先后将中国债券纳入其主要指数,充分反映了国际投资者对中国经济长期健康发展的信心,以及对中国金融市场开放程度的认可,将有利于更好地促进国际投资者与中国经济合作共赢。"

(资料来源:张继强、张亮,《外资买债详解》,《中国外资》2020年第5期。)

案例7—1 "一带一路"倡议为中国债券市场发展带来新机遇

"一带一路"建设为中国债券市场提供了新的发展契机。2015年6月,中国银行发行40亿美元"一带一路"主题债券,这是国内首只"一带一路"债券。该债券包括固定利率、浮动利率两种计息方式,人民币、美元、欧元、新加坡元4个币种,分别在迪拜纳斯达克交易所、新加坡交易所、台湾证券柜买中心、香港联合交易所和伦敦交易所5个交易所挂牌上市,覆盖2年、3年、4年、5年、7年、10年、15年7个期限,共计10个债券品种,实行了多币种、多品种交易同时发行。此举创造了众多市场第一:中国银行业迄今规模最大的境外债券发行,第一次实现四币同步发行、五地同步上市的债券发行,第一家发行欧元浮息债券、10年期美元高级债券、15年期人民币债券及发行最大规模新加坡元债券的中资商业银行。截至目前,中国银行已先后发行5期"一带一路"主题债券,总规模近150亿美元,发行币种达到7个,主要包括人民币、港币以及欧元、美元等,成为"一带一路"主题债券发行次数最多、规模最大、范围最广、币种最丰富的金融机构。

2017年3月,俄罗斯铝业联合公司在上海证券交易所发行了首期人民币熊猫债券,这是首单"一带一路"沿线国家企业发行的熊猫债券,体现了我国为拓宽沿线国家企业的融资渠道付出的努力,具有较强的示范效应。

为了加大对"一带一路"建设的金融支持力度,2017年12月,国家开发银行在香港首次以私募方式发行了3.5亿美元5年期固定利息的"一带一路"专项债券。债券在香港联合交易所上市,募集的资金将用于国家开发银行在"一带一路"沿线国家的项目建设,这是我国金融机构创新内地与香港金融市场合作模式、携手支持"一带一路"建设的有益尝试。

多个"一带一路"债券的成功推出,有效服务了"一带一路"资金融通和区域基础设施建设。为了进一步落实国家战略部署,2018年3月,上海证券交易所与深圳证券交易所共同发布了《关于开展"一带一路"债券业务试点的通知》,旨在通过设立专项债券,推动项目融资,加快"一带一路"项目的建设。募集资金应当用于投资、建设或运营"一带一路"项目,偿还"一带一路"项目形成的专项有息债务或开展"一带一路"沿线国家(地区)业务。相关主体可以通过三种方式在沪深交易所发行"一带一路"债券融资:一是"一带一路"沿线国家(地区)政府类机构在交易所发行的政府债券;二是在"一带一路"沿线国家(地区)注册的企业及金融机构在交易所发行的公司债券;三是境内外企业在交易所发行的募集资金用于"一带一路"建设的公司债券。

截至2019年6月底,中国已与亚洲、非洲、大洋洲、欧洲、南美洲、北美洲六大洲的160多个国家和国际组织签署了共建"一带一路"合作文件。随着"一带一路"倡议的不断推进,配合中国"一带一路"建设的债券业务开展正当其时。

(资料来源:根据相关新闻整理。)

思考题:

1. 发行"一带一路"债券对促进我国债券市场对外开放有何重要意义?
2. "一带一路"债券与普通债券相比有哪些特点和创新之处?又面临哪些挑战?

案例7-2 "快递一哥"海外成功发行债券

2018年7月22日,深圳证券交易所上市公司顺丰控股股份有限公司(以下简称"顺丰控股")发布公告称,公司全资子公司SF Holding Investment Limited已在境外完成5亿美元债券的定价。本次发行债券主要用于一般公司日常用途,包括置换原来成本较高的境外银行贷款、补充营运资金及海外业务发展投资等。这是中国快递物流企业首次在海外成功发行国际债券。顺丰控股的5年期固定利息美元债券大受国际投资者青睐,全球最大保险机构宏利人寿、中国人寿、AIA、国泰人寿、著名基金公司富达基金、Pimco、贝莱德等都积极参与,最终获得了7倍超额认购。

一、债券发行信息

本次境外发行债券的具体信息如下：

(1)发行主体：SF Holding Investment Limited。

(2)担保主体：顺丰控股股份有限公司。

(3)发行方式及规模：5亿美元高级无抵押固定利息债券。

(4)发行币种：美元。

(5)债券利率：票面年息4.125%，每半年支付一次。

(6)债券期限：5年。

(7)发行对象：此次发行遵循美国证券法S条例，面向美国以外合格机构投资者发行。

(8)债项评级：A3/A－/A－（穆迪/标普/惠誉）。

(9)担保主体评级：A3/A－/A－（穆迪/标普/惠誉），评级展望均为稳定。

(10)适用法律：英国法。

二、债券发行架构

中资企业发行的境外债券以美元债券为主，多选择在香港联合交易所发行，因为在香港联合交易所发行美元债券无须审批，也不强制要求评级。发行模式可分为直接发行和间接发行。顺丰控股此次发行债券采取的是跨境担保的间接发行模式。早在2017年12月，顺丰控股便以公告称公司将通过境外全资子公司SF Holding Limited的新设BVI子公司SF Holding Investment Limited在境外公开发行不超过5亿美元的债券，并由上市公司为本次发行提供无条件和不可撤销担保。这一发行方式门槛较低，发行结构相对简单，但对母公司信用评级要求较高，对发行人的国际知名度有一定要求。此外，这次境外发债采取S条例非公开方式发行，发行对象不包括美国境内合格机构投资者，所以相对144A条例信息披露要求较为宽松，比较适合小规模的中期融资，由此顺丰控股完成了涉足国际资本市场、建立良好国际声誉的一次重要尝试。

三、信用评级

债券发行人的信用评级对于债券的成功发行至关重要，并且在跨境担保间接发行模式下的债券定价主要取决于境内注册的母公司(担保人)的信用评级。根据境外债券发行经验，一般评级低一级，发行利差将增加10bp左右。

顺丰控股作为中国新兴物流市场龙头，具有高成长性，所以获得了国际三大评级机构的高度认可，高等级的信用评级为顺丰的国际发债融资奠定了良好的基础。穆迪、标普和惠誉分别给予了顺丰A3、A－、A－的高等级长期主体信用评级，评级展望为稳定。这一评级水平甚至超过了老牌国际物流巨头DHL(3A/BBB＋)和FedEx(Baa2/BBB)，在国内民营企业中为前五高评级，与中国顶端民营企业百度、阿里巴巴、腾讯处于同一信用水平，实属不易。顺丰控股获得外部AAA评级有利于信用背书，为境外发债主体 SPV 公司提供担保,使此次债券发行能获得与母公司相同的评级,有助于降低发行成本。顺丰美元债券的发行利率初始定价指引是按美国 5 年期国债收益率加 160bps(T+160bps),后来由于需求旺盛,最终定价低于初始定价指引 20 个基点,为 T+140bps。

顺丰控股一直被认为是一家拥有"现金奶牛"的公司。根据 2017 年年报,公司总资产为 576.60 亿元,较 2016 年末增长 30.65%,营业收入 710.94 亿元,同比增长 23.68%。在资产规模和营业收入快速增长的同时,公司资产负债率水平却进一步下降,由 2016 年末的 53.42%下降至 2017 年末的 43.23%,货币资金更高达 170 亿元。对于现金流充裕的顺丰来说,发行美元债券对其确立国际声誉的意义远大于筹措资金本身,有利于企业"走出去",有效提升企业的国际影响力和知名度。

(资料来源:《美元债获国际评级机构高信用评级,顺丰打通国际融资渠道》,https://finance.jrj.com.cn/2018/07/13151224813125.shtml。)

思考题:
1. 顺丰控股的成功案例对境外发债企业有何启示?
2. 中资企业海外发行债券,如何制定合理的发行策略?应重点关注哪些环节?

本章小结

1. 国际债券是一国政府、金融机构、工商企业或国际组织为筹措和融通资金,在国外金融市场上发行的债券。国际债券按照是否以发行地所在国的货币标示面值,分为欧洲债券和外国债券;按利率确定方式,分为固定利率债券、浮动利率债券和零息票债券;按可转换性,分为一般债券、可转换债券和附认股权债券;按发行货币,分为双币债券、欧洲货币单位债券和复合货币债券。此外,还有欧洲票据或商业票据、全球债券、次级债券、布雷迪债券和绿色债券等。

2. 债券的信用评级是国际债券发行工作的重要环节。国际著名三大评级机构是标准普尔公司、穆迪投资者服务公司和惠誉国际评级机构。

3. 国际债券的发行条件包括发行金额、期限、发行价格、偿还方式、票面利率和付息方式。债券价格分为发行价格和交易价格。债券收益率有名义收益率、即期收益率、持有期收益率和到期收益率几种形式。

4. 国际债券市场是由债券发行人和投资者形成的金融市场,包含发行和流通市场。著名的外国债券市场有美国扬基债券市场、日本武士债券市场、瑞士外国债券市场、德国外国债券市场和英国猛犬债券市场。欧洲债券市场产生于 20 世纪 60 年代,目前发行方式正在不断创新,以场外交易为主,通过欧洲清算系统和塞德尔清算。中国债券市场发展迅速,正稳妥推进对外开放。

基本概念

国际债券   外国债券   欧洲债券   零息票债券   可转换债券   附认股权债券

双币债券　　复合货币债券　　欧洲票据　　循环承销便利　　欧洲中期票据　　全球债券
布雷迪债券　　绿色债券　　信用评级　　平价　　溢价　　折价　　名义收益率
即期收益率　　持有期收益率　　到期收益率　　公募　　私募　　扬基债券　　武士债券

思考与练习

1. 什么是国际债券？它有什么特点？
2. 简述国际债券的种类及创新。
3. 国际债券的发行条件包括哪些主要内容？
4. 外国债券和欧洲债券有什么区别？
5. 绿色债券与普通债券有何不同？
6. 为什么要大力推进绿色债券的发展？
7. 影响国际市场上债券价格的因素有哪些？
8. 国际债券的一级市场和二级市场的关系如何？
9. 浏览穆迪公司（www.moodys.com）与标准普尔公司（www.standardandpoor.com）的网址，了解国际信用评级的标准及评定方法。
10. 某投资者购买票面金额为100万美元的短期政府债券，票面规定的年名义收益率为15％，期限1年。如果该债券折价发行，价格为98万美元，问该债券的实际收益率是多少？

第八章 国际租赁融资

教学目的与要求

- 把握国际租赁的概念和特点
- 熟悉国际租赁的种类及操作流程
- 了解国际租赁合同主要内容
- 掌握租金的计算方法
- 了解中国融资租赁业的发展概况

第一节 国际租赁的概念和类型

一、国际租赁的概念

(一)租赁的概念

租赁(Lease)①是指物品所有者(出租人)按照合同的规定,在一定期限内将物品出租给使用者(承租人)使用,后者向前者缴纳租金的经济行为。

(二)租赁的演进与发展

租赁是一个古老的经济范畴,最早的记载可以追溯到公元前1400年,居住在地中海沿岸的腓尼基人在船舶运输过程中发明了租赁这种新的商业贸易模式。"造船不如买船,买船不如租船",这句古老的格言就是对船舶租赁历史最好的写照。通常,18世纪以前的租赁业被称为传统租赁发展阶段。近代租赁开始于工业革命时期,对象主要是动产设备,目的仅限于使用设备本身,基本特征是只租不售。现代融资租赁则始于20世纪50年代,以1952年美国租赁公司的成立为标志,租赁对象包括金额巨大的机

---

① 在英语辞典中,Rental 和 Lease 都可以翻译为"租赁"。但在以英语为母语的国家,租赁业内人士通常用 Rental 特指传统租赁,用 Lease 特指现代融资租赁。

器设备、飞机、船舶等,以融资为目的。

美国租赁专家阿曼波(Sudhir P. Amembal)将租赁业的发展分为六个阶段:

(1)出租阶段(The Rental Phase)。这个阶段早于租赁几个世纪而产生,主要特点是:期限短,通常少于1年,提供全面服务,资产于期末返还给设备所有人。

(2)简单融资租赁阶段(The Simple Finance Lease Phase)。简单融资租赁产生于一个世纪前的英国和美国。这一时期的租赁第一次以区别于传统出租的形式,作为真正的租赁产品出现,这一产品始终以承租人利用租赁做掩护而实际购买行为为特色。事实上,租赁仅是一种融资手段,即在租赁期满承租人已经全部支付租金后,以名义上的货价购买租赁设备。主要特点体现为:第一,承租人的意愿是最终购买;第二,出租人的意愿是资产不要返还;第三,租赁协议不可撤销;第四,承租人已经通过租金对出租人进行了全额清偿;第五,定额支付;第六,净租赁,即出租人只提供融资,而不提供任何其他服务等。

(3)创新的融资租赁阶段(The Creative Finance Lease Phase)。伴随着竞争的深化,出租人的创造性使租赁业务专门化。特点是:第一,租金支付方式更为灵活,可以根据承租人的实际情况,选择不均等支付租金;第二,为承租人提供租赁期满后的多种选择,如在固定残值基础上重新续约;第三,租赁协议的方式设计以及提供附加服务;第四,原先依靠独立租赁公司的卖方或制造商开始成立自己的租赁公司。大多数国家的租赁业在这一阶段经历了最快的增长。

(4)经营性租赁阶段(The Operating Lease Phase)。[①] 基于出租人竞争加剧、该国正在形成或已经具备二手货市场和租赁会计准则颁布等条件,这一阶段最基本的特征是非全额清偿性,并由此派生出期期末租赁资产所有权处置方式的多样性,包括退租、按公平市价留购和续租。出租人的盈利也从单一的租金收益变为租金加租期结束时处置租赁资产残值时可能的资产溢价收益及为承租人提供全方位服务时的服务收益等。特点有:第一,出租人提供全面服务。集成式服务和一站式购买(One-Stop Shopping)对承租人来说十分方便。第二,承租人越发成熟。租赁期满,承租人有能力将设备退还给出租人。出租人有残值风险。

(5)租赁的新产品阶段(The New Products Phase)。竞争的日趋激烈、出租人经营方式的日益创新以及技术转让交易的不断增长都推动租赁产业进入了新的发展阶段。经营性租赁越发成熟,租赁期满时的选择安排非常复杂,如卖出选择权(Puts)、买入选择权(Calls)和第一修正条款(First Amendment Clause)、提前结束选择(Early

---

① 这里提到的经营性租赁是指具有融资租赁基本交易性质的租赁(即承租人选定设备以及期限为中长期),但出租人又在一定程度上承担了所有权风险并提供一定服务的一种特殊形式的融资租赁。

Termination Options)、升级和续租(Upgrade and Rollovers)和技术更新等。这一阶段也产生了各种融资租赁方式与金融创新相结合的新产品,如证券化(Securitization)(即提供某个不易破产的专设实体把租赁应收款转移给投资人)、风险租赁(Venture Leases)(一种介乎风险投资与设备投资之间的混合体)以及综合租赁(Synthetic lease)[或称为表外贷款(Off-Balance Sheet Loans)]。

(6)租赁成熟阶段(The Maturity Phase)。进入成熟期后,市场竞争更为激烈,租赁公司利润率下降,市场渗透率逐渐稳定,因为租赁额的增长与整体经济的增长比较一致,租赁市场趋于饱和。基本特点有:第一,租赁产品之间的差异已经很小,出租人通过提高经营效率而不是依赖销售额的增加来获得利润;第二,市场渗透率趋于稳定,利润率下降;第三,产业内部发生了大量整合,形式有兼并(Merge)、收购(Acquisition)、合资/联合(Ventures/Alliances)和股权再投资(Equity Roll-Ups),其中,股权再投资最早发生在美国;第四,租赁业务开始迈出国门,把开拓国际市场作为增加收入的手段。租赁处于成熟期的主要是英国和美国。

(三)国际租赁的概念界定

国际租赁(International Leasing)的概念有狭义与广义之分。狭义的国际租赁又称为跨国租赁(Cross-Border Lease)或跨境租赁,是指分别处于不同国家或不同法律体制之下的融资租赁交易中的核心当事人、出租人与承租人之间的一项租赁交易。承租人与出租人分属两个国家,都属于跨国租赁。这是按照界定国际交易的一般惯例,即根据交易当事人的法律关系(是否为居民与非居民之间的交易)来作为区分国内交易与国际交易的标准。

广义的国际租赁观点则认为,国际租赁不仅包括跨国租赁,还包括离岸租赁(Offshore Lease)。离岸租赁又称间接对外租赁(Indirect Lease),是指一家租赁公司的海外法人企业(合资或独资)在东道国(注册地)经营的租赁业务,对这家租赁公司而言是离岸租赁;但对母公司的海外出租人法人企业而言,尽管它的承租人有可能不是东道国企业,但绝大多数情况下是与东道国的承租人达成协议,因而属于国内交易。离岸租赁是从出租人的母公司与海外子公司之间的业务关系角度出发而对国际租赁的界定。它是国际租赁市场上增长最快、起主要推动作用的一种租赁形式。

二、国际租赁的特点

(1)融资与融物相结合。租赁业务是出租人以物为媒介所提供的融资,国际租赁通常并非单纯的实物租赁,而是将贸易融资、贷款发放、设备购买、设备租赁等活动融为一体,既提供外资,也提供先进技术设备,所以常被称为国际融资租赁,以突出其作为一种国际筹资手段的作用。

(2)国际租赁是多边的经济合作关系,需要多种协议共同完成交易。国际租赁至少涉及出租人、承租人和供货商三者之间的关系,并且包括两个以上的商务合同,其中至少有一个是涉外合约。

(3)国际租赁涉及的风险大于国内租赁。由于租赁业务跨越国界,涉及的合约和当事人较为复杂,因而面临较大风险,除了一般的经营风险、信用风险、利率风险外,还包含了政治风险和汇率风险。

三、国际租赁的作用

国际租赁是租赁公司给予用户的中长期商品信贷,是国际上通用的吸引外资的一种国际经济合作方式。对承租人而言,第一,可以获得全额融资。通过租赁引进设备,相当于取得了百分之百的融资,开辟利用外资的新途径。第二,加速设备更新。企业无须自筹大量资金,就可引进先进设备,防止设备老化,有利于加速企业的设备更新和技术改造,又可使承租人高效运用自有的有限资金,扩大企业的投资能力。第三,改善企业的资产负债表。租赁不改变企业的负债比率,也不影响企业贷款限额,有些租赁不记入资产负债表。第四,租金固定。租赁有利于避免通货膨胀和利率变动所带来的损失,也便于承租人核算成本。同时,租金支付方式灵活多样,可以满足承租人的不同需求。第五,改善企业财务状况。如售后回租方式通过盘活固定资产改善财务状况,有效提高企业资金的使用率。第六,保障使用权。在租赁期内租赁公司一般不得收回出租设备,使用有保障,还可以享受到专业人员提供的对设备的相关服务。

然而,承租人支付的租金总额一般高于直接购买时的货价,而且承租人对租赁物只拥有使用权,而无所有权,所有权和使用权的两权分离是租赁业务的基本特征。另外,承租人不一定能享有设备残值,税法的改变也可能会增加承租人的成本。

对出租人而言,第一,以资金为助力提供促销功能。出租设备,可以为本国推销商品,扩大出口,特别是在国际经济不景气、本国生产过剩、市场销售条件恶化的情况下,国际租赁是扩大销售市场的有效手段。第二,享受税收优惠。发达国家在税法上一般给予出租人以投资税收减免及加速折旧等税收优惠,出租人把所得的部分好处转让给承租人,可以增强租赁业务的竞争力。第三,扩大无形劳务的出口。出租人通过国际租赁,向承租人提供租赁设备的维修、零部件的更换、技术人员的培训及技术咨询等服务,扩大劳务的出口。

然而,出租人收回资金的周期较长,资金周转比较缓慢,还需承担一定的风险,如设备陈旧老化以及租不出去的风险。

四、国际租赁的主要类型

国际租赁按照不同的标准可以划分成不同类型。按照租金是否完全清偿,分为融资租赁和经营性租赁；按照出租人数，分为单一投资者租赁（Straight Investment Lease）和杠杆租赁（Leverage Lease）；按照税收收益在出租人和承租人之间归属的不同，分为节税租赁与非节税租赁；按照租赁设备的来源方式，分为直接租赁、转租赁和回租租赁；根据租赁设备的流向，分为进口租赁和出口租赁。[①] 以下对常见的国际租赁类型分别加以介绍。

(一) 经营性租赁（Operating Lease）

经营性租赁是指出租人根据租赁市场的需求购置设备，以短期融资的方式提供给承租人使用，出租人负责提供设备的维修与保养并承担设备过时风险的租赁方式。

经营性租赁的特点是：第一，租期较短，大大低于设备经济寿命期。第二，中途可以解约。承租人在一定条件下可中途解约、退租或改租设备。第三，不完全清偿（Non Full Payout）。只要出租人从一个承租人那里收回的租金总额小于出租人为承租人购买该项租赁物件所垫付的全部支出，就是非全额清偿。因租期较短，经营性租赁的承租人在每次租约期间所支付的租金不足以抵偿出租人为购买设备的资本支出及利润，所以出租人需要把设备多次出租，才能收回其全部投资并获得利润。第四，租赁对象多为通用设备。如需要较高保养和管理技术的专用设备或者更新较快的设备，常见的是机器设备和计算机等。第五，租赁期满，承租人只能退租或续租，不得留购。第六，租金较高。

(二) 融资租赁（Financial Lease）

融资租赁是指出租人对承租人选定的租赁物件，先进行以为承租人融资为目的的购买，然后，再以收取租金为条件，将该租赁物件长期地出租给该承租人使用的一种租赁行为。融资租赁的实质是融资与融物相结合，以融资为目的租赁，是典型设备租赁所采用的基本形式。其交易结构如图 8—1 所示。

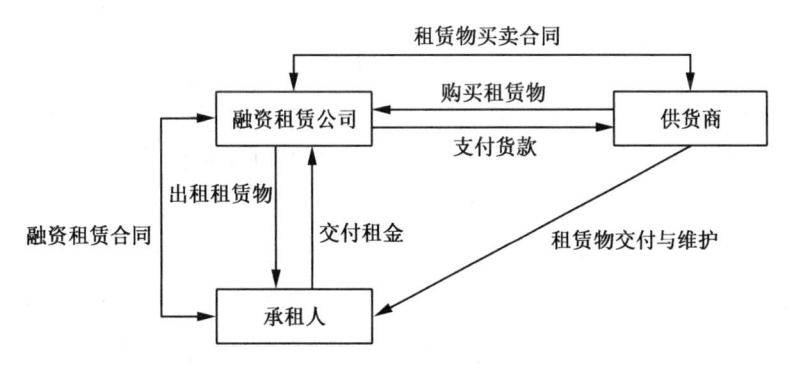

图 8—1　典型融资租赁的交易结构

[①] 进口租赁与出口租赁实际是一项跨国租赁的两个方面。对于租入设备的承租人而言为进口租赁，对于租出设备的出租人而言即为出口租赁。

融资租赁的基本特征是：第一，至少涉及三方当事人、两个合同。一项融资租赁交易至少包括三方当事人，即承租人（Lessee）、出租人（Lessor）和供货商（Supplier），并至少由两个合同，即贸易合同和融资租赁合同有机组成。有些融资租赁参与的当事人和合同有可能增加，如杠杆租赁中的债权人和投资人等，也有的当事人身份重叠，如出租人与供货商集一身。第二，拟租赁物件由承租人自主选定或指定，但由出租人出资购买。出租人只是按照承租人的意愿，专门为了满足承租人的需要去购买，这是融资租赁不同于传统租赁的最大区别，即租赁交易中租赁投资决策人与出资人的分离，通俗地说就是"你租我才买，我买你必租"。第三，租赁合同具有不可解约性。租赁合约有效期内，承租人无权单独提出以退还租赁物件为条件而提前终止合同，即使是出现供货商所提供货物与合同不符、存在瑕疵的情况下也不例外。这样既保证承租人长期使用该项资产，又保证出租人收回投资并有所收益。第四，租期较长，属于中长期融资。租赁物件以设备为主，法定折旧期限都在数年以上。第五，全额清偿（Full Pay-out）。如果出租人从一个承租人那里收回的租金总额与出租人为承租人购买该项租赁物件所垫付的全部支出相等，即出租人从该承租人那里通过租金方式收回了其全部的租赁投资，则称为全额清偿。在融资租赁中，由于出租人通过一次出租可以收回全部或绝大部分的投资，因而实现了全额清偿。第六，租赁结束时租赁物件的处置方式有三种。当租期结束时，承租人有三种选择权：续租（Renewal Option）、退租（Return Option）、留购（Purchase Option）。

专栏 8—1　新会计准则对租赁行业的影响

2018 年 12 月 13 日，财政部修订印发了《企业会计准则第 21 号——租赁》（以下称"新租赁准则"），规定境内外同时上市的企业以及在境外上市并采用国际财务报告准则或企业会计准则编制财务报表的企业自 2019 年 1 月 1 日起施行，其他执行企业会计准则的企业自 2021 年 1 月 1 日起施行。

早在 2016 年 1 月，国际会计准则委员会（IASB）就发布了《国际财务报告准则第 16 号——租赁》（IFRS16），2019 年 1 月 1 日生效，替换《国际会计准则第 17 号——租赁》（IAS17）。IFRS16 取消了承租人区分融资租赁和经营租赁的要求，除简化处理的短期租赁和低价值资产租赁外，承租人方面将不再区分融资租赁和经营租赁，而是采用与融资租赁类似的使用权模型对经营租赁确认使用权资产和负债，并分别确认折旧和利息费用。而我国新租赁准则第十四条规定，"在租赁期开始日，承租人应当对租赁确认使用权资产和租赁负债"，要求承租人对融资租赁和经营租赁均确认资产和负债，这是本次准则修订的精髓所在。

可见，新租赁准则与 IFRS16 的规定基本一致，实现了实质趋同，即要求承租人将经营租赁入表。针对承租人入表的要求，新租赁准则给出了两项豁免：一是租赁期短于 12 个月的租赁业务；二是单项租赁资产为全新资产时价值较低的租赁。对于短期租赁和低价值租赁，可以选择不确认使用权资产和租赁负债，承租人将租赁付款额计入相关资产成本或当期损益，与旧租赁准则下经营租赁的核算方式一致。但上述两项豁免均难以应用，一是由于大部分融资租赁公司的租赁业务期限为 3～5 年，远长于 12 个月的要求；二是由于新租赁准则虽未界定低价值的具体标准，但国际准则 IFRS16 认为该标准一般为 5 000 美元。

长期以来，经营租赁业务的一大优势为"表外融资、优化报表"。在新租赁准则下，承租人对于租赁业务的会计处理将发生根本性变化，经营租赁承租人入表，租赁在会计核算方面的表外融资优势丧失。承租人将面对由此带来的一系列问题。首先，承租人的偿债指标将受到不利影响，资产、负债双升导致资产负债率提高，确认负债导致应付利息增加，进而导致利息保障倍数下降。其次，运营指标受到不利影响，确认使用权资产使总资产增大，进而导致资产周转率下降。再次，在租赁初期，净资产及每股收益也受到不利影响，主要原因是使用权资产计提折旧一般使用直线法，但在常见的等额租金模式下，租赁初期负债本金偿还较少，而利息支出较多，资产的减少高于负债的减少，租赁初期将导致净资产下降，利息支出冲减利润，使每股收益下降。

虽然新租赁准则对租赁业务造成冲击，但承租人考虑借贷购买资产还是租赁资产时，租赁在税务筹划、增值服务、融资比例、负债金额、残值风险等诸多方面依然享有显著优势。此外，如果业务认定为一项服务而非租赁，则不受新租赁准则约束，其会计处理不在资产负债表上体现，仅在损益表上确认服务费用支出，与旧租赁准则下经营租赁承租人的会计处理异曲同工。可以说，在认定一项业务是否属于新租赁准则中的"租赁"时，对控制、主导权、可识别资产、替换权等要素的判断起着重要作用。因此，在设计业务结构和合同条款时应充分考虑上述要素，这对于业务被认定为服务而非租赁进而获得会计上的优势至关重要。

在很多情况下，租赁公司向客户销售的业务本身就是租赁和服务的综合体，对于业务中的服务部分，承租人可继续在表外核算，因此，租赁公司应提高专业化水平，一方面可根据自身的特色和资源，尝试由租赁向服务升级，由融资工具向产业服务转移和渗透，另一方面也可通过交易结构的设计以及合同条款的调整实现由租赁向服务转化。

（资料来源：浦刚、史燕平、胡永强，《详解〈国际财务报告准则第 16 号——租赁〉对租赁行业的影响》，《财务与会计》2016 年第 24 期；胡永强、史燕平，《对新租赁准则相关问题的探讨》，《财务与会计》2019 年第 10 期。）

(三)杠杆租赁(Leverage Lease)

1.杠杆租赁的概念

杠杆租赁又称为第三者权益租赁(Third-party Equity Lease)，是指在租赁业务中，出租人直接或联合若干其他投资人，只出资租赁设备购置款项总额的 20%～40%，并以此出资作为财务杠杆，来带动银行等其他债权人对该租赁项目其余 60%～80%的款项提供无追索权的贷款或其他方式融资的一种租赁安排。若一项租赁交易中，设备购置成本百分之百由一个出租人独立承担，则称为单一投资者租赁。杠杆租赁于 20 世纪 70 年代末首先出现在美国，近年来已在日本、澳大利亚、新西兰等国有很大发展，适用于资产价值在几百万美元以上、有效寿命 10 年以上、高度资本密集型设备的长期租赁，如飞机、输油管道、近海石油钻井平台、卫星系统等。尤其在世界航空领域中，利用跨国杠杆租赁特别是跨国杠杆经营性租赁形式租入飞机，已成为各国航空公司一种最主要的融资方式。

2.杠杆租赁的当事人

以美国杠杆租赁为例，其当事人包括：①承租人(Lessee)，即租赁设备未来的使用者，必须具备一定的资本实力才能获得金融机构提供的无追索权资金。②设备供货商或制造商(Manufacturer)，即租赁设备的制造者或销售者，提供设备及其安装、维修、技术服务。③物主出租人(Owner Lessor)，即承担 20%～40%出资购置设备，并取得租赁设备所有权的投资人。其可以是单个投资者，也可以是多个投资者。一项杠杆租赁一般由多个投资者(Equity Participants)共同组成物主出租人。按照英美的法律，当有多个产权参加者时，需要设立信托，于是这些参与者又被称为物主信托人(Owner Trustor)或物主参加人(Owner Participants)。④物主受托人(Owner Trustee)。根据信托制，负责管理物主出租人租赁财产的、物主出租人都表示认可的一家租赁公司、银行或信托公司，受出租人的委托，向银行借款、购买设备、管理租赁资产、出租设备、接受剩余资金以及向出租人分配盈余。物主受托人是杠杆租赁交易的核心，在交易中同时具有三种身份：作为所有权人，承担一切风险和责任；作为出租人，与承租人签订租赁合同；作为借款人，负责向债权人签发借据。⑤贷款行或贷款银团(Lender)，即债权人，负责提供 60%～80%设备购置款项的银行等金融机构。⑥契约受托人(Indenture Trustee)，即代表债权人利益、持有并行使担保物权的一家银行或信托公司。其受贷款人的委托,管理各贷款人的利益,包括代贷款人持有贷款的担保物权,管理现金流(支付设备款、收取租金和分配现金流)。⑦经纪人或融资顾问(Broker/Packager),即促成杠杆租赁交易达成的中间人,通常是一家租赁公司、商业银行、投资银行或银行控股公司等,可以是中间人身份或中间人和投资人双重身份。⑧担保人(Guarantor),即为承租人提供担保的当事人。

3. 杠杆租赁的交易流程

(1)物主出租人和物主受托人签订信托协议契约(Trust Agreement)。

(2)物主受托人和契约受托人签订信托契约(Trust Indenture)。

(3)物主受托人和债权人签订贷款协议。

(4)承租人与制造厂商签订购买协议(Purchase Agreement)或制造协议(Construction Agreement)。

(5)根据信托契约的要求,承租人与物主受托人签订购买协议或制造协议的转让协议,规定承租人把购买协议或制造协议项下的权利和利益——从厂商处取得设备的权利和厂商对该资产的各项保证——转让给物主受托人,但不转让承租人的责任。

(6)物主受托人代表物主出租人与承租人签订租赁合同(Lease Contract)。

(7)根据信托契约的要求,物主受托人将物主出租人交来的投资现金、债权人将贷款现金分别交给契约受托人。

(8)物主受托人向物主出租人签发投资证书,向债权人签发借据。

(9)契约受托人向制造厂商支付货款。

(10)根据购买协议的转让协议,厂商将设备所有权凭证交物主受托人,后者再根据信托契约,将设备所有权凭证交给契约受托人。

(11)厂商向承租人发运设备。

(12)承租人验收合格后,向物主受托人签发物件收据,租赁业务开始。

(13)根据信托契约,承租人向契约受托人交付租金。

(14)契约受托人接受租金并按顺序分配:首先向债权人偿付本息,然后扣除自身的托管费用,剩余部分交给物主受托人。

(15)物主受托人扣除其自身的信托费用后,再按投资比例为物主出租人分红。

以上(13)至(15)环节将循环开展,直到租赁期限结束(参见图8—2)。

4. 杠杆租赁的特点

(1)杠杆租赁涉及多个当事人和多项合同,交易程序比较复杂。当事人一般有承租人、出租人、贷款人、制造商、投资人和受托人等,所涉及的合同包括信托协议、购买协议、转让协议、租赁协议、贷款协议和保证协议等。

(2)杠杆租赁的出租人一般只需投资购置设备所需款项的20%~40%,即可在经

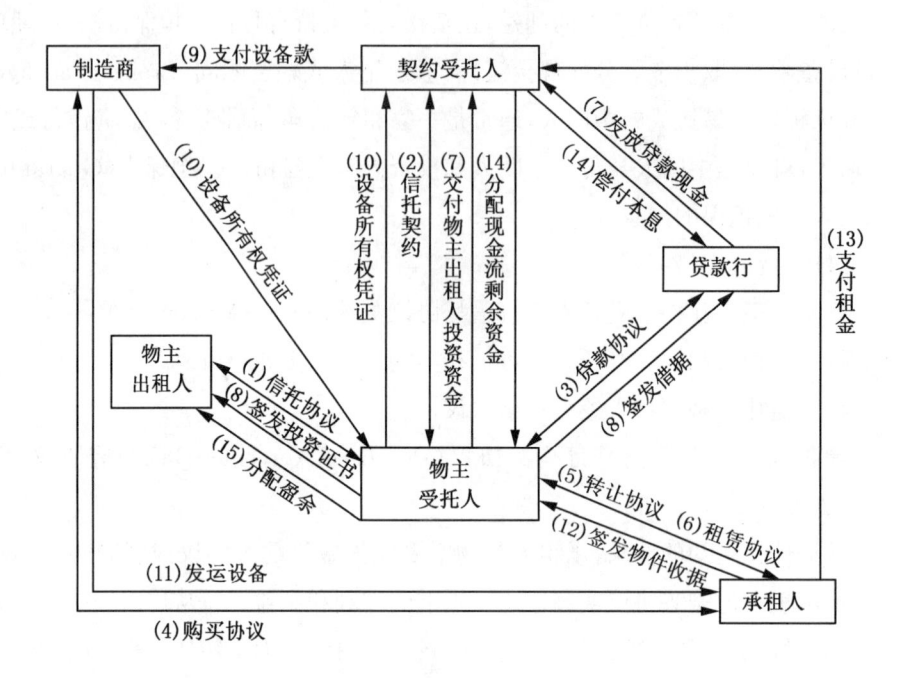

图 8—2　杠杆租赁基本流程

济上拥有设备的法定所有权。这样，在很多工业发达国家，出租人按其国家税法规定就可享有按设备的购置成本金额为基础计算的减税优惠。也就是说，尽管出租人的投资远远小于租赁设备投资的总额，但仍享有如同对设备投资100%的同等税收待遇。

(3) 租赁资产所需资金主要由银行等金融机构以贷款方式解决。出租人的投资相当于财务杠杆，以此来带动其他债权人的参与。但是，出租人需将设备的所有权、租赁合同和收取租金的权利抵押给银行或财团，以此作为担保，每期租金由承租人交给贷款行或财团，由其按商定比例扣除偿付贷款及利息的部分，其余部分交出租人处理。

(4) 贷款人对出租人无追索权。出租人以设备、租赁合同和收取租金的受让权作为贷款担保，若承租人无力偿付或拒付租金，贷款人只能终止租赁，通过拍卖设备得到补偿，而无权向出租人追索。

(四) 转租赁(Sub-Lease)

转租赁又称为再租赁，是由租赁公司即转租人(Sub-Lessor)根据最终承租人(End Lessee)对租赁设备的选择，从外国租赁公司即原始出租人(Original Lessor)租进设备，以后再转租(Sub-lease)给最终承租人使用的一种租赁方式。一家租赁公司在其自身借贷能力弱、融资技术不发达、资金来源有限的情况下，往往采取这种租进租出的方式，以期利用别家租赁公司条件优惠的融资便利。转租赁的基本结构如图8—3所示。

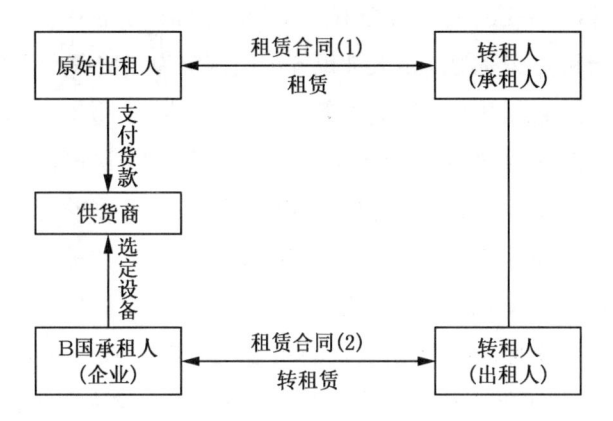

图 8—3 转租赁基本结构

转租赁的基本交易程序是：

(1)最终承租人选择租赁设备及其供货商,贸易合同的付款人为原始出租人。

(2)转租人以承租人的身份与原始出租人签订租赁协议,租进由最终承租人选定的、由原始出租人付款购买的租赁设备。

(3)转租人以出租人的身份与最终承租人签订租赁协议,将其从原始出租人那里租进的、最终承租人选定的租赁设备转租给该承租人。

可见,转租赁业务近似于两笔简单直接租赁业务的叠加,转租人同时具有出租人与承租人双重身份,但是,它又是租赁信用风险的直接承担者,无论最终承租人是否向转租人偿付租金,转租人对原始出租人的债务都是不可免除的。

(五)售后回租(Sale and Lease-back)

售后回租简称回租,是指承租人将其所拥有的设备出售给出租人,然后再从出租人那里重新租回来使用的一种租赁方式。这是当企业缺乏现金时,为改善财务状况而采用的一种做法。这种租赁方式既使承租人通过出售资产获得一笔资金,改善了财务状况,满足了资金需要,又通过回租保留了企业对该项资产的使用权。售后回租的基本结构如图 8—4 所示。

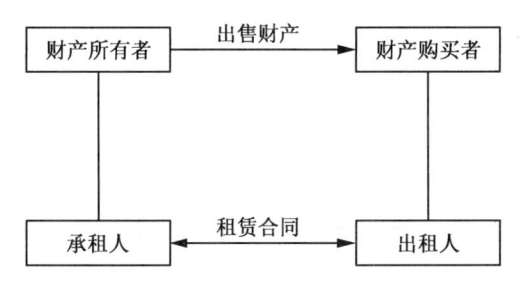

图 8—4 售后回租基本结构

(六)节税租赁(Tax Lease)与非节税租赁(Non Tax Lease)

节税租赁是指租赁交易中出租人被税务部门认定为租赁资产税收利益(Tax Benefit)的所有者,此时,由出租人确认租赁资产税务上的折旧,并有资格享受租赁资产的折旧利益或加速折旧利益,如果该国还实施有投资减税等投资税收优惠政策时,该利益也归出租人所有。在这一方式下,出租人以降低租金的方式向承租人转让部分税收优惠,承租人支付的租金可当作费用从应纳税利润中扣除,这种节税好处使承租人以租赁方式筹措设备比采取贷款购买方式的成本低。非节税租赁是指承租人享受租赁资产全部税收利益。此时,承租人所支付的租金在计算应纳所得税时,被归类为本金的偿还和利息的支出,不能当作费用从成本中扣除。而出租人所收到的租金可分为回收的本金和利息收入,这一金额通常会超过出租人购买租赁资产时的投资支出,在一些国家的税法中通常被视为分期付款交易。

节税租赁与非节税租赁在美国被称为真实租赁(True Tax Lease)和有条件的销售(Conditional Sale),在英国则被称为融资租赁(Financial Lease)和租购(Hire Purchase)。按照美国税制,节税租赁须符合下列条件:第一,出租人必须对资产拥有所有权;第二,租期届满,承租人或以公平市价续租或留购,或将设备退还给出租人,承租人不能享受期末资产残存价值;第三,租赁合同开始时,预计租赁期末资产的公平市价不得低于设备成本的15%~20%;第四,租期届满,资产仍有两年服务能力,或资产的有效寿命相当于租赁资产原有效寿命的20%;第五,出租人的投资至少应占设备购置成本的20%;第六,出租人从租金收入中可获得相当于其投资金额7%~12%的合理报酬,租期不得超过30年等。

按照美国法律,一项交易符合下列规定中的任何一条即被视为有条件的销售:第一,租金中有部分金额是承租人为了获得资产的所有权而支付的;第二,在支付一定次数的租金后,资产的所有权即自动转移给承租人;第三,承租人在短期内支付的租金相当于购买这项设备的大部分金额;第四,定期支付额的某一部分明确指定为利息或被认为相当于利息;第五,商定的支付额大于超过公平租金的市值;第六,承租人按名义价格留购租赁资产;第七,租金和留购价的总和接近设备的买价和运费;第八,租赁期实际等于租赁资产的全部有效寿命;第九,承租人承担出租人投资损失的风险。

(七)综合租赁

1.综合租赁的含义

综合租赁是租赁与国际贸易相结合的租赁方式,使得承租人和出租人之间的贸易业务与租赁业务共同发展,特别适用于地方的中小项目。

2.综合租赁的类型

(1)租赁与补偿贸易相结合。出租人把机器设备租给承租人,后者使用租进的机器设备,以所生产的产品来偿付租金。

(2)租赁与加工装配业务相结合。一国企业利用国际租赁方式引进设备,开展加工装配业务,再以所获工缴费来抵偿租金。

(3)租赁与包销相结合。出租人将机器设备租赁给承租人,承租人用该机器设备生产出来的产品归出租人包销,并由其从包销产品的货款中扣取租金。

(4)租赁与出口信贷相结合。一国政府通过给租赁公司提供优惠资金或信用保险等方面的政策支持,实现扩大出口的意图。

(八)租赁保理

1. 租赁保理的概念

租赁保理是指在出租人与承租人形成租赁关系的前提下,租赁公司与国内商业银行根据双方保理合同约定,租赁公司将融资租赁合同项下未到期应收租金债权转让给银行,银行支付租赁公司一定比例的融资款项,并作为租金债权受让人直接向承租人收取租金的一种融资业务形式。这是租赁与银行保理业务结合而成的创新型金融产品。

2. 租赁保理的基本流程

(1)租赁公司与供货商签署租赁物买卖合同。

(2)租赁公司与承租人签署融资租赁合同,将该租赁物出租给承租人。

(3)租赁公司向银行申请保理融资业务。

(4)银行给租赁公司授信,双方签署保理合同。

(5)租赁公司与银行书面通知承租人应收租金债权转让给银行,承租人填具确认回执单交租赁公司。

(6)银行受让租金收取权利,给租赁公司提供保理融资。

(7)承租人按约分期支付租金给银行,出租人仍然提供发票,通过银行给承租人。

(8)当租金出现逾期或不能支付情况时,如果银行和租赁公司约定有追索权,承租人到期未还租金时,租赁公司须根据约定向银行回购银行未收回的融资款,如果供货商或"其他第三方"提供租金余值回购保证或物权担保的,由供货商或其他第三方向银行回购银行未收回的融资款。如果是无追索保理,则保理银行不得对租赁公司追索,只能向承租人追偿。

租赁保理的基本流程可用图8-5表示。

3. 租赁保理的功能

(1)解决租赁公司和承租客户资金来源问题。租赁公司通过银行保理对应收租金提前一次性收取,解决资金难题,不受承租人付款资金的约束,是重要的融资渠道之一。

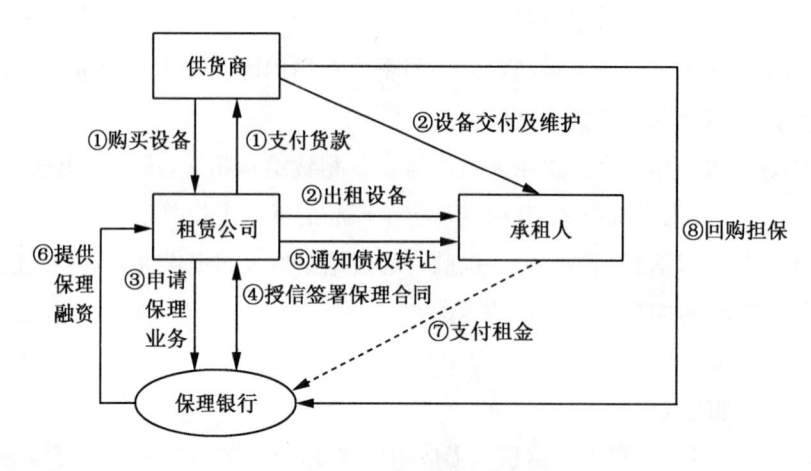

图 8-5　租赁保理基本流程

(2) 协助应收账款管理和催收工作。银行的介入，可以规范出租人和承租人双方债权债务关系的执行。

(3) 加强银行与同业机构的合作力度。租赁保理是银行获得保理收益的一项较好的中间业务，在无追索的条件下，银行对租赁公司的应收租金保理是"表外融资"。

相对于银行贷款，租赁保理的比较优势在于：对租赁公司而言，保理第一还款人是承租人，融资额大于贷款；在无追索条件下，融资不记入租赁公司报表，是表外融资。对承租人而言，对租赁公司做保理不记入承租人财务报表，承租人承担还款责任但不增加负债。在财务结构及成本支出方面，保理均优于贷款。

第二节　国际租赁合同与租金

一、国际租赁的基本程序

(1) 做出租赁决策，选择租赁公司。当企业需要长期使用某项设备而又没有资金时，可以通过现金流量的分析计算做出合适的抉择。选择租赁公司时，应从融资条件、租赁费率等有关资料比较，择优选定。

(2) 选定设备物件。租赁公司根据企业的特定需求，选择合适的设备和制造供货商，并与供货商洽谈拟定设备的品种、规格、交货期和价格等事项，以使待购设备和供货商确定化。承租人可以委托租赁公司协助选定设备和供货商，也可独立做出决定和选择。

(3) 办理租赁委托。企业向租赁公司提出申请，办理委托，包括填写"租赁申请书"及提供财务状况的文件资料，明确拟租赁设备的品种、规格、型号、制造商、供货商等内容。租赁公司在对拟进行的国际融资租赁进行了经济、技术可行性分析后,将以书面签章方式接受委托。租赁公司通常须与承租人就计划中的国际融资租赁进行结构磋商,以确定租赁所采取的法律结构和资金结构,这一工作实际上是相关协议谈判的基础。

(4)签订购货协议。租赁公司受理租赁委托后,即由租赁公司与承租企业的一方或双方选择设备的制造商或销售商,与其进行技术与商务谈判,签订购货协议。

在国际融资租赁中,供货协议的履行是租赁协议履行的前提。依据协议,出租人有义务开立付款信用证、组织运输、购买运输保险、付款赎单等;而供货商有义务向承租人交货并提供安装与技术服务;承租人则负责办理报关手续、支付进口关税及其他税费,并在规定期限内对承租设备进行验收,向出租人出具验收证书等。原则上,自承租人完成验收之日起,供货协议的履行即基本完毕,租赁协议则开始履行。

(5)签订租赁合同。承租企业与租赁公司签订租赁合同,这是租赁业务最重要的文件,明确双方的权利与义务,具有法律效力。内容包括一般性条款和特殊条款两部分。

根据《国际融资租赁公约》和国际惯例的做法,供货协议和租赁协议无论签署顺序如何,两者均具有相关性和制约性,其中供货协议为融资租赁协议的从合同,在租赁协议生效后,该供货协议原则上将不可变更。

(6)购买、验货及投保。租赁公司向制造商缴付设备价款,购进该项设备,制造商向承租人发运货物,承租企业收到租赁设备进行验收,并向保险公司办理投保事宜。

(7)交付租金。承租企业在租赁期内按合同规定的租金数额、交付日期、交付方式,向租赁公司交付租金。租进设备的维修保养,按合同规定与不同租赁方式的惯例,由承租人或由制造商或出租人负担。

依据国际融资租赁协议,出租人在承租人验收设备后,应当向承租人发送租赁期起始的通知书,承租人则应支付首期租金,实践中称为"起租"。在其后的租赁有效期内,出租人有权对承租人租赁使用设备的情况进行监督;而承租人则有义务在出租人通知其缴纳租金后按约支付租金,并使用该设备。

(8)租赁期满处理设备。租赁合同期满,承租企业可按合同规定对设备进行不同方式的处理,将设备退还出租人、续租或留购。

二、国际租赁合同

(一)一般性条款

(1)合同说明条款。这一条款说明合同的名称、当事人名称、合同签订日期、地点等内容。

(2)合同实施的前提条件条款。实施的一般前提条件有项目批准文件、进出口许可证和偿还租金保证函等。

(3)租赁设备条款。这一条款需写明租赁设备的名称、制造厂家、出厂日期、规模、型号、数量、设备的技术性能、交货地点和使用地点等。

(4)租赁设备的交货和验收条款。这一条款规定承租人确认出租人与供货人之间有关进出口销售合同中的租赁设备是承租人根据自己的需要所选定的,承租人须向出租人提供出租人认为必要的各种证明。另外,该条款还应规定设备交付和验收时各方所负的责任。

(5)税款费用条款。租赁交易中涉及的进口关税、进口工商税和海关当局规定的增值税和产品税等税款的费用,如未作其他规定,则应由承租人支付。

(6)租期和起租日条款。租期(Lease Term)是指承、出租双方用于决定计算和支付租金的期限。起租日即租金开始计算日。确定租期长短应考虑的因素一般包括:①由承租人根据融资租赁目的而决定的占法定折旧年限的比例,这是决定租期长短的根本性因素之一;②由租赁设备特性而决定的最长租赁期限,这是体现融资租赁特征的另一个基本出发点;③出租人的融资能力;④承租人的还款能力。

(7)租金支付条款。这一条款明确规定除非因出租人的过错,承租人有义务按照合同规定向出租人支付租金,此条款还应明确规定租金的构成和计算方法。

(二)特殊条款

(1)购货合同与租赁合同的关系条款。融资租赁业务中,租赁合同是购货合同的前提,是主合同,购货合同是租赁设备的依据,是从合同。两者之间相互独立,又相互依存、相互制约。

(2)租赁设备的所有权和使用权条款。

(3)承租人不得中途解约条款。

(4)对出租人负责和对承租人保障的条款。关于租赁设备的质量、性能、适用与否等问题,出租人对承租人不承担任何责任。但为了保障承租人的利益,在租赁合同中应规定出租人将对租赁设备供货人的索赔权转让给承租人。

(5)对承租人违约和对出租人补救的条款。常见的违约形式有:①付租违约;②承租人其他责任违约;③交叉违约;④租赁物件被扣押;⑤查封或处置;⑥承租人歇业等。

(6)租赁设备的使用、保管、维修和保养条款。

(7)保险条款。这一条款应规定承租人或出租人必须向双方选定的保险公司为租赁物件投保以出租人为受益人或以出租人和承租人为共同受益人的财产险和第三者责任险,并由承租人承担有关的保险费用或由出租人通过提高租金的形式从承租人处得到补偿。投保的租赁物件价值不应低于物件总的成本价或租金总额或全价更换此物件的价值。条款中必须列明保险的范围、投保人、保险公司的选择、投保时间和保险受益人等内容。

(8)租赁保证金和担保条款。融资租赁的担保一般有两种形式：保证金和第三者的信用担保。保证金由出租人和承租人双方商定金额或按租金总额的一定比例由承租人向出租人缴纳，作为承租人履行租赁合同的保证。第三者信用担保是指由承租人提出经出租人同意的第三者用自身的商业信誉为承租人履行租赁合同项下的全部义务提供担保。

(9)租赁设备租赁期满的处理条款。融资租赁承租人一般有留购、续租和退租三种选择权。

(10)对第三方的责任条款。这一条款规定涉及第三方(出租人和承租人以外的有关方)的权益。

(11)转租赁条款。在租赁期间，承租人有权要求将租赁设备转租给其他人使用，但必须取得出租人的书面同意。

(12)租赁债权的转让和抵押条款。出租人有权在未经承租人同意的条件下，在不影响承租人对拥有设备使用权的前提下，将租赁合同规定的全部或部分权利转让给第三者，或提交租赁物件作为抵押。

(13)预扣所得税条款。在国际租赁中，如果承租人和出租人分属不同国家，出租人在合同条款中往往要求写明由承租人为其代交预扣税。

(14)争议解决条款。合同中应明确规定，双方当事人在履行租赁合同期间若出现争议，采取何种形式解决。一般方式为双方协商、仲裁和法院审理。

在签订租赁合同时，应特别注意以下几个问题：①租期；②起租日；③租赁费率；④资金偿还担保；⑤纳税及投保；⑥外汇币种的选择；⑦租金及支付方式等；⑧期满租赁物件所有权的处理。

三、国际租赁的租金

租金条款是租赁合同最重要的内容。

(一)租金的构成要素

从理论上来说，租金由下列要素构成：

$$租金总额＝设备购置成本＋利息费用＋手续费＋利润$$

设备购置成本是出租人为承租人取得租赁资产过程中的各项费用支出的总和，主要包括设备原价、运费和运输保险费等。设备购置成本也是确定租金计算基数的基础。由于存在全额清偿和非全额清偿两种类型，因而在设备购置成本的支出总额中，纳入租金计算基数的比例有所不同。全额清偿的租赁，则全部作为计算租金的基数；

非全额清偿的租赁,纳入租金计算基数的部分是租赁设备购置成本扣除出租人在租期开始时预留的租赁残值后的余额。

利息费用是指出租人为承租人购置设备而筹措资金所支付的利息、税收和适当的利差风险费等。

手续费是出租人向承租人收取的,用以补偿出租人为承租人办理租赁业务时所开支的各项费用支出,如办公费、工资、差旅费、管理费和缴纳的间接税税收等。手续费的高低由租赁公司与承租企业协商确定,一般以租赁资产价款的某一百分比收取。

利润是出租人从事租赁业务期待的净回报。

(二)租金的影响因素

租金的影响因素包括:①租赁设备总成本;②利率;③租赁期限;④付租间隔期;⑤保证金的支付数量与结算方式;⑥付租方式;⑦支付币种。

(三)租金的支付方式

(1)按支付时期长短,可分为年付、半年付、季付、月付。

(2)按每期支付租金的时间,可分为先付租金和后付租金。先付租金是指在期初支付,后付租金是指在期末支付。

(3)按每期支付金额,可分为等额支付和不等额支付。

(四)租金的计算方法

1. 年金法

年金法是最常用的租金计算方法。其基本原理是在已知未来各期收益的情况下,按既定的折现率将其折为现值的一种方法。通常要根据利率和手续费率确定一个租费率,作为折现率。其中等额年金法使用最为广泛。当未来各期每期的收益相等时,可用公式表示为:

$$PV = \frac{R}{1+i} + \frac{R}{(1+i)^2} + \frac{R}{(1+i)^3} + \cdots + \frac{R}{(1+i)^n} = R \times \frac{(1+i)^n - 1}{i \times (1+i)^n}$$

(1)每期租金均等后付。所谓均等后付,即在每期期末支付等额租金。每期租金的计算公式如下:

$$R = PV \times \frac{i \times (1+i)^n}{(1+i)^n - 1}$$

式中:R——年金或每期租金;PV——租赁资产概算成本;i——折现率;n——租赁期数。

其中,$\frac{i \times (1+i)^n}{(1+i)^n - 1}$ 是租金系数,它是年金系数 $\frac{(1+i)^n - 1}{i \times (1+i)^n}$ 的倒数。

例如:假设包括运保费在内的租赁设备货价为 40 000 元,设备租赁期 10 年,租金每年均等后付,贴现利率 10%。求每期租金和租金总额。

解:$R = 40\,000 \times [10\% \times (1+10\%)^{10}] \div [(1+10\%)^{10} - 1]$

$\quad\ = 40\,000 \times 0.162\,7$

$\quad\ = 6\,508(元)$

租金总额 $= n \times R = 6\,508 \times 10 = 65\,080(元)$

(2)每期租金均等先付。所谓均等先付,即在每期期初支付等额租金。[①] 每期租金的计算公式如下:

$$R = PV \times \frac{i \times (1+i)^{n-1}}{(1+i)^n - 1}$$

式中:R——年金或每期租金;PV——租赁资产概算成本;i——折现率;n——租赁期数。

上例改为每年年初付租金,求每年的租金。

解:$R = 40\,000 \times [10\% \times (1+10\%)^{10-1}] \div [(1+10\%)^{10} - 1]$

$\quad\ = 40\,000 \times 0.147\,9$

$\quad\ = 5\,916(元)$

显然,先付方式因占用本金时间短了一期,在相同租赁条件下,每期租金和租金总额比后付方式要少。

(3)有保证金时的租金计算。保证金在租期内一般不计息,有两种处理方式:一种是将保证金从购置成本扣除后的余额作为计算租金的基础;另一种是概算成本不降低,保证金只抵作承租人的最后一次租金或最后一次租金的一部分。

例如:租赁设备购置成本为 1 000 000 美元,租期为 3 年,租金每半年均等后付,租金全额清偿,租赁利率为 8%,且承租人于租赁合同生效日支付租赁设备购置成本 5% 的保证金,保证金抵最后一次租金,求每期租金。

解:$PV = \dfrac{R}{1+i} + \dfrac{R}{(1+i)^2} + \dfrac{R}{(1+i)^3} + \dfrac{R}{(1+i)^4} + \dfrac{R}{(1+i)^5} + D = R \times \dfrac{(1+i)^5 - 1}{i \times (1+i)^5} + D$

式中:D——保证金。

$R = 950\,000 \times [4\% \times (1+4\%)^5] \div [(1+4\%)^5 - 1]$

$\quad\ = 950\,000 \times 0.224\,6$

$\quad\ = 213\,370(美元)$

第一到五期每期租金都是 213 370 美元,最后一期租金即为承租人之前交付的保证金。

[①] 由于多数承租人的资金比较紧张,除非出租人给承租人留有一定的租金支付宽限期,否则,每期租金均等先付的安排很难实施。

(4)出租人留有残值。在出租人留有残值的非全额清偿方式下,应将租赁设备购置成本扣除残值后的余额作为计算租金的基数。

例如:租赁设备购置成本为1 000 000元,租赁期限2年,租金每半年均等后付,租金为非全额清偿。租期开始时预留无担保残值为租赁设备购置成本的10%,租赁利率为6%。求每期租金。

解:$PV=1\ 000\ 000-100\ 000=900\ 000$(元)

$R=900\ 000\times[3\%\times(1+3\%)^4]\div[(1+3\%)^4-1]$

$=900\ 000\times0.269\ 0$

$=242\ 100$(元)

2. 平均分摊法

平均分摊法是指先以商定的利率和手续费率分别计算出租赁期间的利息和手续费,然后连同设备价款一起按支付次数平均的计算方法。这种方法没有充分考虑货币的时间价值因素。其每期应付租金的计算公式为:

$$R=\frac{(C-S)+I+F}{N}$$

式中:R——每期应付租金;C——设备价值;S——残值;I——租赁期间利息;F——手续费;N——租金支付次数。

例如:某项租赁业务中,租赁物件的货价为100万元,租赁期为5年,分5次支付租金,租金采取平均分摊法,每年末支付一次,年利率5%,预计残值16 000元(归出租人所有),租赁手续费率为设备价值的2%。求每期应付租金。

解:利息$=1\ 000\ 000\times(1+5\%)^5-1\ 000\ 000=276\ 280$(元)

手续费$=1\ 000\ 000\times2\%=20\ 000$(元)

每期应付租金额$=[(1\ 000\ 000-16\ 000)+276\ 280+20\ 000]\div5=256\ 056$(元)

3. 附加率法

附加率法是指在租赁资产的设备货价或概算成本上再加一个特定的比率计算租金的方法。租赁公司根据营业费用、利润等因素来确定这一特定的比率。其租金计算公式为:

$$R=\frac{PV\times(1+n\times i)}{n}+PV\times r \quad 或 \quad R=\frac{PV}{n}+PV\times i+PV\times r$$

式中:R——租金;PV——租赁资产的货价或概算成本;i——每期利率(与还款次数相对应);n——租金支付次数(可按月、系、半年或年计算);r——附加率。

例如:某企业从某租赁公司租赁一套设备,设备概算成本为80万元,期限为8年,折现率6%,附加率4%。求每期租金。

解：$R = 800\,000 \times (1 + 8 \times 6\%) \div 8 + 800\,000 \times 4\% = 180\,000(元)$

这是一种高额租金计算方法，利息用固定利率按单利计算，表面看利率不高，实际上每期租金和租金总额都因附加费用而变得很高，对承租人的经济负担最重。

4. 本息法

本息法是指利用本息数计算租金，本息数是租赁期内承租人应支付租金总额与租赁资产概算成本的比率，其实就是不算利息的计租办法。其租金计算公式为：

$$R = PV \times \frac{c}{n}$$

式中：R——租金；PV——租赁资产的概算成本；c——本息数；n——租期。

例如：企业预租赁设备的概算成本为 300 万元，租期 8 年，每年末支付租金，本息数为 1.4。求每年租金。

解：$R = 3\,000\,000 \times 1.4 \div 8 = 525\,000(元)$

5. 成本回收法

成本回收法是指租赁双方在签订租赁合同时商定，各期按照一定的规律收回本金，再加上当期应收的利息即为各期租金。各期租金没有统一的计算公式，各期成本的回收额由双方商定。以下用承租人每期偿还相等的本金为例加以说明。其计算公式为：

$$R = 各期占款本金数 \times 年利率 \times 占款年数 + 各期应还本金数$$

例如：假设一笔租赁业务，租赁资产的概算成本为 300 万元，租赁期为 5 年，每年年末支付一次租金，利息和手续费折合年利率 9%，用成本回收法计算各年租金。

解：具体计算见表 8—1。

表 8—1　　　　　　　　　　成本回收法计算租金

期次	占款年数	本金余额（万元）	回收本金	利费额（万元）	租金＝本金＋利费额（万元）
1	1	300	60	$300 \times 9\% \times 1 = 27$	$300 \times 9\% \times 1 + 60 = 87$
2	1	240	60	$240 \times 9\% \times 1 = 21.6$	$240 \times 9\% \times 1 + 60 = 81.6$
3	1	180	60	$180 \times 9\% \times 1 = 16.2$	$180 \times 9\% \times 1 + 60 = 76.2$
4	1	120	60	$120 \times 9\% \times 1 = 10.8$	$120 \times 9\% \times 1 + 60 = 70.8$
5	1	60	60	$60 \times 9\% \times 1 = 5.4$	$60 \times 9\% \times 1 + 60 = 65.4$
应付总额				81	381

6. 租赁率法

租金计算公式为：

$$R = PV \times \frac{1+r}{n}$$

式中：R——租金；PV——租赁资产的概算成本；r——租赁率；n——租期。

例如：企业预租赁设备的概算成本为 300 万元，租期 8 年，每年末支付租金，若租赁率 20%，则按租赁率法计算的每期租金应为多少？

解：$R = 300$ 万 $\times (1+20\%) \div 8 = 45$（万元）

7. 浮动利率法

这是近年来国际上比较流行的做法，租赁利率在整个租期内不确定，因此，每期租金额也不确定，差额较大，对承租人来说有一定利率风险。具体有三种确定浮动租赁利率的方法：

(1)"基础利率＋加成"法，即以每期租金支付当日某一标准利率为基础，在此基础上加一定百分比，作为计算下一期租金的利率标准。

(2)"平均利率＋加成"法，即以每一租金支付期内某日的若干家银行的同期 LIBOR 平均利率为基础，在此基础上加一定百分比，作为计算下一期租金的利率标准。这一方法避免了因选用某家银行较高的 LIBOR 而加重承租人的资金负担，或因较低的 LIBOR 而减少出租人的收益，更具公平性。

(3)指数化租赁利率法，即先选定某参考指标，确定一个与该指标挂钩的基本租赁利率。当支付每期租金时，若选定的参考指标发生变化，则实际租赁利率将根据参考指标的变化幅度，按照预先约定的调整办法和比例做相应调整。

第三节 中国的融资租赁业

一、中国融资租赁业的发展历程

我国的融资租赁行业起步于 20 世纪 80 年代初，之后经历了比较曲折的发展历程，近年来又重新焕发生机和活力。

(一)迅速发展期(1981—1988 年)

与发达国家相比，我国融资租赁业起步较晚。改革开放以后，作为利用外资的重要方式，融资租赁业在对外开放过程中逐步发展起来。1980 年，中国国际信托投资公司率先承做了我国第一笔融资租赁业务。同期，中国民航与美国汉诺威尔制造租赁公司(Manufacture Hanovel Leasing Co.)和劳埃德银行(Lloyds Bank)合作，从美国租进了第一架波音 747SP 飞机。1981 年，我国第一家中外合资租赁公司——中国东方租赁有限公司成立；同年 7 月，第一家全国性融资租赁公司——中国租赁有限公司成立。这两笔业务与这两家租赁公司的成立,标志着我国融资租赁业的起步。此后一段时期,融资租赁得到快速发展。据统计,1981 年至 1987 年 6 月,全国签订租赁合同累计近 23.8 亿美元,办理引进项目 2 900 多个,其中中外合资租赁公司累计签订租赁合同额 11.67 亿美元,租赁项目 1 400 多个,到 1988 年共设立了 20 多家中外合资租赁企业。

(二)转型调整期(1988—2003 年)

1988 年,由于体制改革、政企分离、出租人及管理体制发生变化,融资租赁业因制度问题导致了全行业性的租金拖欠,在国内外造成诸多不良影响,发展陷入全面停滞。之后,行业协会与中央政府部门联手解决租金拖欠问题,使融资租赁业起死回生。到 20 世纪 90 年代末为止,全国已有各类融资租赁公司 80 多家。其中,由银监会监管的融资租赁公司 12 家,由商务部监管的内资融资租赁公司 20 家,中外合资融资租赁公司 50 多家,这些租赁企业共同为我国的经济建设做出了巨大的贡献。

(三)恢复发展期(2004—2007 年)

随着我国加入世界贸易组织、对外开放进一步扩大、经济体制改革不断深化以及国民经济持续高速发展,支撑租赁行业发展的法律、税收、监管和会计处理等制度环境逐步完善,我国租赁业重新焕发活力。2000 年,经国务院批准,租赁业被列入"国家重点鼓励发展的产业"。在借鉴国外成功经验的基础上,中国人民银行把整顿发展金融租赁业提上议事日程。2000 年 6 月 30 日,中国人民银行颁布了《金融租赁公司管理办法》;2001 年 2 月,财政部颁布了《企业会计准则——租赁》,租赁业的会计核算和信息披露得以规范。根据我国政府在加入世界贸易组织时的承诺,外商独资的融资租赁对外开放,首先在 GE 和卡特彼勒试点。2004 年 12 月 10 日之后,外商独资的融资租赁正式对境外开放,商务部开始审批外商独资的融资租赁公司。与此同时,内资融资租赁公司在选择的企业中开始试点。2004 年 3 月,融资租赁立法开始启动。

(四)大发展时期(2007—2017 年)

2007 年,国家有关部门批准开展融资租赁和金融租赁试点,商业银行重新进入融资租赁领域,全面提升了行业规模。2009 年,商务部将外资租赁公司的审批权下放到省级商务主管部门,政府高度重视,各地相继出台一系列鼓励融资租赁业发展的政策措施,融资租赁业经历了快速发展,国内融资租赁行业合同余额规模稳定增长,2012—2017 年年均复合增长率维持在 20% 左右。截至 2017 年 12 月 31 日,我国融资租赁公司数量达到 9 676 家,融资租赁合同余额约为 6.06 万亿元人民币,相比 2007 年的 93 家和 240 亿元分别增长了 104 倍和 253 倍。

(五)转型发展期(2018 年至今)

2017 年以来,金融监管机构密集发布各项监管政策,引导市场服务实体经济,防范系统性金融风险。2018年5月14日,商务部发布《关于融资租赁公司、商业保理公司和典当行管理职责调整有关事宜的通知》,将制定融资租赁公司、商业保理公司、典当行业务经营和监管规则的职责划给银保监会,自4月20日起,有关职责由银保监会履行。2020年1月8日,银保监会官网发布《融资租赁公司监督管理暂行办法(征求意见稿)》,中国融资租赁业统一监管时代来临。

目前,我国有三类租赁公司:金融租赁公司、中外合资租赁公司和内资经营性租赁公司。截至2019年底,全国融资租赁企业(不含单一项目公司、分公司、SPV公司、港澳台当地租赁企业和收购海外的公司)总数约为12 130家(见图8—6),其中包括金融租赁公司70家、内资租赁公司403家及外资租赁公司约11 657家。据国际租赁联盟组委会、中国租赁联盟和租赁联合研发中心发布的《2019世界租赁业发展报告》测算,2019年,世界租赁业务总量约为41 600亿美元,中国融资租赁业务总量为66 540亿元人民币,按1∶6.9的平均汇率折算为9 644亿美元,中国融资租赁业务总量约占世界的23.2%,居全球第二位。

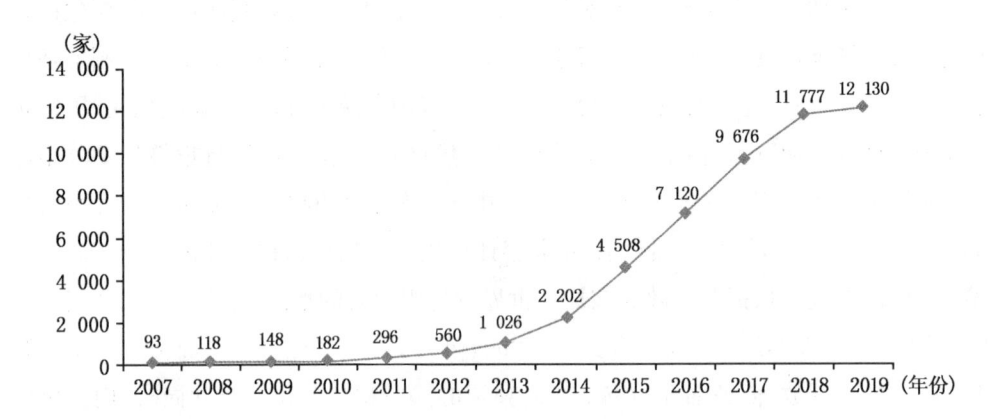

资料来源:租赁联合研发中心、中国租赁联盟、天津滨海融资租赁研究院,《2019中国租赁业发展报告》。

图8—6 2007—2019年中国融资租赁企业数量

展望未来,随着我国金融对外开放步伐加快,国家推动实施一批重大战略,如京津冀协同发展、长江经济带、大飞机、海洋经济和中国制造2025等,市场需求将逐步提升,势必给融资租赁行业带来良好的发展空间和机遇。与此同时,监管政策趋严,对租赁企业风险管理和专业化运营水平也提出更高要求,融资租赁公司需要进一步厘清发展模式,回归业务本源。融资租赁行业正迎来转型发展的关键期,逐渐向成熟阶段发展。

专栏 8—2　融资租赁业成为天津自贸试验区的"金字招牌"

2015 年 4 月,天津自贸试验区正式挂牌。其战略定位是,努力成为京津冀协同发展的高水平对外开放平台、全国改革开放先行区和制度创新试验田、面向世界的高水平自贸园区。成立 5 年来,天津自贸试验区深耕租赁产业,不断进行制度创新,探索新模式、新业态,成为国内一流、国际领先的租赁产业聚集地,尤其是天津东疆保税港区(以下简称"东疆"),在中国融资租赁业务的创新发展和先行先试上树立了品牌。

(一)产业集聚效应明显

自 2009 年底以来,东疆秉承创新驱动发展理念,取得了丰硕成果,诞生了众多租赁"中国第一单",在全国处于领跑地位,成为中国融资租赁业的聚集区。融资租赁企业由单一银行系向银行系与产业系并存转型,由国有控股向混合与民营并存转型,由以大型融资租赁公司为主向大、中、小融资租赁公司共同发展转型。天津东疆管委会数据显示,截至 2019 年 9 月底,东疆共注册租赁公司 3 394 家,累计注册资本金达 5 499.32 亿元人民币。截至 2020 年 3 月,东疆已经完成了 1 609 架飞机、121 台飞机发动机、194 艘国际船舶、22 座海工结构物租赁,飞机、船舶、海工设备租赁资产累计约 945.52 亿美元,跨境租赁业务占全国的 80% 以上,业务规模继续保持领先优势。通过东疆开展的飞机租赁业务占全国飞机租赁业务的 90% 以上,中国民航在役运输飞机中,每三架便有一架是通过东疆完成租赁的。东疆也成为全球继爱尔兰之后拥有飞机资产最多的飞机租赁聚集地。

(二)产业板块和业务领域全覆盖

目前,天津融资租赁业经营服务领域已延伸到航空、航运、海洋工程、能源设施、轨道交通、高端装备、节能环保、医疗器械、基础设施、文化类无形资产等领域,基本实现融资租赁主要业务领域的全覆盖。以飞机、船舶和海工设备为例,目前东疆的飞机、国际航运船舶和海工平台租赁业务分别占全国的 90%、80% 和 100%,在推动中国制造船舶尤其是海工设备"走出去"方面取得了较大成绩。此外,东疆还探索将租赁标的物逐步拓展到轨道交通、电力设备和大型设备等领域,进一步推动融资租赁业务与更多实体产业渗透、融合。东疆在促进产业转型升级、支持战略性新兴产业发展方面也进行了积极探索。例如,中外运长航(天津)海上工程公司借助融资租赁,从新加坡引进海上风电安装平台,促进我国海上风电开发和能源结构转型。芯鑫租赁在天津完成全国首单技术专利租赁业务和全国首笔集成电路设备保税租赁业务,通过无形资产租赁和有形资产租赁结合的方式,解决集成电路企业依靠银行信贷等传统方式融资难的问题,使中芯国际等龙头企业享受到了租赁支持实体经济的红利。在业务创新上,东疆更是遥遥领先,已相继开发出保税租赁、出口租赁、进口租赁、离岸租赁、联合租赁、资产包转让租赁、人民币跨境结算等近40种租赁交易结构产品。

(三)特色创新政策优势凸显

依托政策优势,天津自贸试验区加快国家租赁创新示范区建设。在融资租赁收取外币租金、企业设立登记备案限时办结、允许开展与主营业务相关的福费廷业务等创新的基础上,结合行业和企业发展新形势、新需求,持续推进租赁业配套制度政策创新。完善配套外汇制度,率先实施SPV公司共享母公司外债额度和飞机、船舶离岸融资租赁对外债权登记,促进企业灵活使用外债政策,解决离岸租赁业务中贸易真实性审核问题。依托自由贸易(FT)账户,服务租赁企业开展跨境业务。截至2020年3月底,累计为工银金融租赁、民生金融租赁等企业开立自由贸易账户900个,办理自由贸易业务累计454.75亿元。优化口岸通关监管,出台首个针对保税租赁业务的海关监管办法,促成全国13个海关进口租赁飞机跨关区联动监管,解决了异地委托监管、期末飞机退租处置、大型租赁设备无法入区等问题。支持租赁资产处置,搭建二手飞机资产交易信息平台,完成飞机资产包退租、金融租赁飞机转租赁交易。拓展租赁业务模式,率先完成经营性租赁飞机退租、游艇保税进口租赁、海关异地监管模式下的直升机进口租赁、飞机资产包退租、金融租赁飞机转租赁交易等业务。简化企业注销程序,推行租赁SPV公司注销"白名单"制度,注销时间由45天缩短至21天。加强风险防控,建成租赁业风险防控大数据平台,动态采集企业行政处罚、税务、诉讼、负面舆情等数据,实现实时监控。发布融资租赁发展指数,为行业发展提供重要决策参考工具,进一步优化租赁产业发展环境,2019年新增租赁资产超过100亿美元。

(四)"专家+管家"式服务保驾护航

天津自贸试验区在服务方面,借鉴爱尔兰和新加坡的服务模式和经验,专门为融资租赁企业量身定做了"三位一体"的"专家+管家"式服务体系,一是在东疆管委会内部培养出一支专业化的服务团队,二是设立专业服务公司对接租赁公司各类需求,三是与各口岸单位包括海关、外汇、工商、税务、检验检疫、海事等组成联合服务团队,帮助融资租赁企业协调解决业务疑难问题,为租赁模式设计税务结构、制定通关模式、提供融资渠道信息、信息归集撮合交易、专业解读法规政策等,以专业的服务为区内融资租赁企业提供各项便利,节约时间和成本。

> 融资租赁产业的发展是天津自贸试验区制度创新的一个缩影。作为天津自贸试验区内重点发展的示范产业,融资租赁产业在政策优惠、政府监管、租赁模式和金融支持方面取得了很多创新成果。未来,自贸试验区将不断优化融资租赁业务创新配套环境,率先打造租赁产业创新发展2.0升级版,树立中国融资租赁行业发展风向标,高质量建设国家租赁创新示范区。
>
> (资料来源:天津东疆保税港区官网,https://www.dongjiang.gov.cn。)

二、中国融资租赁业存在的问题

中国融资租赁业虽然发展迅速,但也暴露出一些问题,需要引起高度重视。

(一)租赁市场渗透率较低

融资租赁市场渗透率是衡量一国融资租赁业发展程度的统计指标,主要有市场渗透率和GDP渗透率两种统计方法,其中,市场渗透率用融资租赁交易量与当年固定资产投资额的比例为参考标准,GDP渗透率则主要以融资租赁交易量与当年GDP的比例为参考标准。

如表8-2所示,虽然从业务规模看,2018年美国、中国、英国、德国和日本的融资租赁业务额已占全球业务额的70%以上,中国融资租赁业务总量位列全球第二,但中国融资租赁市场渗透率仅为6.9%,相对其他发达国家差距较大,未来仍具有较大的发展空间。

表8-2 全球融资租赁业务规模一览

排名	国家	2018年业务额(10亿美元)	市场渗透率(%)	GDP渗透率(%)
1	美国	428.40	21.5	2.08
2	中国	254.42	6.9	1.90
3	英国	92.17	32.9	3.26
4	德国	73.32	15.9	1.86
5	日本	66.34	5.2	1.33
6	法国	52.18	16.9	1.88
7	意大利	35.90	16.1	1.73
8	澳大利亚	28.51	40.0	2.01
9	加拿大	24.46	39.0	1.43
10	波兰	22.20	27.0	3.79

注:按照租赁年报的编制惯例,2020年的报告披露的是截至2018年底的数据,报告中各地区融资租赁业务额均以美元作为计价单位,以2018年12月31日的美元汇率换算。

资料来源:怀特克拉克集团,《2020 Global Leasing Report》。

(二)融资渠道较为单一

长期以来,租赁企业资金的主要来源是股东的资本金和银行贷款,短期贷款占比较高,整体上融资渠道较为单一。尤其是中小型公司融资渠道有限,开展多元融资难度较大。融资租赁业的特征之一便是资金运用的长期性,短期的银行信贷资金运用到长期的租赁设备中,易造成资产负债期限结构不匹配,导致融资租赁业面临巨大的流动性风险。融资租赁公司应适应资本市场环境的变化,在银行授信渠道之外大力创新融资模式,探索ABS、ABN等较为新型的融资方式,拓展多元化的融资渠道。

(三)租赁法律和制度不够完善

在法律法规层面,我国的融资租赁业此前主要以《中华人民共和国民法通则》《中华人民共和国合同法》《中华人民共和国物权法》等法律作为参照,有关融资租赁的条款相对较少。[1] 从目前融资租赁业的发展来看,我国也尚未建立起相关的税收政策和信贷支持,主要表现在我国没有具体的税收制度能让融资租赁企业享有投资抵扣、加速折旧和租金计入成本等方面的优惠,同时信贷支持相关政策也较缺乏,这严重制约了融资租赁业的发展。[2]

(四)租赁业务模式缺乏差异

大多数融资租赁公司产品结构设计较为简单,尚未形成定制化和差异化业务,行业发展专业化低,创新业务模式运用较少。租赁业务模式仍较为单一,以融资租赁和回租业务为主,这种"类信贷"回租业务模式的租赁技术含量少,同时,大部分售后回租标的物涉及公共部门的公路、地铁、桥梁等公共基础设施,在经济下行压力加大、地方政府债务偿还租金能力或意愿有所降低等因素影响下,由于对承租人采取相关补救措施的能力较为有限,因而容易累积大量系统性金融风险。另外,行业资金在细分市场的投放仍集中在传统板块,新兴领域虽有一定突破,但产业下沉仍然不够,专业化仍需进一步加强。

(五)专业租赁人才短缺

优秀专业的融资租赁人才是实现租赁公司健康发展的基础。租赁是一项专业性

---

[1] 2020年5月28日,第十三届全国人大第三次会议表决通过《中华人民共和国民法典》,自2021年1月1日起施行。《中华人民共和国民法典》对融资租赁合同所做出的扩充规定,对融资租赁业务产生了重要影响。如将融资租赁纳入担保交易进行登记,将彻底解决困扰行业多年的对抗善意第三人的问题。

[2] 在税收政策方面,2016年发布的《财政部、国家税务总局关于全面推开营业税改征增值税试点的通知》根据不同租赁业务的种类,对融资租赁业务进行了区分,并规定:将售后回租业务认定为"贷款服务",税率为6%;不动产租赁税率为11%;有形动产租赁税率为17%。目前的税收优惠政策包括:经中国人民银行、银监会或者商务部批准从事融资租赁业务的试点纳税人中的一般纳税人,提供有形动产融资租赁服务,对其增值税实际税负超过3%的部分实行增值税即征即退政策;以融资租赁方式租赁给境外承租人且期限在5年以上的,试行增值税、消费税出口退税政策等。

非常强的工作,涉及金融、法律、会计、资产评估、设备管理与维护等诸多领域,尤其涉及科技含量高、专业性强的飞机、船舶、海工装备等租赁物的租赁业务,更需要复合型人才的参与,而这也正是目前行业所或缺的。

案例 8—1　融资租赁助力柬埔寨桑河二级水电项目

桑河二级水电项目是柬埔寨最大的水力发电工程项目。工程位于柬埔寨西北部的上丁省境内。2014 年 1 月 22 日,云南澜沧江国际能源有限公司(华能集团为投资开发缅甸等东南亚诸国的水电、电网、煤炭等资源设立的全资子公司,以下简称"国际能源公司")与柬埔寨皇家集团完成桑河二级水电公司(以下简称"桑河公司")的股权交易,桑河公司股东结构变更为:澜沧江国际能源开曼有限公司持股 51%、皇家集团能源公司持股 39%、越南电力国际股份公司持股 10%。自此,项目进入实质性建设阶段,该项目为 BOT 形式,合作经营期为 40 年(不含建设期),首台机组于 2017 年底投产发电。

这是华能集团实施"走出去"战略的第一个境外 BOT 项目。由于项目贷款协议复杂,短期内无法与银行完成签署,而项目又急需资金投入,因而华能集团最终与工银租赁达成合作意向,由工银租赁以金融租赁方式为项目提供 5 亿美元资金。其融资租赁模式主要特点体现为:

一、委托直租模式提高采购效率

水电站项目设备的特点是交付和安装周期长、跨度大。零部件、预埋件的数量繁多,甚至超过上万件。如果按照传统融资租赁模式操作,即由租赁公司向设备商采购租赁物,则操作过程复杂,工作量大,采购效率低,可行性不高。因此,该项目创新设计了委托直租模式,如图 8—7 所示。

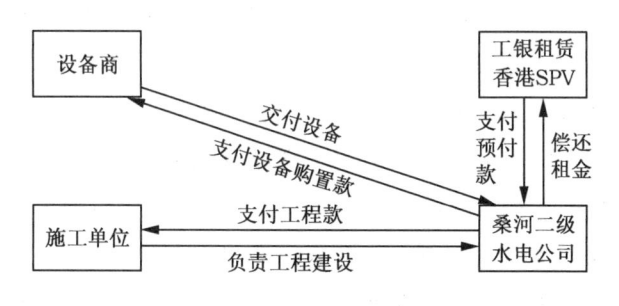

图 8—7　委托直租模式

工银租赁在香港设立的陆路通有限公司作为出租人,与承租人桑河公司签署融资租赁合同和委托协议,委托承租人购置或建设租赁物,并将租赁物出租给承租人使用,出租人享有租赁物所有权。出租人向承租人支付预付款,用于购置和建设租赁物,承租人按融资租赁合同约定向出租人支付租前息和租金,租赁期满,承租人以 1 美元回购租赁资产。出租人与国际能源公司签署连带责任担保协议,由其对承租人租金偿付承担连带责任担保义务。委托直租模式克服了传统租赁模式下租赁公司无法按照客户需求大批量采购设备的难题,解决了项目建设工期紧张、资金需求密集的问题。

根据委托协议,桑河公司收到租赁公司预付款后,向厂商支付设备购置款,厂商直接将设备交付到桑河公司。该项目 70% 以上设备由中国供应,生产厂商包括东方电气、上海电气等国内主流电力设备厂商。这一模式可以有效利用华能澜沧江公司在国内水电站建设的采购经验和议价能力,为境外项目公司的采购带来较大的优惠。

二、施工款项纳入租赁融资,支持中国企业"走出去"

项目还将土建施工单位纳入融资范畴,根据委托协议,通过租赁公司向桑河公司支付预付款,后者将工程款支付给土建施工单位,最终桑河公司根据融资租赁合同向租赁公司支付租金。委托直租架构首次将土建和安装工程纳入融资租赁范围,使租赁架构更加完善,提高了资金使用效率。该工程施工由中资公司承揽,此项突破可以积极推动国内电力设备及附属设施的出口和设计咨询单位的技术输出,具有多赢互利的意义。

三、跨境租赁降低融资成本

为了从国际市场筹集成本较低的资金,有效降低项目公司的融资成本,该项目设立香港、开曼两层境外 SPV 公司,由开曼公司直接持股桑河公司,并由项目公司直接从工银租赁的香港 SPV 公司提款,形成中国内地、中国香港、柬埔寨三层跨境联动的融资租赁架构,见图 8—8。工银租赁通过向国内企业采购电力设备及附属设施,直接跨境租赁给桑河公司使用。由于出租人和承租人都位于境外,而香港是所得税负较低的地区,因而跨境租赁结构能够规避不必要的税收。各国(地区)实施主体可有效利用相关国家(地区)税法和折旧制度,灵活选取折旧年限或租赁期限,并进行有效的税收筹划,最大限度地保障租赁公司和项目公司的利益,有效降低项目的融资成本。

四、合理规划提款流程,避免资金沉淀

对于一般的项目融资,租赁公司对单次提款金额和提款总次数都有严格的限制,从而造成项目企业资金沉淀严重,提款与支付进度存在较大时间差。就水电项目建设而言,在大型水电设备制造合同签订后的很短时间内,租赁公司必须向厂商支付相应的合同预付款,在设备制造的各个阶段完成后,还需支付合同进度款,很多款项可能在融资租赁合同提款前就急需支付,这使得融资租赁的提款流程存在操作难题。

各方经过积极协商,对该项目设置了灵活的提款方式,针对水电设备和工程类合同支付可预期、与工程进度高度匹配的特点,将提款时间与工程合同的支付时间相匹配,即根据不同合同的支付日期进行提款与支付,实现提款、放款、交付设备和偿还租

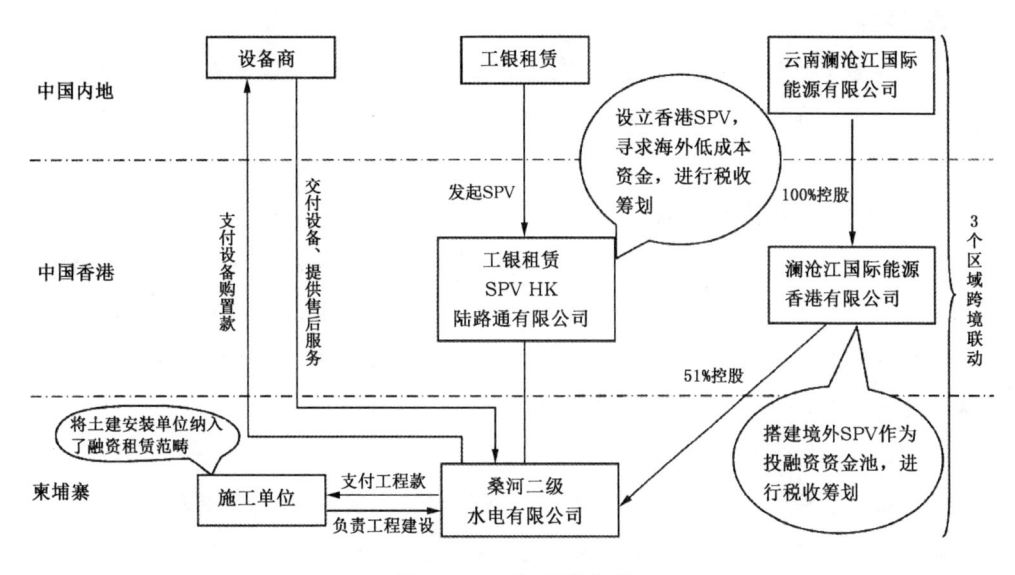

图 8—8　跨境租赁架构

金的闭环管理,确保最大限度地减少资金沉淀,提高资金效益。同时,对提款流程进行规范,在提款时向出租人提供相应的设备采购和施工建设合同。项目公司通过中国工商银行金边分行支付设备款项,在满足工银租赁内部审批和后期监管要求的同时,也满足项目公司操作性的要求,实现互利共赢,见图 8—9。

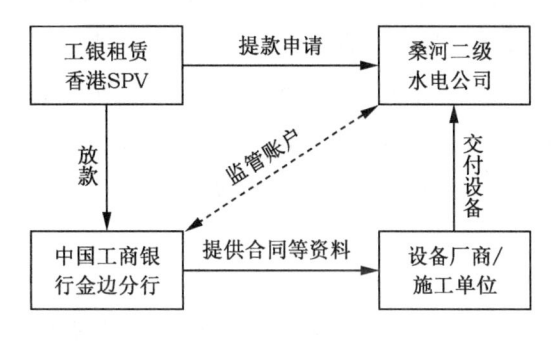

图 8—9　提款流程

桑河二级水电站是"一带一路"和柬埔寨能源建设的重点项目、中柬能源合作的典范。在该项目中,金融租赁充分发挥了支持实体经济、根据企业需要贴身服务、输出国内产能、促进产品出口销售的功能,既保障了中国企业海外项目建设,带动了国内电力设备制造企业的产品生产与出口销售,也开创了金融租赁公司支持中国电力企业项目海外项目建设的新模式。

(资料来源:何敏、王维姣、贺文森,《融资租赁在柬埔寨桑河二级水电项目中的运用研究》,《云南水力发电》2018 年第 1 期。)

思考题：
1. 这笔融资租赁业务有哪些可供借鉴的经验？
2. 跨境融资租赁在"一带一路"沿线国家可能面临哪些风险？

案例 8—2　e 租宝庞氏骗局

e 租宝是"钰诚系"下属的金易融（北京）网络科技有限公司运营的网络平台，从 2014 年 7 月上线至 2015 年 12 月被查封的一年半的时间里，"钰诚系"相关犯罪嫌疑人以高额利息为诱饵，虚构融资租赁项目，持续采用借新还旧、自我担保等方式大量非法吸收公众资金，累计交易发生额达 700 多亿元，涉及投资人约 90 万名。

一、"钰诚系"版图起底

在 e 租宝事件中，名不副实的安徽钰诚融资租赁有限公司（以下简称"钰诚租赁"）是 e 租宝非法金融活动中的关键一环。该公司于 2012 年 3 月由丁宁与其堂兄丁未巍共同成立，注册资本 3 000 万美元，号称安徽规模最大的中外合资融资租赁公司，是钰诚集团的主体。2013 年，在该公司基础上，丁宁又组建了安徽钰诚控股集团股份有限公司（以下简称"钰诚集团"），宣称是以融资租赁主导的金融服务为核心，集高新技术制造业、现代服务业等为一体的综合性集团。e 租宝是钰诚集团于 2014 年 7 月成立的子公司，注册资本金 1 亿元，总部位于北京。平台主要提供以融资租赁债权交易为基础的互联网金融服务。钰诚集团先后发起设立的公司多达 15 家，其中 12 家公司的成立时间是在 e 租宝上线之后。除了钰诚集团下丁氏家族主要成员掌控的数家公司外，丁氏家族还控制着多家关联公司。对于 e 租宝而言，如果缺少融资租赁的项目，就无法发布新标的募集资金。因此，钰诚集团大肆收购小企业后增资或者新设立皮包公司，以这些皮包公司作为融资租赁项目资产端的借款人，在 e 租宝平台上发布虚假借款标的，筹集资金。

二、e 租宝的运营模式

e 租宝宣传自己采取全新的 A2P（Asset to Peer）经营模式，具体流程如图 8—10 所示。

(1) 承租人向融资租赁公司提出服务申请。

(2) 融资租赁公司审核企业资质，审核通过后与承租人签订融资租赁合同。

(3) 融资租赁公司向供货商购买设备直租给承租人或者以售后回租的形式购买承租人的设备再租给承租人。

(4) 在融资租赁公司获得融资租赁债权后将已有的融资租赁债权向 e 租宝提出转让申请。

(5) e 租宝对转让债权的风险进行审核，并设计出不同收益率的产品，在其网贷平

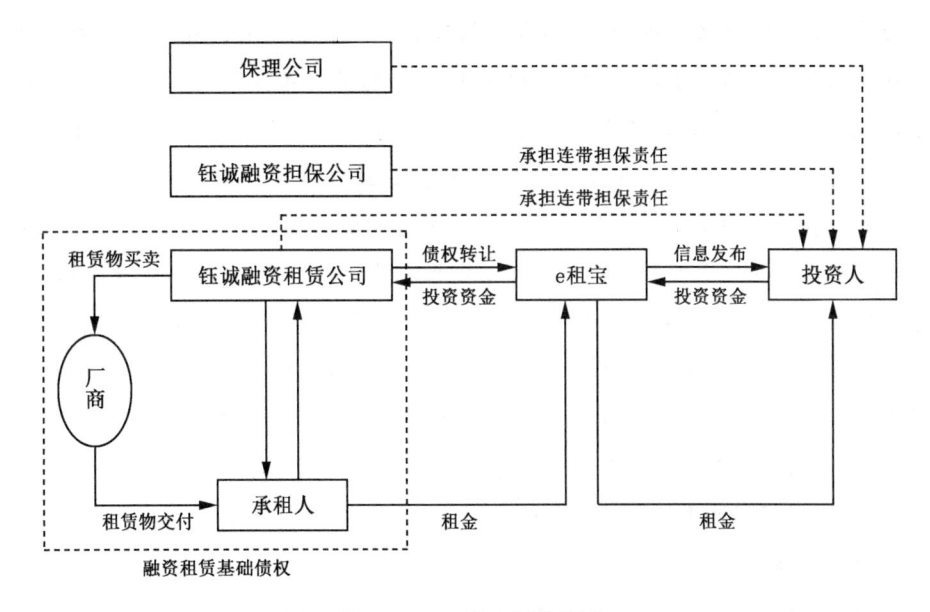

图 8-10　e租宝经营模式

台上发布项目信息进行销售。

（6）投资人通过 e 租宝对债权转让项目进行投资,融资租赁公司将债权转让给投资者,转让过程即告完成。

（7）债权转让完成后,承租人通过 e 租宝平台向投资者定期还款,即承租人定期支付的租金。在租金支付完成后,承租人取得租赁设备的所有权。

（8）投资期满后,投资人收回本金和利息。

根据 e 租宝的宣传,还款期间若发生违约,会有融资性担保公司对债权转让项目中的债权承担连带保证担保,全额保证投资人的本息安全;融资租赁公司对债权转让项目中的债权承担连带担保责任;保理公司承诺对债权转让项目中的债权无条件赎回,提高资产流动性,使投资者可以自由赎回资金。

截至 2016 年 12 月 18 日,e 租宝共计发放了 3 240 个投资标的,有 89.54 万个投资者共计 313 万次投资记录。根据利率和期限的不同,投资产品主要分为 e 租稳盈、e 租财富、e 租富享、e 租富盈、e 租年丰、e 租年享 6 款产品。产品起投金额为 1 元,门槛极低。预期年化收益率为 9%～14.6%,远高于一般银行理财产品的收益率。e 租宝的宣传口号之一就是"1 元起投,随时赎回,高收益低风险"。

三、e 租宝的庞氏骗局

（一）虚构融资项目

为了让 e 租宝有源源不断的新项目上线,e 租宝平台实际控制人、钰诚集团董事会执行局主席丁宁指使下属收购企业或者注册空壳公司,用融资金额的 1.5%～2%

购买企业信息填入准备好的合同,制成虚假项目在平台上发售。按照新华社的报道,钰诚租赁风险控制部总监雍磊称:"e租宝上95%的项目都是假的。"在207家承租公司中,仅有1家公司与钰诚租赁发生了真实的业务。为了取得投资人的信任,e租宝还采取了更改企业注册资本等方式包装融资企业,这也是许多在e租宝平台上融资的企业都有融资前注册资本变更的原因。零壹财经的数据显示,2015年10月,共有309家借款公司在e租宝上发布了借款标的,而上述借款公司中94.5%在借款前发生过注册资本变更。变更前这些公司的注册资本平均为154万元,变更后达到2 714万元。典型案例是2015年6月9日发布的一个融资项目,借款方为"深圳市隆金佳利科技有限公司",借款金额为6 300万元。企业的工商信息显示,公司成立于2014年11月7日,成立之初注册资本仅为50万元,2015年5月8日将注册资本变更为3 000万元,然而工商部门实地查证并不存在此公司。

(二)虚假担保

e租宝为了让投资人消除顾虑,设计多重担保机制,貌似是为投资者提供周密的资金安全保护,然而实际上承诺为e租宝提供融资租赁担保的三家担保公司却可能因涉嫌超额担保和关联担保而无法履行担保义务。《融资性担保公司管理暂行办法》第二十八条规定:"融资性担保公司的融资性担保责任余额不得超过其净资产的10倍。"三家担保公司的最高担保额度加总后不足50亿元,这与e租宝700多亿元的累计交易额相差甚远,三家担保公司已经超额担保。

e租宝的担保方属于钰诚集团直接控制的关联公司。其中,五河县中小企业融资担保公司曾经与钰诚融资租赁有事实的关联关系。除此之外,龙子湖中小企业融资担保公司的法定代表人王兰兰也是钰诚集团的副总经理。《融资性担保公司管理暂行办法》第三十条规定:"融资性担保公司不得为其母公司或者子公司提供融资性担保。"P2P平台与关联的融资担保公司之间极容易发生上述"自融自担"问题。

此外,e租宝宣称有保理公司承诺对债权转让项目中的债权无条件赎回,但实际上保理公司也受到钰诚集团的控制,增益国际保理(天津)有限公司的法人代表即为丁宁。由此可见,为e租宝提供融资担保的三家担保公司和保理公司并没有起到分散或转移风险的作用,投资人的资金安全难以得到保证。

(三)虚假宣传

钰诚集团是家族式企业,管理层的家族成员文化程度大多偏低,为此,丁宁聘请了法国佩皮尼大学的硕士张敏担任e租宝总裁,不吝重金打造"互联网金融业第一美女总裁"的形象。2014年以来,"钰诚系"又投巨资在电视媒体、财经媒体、户外媒体、网络媒体等进行铺天盖地的广告宣传,借助央视等知名媒体的公信力为其平台信用背书,误导不明真相的投资者。同时,e租宝在线下还广泛设立分公司和代销公司,向老百姓提供推销服务,甚至直接帮助投资人开通网上银行、注册平台账户。在此强势宣传下,e租宝仅用半年的时间就吸引了近90万的投资人。

e租宝平台自我宣传是"互联网金融＋融资租赁""融资与融物"相结合的典范,然而其实际经营模式与所谓的宣传大相径庭,其典型特征是虚构项目标的,通过"假项目、假担保"包装整个骗局,持续借新还旧,用承诺回报引诱投资者,属于彻头彻尾的金融诈骗。

e租宝事件的发生让融资租赁与网贷平台合作的模式再次进入公众的视线。一些融资租赁企业通过P2P等互联网金融平台,将租金收益权等转让给普通投资者,提高了资金周转率。据不完全统计,已有50家P2P网贷平台涉足融资租赁,其中不乏稳健成功的平台。2015年1—10月,融资租赁标的成交量占整个网贷行业的比例从1.69％上升到13.81％,10个月内暴增超8倍,成为网贷平台资金投向的主要标志之一。e租宝事件,为融资租赁业加强监管敲响了警钟。

(资料来源:根据财新网、零壹财经相关内容整理。)

思考题:

e租宝事件对融资租赁业有何启示?

本章小结

1. 租赁是指出租人按照合同规定,在一定期限内将物品出租给承租人使用,由后者向前者缴纳租金的经济行为。广义的国际租赁不仅包括跨国租赁,还包括离岸租赁。国际租赁体现融资与融物相结合,需要多种协议共同完成交易,风险大于国内租赁。

2. 常见的国际租赁有经营性租赁、融资租赁、杠杆租赁、转租赁、售后回租、节税租赁与非节税租赁、综合租赁等多种类型。租赁保理则是银租合作的一种形式。

3. 国际租赁的基本程序包括:作出租赁决策及选择租赁公司,选定设备物件,办理租赁委托,签订购货和租赁合同,购买租赁物、验货及投保,交付租金,租赁期满的设备处理。国际租赁合同包括一般性条款和特殊条款。

4. 租金条款是租赁合同中最重要的内容。租金由设备购置成本、利息、手续费和利润构成。租金有各种计算方法,如年金法、平均分摊法、附加率法、本息法、成本回收法、租赁率法、浮动利率法等。

5. 中国融资租赁业起步较晚,目前行业正迎来转型发展的关键期,逐渐向成熟阶段发展。

基本概念

租赁　国际租赁　经营性租赁　融资租赁　杠杆租赁　转租赁　售后回租

节税租赁　　非节税租赁　　租赁保理　　租金　　年金法　　平均分摊法　　附加率法　　成本回收法

思考与练习

1. 如何理解国际租赁"以融物实现融资"的含义？
2. 国际租赁业务的特点是什么？
3. 国际租赁分为哪些种类？
4. 简述国际租赁对承租人和出租人的优势？
5. 经营性租赁和融资租赁有什么区别？
6. 什么是杠杆租赁？一般涉及哪些当事人？
7. 售后回租对企业而言有何意义？
8. 简述国际租赁业务合同的主要构成。
9. 一租赁设备的概算成本为 100 万元，租期为 3 年，半年支付一次租金，各期租金金额相等，年利率 6%。求后付和先付情形下的租金和租金总额。
10. 一笔国际租赁业务，租赁资产的概算成本为 150 万美元，租赁期限为 3 年，双方约定每年年末支付租金，利息和手续费的年率为 7%。问：此笔国际租赁业务中，每期支付的租金是多少？租金总额是多少？

第九章 国际项目融资

教学目的与要求

- 掌握国际项目融资的概念与特点
- 了解国际项目融资的优势、参与者及办理程序
- 熟悉国际项目融资框架结构的组成
- 认识国际项目融资的常见风险及管理方法
- 掌握 BOT 和 PPP 融资的概念和特点

第一节 国际项目融资概述

一、项目融资的概念

广义而言,凡是为了建设一个新项目或是收购一个现有项目以及对已有项目进行债务重组所进行的融资活动,均可称为项目融资(Project Financing)。实践中,项目融资则有不同的定义。

《美国财会标准手册》(FASB)将项目融资看作是"对需要大规模资金的项目而采取的金融活动。借款人原则上将项目本身拥有的资金及其收益作为还款资金来源,而且将其项目资产作为抵押条件来处理。该项目主体的一般性信用能力通常不被作为重要因素来考虑。这是因为其项目主体要么是不具备其他资产的企业,要么对项目主体的所有者(母公司)不能直接追究责任,两者必居其一"。尼维特(P. K. Nevitt & F. Fabozzi)在合著的《项目融资》一书中对项目融资给出的定义是"贷款人在向一个经济实体提供贷款时,考察该经济实体的现金流和收益,将其视为偿还债务的资金来源,并将该经济实体的资产作为贷款的抵押,若对这两点感到满意,则贷款人同意放贷"。中国银行业监督管理委员会于2009年7月18日发布的《项目融资业务指引》第三条将项目融资定义为符合以下三个特征的贷款:第一,贷款通常是用于建造一个或一组大

型生产装置、基础设施、房地产项目或其他项目,包括对在建或已建项目的再融资;第二,借款人通常是为建设、经营该项目或为该项目融资而专门组建的企事业法人,包括主要从事该项目建设、经营或融资的既有企事业法人;第三,还款资金来源主要依赖该项目产生的销售收入、补贴收入或其他收入,一般不具备其他还款来源。

以上几种有代表性的定义虽有所不同,但都是围绕项目融资的主要特征进行定义,包含了两个最基本的内容:其一,项目融资是以项目为主体安排的融资;其二,项目融资中的贷款偿还来源仅限于融资项目本身。所以,比较通用的项目融资概念是:贷款人以特定项目今后所产生的收益作为还款的资金来源,并以项目的资产、预期收益或权益作抵押而取得的具有无追索或有限追索权的融资方式。它是国际中长期融资的一种形式,近30年来已经发展成为一种为大型工程项目建设开发筹集资金的卓有成效并日趋成熟的手段。

二、项目融资的特点

与传统融资相比,项目融资具有以下基本特征:

(一)以项目为主体安排融资

项目融资是以一个经济实体为主体安排的融资,而不是以项目主办人为主体,因此,它主要依赖于项目的现金流量和资产而不是依赖于项目主办人的资信来安排融资。

由于是项目导向,有些投资者很难借到的资金或担保条件可以利用项目融资来安排。因此,采用项目融资比传统融资方式一般可以获得较高的贷款比例,根据项目经济强度可以为项目提供60%~70%的资本需求量,在某些项目中甚至可以做到100%的融资。

(二)无追索权或有限追索权

项目融资中贷款人的贷款回收主要取决于项目的经济效益,一般情况下,无论项目成功与否,贷款人均不能追索到项目借款人除该项目资产、现金流量以及所承担的义务之外的任何形式的财产,因而属于无追索权或有限追索权融资。项目融资根据追索权的性质可以分为:

1. 无追索权(No Recourse)的项目融资

这种融资方式贷款的还本付息仅依赖于项目本身的经济强度,对项目主办人的其他项目资产没有任何要求权。所谓项目的经济强度,一是项目未来可用于偿还贷款的净现金流量;二是项目本身的资产价值。如果该项目中途停建或经营失败,其资产或收益不足以还清全部贷款,贷款人也无权向项目主办人追偿。因此,当项目风险的分配不被项目贷款人所接受时,由第三方当事人提供信用担保将十分必要。无追索权的项目融资对贷款人风险太大,一般很少使用。

2. 有限追索权(Limited Recourse)的项目融资

这是目前国际上普遍采用的方式。贷款人除了贷款项目的收益、项目资产的担保物权以外,还可以在某个特定阶段(有限时间)或者规定的范围(有限金额)内,对项目的主办人追索,除此之外,无论项目出现任何问题,贷款人均不能追索到发起人(主办人)除该项目资产、现金流量以及所承担义务之外的任何财产。时间的有限性体现在项目的建设开发阶段,贷款人有权对项目发起人进行完全追索,而通过"商业完工"标准测试后,项目进入正常运营阶段时,贷款就变成无追索性的了。金额的有限性则体现为,如果项目在经营阶段不能产生足额的现金流量,贷款人仅就其差额部分可以向项目发起人进行追索。

(三)项目融资周期长、金额大、融资成本高、风险高、程序复杂

项目生命周期包括从选择立项开始,经过项目的准备、实施、竣工验收、试运行,直到正式投产运行,期限较长,可以根据项目的具体需要和经济生命期来安排设计项目融资,有的贷款期限长达20年。贷款利率一般高于同等条件公司贷款的0.3%~1.5%,其增加幅度与贷款银行在融资结构中承担的风险以及对项目借款人的追索程度密切相关。除了利息成本以外,融资过程中繁琐的程序、各种担保与抵押还增加了项目融资费用。常见的前期费用包括融资顾问费、成本费、贷款的建立费、承担费以及法律费用等,与项目规模有直接关系,一般占贷款金额的0.5%~2%。

(四)项目融资资金来源多样化

项目融资一般需要大量资金,融资途径通常有国际商业银行贷款、政府贷款、国际金融机构贷款、出口信贷、债券融资、设备供应商提供的商业信贷、租赁融资和联合国有关组织的捐赠与援助等。采用项目融资一般可以获得比传统方式更高的贷款比例。

(五)非公司负债型融资

非公司负债型融资又称为资产负债表之外的融资,是指项目的债务不体现在项目发起人的资产负债表上,但是必须出现在资产负债表的附注上。这一安排可以避免项目发起人因为项目的债务而影响其公司融资能力;有效隔离和评价项目本身的风险,实现贷款人的有限追索;可以使项目发起人以有限的财力从事更多的投资,同时将风险分散和限制在更多的项目之中。

(六)风险分担

风险分担是指与项目有关的各种风险要素需要以某种形式在项目投资者、与项目开发有直接或间接利益关系的其他参与者和贷款人之间进行分担。项目参与各方均在自己力所能及的范围内承担一定的风险,避免了由其中任何一方独自承担全部风险。通过建立复杂的多边风险分散体系,可以提高债务的承受能力。

(七)信用结构多样化

成功的项目融资,应将贷款的信用支持分配到与项目有关的各个关键方面。如在市场方面,可以要求对项目产品感兴趣的购买者提供一种长期购买合同作为融资的信用支持;在工程建设方面,可以要求工程承包公司提供固定价格、固定工期的合同或"交钥匙"工程合同,可以要求项目设计者提供工程技术保证等;在原材料和能源供应方面,可以要求供应方在保证供应的同时,在定价上根据项目产品的价格变化设计一定的浮动价格公式,保证项目的最低收益。通过上述安排,将多样化的信用支持分配到项目未来的各个风险点,从而规避和化解不确定的项目风险。

三、项目融资的产生与发展

项目融资的雏形出现在 1929 年经济危机之后,最早可以追溯到 20 世纪 30 年代美国的油田开发事业,由于石油行业变化很大、极不稳定,因而通常被认为不适宜开展金融业务。银行贷款的方式不是对石油企业贷款,而是对其拥有的商品如油桶里的石油贷款,这样一旦石油企业靠不住,银行可以立即卖出石油收回贷款。由此金融界逐渐意识到,对贷款作抵押、担保的商品不一定局限于开采后的地上商品,也可以是埋藏在地下的未开采石油,即以将要开采的石油的预期收益作为担保而发放贷款。因此,贷款范围开始扩大,以企业生产的产品本身或项目的预期收益为基础的融资活动逐步发展起来。到了 20 世纪 70 年代,伴随着英国北海油田的开发热潮,项目融资作为一种新型的融资方式正式亮相历史舞台。

项目融资现在主要被用于三大类项目:资源开发项目、基础设施项目和制造业项目。一方面,这类项目投资的规模大、风险高,传统的融资方式难以满足资金需求,完全由政府出资又有困难;另一方面,基础设施项目只有通过商业化经营才可能提高效益。资源开发项目具有两大特点:一是开发投资数额巨大;二是一旦项目运作成功,投资收益丰厚。如石油、天然气、煤炭等能源开采和铁、铜、铝、矾土等金属矿产资源的开采。典型的有英国北海石油开发项目和澳大利亚恰那铁矿开采项目。基础设施建设可分为三种类型:一是公共设施项目,如电力、电信、自来水、排污等;二是公共工程,包括铁路、公路、海底隧道、大坝等;三是其他交通工程,包括港口、机场、城市地铁等。典型的有美国霍普威尔火力电站项目、马来西亚南北高速公路项目以及英吉利海峡隧道项目。制造业项目如发电、金属冶炼、精炼石油等和飞机、大型轮船的制造。澳大利亚波特铝厂项目和加拿大塞尔加纸浆厂项目是成功的典范。目前,我国的项目融资主要集中在公路、电厂、污水处理等基础设施项目上。

四、项目融资的优势

(一)筹资功能强大

利用项目本身的资信,项目的债务比例一般可以达到 70%～80%,个别项目甚至能达到 100%,因而可以为超过项目投资者自身筹资能力的大型项目提供融资,有效解决大型工程项目的筹资问题。如 20 世纪 80 年代后期,欧洲迪士尼乐园第一期工程投资超过 23 亿美元,项目投资风险远远超出了投资商所能够和所愿意承受的程度,采用传统的公司融资方式将没人敢于参与,因为一旦项目出现问题,所受到的损失会牵扯到其他的业务和资本,甚至导致破产。采用项目融资方式后,多方参与,美国迪士尼、法国投资财团以及欧共体公众投资者共同作为发起人各显其能来获取资金,并且无追索权或者有限追索权的特性有效降低了项目风险。

(二)实现风险隔离和分散

项目融资具有有限追索或无追索的性质,并通过资产负债表外安排和信用结构安排极大地分散和规避了各种风险,提高项目成功的可能性。如中信投资加拿大塞尔加纸浆厂,时值 20 世纪 80 年代中期,正是世界纸浆工业处于极度萧条的时期,许多国际银行对纸浆工业贷款采取了极为谨慎的态度。在融资谈判过程中,有的银行表示根本无兴趣参与纸浆工业项目的贷款活动。但中信通过信用保证结构的设计,增加了项目吸引力,实现了 100%融资的目标。中信主要是提供了一份介于"提货与付款"和"无论提货与否均需付款"之间的长期产品销售协议,并提供一个市场最低价格担保,从而降低了项目的市场风险,保证了项目的现金流量。在充分的担保条件下,加拿大皇家银行提供了中信投资所需的 5 700 万加元的贷款,使中信用百分之百的贷款资金成功完成了这次跨国投资。

(三)享受税收优惠

项目融资允许高水平的负债结构,70%以上的负债率是很普遍的,而在大多数国家贷款利息是免税的,而股权收益则必须上税。由于贷款利息的"抵税"作用,在某种程度上意味着资本结构的优化和资本成本的降低。如中信参与投资的澳大利亚波特兰铝厂充分利用利息预扣税的法规,节省了总值几百万美元的税额。

(四)减轻政府财政负担

项目融资可以为国家和政府建设项目提供形式灵活多样的融资,从而减轻政府财政负担,满足政府在资金安排方面的特殊需要。多数国家对政府预算的规模以及政府借款的种类和数量均有严格的规定,限制了政府在金融市场上借款的能力。在这种情况下,对于一些经济效益较好的基础设施,如能源、交通项目,政府可以不以直接投资者和直接借款人的身份介入项目,而是以为项目提供专营特许、市场保障等优惠的方式来组织融资。BOT 就是这样一种典型的结构。如我国深圳沙角 B 电厂项目中,广东省政府提供项目支持信作为一种意向性担保,在项目融资安排中具有相当的分量,对公司来说,又不影响债务与效益的比例。

五、项目融资的参与方

项目融资涉及众多参与方,他们各自与项目建立某种联系(如图 9—1 所示)。

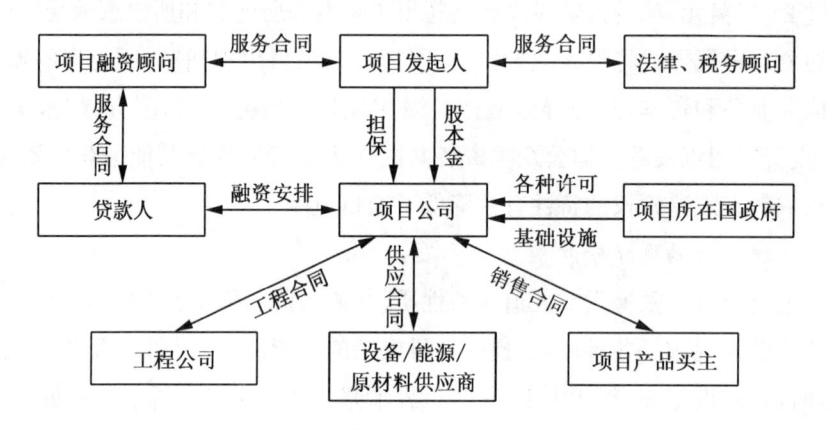

图 9—1　项目融资参与者之间的关系

(一)项目发起人(Project Sponsor)

项目发起人又称为项目主办人,是项目融资中的真正借款人,通过项目的投资和经营活动获取利润和其他利益。项目发起人可以是自然人,更多是企业组织;可以是单独一家公司,也可以是由多家公司组成的投资财团;可以是私人公司,也可以是政府机构或两者的混合体。一个项目可以有一个或多个项目主办人。大多数项目主办人通常扮演多重角色,既是投资者,又是承建商。例如,英法海底隧道项目中,15 个项目主办人中有 10 家是建筑承包商。在有限追索权的融资结构中,项目投资者除了拥有项目公司的股权,提供一部分股本资金外,还需要以直接或间接担保的形式为项目公司提供一定的信用支持。

(二)项目公司(Project Company)

项目公司也称为项目单位或承办单位,是专门为建设某一工程项目而成立的独立组织,是直接进行项目投资和项目管理、直接承担项目债务责任和项目风险的法律实体。项目公司可以是责任有限公司、合伙公司、合营组织和信托机构等,有关项目管理、利润分成、利息支付、项目中止等事项都会在股东协议或合作协议中加以确定和规范。有些项目公司承担项目的运营工作,有些仅是实施项目的载体,只起资产运营公司的作用。

(三)贷款人(Lender)

贷款人是项目融资债务资金来源的主要提供者。项目融资投资规模大、风险高，单一贷款人不愿意也很难提供全部贷款，因此，通常有多个贷款人，如商业银行、开发银行、商业金融机构、出口信贷机构、信托基金和债券市场的投资人等。贷款人可以直接贷款，或者通过融资中介安排贷款。

(四)项目产品买主或设施用户(Purchaser/ Buyer)

项目产品买主或设施用户是项目未来收入的提供者，通过与项目公司签订长期购买合同来保证项目的预期收益，为项目贷款提供重要的还款保证。一般是项目投资者本身，对项目产品(设施)有兴趣的独立第三方，或者有关政府机构(基础设施项目中)。它们的资信非常重要；如果资信不足，就要寻求第三方的信用支持。例如，当买主是公共事业单位时，常常要求政府提供直接担保、支持信或安慰函担保。

(五)项目建设的工程公司或承建公司(Construction Company)

项目融资一般安排单一的项目承建公司(一般为联合体)负责项目的设计、采购和建设，并采用固定价格、确定完工日期的项目总承包合同，可以帮助项目投资者减少在项目建设期间所承担的义务和责任；有时也可能与多个承建公司签约，分别承担部分项目建设工作。工程公司或承包公司的资金情况、工程技术能力和以往的经营历史记录将在很大程度上影响贷款银行对项目建设期风险的判断。

(六)项目的供应商(Supplier)

根据提供产品的不同，项目的供应商分为设备供应商、原材料供应商和能源供应商。设备供应商允许延期付款或低息优惠出口信贷，构成项目资金的重要来源之一；原材料/能源供应商为寻找长期稳定市场，在一定条件下愿意以长期的优惠价格条件为项目供应能源和原材料，有助于减少项目初期以至经营期间的许多不确定因素。

(七)担保/保险人(Guarantor/Insurer)

项目融资期限长，涉及众多难以预料的风险，担保/保险人必不可少。项目主办人要根据项目所在国的法律购买指定的保险，此外，为了自己的利益，根据适用法律和协议购买某些保险。贷款人出于贷款安全考虑，也常购买政治风险保险或担保。

(八)咨询专家和顾问(Advisor)

国际项目融资需要财务与金融顾问、技术顾问、法律顾问、税务顾问、保险顾问及会计税务顾问等的参与。如聘用技术顾问开展可行性研究，对项目进行管理、监督和验收；设计和施工中的技术问题，也需要专家提供意见。融资顾问可以为项目设计合适的融资结构，降低成本，减少风险。项目还需要法律顾问的介入，负责制定相关合同、保证合同的有效性等，避免日后的法律纠纷。

(九)政府(Government)

项目融资中,所在国政府常常亲自出面,以借款人身份给予最高的支持或担保。对于国际项目融资的较高利率,政府有时给予一定的补贴,此外还会提供税收优惠、费用减免、谈判时的协调等多样化的直接或间接支持。政府态度和政策的稳定性有时直接关系到项目的成败。

(十)其他参与者(Other Parties)

其他参与者包括资信评级机构、受托人等。他们在项目融资中也发挥着重要的作用。

六、项目融资的程序

一般来说,项目融资的程序大致分为五个阶段:投资决策、融资决策、融资结构分析、融资谈判和执行。

(一)投资决策阶段

任何投资项目都需要经过相当周密的投资决策分析,如宏观经济形势的判断、工业部门的发展以及项目在工业部门中的竞争性分析、项目的可行性研究等内容。一旦做出投资决策,接下来的一个重要工作是确定项目的投资结构。项目的投资结构与将要选择的融资结构和资金来源有着密切的关系。

(二)融资决策阶段

这一阶段项目投资者将决定采用何种融资方式为项目开发筹集资金。是否采用项目融资,取决于投资者对债务责任分担、贷款资金数量、时间、融资费用以及债务会计处理等方面的要求。如果决定采用项目融资,就需要选择和任命融资顾问,研究和设计项目的融资结构。

(三)融资结构分析阶段

设计项目融资结构的一个重要步骤是完成对项目风险的分析和评估。融资顾问和项目投资者需要一起对项目有关的风险因素进行全面分析和判断,确定项目的债务承受能力和风险,设计出切实可行的融资方案。融资结构及相应资金结构的设计和选择必须全面反映投资者的融资战略要求和考虑。

(四)融资谈判阶段

初步确定项目融资方案后,融资顾问将有选择地向商业银行或其他投资机构发出参与项目融资的建议书、组织贷款银团、策划债券发行、着手起草有关文件。与银行的谈判会经历多次反复,可能是对相关法律文件进行修改,也可能涉及融资结构或资金来源的调整,甚至可能是修改项目投资结构及相应法律文件,以满足债权人的要求。强有力的顾问可以帮助加强投资者谈判地位,保护其利益,并能够灵活地、及时地找出方法解决问题,打破谈判僵局,因此,这一阶段融资顾问的作用非常重要。

(五)执行阶段

正式签署项目融资的法律文件之后,即进入执行阶段。期间,贷款人通过融资顾问经常性地监督项目的进展情况,根据融资文件的规定,参与部分项目的决策,管理和控制项目的贷款资金投入和部分现金流量。

第二节　项目融资的框架结构

项目融资的框架结构由投资结构、融资结构、资金结构和资信结构四个基本模块组成。

一、项目的投资结构

项目的投资结构即项目的资产所有权结构,是指项目投资者对项目资产权益的法律拥有形式和项目投资者之间的法律合作关系。不同的项目投资结构,对项目产品、项目现金流量的控制程度、投资者在项目中所承担的债务责任和所涉及的税务结构有很大的差异。因此,为满足投资者对项目投资和融资的具体要求,需要在项目所在国法律、法规许可的范围内设计和安排。

(一)投资结构的类型

国际上通常为项目融资所采用的投资结构有单一项目子公司、非限制性子公司、代理公司、公司型合资结构、合伙制和有限合伙制结构、信托基金结构、非公司型合资结构等多种形式。以下介绍最常见的几种:

1. 公司型合资结构(Incorporated Joint Venture)

公司包括有限责任公司和股份有限公司。有限责任公司是指由 2 个以上、50 个以下的股东共同出资的企业法人;股东以其所认缴的出资额为限对公司行为承担有限责任,公司以其全部资产对债务承担责任;不对外发行股票,股东出资额由股东协商确定;公司的账目特别是资产负债表可以不对外公开。股份有限责任公司是指全部资本由等额股份构成,并通过发行股票筹集资本,股东以其所认缴的股份对公司承担责任,公司以其全部资产对债务承担责任的企业法人。采取发起设立或募集设立的方式,可以公开发行股票,因此,设立的要求比有限责任公司严格,公司账目必须公开,以便股东全面了解公司情况。股份有限公司对发起人有最低人数限制,所以公司型的投资结构一般采取有限责任公司形式。

公司型结构安排的优点在于股东承担有限责任,融资安排比较容易,投资转让方便,股东关系清晰,可以安排非公司负债型融资结构。弊端在于投资者对现金流量缺乏直接的控制,税务结构灵活性较差,税务亏损与优惠无法转移给投资者以及无法避免双重征税。国际上大多数制造业、加工业及20世纪60年代前的资源性开发性项目都采用这种投资结构。

2. 合伙制结构(Partnership)

合伙制是至少由两个以上合伙人以获取利润为目的,共同从事某项商业活动而建立起来的一种法律关系。合伙不是独立的法律实体,但可以以合伙制名义实施项目、拥有财产和安排融资。合伙不缴纳所得税,收入按照合伙人征收个人所得税。合伙人可以是自然人或公司法人。合伙制分为普通合伙制(或称一般合伙制)和有限合伙制两种。

普通合伙制(General Partnership)由若干普通合伙人组成,任一普通合伙人可以代表整个合伙制对外签订合同和协议,对经营、债务以及其他经济和民事责任负有共同的、连带的无限责任,因而常用于专业化的工作组合,如会计师事务所、律师事务所以及一些小型项目开发,很少在大型项目和项目融资中使用。它具有税务安排的灵活性,因其本身不是纳税主体,财政年度内的净收入或亏损全部按投资比例转移给合伙人,合伙人承担无限责任,融资安排相对复杂。

有限合伙制(Limited Partnership)包括至少一个普通合伙人(General Partner)和至少一个有限合伙人(Limited Partner)。普通合伙人负责组织经营和管理工作,并承担无限责任;有限合伙人不参与日常经营管理,债务责任仅限于已投入和承诺投入的资本。这一结构的吸引力在于既具备普通合伙制在税务安排上的优点,又在一定程度上避免了连带责任。

3. 非公司型合资结构(Unincorporated Joint Venture)

非公司型合资结构又称契约型合资结构,是参与人之间通过契约而建立的合作关系。它广泛应用于采矿、能源开发、初级矿产加工、石油化工、钢铁和有色金属等领域。这种结构不是独立的法律实体,每个参与者直接拥有项目资产的某个独立部分,根据这一独立部分的需要投入相应比例的资金,并有权处理与其投资比例相对应的项目的最终产品。每个参与者责任独立,彼此之间没有任何连带责任或共同责任。非公司型合资结构一般由根据联合经营协议(The Joint Operating Agreement)成立的项目管理委员会(The Operating Committee)进行项目管理,该委员会按项目主办人的投资比例派代表组成,是最高决策机构,日常管理由项目管理委员会指定的项目经理负责。

非公司型合资结构没有固定模式,为投资者提供了较大的灵活性,可按照投资战略、财务、融资、产品分配和现金流量控制等方面的目标要求设计组织结构和合资/合作协议,提高了税务安排、融资安排、投资结构设计和管理的灵活性,投资者承担有限责任。缺点是结构设计存在一定的不确定性,投资转让程序比较复杂,交易成本高,管理程序繁琐。

4. 信托基金结构(Trust)

信托基金结构在欧美等国应用较为普遍,是一种投资基金管理结构,常见的形式是单位信托基金(Unit Trust)。这种投资结构在形式上近似于公司型结构,将信托基金划分为类似于公司股票的信托单位(Unit),通过发行信托单位来筹集资金。信托基金通过信托契约(Trust Deed)建立,涉及主体包括信托单位持有人(Unit Holders)、信托基金受托人(Trustee)和信托基金经理(Manager)。信托基金在法律上不是独立法人,受托人承担信托基金的起诉和被起诉的责任。受托人可以是有限责任公司或金融机构。受托人为了受益人的利益,完全以自己的名义管理处分信托财产,因此,信托机构常常与其他形式的实体组织配合使用,如用于资金管理,也可用于融资,如采用股权投资方式直接投资项目,或采用贷款方式投资项目。

信托基金结构的优点在于受托人的债务责任限于信托基金资产,融资安排比较便利,项目现金流量的控制相对比较容易,但税务安排灵活性差、投资结构复杂是其主要缺点。

(二)设计投资结构需考虑的因素

1. 项目的特点

项目投资结构的设计因项目特点而异。例如,当项目包含有相对独立的设备或设施时,可通过增加"租赁公司"实体组织进行租赁融资;当项目产品具有"可分割"性时,可采用契约型实体组织,使项目主办人按投资比例获得相应份额的项目产品;当项目规模巨大而需要多家企业参与实施时,企业可以选择合资成立项目公司或建立契约型合作关系。

2. 项目产品的分配形式

公司型项目公司作为整体销售产品,然后将净利润分配给投资者。信托型结构可以使投资人免于具体工作,一般出现在多实体投资机构中。非公司型结构则由投资者按照自己的独立意愿去处理部分产品,比较适合于产品"可分割"的项目,如矿产资源开发、产品加工、石油加工等项目。例如,中国冶金进出口公司投资澳大利亚恰那铁矿,持有40%的权益,采用非公司型合资结构,以便获得铁矿砂供应国内的钢铁公司。而在基础设施项目投资中,能否直接取得产品(或服务)不是多数投资者的首要考虑因素,所以更适合于采用较简单的公司型结构。

3. 项目管理的决策方式与程序

项目公司需要确立不同投资者在合资结构的不同层次中拥有的管理权和决策权。决策权包括审批项目的资本开支预算、年度经营预算、长期经营计划批准项目的扩建或停产、改变项目经营方向、处理或出卖项目的部分或全部资产等。管理权则主要是市场管理和财务管理。例如,美国迪士尼想控制欧洲迪士尼乐园,但由于和法国政府签订了原则性协议,因而不能通过投资来获取决策权和管理权,融资顾问于是设计了一种类似于有限合伙制的结构,美国迪士尼是唯一的普通合伙人,满足了其提出的高于"市场平均水平"的管理权的要求。

4. 债务责任

在公司型合资结构中,债务由项目公司承担,投资者承担间接的债务责任。而在非公司型合资结构中,投资者以直接拥有的项目资产安排融资,承担直接的债务责任。贷款银行有可能追索到投资者除项目资产和收益之外的其他资产。[①]

5. 税务结构

作为一个重要考虑因素,利用精心设计的项目税务结构设法降低投融资成本是国际投资活动的一个重要特点。公司型项目公司作为纳税主体,由于在最初几年往往有亏损,因而可利用合并税收优惠冲抵投资者公司的收入,但大多数国家规定只有同一投资者百分之百控股的公司之间才能合并纳税。[②] 合伙制结构以每个合伙人作为纳税主体,应纳税收按照各个合伙人的总收入水平来计算。这样,合伙人就可以将分配给自己的盈亏与其他收入合并确定最终的纳税金额。非公司型结构本身没有任何直接收入,资产、产品都由投资者直接拥有,投资者自行决定其应税收入问题。

6. 会计处理

区别主要体现在资产负债表和损益表的报表合并问题上。在公司型投资结构中,项目投资及负债是否与主办人的资产负债表和损益表合并主要取决于在投资结构中的控股比例。如英美法律规定:第一,投资者控股比例大于50%,被认为拥有项目公司控制权,该公司的资产负债表需要全面合并进入投资者自身公司的财务报表中。除50%的绝对标准外,还有以对公司的实际控制权为标准,如在公司董事会中有超过半数以上的席位。第二,控股比例在20%~50%,投资者无合并财务报表的要求,但需要在自身公司的财务报表中按投资比例反映出该公司的实际盈亏情况。第三,控股比例小于20%,只需要在自身的公司财务报表中反映出实际投资成本,而不需要反映任何项目公司的财务状况。合伙制与公司型类似,会计处理要求也类似。而非公司型

---

① 运用项目融资,投资者目的之一是将债务责任最大限度地限制在项目之内,为了实现有限追索的融资安排,需要对投资者的所有形式做一些技术处理,如非公司型结构中在项目和投资者之间设立一个由投资者持股的中间公司,以该公司的名义进入项目。

② 在公司型投资结构中,其应税收入或亏损以公司为单位计算。如果盈利,公司需要缴纳所得税;如果出现亏损,公司则要按规定将亏损转到以后若干年中冲抵未来的收入。在一定条件下,不同公司之间的税收可以合并,统一纳税。这就为投资者安排税务结构提供了一种可能的途径,即可以利用一个公司的亏损去冲抵另一个公司的盈利,少缴税收。

(契约型结构)投资者无论投资比例大小,该项投资全部资产负债和经营情况都必须在投资者自身的财务报表中全面反映出来。

二、项目的融资结构

狭义的项目融资结构是指项目所采取的债务融资方式或债务融资方案,广义的项目融资结构是指投资结构确定以后债务资金和其他股本资金的安排或融资方式。项目的融资结构是项目融资的核心部分,是投资者聘请的融资顾问(通常由投资银行担任)的重点工作之一。

(一)常用的融资模式

项目融资通常采用的模式包括投资者直接融资、单一项目公司融资、设施使用协议融资、杠杆租赁、生产贷款、BOT 等多种方式。融资结构的设计可以按照投资者的要求,对几种模式进行组合、取舍、拼装,以实现预期目标。

1. 直接融资模式

直接融资模式是由投资者直接安排项目的融资,并直接承担融资安排中相应的责任和义务的方式,最为简单。优点是:第一,选择融资结构及融资方式比较灵活;第二,债务比例安排比较灵活;第三,可以灵活运用发起人在商业社会中的信誉。不足之处是将融资结构设计成有限追索时比较复杂:第一,如果投资者在信誉、财务状况、市场销售和生产管理能力等方面不一致,会增加项目资产及现金流量作为融资担保抵押的难度,从而在融资追索的程度和范围上会比较复杂;第二,安排融资时,需要注意划清投资者在项目中所承担的融资责任和投资者其他业务之间的界限;第三,很难将融资安排成为非公司负债型的融资形式。

2. 单一项目公司融资模式

单一项目公司融资模式是指投资者通过建立一个单一的项目公司安排融资的模式,具体有单一项目子公司和合资项目公司两种形式。

(1)单一项目子公司融资形式,是项目投资者建立一个单一目的的项目子公司作为投资载体,以该项目公司的名义与其他投资者组成合资结构安排融资。特点是项目子公司将代表投资者承担项目中全部的或主要的经济责任。但是,该公司专为具体项目组建,缺乏信用历史,需要投资者提供一定的信用支持和保证。以单一项目子公司形式安排融资,容易划清项目的债务责任;也有可能被安排成为非公司负债型的融资,减少投资者的债务危机。

(2)合资项目公司形式,是由投资者共同投资组建一个项目公司,再以该公司的名义拥有、经营项目和安排融资。这种形式在公司型合资结构中常用。优点是:第一,项目公司统一负责项目的建设、生产及市场安排,并整体使用项目资产和现金流量为项目融资抵押和提供信用保证,在融资结构上容易被贷款银行所接受;第二,投资者不直接安排融资,只通过间接的信用保证形式来支持项目公司的融资;第三,可充分利用投资中的大股东在管理、技术、市场和资信等方面的优势,为项目获得优惠的贷款条件。缺点是在税务结构的安排等方面,债务形式的选择缺乏灵活性。

3. 设施使用协议融资模式

设施使用协议(Tolling Agreement)是指在某种工业设施或服务性设施的提供者和使用者之间达成的一种具有"无论使用与否均需付款"性质的协议。利用这种协议安排项目融资,要求使用者无论是否真正利用了项目设施所提供的服务,都要无条件地在融资期间定期向设施的提供者支付一定数量的、预先确定的项目设备使用费。这种模式主要应用于一些服务性项目,如石油、天然气管道项目、发电设施、某种专门产品的运输系统以及港口、铁路设施等。

4. 杠杆租赁融资模式

杠杆租赁是承租人可以获得固定资产使用权而不必在使用初期支付其全部资本开支的一种融资结构。一般形式为:当项目公司需要筹资购买设备时,由租赁公司向银行融资并代表企业购买或租入其所需设备,然后租赁给项目公司。项目公司在项目营运期间以营运收入向租赁公司支付租金,租赁公司以其收到的租金向贷款银行还本付息。资产出租人的收入主要来自避税收益和租赁租金,贷款银行得到的信用保证主要是项目的资产以及对项目现金流量的控制。其优点是:利用项目的避税收益降低投融资成本;应用广泛,既适合于大型项目融资,也适合于专项设备融资。不足之处在于:融资结构比较复杂,重新安排融资的灵活性较小。

5. 生产支付融资模式

生产支付融资模式即以项目生产的产品及其销售收益的所有权作为担保品,而不是采用转让和抵押方式进行融资。借款方在项目投产后不以项目产品的销售收入来偿还债务,而是直接以项目产品来还本付息。在贷款得到清偿前,贷款方拥有项目部分或全部产品的所有权。还有一种方式是生产贷款[①],广泛应用于矿产资源项目的资金安排中,与项目融资中使用的其他贷款形式没有大的区别。

(二)设计融资结构的注意事项

(1)如何实现有限追索。项目自身经济强度越高,外部信用支持越强大,偿还债务的能力就越强,对项目主办人的追索程度可减轻,直至实现无追索。

(2)如何分担项目风险。应确保项目风险由参与人而不是由项目主办人承担全部

---

① 生产贷款可以更灵活地安排成为提供给项目投资者的银行信用额度,投资者可以根据项目资金的实际需求在额度范围内安排提款和还款。生产贷款的金额根据项目资源储量的价值计算,并以项目资源的开采收入作为偿还贷款的首要来源。

风险责任。通过合理的融资结构设计,实现风险在各利益相关者之间的有效、合理分配,风险责任不应超过风险承担者的能力。

(3)如何实现资产负债表外融资。表外融资一方面可以防止出现不利于主办人的财务比率,另一方面可以规避借款合同的限制。但是,它掩盖了企业的重要财务信息,未能反映真实的负债水平,有可能误导投资者,所以各国会计准则制定机构对此十分关注。

(4)如何利用项目的税务亏损降低投融资成本。世界上多数国家的税法都对企业税务亏损的结转问题有所规定[①],短则3~5年,长的10年左右。如何利用税务亏损降低项目的投融资成本,可以从项目的投资结构和融资结构两个方面考虑。

(5)如何实现投资者对项目百分之百融资的要求。投资者的股本资金可以考虑以担保存款、信用证担保等非传统形式出现。但在设计项目融资结构的过程中,应充分考虑如何最大限度地控制项目的现金流量,既满足正常债务部分的融资要求,又能满足股本资金部分的融资要求。

(6)如何处理项目融资与市场安排之间的关系。这里面有两层含义:第一,长期的市场安排是实现有限追索项目融资的一个信用保证基础;第二,以合理的市场价格从投资项目中获取产品是主要动机。能否确定以及如何确定项目产品的公平市场价格对于借贷双方来说均是处理融资与市场安排的一个焦点问题。

三、项目的资金结构

项目的资金结构用于决定项目中股本资金、准股本资金和债务资金的形式、相互之间的比例关系以及相应的来源。资金结构由投资结构和融资结构决定,但反过来又会影响到整体项目融资结构的设计。

(一)股本资金

股本资金是指项目投资主体投入项目中的资本金,因项目收益分配和清算偿还时的顺序排在最后,承担较大风险。主要来源包括企业利润留存、个人认购股票、外国直接投资等。

(二)准股本资金

准股本资金是指项目投资者或者与项目利益有关的第三方所提供的从属性债务(Subordinated Debt)。相对股本资金而言,准股本资金的特点包括:第一,债务本金的偿还具有灵活性,不能规定在某一特定期间强制性地要求项目公司偿还从属性债务;第二,从属性债务在项目资金优先序列中低于其他债务资金,但高于股本资金;第三,

---

[①] 税务亏损可以转到以后若干年使用,以冲抵公司的所得税。

项目公司破产时,在偿还所有的项目融资贷款和其他高级债务前,从属性债务将不能被偿还。最常见的准股本资金形式包括:无担保贷款(Unsecured Loan)、可转换债券(Convertible Notes)和零息债券(Zero Coupon Bond)。

(三)债务资金

债务资金是指债权人以有偿方式向项目提供的需要优先偿还的资金,清偿顺序最为优先,承担风险最低。高级债务资金是项目资金的主要来源,一般占项目所需资金的70%以上。项目融资中的大部分债务资金来自国外资金市场,主要有金融机构贷款、发行债券和票据、政府和多边金融机构的贷款、出口信贷以及租赁等,其中债券融资和银团贷款应用最为广泛。

选择合适的股本和债务资金的比例是项目融资的关键之一。股本资金常常被债权人视为债务资金的安全保障,其作用体现为:第一,提高了项目的抗风险能力;第二,决定了投资者对项目的关心程度;第三,代表着投资者对项目的承诺和对项目未来发展前景的信心。合理的债务资金结构需要考虑融资成本、融资风险、企业的投资决策以及所处外部环境的变化等因素,应关注以下几个方面:一是债务期限。债务融资期限应与项目经营期限相协调。长短期负债借款应合理搭配。二是债务来源。在条件许可的情况下,可以适当寻求债务来源的多样化,如有国外采购,可附带寻求政府贷款、出口信贷等优惠融资。三是债务币种。尽量保持借、用、还相一致,规避汇率风险。币种选择还需对汇率与利率进行预测,在汇率变化与利率差异之间作出权衡和抉择。四是债务利率。从控制贷款风险和降低融资成本角度合理选择和决定利率结构。五是债务的偿还。项目融资受偿优先顺序通常由借款人项目财产的抵押及公司账户的监管安排所限定,应尽可能使所有的债权人对受偿的优先顺序感到满意。此外,借款人应注意加列贷款的提前偿还条款,以便根据市场行情的变化随时调整债务结构。

四、项目的资信结构

项目的资信结构即债权受偿保障结构,是指在项目融资中法律、合同和其他机制为债权人提供的权利与保护。其主要由项目的资产和收益、合同协议和担保等措施组成。

(一)项目的资产和收益

资产按存在形态可分为有形资产和无形资产,前者包括固定资产、流动资产和资源性资产,后者则包括知识产权、工业产权和金融性产权。但是,仅以项目资产和预期收益作抵押,债权人仍面临多种风险。

(二)项目的合同和协议

合同和协议的主要作用在于用法律上可以实施的手段,把责任和项目相关风险分配到项目参与人,从而成为债权人的一种担保,主要有特许权协议、投资协议、项目建设合同、项目运行维护合同、产品销售协议和项目供应合同等。

(1)特许权协议(Concession Agreement)是指政府与项目开发商签订的关于特许经营权的协议。

(2)投资协议(Investment Agreement)是指项目发起人之间签订的协议,规定主办人同意向项目提供一定金额的财务支持。

(3)项目建设合同(Construction Contract),常见的是项目总承包合同或"交钥匙合同"(Engineering Procurement Construction,EPC)。

(4)项目运行维护合同(Operation and Maintenance Contract)是指项目主办人和运营公司或外包专业运营商之间的协议。

(5)产品销售协议(Sales Agreement),最基本的形式是长期销售协议(Long Term Sales Agreement),是指项目公司与买方就负责销售一定数量的项目产品而签订的协议。[①]

(6)项目供应合同(Supply Contracts)。项目是否有供应合同,取决于项目特征。[②]

不同项目的特性不同,因此资信结构也有所差异。例如,在水电厂等生产型项目融资中,产品销售协议为项目提供主要的信用保证;在服务型项目(如输油管道)中,设施使用协议(如运输服务协议)提供主要的信用保证;有些服务型项目直接面向广大的用户,如收费公路(桥梁、隧道),一般只有特许经营权而没有销售协议,则特许权协议是主要的信用保证。

(三)担保

担保可以由项目的投资者提供,也可由与项目有直接或间接利益关系的其他方面如东道国政府、商业担保人、双边或多边机构、与项目利益有关的第三方担保人等提供。担保可能是直接的,也可能是间接的。根据内容,担保可分为项目完工担保、资金缺额担保、履约担保、销售担保、供货担保、最低回报率担保和不可抗力担保等。

(1)项目完工担保是指担保人向贷款人就拟建项目可以按照约定的工期、约定的成本和约定的商业完工标准实现完工和正式运营提供完全信用保证的协议。

(2)资金缺额担保是一种在担保资金额上有所限制的直接担保,保证项目必需的

[①] 销售协议中常见的条款有:第一,"保证最小购买量"条款。买方以市场价格为基础,定期购买不低于某一额定数量的项目产品。其特点在于需求量有最低保障。购买的最低数量由双方谈判决定,原则上,项目产品的最低销售量所获得的收入应不少于该项目生产经营费用和同期应偿还的债务之和。第二,"提货与付款"条款(Take and Pay Sales Contract)。买方在取得货物后,即在项目产品交付或项目劳务实际提供后,买方才支付某一最低数量的产品或劳务的金额给卖方。第三,"不提货亦付款"条款(Take or Pay Sales Contract)。买方定期按规定的价格向卖方支付额定数量的项目产品所对应的销售金额,而不管事实上买方是否提走合同项下的产品。

[②] 供应合同中常常增加"不提货亦付款"条款,即项目公司同意在指定日期内按协议价格向原料供应方购买规定数量的原料,即使不向供应商提货,也必须向供应商付款,从而使项目在协定价格基础上获得稳定的原料供应。

最低现金流量,在项目投资者违约时或者重组及出售项目资产时,保护贷款行债务的回收。

(3) 履约担保有三种形式:履约保证金、履约保函和履约担保书。

(4) 销售担保保证有稳定的销售收入,把市场需求风险转移给包销商。

(5) 供货担保要求供应商提供履约担保,保证长期稳定的原材料供应。如果供应商是公共事业单位,则通常要求政府提供履约担保或意向性担保。①

(6) 最低回报率担保是由政府提供最低回报率的保证,即保证投资回报率不低于某一特定值。

(7) 不可抗力担保中的政治不可抗力一般由世界银行的多边投资担保机构以及一些工业国的出口信贷和海外投资机构提供担保,其他不可抗力可以通过购买保险的方式转移给保险公司。

第三节 项目融资的风险及管理

风险管理是一个识别和评价风险,并制定和实施风险处理方案的过程。项目的风险分析是设计项目融资结构的基础。按照项目风险的表现形式,风险可以分为以下七种类型:②

一、信用风险

项目融资依靠有效的信用保证结构支撑,组成信用保证结构的各个项目参与者是否有能力执行其职责,是否愿意或能够按照法律文件的规定履行其所承担的信用保证责任,就构成项目融资所面临的信用风险。它贯穿了项目的建设开发、试生产和经营阶段。减少信用风险的手段则是慎重选择项目参与者,要求信用好的机构提供再担保等,如深圳沙角 B 电厂项目中,广东省政府的项目支持信提供了意向性担保。

二、完工风险

完工风险是指项目无法完工、延期完工或者完工后无法达到预期运行标准而带来

---

① 意向性担保(Indicative Guarantee)也是增加资信的一项措施,严格意义上而言,它不是真正的担保,不具备法律意义上的约束力,仅表现出意向性担保人对项目提供一定支持的意愿,但为了自身的信誉,意向性担保人会尽力施加自己的影响力,促使债务人履行义务。

② 中国银监会颁布的《项目融资业务指引》对项目融资业务及特殊风险作了明确的定义,将其分为建设期风险和经营期风险,并进一步细化为政策风险、筹资风险、完工风险、产品市场风险、超支风险、原材料风险、营运风险、汇率风险、环保风险和其他相关风险。

的风险。它主要存在于项目建设和试生产阶段,主要表现为:完工延期;项目建设成本超支;项目迟迟未达到"设计"规定的技术经济指标;在极端情况下,项目被迫中止或放弃。所造成的负面影响是项目建设成本和利息负担增加以及不能按计划获得现金流量。特别是在一些发展中国家,当地工业技术水平、管理水平相对落后是造成项目完工风险的重要因素,而劳资纠纷问题也会在发达国家产生完工风险。因此,这是项目融资的核心风险。

通常,完工风险由承建商的"一揽子承包"合同来承担,有时得由项目发起方或政府充当担保人角色。项目公司也可以投保,从第三方寻求项目完工的保证。常用的完工保证包括:①无条件完工保证,即投资者提供无条件资金支持以确保项目可以达到项目贷款所规定的"商业完工"条件;②债务收购保证,即在项目不能达到完工标准的情况下,由项目投资者将项目债务收购或转化为负债;③其他如单纯技术完工保证,提供完工保证基金和最佳努力承诺等。

三、生产风险

生产风险是在项目试生产阶段和生产运行阶段存在的技术、资源储量、能源和原材料供应、生产经营、劳动力状况等风险因素的总称,是项目融资另一个主要的核心风险。主要表现形式有:

(一)技术风险

技术风险是因应用新技术或建设人员技术能力差等原因使贷款人遭受损失的风险。

(二)资源风险

资源风险是指项目工程未能开采出一定数量和质量的矿产品,而存在使贷款遭受损失的可能性。对于这样的项目,要求资源覆盖比率(Resource Coverage Ratio,RCR)合理。

$$RCR = \frac{\text{根据现有技术及现有生产计划可供开采的全部资源储量}}{\text{项目融资期间计划开采资源量}}$$

最低资源覆盖比率根据具体项目的技术条件和贷款行在这一工业部门的经验确定。一般要求,RCR 应在 2 以上;如果小于 1.5,贷款行可能认为项目的资源风险过高,要求投资者提供相应的最低资源储量担保,或者要求在安排融资前做进一步的勘探工作,落实资源情况。

(三)能源和原材料供应风险

能源和原材料供应风险是指在项目建成投产后,项目生产经营所需的能源和原材料的价格、质量和供应量发生变化,从而对项目的生产经营产生重大影响的风险。这一风险由两个要素构成:能源和原材料的价格以及供应的可靠性。长期的能源和原材料供应将是减少这一风险的有效办法,在一些特殊情况下(例如原材料市场不景气),有可能将供应协议设计成"供货或付款"(Supply or Pay Contract)类型的合同。近十几年来,出现了能源和原材料价格的指数化,即将能源和原材料的供应价格与项目产出品的国际市场价格直接挂钩,并随着项目产出品价格的变化浮动,特别适用于项目产出品是具有国际统一定价标准的大宗资源性商品的项目。①

(四)经营管理风险

项目的投资者以往在同一领域是否具有成功的经验是贷款行衡量项目经营管理风险的一项重要指标。它主要从三个方面综合考虑:第一,项目经理是否具有在同一领域的工作经验和资信;第二,项目经理是否为项目投资者之一及在项目中占有多大比例,一般经验是项目经理同时又是项目最大投资者之一(40%以上),对于项目融资会很有帮助;第三,除项目经理的直接控制以外,项目经理是否具有利润分成或成本控制奖励等鼓励机制。

四、市场风险

市场风险是指在一定成本水平下,能否按照技术维持产品质量与产量,以及产品市场需求量与市场价格波动所带来的风险,包括价格波动和市场需求变化两个方面。

为了降低市场风险,要求项目必须具有长期的产品销售协议作为融资支持,"不提货亦付款"和"提货与付款"是这种协议的典型。合同买方可以是项目投资者本身,也可以是对项目产品有兴趣的具有一定资信的任何第三方,从而对项目融资承担了间接的财务保证义务。

销售价格可采取浮动定价(又称为公式定价)或固定定价。浮动定价用于在国际市场上具有公认定价标准,价格透明度比较高的大宗商品,如大部分有色金属、贵金属、石油、铁矿砂、煤炭等。浮动定价以国际市场某种公认价格(如伦敦有色金属交易所价格)作为基础,加一定升水(Discount)或贴水(Discount)。固定定价方式是在谈判长期销售协议时确定下一个固定价格,并在整个协议期间按照某一预先规定的价格指数(或几个价格指数)加以调整,主要用于依赖国内市场的项目,如发电站、以发电站为

---

① 中国国际信托投资公司所属的中信澳大利亚公司在澳大利亚投资的波特兰铝厂,1984年在与当地维多利亚州政府谈判30年电力供应合同时,首次将电价指数化概念(即电价与铝锭价格挂钩)引入铝工业。由于这种安排具有明显的竞争优势,因而很快就被世界铝工业广泛采纳。根据1989年10月在加拿大蒙特利尔召开的国际铝业会议资料,世界上已有超过1/3的铝厂采用了这种浮动价格的供电合同。能源和原材料供应价格指数化对各方面都有一定的好处。作为项目投资者,可以降低项目风险,在国际市场不景气时降低项目的能源和原材料成本,在产出品国际市场上升时仍可获得较大的利润;作为能源和原材料供应商,既保证了稳定的市场,又可以享受到最终产品价格上涨的好处;作为贷款行,由于这种做法增强了项目的经济强度,保证了项目的偿债能力,因而特别受到项目融资安排者的欢迎。

市场的煤矿、港口码头、石油天然气运输管道、公路、桥梁等。习惯上,价格指数参照系包括国家或项目所在地区的通胀指数、工业部门价格指数以及劳动工资指数等。

五、金融风险

金融风险主要表现为利率与汇率风险。利率风险是由于利率变动直接或间接造成项目价值降低或收益受到损失的风险;汇率风险则是由于汇率波动影响项目的生产成本所带来的风险。这些风险可以通过金融衍生工具来对冲,如汇率期权、掉期交易、利率期货与期权和远期利率协议等。

六、政治风险

政治风险是由于项目所在国的政治条件发生变化而导致项目失败、项目信用结构改变、项目债务偿还能力改变等风险的统称,如对项目征用、没收或国有化、法律制度变更、政权更迭、外国政府对项目所在国实行禁运、抵制等。这一风险可能涉及项目的各个方面和各个阶段。其影响体现在:第一,项目可能需要政府许可证、特许经营权或其他形式的批准;第二,项目本身可能对于国家的基础设施或安全有重要影响;第三,有些项目对于所在国政府的社会政策或国际形象有重大影响;第四,项目所在国有可能改变进出口政策,增加关税或限制项目设备、原材料的进口,增加关税或限制项目产品的出口;第五,由于国内经济或国际政治原因,项目所在国政府对项目实行限产或对资源开发实行限制;第六,改变或增加对项目的税收;第七,改变或增加对项目利润汇出或国外债务偿还的税收限制;第八,在项目经济生命期中引入更严厉的环境保护立法,增加项目的生产成本或影响项目的生产计划;第九,有些项目是根据一定的假设条件安排融资的,一定的税收规定或外汇控制的变化将对项目的可行性造成较大的影响。

降低项目政治风险的对策之一是参加政治风险保险,包括纯商业性质的保险和政府机构的保险,除此之外,尽力寻求项目所在国政府、中央银行、税收部门或其他有关政府机构的书面保证也是行之有效的办法。

七、环境保护风险

环境保护风险是指由于满足环保法规要求而增加的新资产投入或迫使项目停产等风险,如环保分子对项目的干预、环境政策的变更、环保要求的提高等。作为项目投资者,可能因为严格的环境保护立法而被迫降低项目生产效率、增加成本,或者增加新的资产投入改善项目的生产环境,更严重的甚至使项目无法继续。作为贷款行,环境保护风险不仅表现在项目降低甚至丧失原有的经济强度,而且一旦项目投资者无法偿还债务时,贷款行取得项目的所有权和经营权之后也必须承担同样的环保压力和责任。在一般情况下,应要求项目的投资人或借款人承担项目的环境保护风险,因为投资者被认为更了解项目的技术、生产和环境条件。同时,贷款行在监督项目贷款时,也应把环保问题列为重要的检查内容。

专栏 9—1　赤道原则

赤道原则(The Equator Principles,EPs)是一套非官方规定的、由世界主要金融机构根据国际金融公司的政策和指南制定的、旨在管理和发展与项目融资有关的社会和环境问题的自愿性原则,是金融可持续发展的原则之一,也是国际金融机构践行企业社会责任的具体行动之一。

2003年6月4日,7个国家的10家主要国际领先银行如荷兰银行(ABN AMRO Bank, N. V.)、巴克莱银行(Barclays PLC)、花旗银行(Citigroup, Inc.)等,宣布采纳并实行"赤道原则",这些银行被称为"赤道银行"(Equator Banks)。截至2020年2月,自愿采纳赤道原则的金融机构(The Equator Principles Financial Institutions,EPFI)增至104家,涉及全球38个国家,主体包括商业银行、金融集团、出口信贷机构等不同类别的金融机构,占据了新兴市场70%以上的项目融资份额。中国内地采纳赤道原则的金融机构包括兴业银行(2008)、江苏银行(2017)、湖州银行(2019)和重庆农村商业银行(2020)。

赤道原则的适用范围确定为全球各行各业,主要适用于四种金融产品:一是项目资金总成本达到或超过1 000万美元的项目融资咨询服务;二是项目资金总成本达到或超过1 000万美元的项目融资;三是达到一定标准的与项目关联的公司贷款(包括出口融资中的买方信贷形式);四是符合一定条件的过桥贷款。赤道原则要求金融机构对适用范围内的融资项目按照潜在的环境社会风险和影响程度分为高(A)、中(B)、低(C)三类,并针对不同风险级别的项目开展不同程度的环境和社会风险尽职调查和审查,在此基础上要求借款企业针对风险点编制《行动计划》并写入借款合同;在放款后,赤道原则强调对项目建设和运营实施持续性监管,并定期披露相关信息,同时还要求赤道银行按照年度披露赤道原则实施情况。因此,赤道银行将调整整个信贷政策,改造业务流程,完善环境和社会风险管理制度,建立银行整体的环境与社会风险管理体系。

2003年,赤道原则第一版(EP Ⅰ)正式生效,随着环境和社会的变化,历经三次修订,于2019年底更新至第四版(EP Ⅳ)。修订内容主要包括适用范围、赤道原则指定国家和非指定国家的适用标准、人权和社会风险以及气候变化四个部分,详见表 9—1。EP Ⅳ将赤道原则与联合国可持续发展目标和《巴黎协定》相联系，高度重视气候变化，强调采纳赤道原则的金融机构对环境与社会相关风险的责任，对不断变化的环境与社会问题做出了及时回应，也体现了赤道原则在绿色金融理论和实践方面的与时俱进。

表 9—1　　　　　　　　　　赤道原则 EP Ⅳ 的修订

项　目	修订内容
适用项目范围	EP Ⅳ将与项目相关公司贷款总门槛从1亿美元降至5 000万美元，并建议在存量项目已适用于赤道原则标准且项目未完成的情况下，仍应用于再融资项目及与项目相关的并购融资。
指定国家和非指定国家适用标准	EP Ⅳ要求采纳赤道原则的金融机构除了遵守位于指定国家的项目应遵守的当地法律外，还会评估项目的具体风险。
人权尽职调查	EP Ⅳ要求EPFIs在环境和社会影响评估中应包含对人权的潜在不利影响，包括项目必须证明已获得受项目影响的原住民的FPIC（实现自由、优先和知情的准许），若未获得，则需要评估是否进一步咨询，以及项目的暂缓和补救计划是否合理。
气候变化	EP Ⅳ建议将两类项目的气候变化风险评估纳入环境和社会影响评估，包括对所有地区的所有A类和部分B类项目，当范围1和范围2的排放总量预计每年超过10万吨的二氧化碳当量排放量时，风险评估包括紧急和非紧急物理风险分析、替代技术分析、排放量化和排放报告分析。此外，EP Ⅳ原则10提出了温室气体排放水平的年度公开报告要求，在环境和社会评估文件中增加了产出能源消耗系数、温室气体排放强度、水资源使用情况与消耗系数，以及土地覆盖与使用情况等。

资料来源：赤道原则委员会官网，Equator Principle Ⅳ，https://equator-principles.com/best-practice-resources，Jan. 6，2020。

第四节　BOT 与 PPP 融资

项目融资有许多模式，20世纪八九十年代，我国第一轮社会资本在参与基础设施和公用事业开发热潮中多使用BOT模式或其演变形式，主要是由用户支付。1992年，英国提出了PFI的概念，主要用于政府支付的公用事业和社会事业，如学校、医院、养老院、监狱等。1997年，国际上（特别是联合国、世界银行、亚洲开发银行等国际多边机构）又提出了更广义的PPP概念，早期的PPP更强调政府在项目公司中占有股份，通过商业而非行政的方法加强对项目的控制，以保障公众利益，共担风险和共享收益，后来的PPP则更广义了，一般作为政府与私营企业长期合作提供公共产品的各种模式的统称,包括 BOT、PFI 及其各种演变形式。

一、BOT 融资

(一)BOT 的概念

BOT(Build-Operate-Transfer),译为建设-经营-转让,是指政府通过特许权协议,授权私营企业(含外商)进行项目(主要是基础设施和自然资源开发)的融资、设计、建造、经营和维护,在规定的特许期内向该项目的使用者收取适当费用,由此回收项目的投资、建设、经营和维护等成本,并获得合理的回报,特许期满后项目将移交给政府。

(二)BOT 的起源与应用

BOT 是全球现代社会应用最早、相对简单或典型的特许经营或 PPP 模式。它自雏形出现至今已有 300 多年的历史。17 世纪英国的领港公会负责管理海上事务,包括建设和经营灯塔,并拥有建造灯塔和向船只收费的特权。但是据调查,1610—1675 年的 65 年中,领港公会未建成一座灯塔,而同期私人建成的灯塔至少有 10 座。这种私人建造灯塔的投资方式与现在所谓 BOT 如出一辙,即:私人首先向政府提出准许建造和经营灯塔的申请,申请中必须包括许多船主的签名,以证明将要建造的灯塔对他们有利并且愿意支付过路费;申请获批后,私人向政府租用建造灯塔必须占用的土地,在特许期内管理灯塔并向过往船只收取过路费;特权期满以后,由政府将灯塔收回并交给领港公会管理和继续收费。

现代意义上的 BOT 发端于 20 世纪后期的北美大陆,而其概念的正式形成在 1984 年,由土耳其首相厄扎尔首先提出,并在土耳其国家公共部门的私营化项目中加以应用。由于这一方式为私人资本参与基础设施建设开辟了渠道,BOT 模式开始在一些国家付诸实施,目前已被广泛用于发达国家和发展中国家的基础设施建设中,如著名的英吉利海峡隧道、澳大利亚悉尼的港口隧道、泰国曼谷的高架铁路、土耳其的博斯普鲁斯第二大桥、菲律宾的诺瓦塔斯火电厂、马来西亚和泰国的高速公路等,都采用了 BOT 投资方式。

(三)BOT 的特点

1. 主客体特定

BOT 主体一方是东道国政府,另一方是私营机构的项目公司,政府与项目公司通过合同达成合作意向。客体则是基础设施项目。

2. 以特许权为前提

BOT 投资方式的显著特征就是"权钱交易"。政府赋予私营公司或企业对某一项目的特许权,由其全权负责建设与经营,政府无须花钱,通过转让权利即可获得一些重大项目的建成并产生极大的社会效益,特许期满后还可以收回项目。投资者也因为拥有一定时期的特许权而获得极大的投资机会,并相应赚取了利润,因此,BOT 投资方式能使多方获利。由于特许权协议在 BOT 模式中占据关键性地位,因而 BOT 模式也被称为"特许权融资"。

特许权协议是政府授予项目主办者在一定期限内(特许期)从事某一项目的建设、运营、维护的权利,而项目主办者同意为项目进行融资、建设、运营和维护的一种法律文件。其主要内容包括:第一,批准项目公司开发、建设和经营项目,给予使用土地、获取原材料方面的便利条件;第二,政府按照固定价格购买项目产品或政府担保项目产品的最低收入;第三,融资安排中一般要求项目公司将"特许权协议"的权益转让给贷款银行作为抵押,有些贷款行要求政府提供一定的从属性贷款,或贷款担保作为融资的附加条件;第四,由本国或外国公司作为项目的投资者与经营者筹集资金和建设基础设施项目,承担风险;第五,项目公司在特许期限内拥有、运营和维护项目设施,通过收取使用费或服务费回收投资并取得合理利润;第六,特许权协议期满终止时,政府以固定价格或无偿收回项目所有权。

3.适用于基础设施和公共部门的建设项目

运用 BOT 模式承建的一般是东道国带有垄断性的基础设施项目,如电站、高速公路、铁路、桥梁、港口、隧道、机场、医疗卫生基础设施和环保设施等。这些项目一般所需资金多、工程量大、技术要求高、建设周期长,关系到国计民生。

4.参与方众多、前期工作长、投资规模大、风险因素众多

BOT 项目是一项系统工程,涉及政府、项目公司、投资者、贷款人、建筑承包商和购买人或用户等诸多法律主体,包含国际投资、项目融资、公司、证券、税收、承包、合同、担保、技术转让、招投标与行政管理等众多法律关系。发起人要耗费大量资金用于项目的前期可行性研究、咨询顾问费用和其他开支,规模大、投资额高、建设周期长、风险因素众多、风险大且盈利预期不确定,对项目建设目标管理和控制的难度大。

5.经营管理特殊

BOT 模式的特殊性在于,项目公司在东道国政府的许可权限范围内,按照自身的管理模式进行操作,大部分经济行为保持市场机制发挥作用,但与此同时,政府与项目公司达成的特许权协议又使政府自始至终拥有对该项目的控制权,直到特许期满,随着设施的移交,政府完全拥有所有权。

(四)BOT 的当事人

典型的 BOT 项目涉及政府、BOT 项目公司、投资人、贷款银行以及承担设计、建设和经营的有关公司等众多参与主体(见图 9-2)。

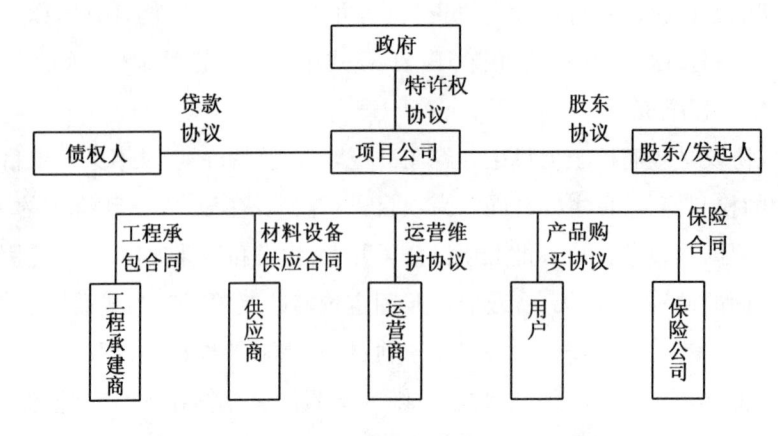

图 9-2 BOT 模式的参与者

1. 政府

政府是 BOT 项目的控制主体,也是项目的最终拥有者。政府对于 BOT 的态度以及在项目实施过程中给予的支持将直接影响项目的成败。政府的职责包括:颁布支持 BOT 项目的政策和措施;明确项目的执行程序以及对项目的选定;授予特许权协议;对项目进行宏观管理和监督;接受项目公司在特许期满时移交的项目等。

2. 项目发起人

项目发起人(主办者)是 BOT 项目的风险承担主体。他们以投入的资本承担有限责任,通常为项目创建一个特定的有限责任公司作为项目公司。项目公司作为法人实体,与东道国政府、发起人、供应商等签订相关合同和协议。发起人首先应作为股东分担一定的项目开发费用,投入一定比例的股本资金和从属债务资金;同时,发起人享有股东大会的投票权和特许权协议中列出的资产转让条款所表明的权利。

3. 项目公司

项目公司是 BOT 融资模式的核心,是 BOT 项目的执行主体,通常是由一些国际投资公司、国际承包商、设备供应商、运营公司组成,依照东道国政府的法律建立。项目公司从政府获得建设和经营项目的特许权,负责组织项目的建设和生产经营,提供项目开发所必需的股本资金和技术,安排融资,承担项目风险,负责对贷款行债务利息的清偿,以及对股东的利润分配,并从项目投资和经营中获得利润,在期满时将项目移交给政府。项目公司的组成以在这一领域具有技术能力的经营公司和工程承包公司作为主体,有时也吸收项目产品(或服务)的购买者和一些金融性投资者参加。

4. 债权人

债权人是 BOT 项目的主要出资人,提供项目公司所需的大部分资金,按照协议规定的时间和方式支付,并对贷款的使用进行监督。BOT 模式中的债权人组成较为复杂,除了商业银行、金融机构组成的贷款银团之外,政府的出口信贷机构和世界银行或地区性开发银行通常也扮演重要角色。贷款的条件取决于项目本身的经济强度、项目经营者的经营管理能力和资金状况,但是在很大程度上依赖于项目发起人和所在国政府为项目提供的支持和特许权协议的具体内容。

5. 承建商

承建商是项目的承建者,与项目公司签订承包合同,包括设计、采购和施工。承包商可以是项目公司的股东或其所属企业。为了降低完工风险,承建商必须具有良好的过往业绩,拥有先进的技术和很强的建设队伍,按照协议规定的期限完成建设任务。

6. 运营商

运营商受项目公司的委托,按照运营合同负责项目建成后的运营、管理、设施的维护以及收费,一般和项目公司签订长期合同,运营商应当具备相关领域较高的管理经验和技术水平。

7. 供应商

供应商负责提供项目公司所需的设备、燃料、原材料等。供应商必须有良好的信誉和稳定的盈利能力,协议中应明确注明供应价格,有时还需要由政府和金融机构提供担保。

8. 用户

用户是指项目所提供产品或服务的对象,一般为公众或东道国的公用事业机构。为保证项目的正常收入,项目公司应和东道国管理机构或公用事业部门签订长期的购买合同,购买商必须信誉良好,购买产品的期限至少与项目的融资期限匹配,产品价格应确保使项目公司收回投资并有合理利润。有时,产品购买方须由政府或金融机构提供担保。

9. 保险公司

保险公司是指接受项目公司的保费,为项目中的风险提供保险的机构,一般由财力雄厚、信用度较高的保险公司承担。

10. 其他参与方

由于工程项目涉及面众多、关系重大,因而项目发起人一般会聘请各类专家顾问,如工程技术咨询专家、环境专家、法律顾问和融资顾问等。经验丰富的专家顾问可以帮助发起人及时发现问题并设计最佳解决方案,保护各方的利益,提高项目成功的可能性。

(五) BOT 的运作程序

1. 项目的选择和确定

作为 BOT 项目开发商,主要考虑的事项包括:第一,如何选定合适的国家和地区;第二,选择合适的项目类型;第三,选定进入市场的方式。作为政府,选择和确定哪些项目可以采用 BOT 方式建设,决定项目执行的先后顺序、地点、生产能力状况、布局等,对项目建设做技术、经济可行性研究,决定项目的有关技术参数、项目标书和评标标准。

2. 招投标

邀请开发商的方式分为竞争招标和协商议标。竞争招标又有公开招标和邀请招标两种形式。前者指招标人通过公众媒体、报刊、电视或信息网络等公共传媒体介绍、发布招标公告或招标信息,邀请不特定的法人或其他组织投标。后者是根据自身具体业务关系和有关开发商的资信与业绩,选择一定数目的法人或其他组织(不少于 3 家)邀请他们参加投标。协商议标指直接选定开发商进行一对一谈判的非公开、非竞争性的招标。采用何种招标方式与项目规模和特征有关。如果 BOT 项目采用国际竞争性招标,一般还需要资格预审,即在发售招标书以前对投标人资格和能力的预先审查,最终选出 3 家最具竞争力的投标人。

3. 合同谈判和签约

招标人与排名第一的投标人做进一步的澄清、沟通与谈判,双方对拟签订的特许经营协议条款、取得中标人资格后的权利与义务约定取得一致,招标人将结果公示并发出中标通知书。若未能达成一致,或第一投标候选人退出或违反招标文件规定,则依次在第二、第三投标人中选择。

BOT 项目特许权协议条款分为基本条款和特殊条款,基本条款投标人不能任意改变,特殊条款由招标人在招标文件中提出,投标人可以根据各自情况接受或修改,谈判主要是针对这些特殊条款。一旦达成一致,中标人在签约前一般会成立项目公司,以项目公司名义与政府草签特许权协议,经政府主管部门批准后正式生效。

4. 项目融资

BOT 项目一般要求在签订特许权协议后 1 年内完成项目融资。中标人的主要工作是进行融资决策、与潜在的贷款人进行融资谈判,与贷款人一起协商起草融资协议条款,并签署最终的贷款协议,此外,还要与建筑承包商、运营维护商和保险公司等谈判签订相关合同。理论上,发起人的信用与项目融资没有关系,但实践中,技术力量强大、实力雄厚、信誉良好的发起人更容易获得贷款。

5. 项目建设

项目公司要确定项目的合同策略,即如何完成项目的设计、施工、运行和维护。项目公司通过顾问咨询机构,对项目组织设计与施工,安排进度计划和资金营运,控制工程质量与成本,监督工程承包商,并保证财团按计划投入资金,确保工程按预算按时完工。政府则行使监督权以保证工程质量和工期等。

6. 项目运营

对已建成的投资项目,项目公司可以自己充当运营维护主体,或委托其他运营商代为经营,但均应按照规定对项目设施进行保养。特别要注意外汇资产的风险管理及现金流量的安排,以保证按时还本付息,并最终使股东获得合理利润。在运营期间,应明确政府对项目设施运营和维护工作进行管理、检查和监督的权限、程序、措施和惩处手段。贷款人也需要对项目设施运营进行监控,以保证贷款偿还。一般要求运营商定期提交报告,如运营报告、财务报告、环境检测报告等。

7. 项目移交

特许权期满,项目公司应按照协议向政府移交项目。为确保项目保养良好,以便政府继续运营,在项目移交开始前的适当时间,由当事人各方组建项目移交委员会或类似联合工作机构。

(六) BOT 的优缺点

1. 对东道国政府而言

BOT 方式的主要吸引力在于:

(1) 缓解政府财政预算压力,加快基础设施建设。建设基础设施项目需要巨额资金,当政府财政困难时,采用 BOT 方式可以利用私人资金,既不需要政府担保,也不需要政府承担债务,政府部门可以将有限的资金投入更多领域。

(2) 转移项目风险。在 BOT 方式下,相关风险转移至项目发起人或承建者。

(3) 引进先进管理经验和技术。BOT 项目常常由境外发达国家具有实力的私营机构来承包和经营,因此,东道国可以从项目建设运营中引进新技术,改善和提高项目的管理水平。

(4) 提供优质产品和服务,提高基础设施的使用效率。

然而,BOT 方式也存在一些缺点,如:公共部门和私人企业往往都需要经历一个长期的调查了解、谈判和磋商过程,以致项目前期过长,使投标费用过高;在特许权规定的期限内,政府将失去对项目所有权和经营权的控制;参与项目投资各方利益冲突大,对融资造成障碍;项目公司可能对项目设施掠夺式经营;政府要承担的责任较多;等等。

2. 对项目开发商而言

BOT 方式的优点在于:

(1) 获得稳定的市场份额和回报率。凭借 BOT 方式的特殊性,项目开发商有机会涉足所在国的基础性领域,有独占的市场地位,资金回报稳定。

(2) 促进产品出口。BOT 方式通常可以带动项目开发商的产品,特别是大型成套设备的出口,开拓海外市场。

然而，基础设施建设投资周期长、回报慢，在一定程度上增加了开发商的资金负担和风险；且机制不灵活，降低了私人企业引进先进技术和管理经验的积极性。

(七) BOT 模式的派生形式

BOT 模式是目前比较成熟和应用最广的项目融资模式，实践中产生了很多的变通形式，主要有：

1. BOOT(Build-Own-Operate-Transfer)

BOOT 即建设-拥有-经营-移交。与 BOT 方式不同的是，项目开发商既有经营权，还拥有项目的所有权，即获得特许经营权的私营开发商筹资建设项目设施，项目建成后，在规定的特许期内拥有所有权并进行经营，期满后将项目移交给政府。特许期一般比 BOT 稍长。

2. BOO(Build-Own-Operate)

BOO 即建设-拥有-经营。项目建成后，在规定的特许期内拥有所有权并进行经营，期满后不必移交，只是简单地把项目设施留给政府或者让项目退役。目的主要是鼓励项目公司从项目全寿命期的角度合理建设和经营设施，以提高项目产品/服务的质量，追求全寿命期的总成本降低和效率提高，使项目的产品/服务价格更低。按亚洲开发银行等国际机构观点，BOO 是完全私有化，不属于 PPP。

3. BTO(Build-Transfer-Operate)

BTO 即建设-移交-经营。获得特许经营权的私营开发商筹资建设项目设施，项目建成后，把项目设施的所有权移交给政府，但项目设施仍留给项目公司进行经营维护。

4. BLT(Build-Lease-Transfer)

BLT 即建设-租赁-移交。获得特许经营权的私营开发商筹资建设工程项目，项目建成后，在规定的特许期内把项目出租给政府，以所得租金回收工程投资和赚取利润，期满将项目移交给政府。

5. DBFO(Design-Build-Finance-Operate)

DBFO 即设计-建设-融资-经营。项目从设计开始就特许给某一私人部门进行，直到项目经营期收回投资，取得合理利润。项目公司只有经营权，没有所有权。

6. BOOS(Build-Own-Operate-Sale)

BOOS 即建设-拥有-经营-出售。获得特许经营权的私营开发商筹资建设项目设施，项目建成后，在规定的特许期内拥有所有权并进行经营，期满后以某种价格出售给政府或者第三方。

7. BT(Build-Transfer)

BT 即建设-移交。项目建成后就移交给政府，后者按协议向项目主办人支付项目总投资加合理的回报率。该模式适合于无法进行收费运营的项目或出于安全和战略需要必须由政府直接运营的关键设施。

8. SOT(Sold-Operate-Transfer)

SOT 即出售-经营-移交。东道国把已经投产运营的基础设施项目出售给私营机构经营一定的期限,从私营机构手中一次性融入一笔资金,在规定期限内,私营机构利用经营收益回收所支付的金额并赚取合理的回报率,特许期满后,私营机构再把该设施无偿移交给东道国政府。

9. TOT(Transfer-Operate-Transfer)

TOT 即移交-经营-移交。东道国把需要更新改造的基础设施项目移交给私营机构,由后者改造并在特许期内经营,以便回收投资赚取回报,期满,私营机构再把该设施无偿移交给东道国政府,而政府可用之前移交取得的资金再建设其他项目。

以上都只是 BOT 模式操作的不同方式,但核心特点是一致的,即项目公司必须得到有关部门授予的特许经营权,而建设、移交则视项目不同情况而有所差异。

二、PPP 融资

(一)PPP 的概念

PPP 模式于 20 世纪 90 年代初在英国公共服务领域开始应用。PPP(Public Private Partnership),简译为"公私合营"[①]。加拿大 PPP 委员会、英国财务部、美国交通部等机构都给出了 PPP 的定义,强调的角度不尽相同,但核心内容基本一致,可概括为公共部门与私人部门通过合作,发挥各自的优势,提供基础设施、公用事业、自然资源等建设与服务。在 PPP 项目中,公共部门缓解财政负担,完成建设与服务,私人部门负责融资,分担一定风险并获得合理回报。国际上对 PPP 的定义有广义和狭义之分。广义的 PPP 泛指公共部门与私营部门为提供公共产品而建立的长期合作关系;而狭义的 PPP 则更加强调政府通过商业而非行政的方法如政企之间的合同、政府在项目公司中参股、明确公共产品的产出要求并进行监管等来实现对项目的控制,以及在与企业合作过程中的优势互补、风险共担和利益共享。国际上越来越多地采用广义的 PPP 定义,作为公共部门和私营部门之间一系列合作方式的统称,包括 BOT、

[①] 在中国常常翻译为"公私合伙""政企合营"等。改革开放以来,我国对 PPP 的理解以及与 PPP 有关的政策与国外有所区别,即 PPP 中的第二个 P(Private)并不单指私营经济,其中有相当部分是具有公有制性质的企业主体。我国政府并不排除国企参与 PPP,并把 PPP 表述为"政府和社会资本合作"。财政部建立的规模达 1 800 亿元的中国 PPP 基金的中文表述就是"中国政企合作基金"。

TOT、PFI、特许经营等多种模式。① 无论是广义还是狭义，PPP 本质上是公共部门由传统方式下公共产品的提供者转变为规制者、合作者、购买者和监管者，是管理制度的一种创新。

(二)PPP 与 BOT 的异同

1. PPP 与 BOT 的共同点

PPP 和 BOT 模式都是解决政府财政在公共基础设施建设上投资资金不足的融资模式，其共同特点是可以把民营资本和国外资本引入当地基础设施及城市公共事业建设。

(1)两种融资模式的当事人都包括融资人、出资人、担保人。融资人是指为开发、建设和经营某项工程而专门成立的经济实体，如项目公司。出资人是指为该项目提供直接或间接融资的政府、企业、个人或银团组织等。担保人是指为项目融资人提供融资担保的组织或个人，也可以是政府。

(2)两种模式都是通过签订特许权协议使公共部门与私人企业发生契约关系。政府通过签订特许权协议，由私人企业建设、经营、维护和管理，并由私人企业负责成立的项目公司作为特许权人承担合同规定的责任和偿还义务。

(3)两种模式都以项目运营的盈利偿还债务并获得投资回报，一般都以项目本身的资产作担保抵押。

2. PPP 与 BOT 的区别

(1)组织机构设置不同。在 BOT 模式中，公共部门与私人企业之间以等级关系发生相互作用，政府与企业更多的是垂直关系，即政府授权企业独立建造和经营设施，而不是政府与企业合作。PPP 模式是建立在公共部门与私人企业相互合作和交流基础上的"共赢"，避免了 BOT 模式由于缺乏沟通协调而造成的项目前期工作周期过长的问题，也解决了私人企业承担项目全部风险造成的融资困难，合作各方可以实现共赢。

(2)运行程序不同。两种模式的不同之处主要在项目前期。在 PPP 模式中，私人企业从项目论证阶段就开始参与项目；而在 BOT 模式中，私人企业是从项目招标阶段才开始参与项目。更重要的是，在 PPP 模式中，政府始终参与其中；而在 BOT 模式

---

① 简单地说，PPP 更广义，包含了 BOT，而 BOT 则是 PPP 的一种具体形式。具体地说，从基本模式而言，BOT 更多用在设施建设；从合作关系而言，BOT 中政府与企业更多是垂直关系，即政府授权企业独立建造和经营设施，而不是政府与企业合作(如参股项目公司)建造和经营；从设施类型而言，BOT 更多用于单体设施；从应用行业而言，BOT 更多应用于可以通过项目本身的经营收回投资和利润的自偿性项目；从支付方式而言，BOT 更多是用户付费；从工程类型而言，BOT 更多用于新建，但其他类型亦可；从私有化形式而言，BOT 更多是功能性私有化(BOT 产权没有转移给私营企业)，也有正式私有化(BOOT 产权转移给私营企业)和实质私有化(产权转移给私营企业且不需要移交回政府)；从合同类型而言，BOT 是其基本形式 BOT、BOOT 和 BOO 及其演变形式 BLT、ROT、TOT、BT、OT 等的统称。参见王守清：《项目融资：PPP 和 BOT 模式的区别与联系》，《国际工程与劳务》2011 年第 9 期。

中,在特许协议签订之后,政府对项目的影响力通常较弱。

可见,PPP 更加强调政府与社会资本建立的利益共享、风险分担及长期合作关系,强调合作过程中的风险分担机制和项目的物有所值(Value for Money)原则。PPP 模式的一个突出特征是在项目初期就实现了风险分配,政府与私人部门形成伙伴关系,在分担风险的同时,也大大提高了资金的使用效率,体现了货币价值原则。

(三)PPP 的优势

在基础设施建设领域中,PPP 模式的应用可以有效减轻公共财政负担、优化财政支出配置、引进先进的技术和管理经验、提高效率。推行 PPP 模式,让政府和企业长期合作,具有如下优势:

(1)缓解政府资金短缺问题,利用社会资本提前建设,提前受益,提高公共产品的供给能力(供给侧改革),促进经济发展,提高生活水平。

(2)利用企业资本、技术和管理经验,"专业的人做专业的事",充分发挥企业的能动性与创造性,提高效率和服务水平。

(3)理顺政府与市场关系,加快政府职能转变,从主导甚至独立提供基础设施的全过程,转变为对这个过程和结果进行规制和监管,充分发挥市场配置资源的决定性作用。

(4)鼓励企业特别是大企业提高全方位、全产业链的集成和管控能力,打造国际竞争力。

总体而言,成功的 PPP 项目是各方共赢、可持续的。企业追求的是长久、稳定、持续的收益,而政府必须考虑物有所值和保护公众利益。

三、PFI 模式

(一)PFI 模式的概念

PFI(Private Finance Initiative)即私人主动融资模式,在这一模式下,政府与私人部门合作,政府赋予私人及私人部门组成的特别目的公司(Special Purpose Company,SPC)以公共项目的特许开发权,由 SPC 承担部分政府公共物品的生产或提供公共服务,政府购买 SPC 提供的产品或服务,或给予 SPC 收费特许权,或政府与 SPC 以合伙方式共同营运等方式,来实现政府公共物品产出中的资源配置最优化、效率和产出的最大化(见图 9-3)。

(二)PFI 与 BOT 的比较

PFI 与 BOT 的区别主要在三个方面:第一,PFI 的项目主体和资金来源一般为本国民营企业,而 BOT 项目主体和资金来源既可以是本国的民营企业,也可以是国外公司;第二,PFI 项目管理方式比较灵活,而 BOT 项目的建设在特许权期限内政府对项目完全失去控制;第三,特许期满后在项目营运权的处理方式上 PFI 更为灵活。

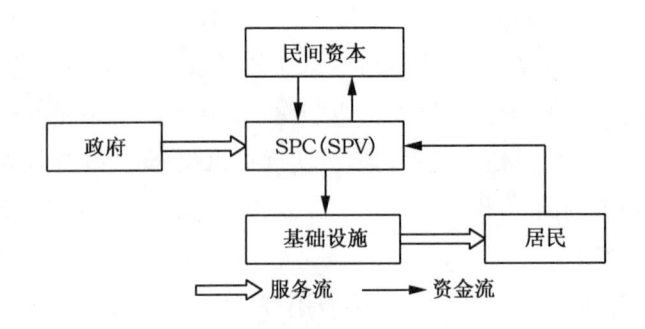

图 9—3　PFI 项目融资运作原理

PFI 和 BOT 本质的不同在于政府着眼点不同：PFI 着眼于公共服务的私营提供（与国内常说的政府购买服务意思最接近），而 BOT 旨在实现政府对公共设施的最终拥有。在一般情况下，BOT 比较适合用于发展中国家的基础设施项目，依赖于项目自身的运营收入，而 PFI 多用于发达国家的公用/社会事业项目，尤其是项目自身盈利能力不足、需要政府支付和补贴的项目，目的是提高公共服务的效率和水平。

（三）PFI 和 PPP 的比较

PFI 和 PPP 模式有着很多的共同点，其核心内容均是打破了由政府对基础设施"一包到底"的投资模式，实现政府与投资者共担风险，解决了政府有效投资不足的困境。两者的显著区别在于，PFI 模式主要以民营资本为资金来源，而 PPP 模式除了民营资本，还可以吸纳海外资金。

四、中国项目融资的实践

项目融资在 20 世纪 80 年代中期被引入我国的电厂、高速公路等基础设施领域，其中以 BOT 方式运作的项目居多。1988 年投入使用的沙角 B 电厂被认为是中国最早的带有有限追索性质的外资 BOT 项目，由于当时缺乏经验，因而项目运行操作不是非常规范，广东政府和银行承担了过多的风险，造成了一些遗留问题。

1994 年以后，我国利用外资政策发生重大变化，BOT 模式开始受到政府的高度重视。1995 年 1 月 16 日，国家对外经贸部发布《关于以 BOT 方式吸收外商投资有关问题的通知》，8 月 21 日，国家计委、电力部、交通部联合发布《关于试办外商投资特许权项目审批管理有关问题的通知》，成为我国推行外资 BOT 的两个规范性文件，为国内运作 BOT 项目提供了法律依据。1995 年 5 月 8 日，国家计委批准了第一个 BOT 试点项目——广西来宾电厂，为进行来宾 B 电厂的设计、建设、采购、运营及维护的投资者提供 8 年建设运营期，期满投资者把这一火力发电厂无偿交给政府。来宾电厂的融资建设非常成功，这个耗资 6.2 亿美元的项目获得美国《资本市场》最佳项目融资奖,是我国引进 BOT 模式的一个里程碑,为我国利用 BOT 模式吸引外资提供了宝贵经验。之后成都自来水六厂 B 厂等一批项目又被批准进行 BOT 试点。

进入 21 世纪,基础设施对经济发展的瓶颈制约再次凸显,能源、交通等公用设施短缺,单靠政府财政力量无法满足所需的巨额投资,由此又给民营资本以 PPP 模式参与基础设施投资建设提供了良好的契机。2002 年,建设部发布《关于加快市政公用行业市场化进程的意见》,鼓励社会资本以更多形式参与市政公用设施建设;2005 年,国务院发布《关于鼓励支持和引导个体私营等非公有制经济发展的若干意见》,提出"允许非公有资本进入公用事业和基础设施领域",推动了市政领域 PPP 模式的发展。2006 年,北京地铁 4 号线项目开创了我国轨道交通建设 PPP 融资模式的先河,对全国大城市轨道交通建设起到示范效应。类似的项目还包括总投资 3.75 亿元的北京市卢沟桥污水护理厂项目一期工程、总投资 7.5 亿元的北京市高安屯生活垃圾焚烧厂、总投资 1.33 亿元的北京市义庄路东新区燃气特许经营项目等等。

2008 年,金融危机发生,"四万亿"救市计划的出台对 PPP 造成了较大冲击。PPP 再次迎来发展高潮是在中共十八大以后。2013 年,党的十八届三中全会提出"允许社会资本通过特许经营等方式参与城市基础设施投资和运营","让市场在资源配置过程中发挥决定性作用"。为了更加有效地利用社会资本,整合资源,激发市场活力,我国出台了多项政策性文件,为 PPP 模式的发展提供了操作指导和制度保障,从而加快了政府和社会资本 PPP 项目的实践。从 2014 年以后,PPP 模式获得大力推广,在全国范围内广泛铺开,截至 2017 年末,全国 PPP 综合信息平台管理库项目一度达到 7 137 个,落地项目 2 729 个,落地投资额 4.6 万亿元;仅 2016 年,新成交的 PPP 项目就超过 1 000 个,投资总额超过 2 万亿元,是历史总和的 3~4 倍。涉及领域广泛,从传统的水务、市政和交通三大行业,拓展到城镇综合开发、教育、医疗、文旅、养老等新兴领域。

2017 年,全国金融工作会议将防控风险作为重中之重,要求严控地方债务风险。同年 11 月,财政部开始彻查不规范的 PPP 项目,整顿 PPP 市场。伴随中央部委连续出台了几个整改文件,PPP 项目入库、投资、融资端全面收紧,PPP 业务的发展逐步趋于理性。在 2019 年政府工作报告中,李克强总理提到落实民间投资支持政策,有序推进政府和社会资本合作。这是国家对 PPP 模式的明确表态,之后财政部 10 号文也明确 PPP 模式是党中央、国务院为"引入社会力量参与公共服务供给,提升供给质量和效率"的一项重大决策部署。因此,在未来的 5~10 年乃至更长时期内,PPP 仍然会是我国基础设施和公用事业的重要模式之一。依托"一带一路"倡议"走出去"是我国 PPP 的发展方向。根据北京明树数据科技有限公司发布的《2019 年中国 PPP 市场报告》,截至 2019 年末,财政部 PPP 综合信息平台在库项目总计 12 341 个,总投资额 17.78 万亿元。目前,PPP 模式的推广和实践中仍存在一些挑战:首先,地方政府对

PPP 模式的认识仍不到位;其次,PPP 实施的制度环境不够规范;最后,融资困难仍是影响 PPP 项目推广的一大瓶颈。

案例 9—1　印度德里机场快线 PPP 项目

因承办 2010 年英联邦运动会,由新德里市区往返德里机场的交通量预计有大幅增长,所以印度政府决定在新德里火车站与德里机场之间修建机场快线,建成后通行时间将从近两小时缩短为 18 分钟。

一、项目合同结构

德里机场快线项目采取 BOT 模式,其中,由德里地铁公司(Delhi Metro Rail Corporation,简称"DMRC")——印度中央政府与德里地方政府共同成立的合资企业,作为项目中的政府资本方;由印度信实基础设施公司(Reliance Infrastructure,简称"信实")与西班牙地铁车辆制造商(Construcciones y Auxiliar de Ferrocarriles, S. A. ,简称"CAF")组成的联合体——德里机场快线公司(Delhi Airport Metro Express Private Limited,简称"DAMEPL"),作为项目中的社会资本方。2008 年 8 月,DMRC 与 PPP 项目公司 DAMEPL 正式签订特许经营合同,授予 DAMEPL 德里机场快线 30 年的特许经营权。项目合同结构如图 9—4 所示。

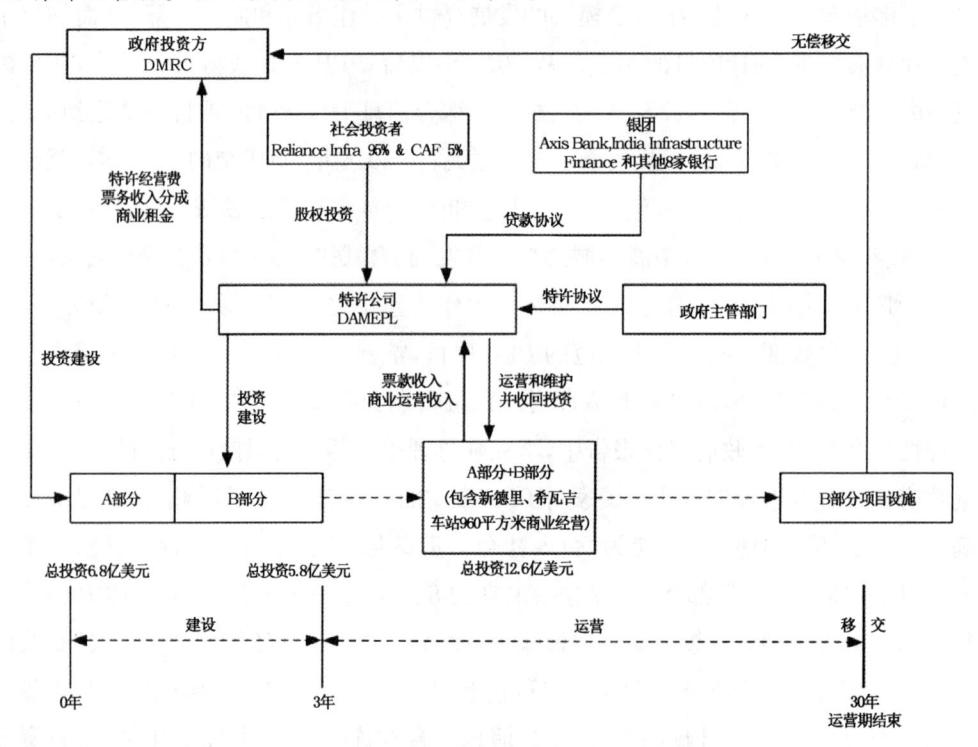

图 9—4　德里机场快线 PPP 项目合同结构

在该项目中，土建部分的设计、建设、融资、采购、测试均由 DMRC 负责，完成后交由项目公司，项目公司仅负责项目运营部分的融资、设计、采购、系统的安装（包括但不限于全部车辆、顶部电路、轨道、通讯与信号系统、排风换气系统、自动检票系统、安检、行李存放及其他设施）及地铁通车后的运营与维护工作。项目注册资本金7.5亿印度卢比（按2008年平均汇率，折合1 727万美元），信实占股95%，CAF占股5%，项目总成本12.6亿美元，股债比30∶70，其中由DMRC承担的土建工程占项目总成本的54%。由DMRC负责建设的洞体部分，其收入来源于两部分：第一，DAMEPL 给付 DMRC 的特许经营费，从开始运营第一年的5.4亿卢比（1 243万美元）以5%增长率逐年增加；第二，DMRC 参与 DAMEPL 经营收入的分成，分阶段匀速从1%增长至5%（至运营期第十六年不再上涨）。此外，DAMEPL 拥有新德里车站和希瓦吉车站共计960平方米的商业经营权，但需要额外支付3 000万卢比/年（9万美元/年）。

二、项目历程

德里机场快线项目土建工程预计完工日期为2010年7月31日，但是DMRC未能按时交付，延期1个月，且允许DAMEPL把开通运营时间推迟1个月。之后，DAMEPL负责的运营设施中天花板、紧急通道、出口、票务柜台等部分存在缺陷，未能通过印度轨道交通安全局（Commissioner of Metro Rail Safety）的检查。印度英联邦运动会于2010年10月3日至14日举办，DMRC要求DAMEPL支付自2010年9月31日起375万卢比/天（8.6万美元/天）的罚款，并在DAMEPL完全错过该项赛事后于同年10月15日将罚款额度提高到750万卢比/天（17.2万美元/天）。地铁最终于2011年2月23日开始运营。

项目虽然开始运营，但6个车站中只开通了4个，CAF 提供的6辆列车也只有4辆投入使用。德里机场快线在最初18个月的日均客流量为11 000人次左右，远远低于项目立项时预期的46 000人次，出现严重亏损。在2012年7月，DMRC负责的土建部分出现问题，2 100处承重结构有230处需要修复，快线停运。在修缮工作中，暴露出了更多的缺陷。不仅DMRC负责的承重结构出现了比想象更严重的问题，DAMEPL建设的轨道也存在破损现象。2013年1月，快线恢复运营，但只能采用较低的速度。

2012年8月，信实将其在DAMEPL的65%的股份转给其母公司（Anil Dhirubhia Ambani Group）少数控股的一家子公司。DMRC认为这意味着信实意图退出项目，双方的合作态度急转直下。继而从同年9月开始，DMRC与DAMEPL双方开始互相指责。DAMEPL声明曾多次向DMRC表示其对地铁运行安全的担忧，但DMRC认为低速运行不足以引起问题，可事实表明低速运行对快线的运营、吸引的客流量有显著影响，而且DAMEPL本身就承受着较大的运营损失。随后，DAMEPL 先后表示希望能够延迟支付特许经营费、希望得到公共部门的援助或者得到由于土建工程进度延后导致运营受损的补偿，均遭到了 DMRC 的拒绝。2012 年 10 月，DAMEPL 以 DMRC 违约为由单方面提出终止项目，并要求 DMRC 向 DAMEPL 支付 1.3 倍的股本金及承担全部的项目贷款作为终止赔偿。最终项目于 2013 年 7 月由 DMRC 接管运营。但项目中发生的若干争端仅解决了部分，退出赔偿至今仍在仲裁过程中。

三、成因分析

德里机场快线项目的失败，主要遭遇了建造、运营、收益三方面的风险，且合作双方在面临风险时关系破裂。

(一)建造风险

轨道交通项目的建造是一项极其复杂的工作，难度大，所需技术严苛，较其他城市基础设施项目的风险更高。在本项目中，建造风险主要表现为工程质量问题与进度拖延，进度问题影响了运营工程的工期，质量问题影响了运营部分的绩效。德里机场快线的土建工程由 DMRC 全权负责，DMRC 属于印度的国有企业，低效的工作方法、决策流程与消极的风险应对导致建造风险未能被提前控制、及时处理。另外，合同中规定，DMRC 每年可获得 DAMEPL 支付的特许经营费及收入分成，显然，该付费机制对 DMRC 控制建造风险的激励作用过低。正因为风险的不合理分担，使得应负责维护与修缮工程缺陷的 DMRC 没有合理承担土建工程所导致的运营风险，即建造风险的主要承担方 DMRC，其收益与所承担的风险无关，而对建造风险无控制力的 DAMEPL 间接承担了部分建造风险。

(二)运营风险

建设德里机场快线的初衷是为了缓解 2010 年 10 月举行英联邦运动会带来的交通需求。然而，建设工期延长、运营审查未如期通过，导致项目开通运营时运动会已经结束。项目的延迟运营导致现金流的时间价值损失，错过合适的运营初始期影响了客流量的稳定增长。此外，DAMEPL 本身的运营能力也遭到了质疑。地铁站的入口、通道以及与机场航站楼的连接不便于乘客通行，且地铁的运营时间与机场航班的闲忙时段并不匹配。后期，土建工程的问题导致地铁运行速度大幅降低，又因土建工程问题加重而使得地铁在 2012 年 7 月到 2013 年 1 月期间停运。运营效率低、运营服务质量低下和停运一系列事件导致地铁盈利能力大幅下降。

(三)收益风险

交通项目的客流量预测是德里机场快线项目经济可行性研究的关键变量。项目前期，DMRC 通过统计德里机场每小时客流量、旅程始发与终止地点，参考东京等大城市中乘坐机场轨道交通的乘客比例，预测项目投入运营初期客流量可达到 46 000 人次，并且在 10 年内可增长至 86 000 人次。因 DMRC 起初便有意邀请信实公司参加投标,假设快线由信实公司这样的高水平运营商经营,所以对客流量的预测较为乐观。信实公司虽然意识到了客流量预测对于项目成功的重要性,但并没有对数据假设条件及结果的合理性进行验证。同时,项目招标过程要求社会资本以需要政府支付的可行性缺口补贴(Viability Gap Funding, VGF)投标,最低者中标。在投标者中,DAMEPL 与 DMRC 分享运营收入的比例最大。根据这一过于乐观的预测数据计算出的补贴和收入分成比例使得社会资本失去了最后与政府分担市场需求风险的机会。

(四)合作关系

PPP 项目中政府与社会资本的合作意识至关重要,在德里机场快线项目中,双方合作意识的薄弱及最后合作关系的破裂是导致项目失败的根本原因。首先,政府与社会资本并没有做到风险共担,合同中很多条款对社会资本不利,并且政府没能给予社会资本应有的帮助。在 DMRC 建设引发运营问题的初期,DAMEPL 向 DMRC 与政府寻求帮助均被拒绝。随后,信实公司利用合同中未明确规定的退出限制(项目计划运营期开始两年后可退出,但是项目未能如期开始运营)私自卖出股份从 PPP 项目公司退出,并且提出终止项目与索赔的要求。此时,政府与社会资本开始互相责备,项目陷入长期的仲裁中。德里机场快线作为公共交通项目,最终也未能达到为公众提供优质服务的目的,造成国有资产与社会效益的损失。

三、启示

(一)良好的政府与社会资本合作关系

在 PPP 项目中,政府与社会资本的利益不一致,公共部门以高效提供优质公共产品与服务为目标,而社会资本则注重投资回报。合作目标不一致、政府的多重身份以及公众在项目中的缺位是 PPP 项目冲突多发的内生原因。政府须明确公共项目的目的,并在社会资本选择、项目执行等阶段保持目标的一致性,协调社会效益、政府资本营利性与社会资本营利性三者的关系,同时加强对社会资本的支持和监管。社会资本须正确认识 PPP 项目合作的长期性,主动与政府沟通,正确利用政府提供的信息与资源,在不损害公共利益的前提下增加投资的回报。

(二)合理的风险分担

风险分担是 PPP 项目降低成本、提高效率的主要实现方式。首先,轨道交通 PPP 项目在融资、风险分担的结构设计时往往欠缺对整体性及两阶段互相作用的考虑。项目建设期对运营期绩效的影响、运营期对建设期成本回收的影响是将两阶段紧密联系在一起的纽带,在合同设计中应给予相应的重视。其次,PPP 项目应尊重风险与收益的对等。负责建设部分的政府若要参与运营期收入的分成,也需要承担建造对运营造成的不利影响。进一步,政府补贴与票价分成机制的设计不应仅仅是简单的逐年上升(如德里机场快线),而应根据项目运营不同的发展阶段动态调整。

(三)严格的三方监管

项目中 DMRC 负责的土建部分存在重大质量问题,合同中明确规定 DAMEPL 在运营第一年有义务检查并将发现的土建部分的缺陷告知 DMRC,但 DAMEPL 未有告知。当客流量大大低于预期时,DAMEPL 才提出土建部分存在质量问题。随后的检查发现,DAMEPL 负责建设的运营部分质量问题也十分严重。DAMEPL 在监管上的疏漏造成后期高额的补救成本。

PPP 项目主要的监管主体有政府资本方、社会资本方与第三方机构(负责财务审计的会计师事务所、负责处理争议的仲裁机构等)。在 PPP 项目中,项目的公共产品属性与政府职能的特殊性使主流观点往往强调政府对社会资本的监管与控制,其必要性无可置疑。但同时,社会资本也需要维护自身在项目中合理合法的利益,对政府履约实施到位的监管。此外,作为 PPP 项目的最终受益者——社会公众的监管应有可行的实现方式。政府与公众之间的委托代理关系以及政府与社会资本间契约的不完全均可能损害 PPP 项目的价值以及所能提供的公共服务。因此,独立的第三方机构对工程质量与运营效率的检测与评价不可或缺。

(资料来源:根据高雨萌、王守清、冯珂等《印度德里机场快线 PPP 项目的失败原因与启示》,《建筑经济》2017 年第 6 期相关资料整理。)

思考题:

1. PPP 项目如何实现各方风险的动态分担和可持续的合作共赢?
2. 本案例对我国轨道交通 PPP 项目有何警示和参考意义?

本章小结

1. 国际项目融资是指贷款人以特定项目今后所产生的收益作为还款的资金来源,并以项目的资产、预期收益或权益做抵押而取得的具有无追索权或有限追索权的融资方式,是国际中长期融资的一种形式。

2. 国际项目融资具有以下基本特征:以项目为主体安排融资;无追索权或有限追索权;项目融资周期长、金额大、风险高、融资成本高、程序复杂;资金来源渠道多样化;非公司负债型融资;风险分担以及信用结构多样化。

3. 国际项目融资涉及众多参与者,如项目发起人、项目公司、贷款人、项目产品买主或设施用户、承建公司、供应商、担保/保险人、咨询专家和顾问以及政府等。项目融资的程序分为投资决策、融资决策、融资结构分析、融资谈判和执行五个阶段。

4. 国际项目融资的框架结构包括投资结构、融资结构、资金结构和资信结构四个基本模块。常见的风险有信用风险、完工风险、生产风险、市场风险、金融风险、政治风险和环境保护风险。

5. BOT(建设-经营-转让)是指政府部门对项目主办人或为项目专门成立的项目公司授予特许经营权,授权其负责项目的融资、设计、建造、运营和维护,在规定的特许期限内,出售项目产品/服务,以偿还债务、回收投资并获得合理回报,特许期满,将项目按规定的要求移交给政府。BOT 融资具有特定的主客体、以特许权为前提、经营管理特殊、参与方众多、前期工作长、投资规模大、风险因素众多,一般适用于基础设施和公共部门的建设项目。

6. PPP 广义上泛指公共部门与私营部门为提供公共产品而建立的长期合作关系,狭义上则强调政府通过商业而非行政的方法来实现对项目的控制,以及在与企业合作过程中的优势互补、风险共担和利益共享。它本质上是公共部门由传统方式下公共产品的提供者转变为规制者、合作者、购买者和监管者,是管理制度的一种创新。

基本概念

项目融资   经济强度   无追索权   有限追索权   风险分担   项目公司   完工风险
市场风险   生产风险   BOT   BOO   BOOT   PPP   PFI

思考与练习

1. 说明国际项目融资的基本特征。
2. 项目融资与传统融资有什么不同?
3. 简单分析项目融资的利与弊。
4. 国际项目融资有哪些主要的参与者?各自职能是什么?
5. 国际项目融资的基本程序是什么?
6. 项目融资有哪些资金来源?
7. 如何分散项目融资的各种风险?
8. 简述 BOT 融资的含义及特征。
9. 说明 PPP 融资的优势和特点。

第十章 国际信贷决策与风险管理

教学目的与要求

- 了解信用分析的财务和非财务评估方法
- 知晓各种贷款定价模型
- 熟悉国际信贷风险的概念和种类
- 掌握国家风险的概念和分类
- 明确国际信贷风险管理的方法和程序
- 掌握国际信用衍生产品的概念和种类

第一节 国际信贷决策

国际信贷决策包括贷款人的信贷决策和借款人的信贷决策,本节主要从贷款人角度分析贷款人的信贷决策。贷款人的国际信贷决策是信贷活动成败与否的决定性环节。贷款人筛选客户的重点是信用分析。所谓信用分析,是指贷款人或信用评估机构对借款人的资信分析和评估,具体包括调查、收集、整理、分析和评估借款人偿还贷款的意愿和能力的过程,一般综合使用非财务和财务两种评估方法。

一、信用分析的非财务评估

为了评估借款人的还款意愿和能力,商业银行大多数信用审查都集中在所谓"5C"原则上。"5C"分别指借款人的品德(Character)、能力(Capacity)、资本(Capital)、担保(Collateral)和环境条件(Condition)。

(一)品德

品德是借款人诚实守信的程度或按借款合同偿还债务意愿的集中反映。如果借款申请人是个人,则品德主要反映为个人品行、业务关系、工作作风、个人交往以及在社会上的地位和声望等方面。如果借款申请人是企业,则品德是指负责人的品德、企业管理和资金运行方面是否健全、经营稳健与否以及企业在业界的地位和声誉等方面。借款人过去的信用记录是评价借款人品德的重要资料,包括借款人与银行及其他信用组织的往来关系和偿债记录。

(二)能力

能力有法律、经济两方面的含义。在法律上,能力是指借款人是否具有独立承担借款的法律义务的资格。贷款人必须证实借款人在法律上能对借款负责,例如,个人是具有完全民事能力的自然人,法人企业应依法登记注册,持有营业执照,在借款合同上签字的人具有代表企业借款的权限等。在经济上,能力是指按期清偿债务的偿还能力。它主要考察借款人的经济能力和经营能力。前者一般通过对借款人(企业和个人)未来收入与偿债需要的对比估计,判断借款人是否具有偿还债务的能力。后者体现为借款人的管理经验、经营才能、业务素质和教育程度等方面。体现能力的相关信息既可以在借款申请书中获取,也可以通过面谈、申请人提供的财务报表、专门征信机构的报告、薪金记录以及其他文件资料而获得。

(三)资本

资本通常用资产净值即总资产减去总负债来衡量。资本力量越雄厚,银行放款的风险相对越小。这方面的信息通常从企业的财务报表中获得。要注意的是,资本要素的分析不仅包括资本的数量,还包括资本的质量,即借款人所拥有的资产质量。

(四)担保

担保是银行为补偿可能发生的贷款损失而采取的一种防御性措施,以借款人的资产做抵押或者以第三者的资信做担保,可以提供第二还款来源,大大降低贷款损失的风险。担保因素的分析,主要是对保证人的资信、抵押品的权属和价值以及实现抵押权、质押权的可行性的审查和评估。因此,在发放抵押贷款时,银行会对抵押品进行鉴定、评估,进而根据抵押品的市场价值确定贷款的数额与期限;在发放担保贷款时,银行则必须对保证人的信用进行评估。

(五)环境条件

环境条件是指企业自身的经营情况和影响其经营活动的经济政治环境,包括同业竞争、劳资关系、行业的发展趋势以及政局变动,或借款人所处的就业环境。同时,国家对该行业发展的产业政策变化、企业对经济周期变化的敏感性等也应一并分析。

除了"5C"法,常见的信用分析原则还包括"5P"和"5W"法。前者分别指借款人(People)、资金用途(Purpose)、还款来源(Payment)、债权保障(Protection)和借款人的前景(Perspective)。后者分别指信用对象(Who)、为什么要信用(Why)、信用对象以什么作担保(What)、何时才能还清账款(When)和如何还清款项(How)。

二、信用分析的财务评估

财务评估是指对借款人财务报表的分析,包括对财务数据进行的比率分析和趋势分析。目的是判别借款人为什么需要筹集资金,以及其还本付息的能力和信用水平如何,以决定是否提供信用、信用期限多长以及是否需要提前收回债权等。

(一)流动性分析

流动性是企业迅速变现资产偿付流动负债的能力。衡量流动性的指标主要包括流动比率(Liquidity Ratio)和速动比率(Quick Ratio)或酸性检验比率(Acid Test Ratio)。

1. 流动比率

$$流动比率 = \frac{流动资产}{流动负债}$$

通常认为流动比率的值为 2 比较理想。流动比率高,表示流动资产超过流动负债的净营运资金越多,一旦企业面临清算时有巨额营运资金作为缓冲,以抵消部分变现的损失,而确保债权人的权益。

2. 速动比率

$$速动比率 = \frac{流动资产 - 存货}{流动负债}$$

流动比率的局限性是未考虑不同类型流动资产变现的时间差异,如应收账款只通过回收过程就可变现,而存货需经过产品的销售和账款的收回两个过程才能变现,所以速动比率能更精确地测量企业的短期偿债能力。比值越高,偿债能力越强,企业的速动比率至少要维持在 1 以上,才算具有较好的财务状况。与流动比率一样,速动比率的分析需考虑行业、地区水平等因素。

(二)营运能力分析

对资产运用效率进行评价的财务比率主要包括各种资产的周转率指标,如总资产周转率、流动资产周转率、应收账款周转率和存货周转率等。

1. 总资产周转率

$$总资产周转率(次数) = \frac{销售收入}{总资产平均值}$$

总资产周转率反映企业资产创造销售收入的能力。总资产周转率高,说明企业全部资产经营效率好,取得的收入高,盈利能力强。

2. 流动资产周转率

$$流动资产周转率(次数) = \frac{销售收入}{流动资产平均值}$$

企业流动资产周转率越快,周转次数越多,表明企业以相同的流动资产占用实现的销售收入越多,说明企业流动资产的运用效率越好,进而增强企业的偿债能力和盈利能力。

3. 应收账款周转率

$$应收账款周转率(次数)=\frac{销售收入}{应收账款平均值}$$

应收账款周转率是反映企业应收账款运用效率的指标。该指标越高,表明应收账款回收速度越快,企业应收账款的管理效率越高。

4. 存货周转率

$$存货周转率(次数)=\frac{销售成本}{存货余额平均值}$$

一般来说,指标越高,表明存货周转速度越快,存货变现能力越强,资金占用水平越低。

(三)负债与偿付能力分析

衡量企业偿付中长期债务的能力,反映了企业负债是否与其偿付能力相适应以及企业对外来资金的依赖程度,主要包括资产负债率、产权比率等。

1. 资产负债率

$$资产负债率=\frac{负债总额}{资产总额}\times100\%$$

对债权人而言,比率越低越好,则所有者权益越大,说明企业的财务实力越强,债权人的保障程度越高。

2. 产权比率

$$产权比率=\frac{负债}{所有者权益}\times100\%$$

产权比率体现了债权人投入企业的资本受所有者权益保护的程度。如果在清算时债权人投入企业的资本比重较低,则债权人受保护的程度就高。

(四)盈利能力分析

盈利能力体现了企业经营管理的效率,可用总资产报酬率、净资产报酬率、资本金报酬率和销售利润率等比率评价。

1. 总资产报酬率

$$总资产报酬率=\frac{收益总额}{平均资产总额}\times100\%$$

该指标越大,反映企业投资回报能力越强。

2. 净资产报酬率

$$净资产报酬率 = \frac{净利润}{平均净资产总额} \times 100\%$$

该指标立足于所有者权益角度来考核企业获利能力和投资回报能力。一般来说，数值越高，企业净资产的使用效率就越高，投资者的利益保障程度也就越大。

3. 资本金报酬率

$$资本金报酬率 = \frac{净利润}{平均实收资本总额} \times 100\%$$

该指标衡量的是企业所有者投入资本赚取利润的能力。指标数值越高，表明投资者投入企业资金得到的回报就越高。

4. 销售利润率

$$销售利润率 = \frac{利润总额}{销售收入} \times 100\%$$

该指标越高，表明企业当期各项经营活动获得收益的能力越强。

三、贷款定价方法

所谓贷款的定价，是指如何确定贷款的利率、确定补偿余额，以及对某些贷款收取手续费。广义的贷款价格包括贷款利率、贷款承担费及服务费、提前偿付或逾期罚款等。

银行作为贷款供给方，所考虑的因素是多方面的：一是银行提供信贷产品的资金成本与经营成本。资金成本有历史平均成本和边际成本两个不同的口径，后者更宜作为贷款的定价基础。经营成本是银行因贷前调查、分析、评估和贷后跟踪监测等所耗费的直接或间接费用。二是贷款的风险含量。银行需要在预测贷款风险的基础上为其承担的违约风险索取补偿。三是贷款的期限。不同期限的贷款适用的利率档次不同。贷款期限越长，流动性越差，不确定因素越多，贷款价格中应该反映相对较高的期限风险溢价。四是银行的目标盈利水平。在保证贷款安全和市场竞争力的前提下，银行会力求使贷款收益率达到或高于目标收益率。五是金融市场竞争态势。银行应比较同业的贷款价格水平，将其作为自己贷款定价的参考。六是银行与客户的整体关系。银行贷款定价还应该全面考虑客户与银行之间的业务合作关系。最后，银行有时会要求借款人保持一定的存款余额，即存款补偿余额，以此作为发放贷款的附加条件。在综合考虑多种因素的基础上，银行开发出了若干贷款定价模型（Loan Pricing Models）。

（一）成本加成定价模型（Cost-plus Loan Pricing Model）

这种定价方法比较简单，贷款的资金成本是首要考虑因素，成本之上加一定的利差来决定贷款利率，银行在此基础上制定出贷款的参考价格，即贷款利率＝成本率＋加成。其中，成本率可以使用平均成本率或者加权边际成本，而加成则是银行要求的边际目标利润率。完整的成本加成模型包括：可贷资金的成本、非资金性经营成本、违约风险的补偿费用（违约成本）、预期利润，其计算公式为：

贷款利率＝筹集资金的边际成本＋经营成本＋预计补偿违约风险的边际成本
　　　　　＋银行目标利润水平

首先，银行要归集各种债务资金的边际成本数据，计算出全部新增债务资金的加权平均边际成本。然后，银行需要开发贷款经营成本的系统性测算和分解方法，将不同岗位职员的工薪和福利、经常性开支、设备成本及其他费用支出分摊到每笔贷款业务上。在计算违约成本时，银行可以将贷款划分为不同的风险等级，再根据历史资料计算各风险等级贷款的平均违约率，据此确定贷款的违约风险补偿费率。目标利润是银行为股东提供所要求的资本收益率而预期要实现的贷款利润率。

成本加成定价模型最大的优点在于银行能保证每一笔贷款都能弥补成本并有盈利。缺陷是要求银行能够准确地认定贷款业务的各种相关成本，在实践中有相当的难度。此外，成本加成定价模型也没有考虑市场利率水平和同业竞争因素，而事实上，在激烈的市场竞争中，银行并非完全的价格制定者，而往往是价格的接受者。

（二）基准利率加点修正模型（Prime Rate Markup Revised Pricing Model）

基准利率加点修正模型是选择合适的基准利率，银行在此之上加一定价差或乘上一个加成系数的贷款定价方法。基准利率可以是国库券利率、大额可转让存单利率、银行同业拆借利率、商业票据利率等货币市场利率，也可以是优惠贷款利率。这些金融工具或借贷合约由于违约风险低，因而被称为无风险利率（Risk Free Interest Rate），是金融市场常用的定价参照系，也被称为基准（Benchmark）利率。附加的贷款风险溢价水平因客户的风险等级不同而有所差异。

银行对特定客户发放贷款的利率公式一般为：

贷款利率＝基准利率＋借款者的违约风险溢价＋长期贷款的期限风险溢价

违约风险溢价通常根据贷款的风险等级确定。目前许多国际大银行都开发并采用了许多信用风险评估方法和模型，如 Z 值模型、基于期权的贷款模型（如 KMV 模型）、基于 VAR 方法的模型［如 J. P. 摩根的"信用度量制"（Credit Metrics）模型］、宏观模拟模型（Macro Simulation Approach）、风险中性评估模型（如 KPMC 贷款分析系统）以及保险方法模型等。贷款期限越长，所要求的期限风险溢价越高。

基准利率定价法具有较强的可操作性和科学性，是运用最为普遍的定价模型，但在确定风险加点幅度时，要综合考虑各种因素，具有一定的难度。

（三）客户盈利性分析模型（Customer Profitability Analysis，CPA）

其主要思想认为贷款定价实际是客户关系整体定价的一个组成部分，银行在定价时应该综合考虑银行在与客户的全面业务关系中付出的成本和获取的收益。分析基

本框架是评估银行从某一特定客户的银行账户中获得的整体收益是否能实现银行的利润目标,因此亦称账户利润分析法。公式为:

$$账户总收入 \geqslant 账户总成本 + 目标利润$$

如果账户净收益等于目标利润,则说明贷款定价基本合理;如果客户账户净收入大于或小于目标利润,则银行应考虑对该客户贷款定价做上浮或下浮调整,也可以采用提高或降低服务价格的方式来调整。

(1)账户总成本包括资金成本、所有的服务费和管理费以及贷款违约成本。资金成本即银行提供该贷款所需资金的边际成本,这里使用债务资金的加权边际成本。服务和管理费用是银行向客户提供贷款服务时所收取的一部分补偿费用,如客户贷款的管理费、信用调查费、贷款回收费、质押品的维护费、客户存款的利息支出以及账户的管理成本。贷款违约成本是银行基于贷款风险度量估算出的类似贷款平均潜在违约损失。

(2)账户总收入包括银行从客户账户中获得的可投资存款的投资收入、表内外业务服务费收入和对该客户贷款的利息收入及其他收入等。其中,客户账户中的可投资存款额是指该客户在计算期内的平均存款余额扣减托收未达现金、法定存款准备金后的余值。可投资存款额结合一定的存款收益率水平,即可计算出该客户存款给银行带来的投资收入。服务费收入主要是贷款承担费、结算手续费等。

(3)目标利润是指银行资本要求从每笔贷款中获得的最低收益,根据银行既定的股东目标收益率、贷款分配的资本金比例(资本与资产比率)及贷款金额确定,其计算公式为:

$$目标利润 = 资本 \div 总资产 \times 资本的目标收益率 \times 贷款额$$

客户盈利性分析模型体现了银行"以客户为中心"的经营理念,从银行和客户的全部业务关系中寻找最优贷款价格,从而可能得出有竞争力的贷款价格,但该模式最为复杂,在收集信息、数据验证方面需付出较大成本,计算要求有较高的精确度。

(四)成本-收益定价模型

该模型是把贷款的所有成本加总并将成本与管理预期收益进行比较的贷款定价方法,由三个简单的步骤组成:第一,估算贷款将产生的所有收入;第二,估算借款人实际使用的资金额(减去借款人承诺在银行保有的存款,并加上准备金要求);第三,用贷款收入除以借款人实际使用的资金额计算出贷款的税前收益。

第二节　国际信贷的风险及管理

一、国际信贷风险的概念

广义的国际信贷风险是指不同国别或地区的当事人在国际信贷各种方式中,由于事先无法准确预测的因素,导致双方资产、负债或未来现金流量的实际值与预期结果之间的差异。狭义的国际信贷风险是指国际信贷双方当事人资产、负债或未来的现金流量发生损失的可能性。

二、国际信贷风险的种类

国际信贷主要包括的风险类型有:

(一)信用风险

信用风险又称为违约风险,是指因借款人偿债能力不足而给贷款人带来经济损失的可能性。其通常分为一般信用风险和国家信用风险。前者是指借款企业或个人因无力偿贷而使贷款人遭受损失的可能性。国家信用风险则包括在国家风险中。

(二)利率风险

利率风险是指因市场利率变化引起资产价格变动或因银行协定利率跟不上市场利率变化所带来的风险。当市场利率上升时,贷款人持有现金的机会成本增加,因长期贷款原定利率较低而蒙受损失;当市场利率下降时,贷款利率也会因相对较高而使贷款需求萎缩。

(三)外汇风险

外汇风险也称为汇率风险,是指由于汇率发生意料之外的变动而导致资金借贷活动中的双方或其中一方蒙受损失的可能性。如果信贷币种汇率发生波动,则既可能影响借款人的偿债负担和能力,也可能影响贷款人按期收回贷款和债权收益。

(四)通胀风险

通胀风险又称为购买力风险,是指通货膨胀、物价上涨引起货币贬值而带来的风险,对借贷双方都会造成一定程度的损失。对于借贷金额较大的交易主体而言,通胀风险造成的本金和利息的贬值不容忽视。

(五)管理风险

管理风险是指借贷双方由于人为错误、设备故障、内部贪污等导致损失的可能性。通常表现为战略决策失误风险、新产品开发风险、营业差错风险和贪污盗窃风险等。

(六)国家风险

国家风险的分析和评估在20世纪80年代拉美发展中国家债务危机之后引起高度重视。以下着重介绍国际信贷中这一特有的风险。

1. 国家风险的概念

国家风险是指一国的政治、经济、文化状况使该国的借款个人、机构或政府不能按期或不能偿还其对外债务,从而使该国境外债权人遭受损失的可能性,简单地说,就是因国别因素导致的信用风险。

国家风险的特性体现为:第一,国家风险是国际信贷中的特有风险;第二,国家风险是由于借款国本身原因所造成的风险,主要是指借款国政府不履行责任和实施的政策法令,如宣布限制或延迟偿还债务、政变、资金冻结、外汇管制等;第三,国家风险涉及的借款人可以是一国政府或政府机构,也可以是该国的私营和国有企业;第四,国家风险涉及的贷款人一般都是外国的私营金融机构。

2. 国家风险的分类

国家风险可以分为政治风险(Political Risk)和经济风险(Economic Risk)。

(1)政治风险。这是由于非预期的政治因素而导致的风险,如高级领导人的决策意见、外交关系、国内重大政治条件变更等,与借款国的偿债意愿有关。影响政治风险的因素如下:一是政治环境。二是政治党派。一党制的政治体系通常政局稳定,而多党制却可能因政治斗争、政权交替而使政局不稳。三是政府危机。政府机构突然更迭可能意味着新政府拒付前政府所欠外债,或加强外汇管制,或政治动乱引起经济生产停滞而不能偿还外债。四是外交政策。它意味着该国与其他国家的经济联系及相互依赖程度。五是经济体制。自由市场经济或者高度集中的国家计划经济表现了国家对经济的控制程度,国家控制越多,政治风险越高。六是社会环境。它具体包括人口结构、城市差别、受教育程度、民族和宗教结构、劳资关系、社会内乱、腐败、第三国干预的可能性等。例如,一个多民族、宗教结构复杂的国家可能爆发民族冲突,借款人不愿意偿债,或者民族冲突导致社会战乱和经济崩溃,根本无法偿债。

(2)经济风险。这是指东道国经济或金融条件发生非预期事件而产生的风险,如借款国的经济发展状况、债务水平、外汇储备以及国际收支、经济政策都会影响该国的偿债能力。影响经济风险的因素如下:一是通货膨胀。影响出口产品的竞争力和进出口价格,影响用以作为偿债保障的外汇收入和外汇储备。二是汇率体制。一国采用固定汇率制、管理浮动汇率制或是自由浮动汇率制,会影响该国的债务水平和偿债能力,此外,该国干预外汇市场的程度也是影响因素。三是外汇管制。由于国际信贷必然涉及贷款本息以外汇方式汇出,因而一国的外汇管制是外国债权人极其关心的问题。四是贸易条件。这关系到一国产品的国际竞争优势。20世纪80年代拉美债务危机的一大原因就是原料市场不景气,贸易条件的恶化使拉美国家很快失去偿债能力。五是外汇储备的应用。外汇储备是偿还外债的资金保障,妥善管理外汇储备及适当流动性是保证债务国偿债能力的必要条件。六是自然资源。代表一国经济发展的潜力,也是偿债资金的保障。

3. 国家风险的评估

国际上有很多专业机构会提供各国国家风险水平的评估结果,其中以美国国际国家风险指南(ICRG)最为著名,另外,《欧洲货币》杂志每年9月或10月会公布一张当年各国国家风险等级表,这也是国家风险的重要参考之一。

(1)政治风险集团的国际国家风险指南。从1980年起,美国政治风险集团(Political Risk Services Group)开始定期发布国际国家风险指南(ICRG)。ICRG每月对140个国家进行风险评估并对26个国家进行年度风险评估。

ICRG将国家风险分成政治风险、金融风险和经济风险三类。三大风险又有各自的影响因素(具体参见表10—1、表10—2、表10—3),根据它们影响程度大小给定不同的风险分值。其中,政治风险的最高分值为100分,金融风险和经济风险的最高分值均为50分。分值越低,表示该类风险越大;反之,则风险越小。得到三大风险各自的总分后,再根据特定公式,即可得到该国的国家风险综合指数。

表10—1　　　　　　　　　　政治风险影响因素及分值

政治风险因素	最高分值 Points(max.)
政府稳定性(Government Stability)	12
社会经济状况(Socioeconomic Conditions)	12
投资概况(Investment Profile)	12
内部冲突(Internal Conflict)	12
外部冲突(External Conflict)	12
腐败(Corruption)	6
军队干预政治(Military in Politics)	6
宗教关系紧张(Religious Tensions)	6
法律与秩序(Law and Order)	6
种族关系紧张(Ethnic Tensions)	6
民主责任(Democratic Accountability)	6
官僚制度质量(Bureaucracy Quality)	4
政治风险总分	100

表 10—2　　　　　　　　　　经济风险影响因素及分值

经济风险因素	最高分值 Points（max.）
人均 GDP(GDP Per Head)	10
实际 GDP 增长率(Real GDP Growth)	5
年通货膨胀率(Annual Inflation Rate)	10
预算余额占 GDP 的比重(Budget Balance as a Percentage of GDP)	10
经常账户余额占 GDP 的比重(Current Account as a Percentage of GDP)	15
经济风险总分	50

表 10—3　　　　　　　　　　金融风险影响因素及分值

金融风险因素	最高分值 Points（max.）
外债占 GDP 的比重(Foreign Debt as a Percentage of GDP)	10
外债偿付额占商品和劳务出口收汇额比重(Foreign Debt Service as a Percentage of Exports of Goods and Services)	10
经常账户余额占商品和劳务出口收汇额比重(Current Account as a Percentage of Exports of Goods and Service)	15
国际清偿力净值与月进口额的比率(Net International Liquidity as Months of Import Cover)	5
汇率稳定性(Exchange Rate Stability)	10
金融风险总分	50

资料来源：http://www.prsgroup.com/ICRG_Methodology.aspx。

国家风险综合指数的计算公式为：

$$CPFER\ (Country\ X) = 0.5(PR + FR + ER)$$

式中：CPFER——国家风险综合指数（Composite Political, Financial and Economic Risk Rating）；PR——政治风险指数（Total Political Risk Indicators）；FR——金融风险指数（Total Financial Risk Indicators）；ER——经济风险指数（Total Economic Risk Indicators）。

各种风险指数均介于 0～100，分值越高，表示风险越低，具体参见表 10—4。

表 10—4　　　　　　　　　国家风险指南的国家风险评级

国家风险综合指数	风险程度
0.00~49.5	风险极高
50.0~59.5	高风险
60.0~69.5	风险适中
70.0~84.5	低风险
85.0~100.0	风险很低

资料来源：http://www.prsgroup.com/ICRG_Methodology.aspx。

(2)《欧洲货币》的国家风险分析。英国《欧洲货币》(Euromoney)杂志每两年提供一次国家风险评价数据，计算出全球各国的国家风险得分(ECR Score)并进行排名，分值为 0~100，分数越高，风险越小。如表 10—5 所示，ECR 分数由下列因素按照一定的权重计算而得。

表 10—5　　　　　　　　ECR 出口分数(ECR Export Scores)

	组　成	权　重
	经济因素(Economic Factors)	30%
子因素(Sub Factors)	银行体系稳定性(Bank Stability)	6.0%
	GNP 展望(GNP Outlook)	6.0%
	就业(Employment)	6.0%
	政府财政(Government Finances)	6.0%
	货币/币值稳定性(Monetary/Currency Stability)	6.0%
	政治因素(Political Factors)	30%
子因素(Sub Factors)	腐败(Corruption)	5.0%
	政府无力偿债(Govt. Nonpayment)	5.0%
	政府稳定性(Government Stability)	5.0%
	信息透明度(Information Transparency)	5.0%
	体制风险(Institutional Risk)	5.0%
	监管政策与环境(Regulatory Policy & Environment)	5.0%
	结构因素(Structural Factors)	10%
子因素(Sub Factors)	人口统计(Demographics)	2.5%
	硬件设施(Hard Infrastructure)	2.5%
	软件设施(Soft Infrastructure)	2.5%
	劳动力市场/产业关系(Labour Market/Industrial Relations)	2.5%

续表

组　成	权　重
其他分数（OTHER SCORES）	
资本市场准入（Access to Capital Market）	10%
信用评级（Credit Ratings）	10%
债务指标（Debt Indicators）	10%

资料来源：http://www.euromoney.com。

(3) 标准普尔的国家风险评级。标准普尔采取定性和定量相结合的方法，按照8个类别评估国家风险，分别是：政治风险、收入和经济结构、经济增长展望、财政机动性、公共债务负担、价格稳定性、国际收支平衡、外部债务和流动性，此外，标准普尔还突出了在评级中考虑的其他因素。在每个评估类别中，主权国家获得一个1（最好）～5分（最差）的得分。不过，不同于传统的国家风险评测，标准普尔并没有使用确定的公式将这些得分组合在一起。

三、国际信贷风险管理

（一）国际信贷风险管理的概念

国际信贷风险管理，其基本含义是指国际信贷授信方在从事国际信贷活动时，运用风险识别、风险估计、风险处理等方法，通过预防、规避、分散、转移等方式对其面临的风险进行有效的控制和处置，从而减轻或避免经济损失，保证信贷资金安全的一系列措施。它包含两层含义：一是风险一定条件下的收益最大化；二是收益一定条件下的风险最小化。要注意以下几个问题：第一，国际信贷风险管理的主体是贷款人，管理程序由风险识别、衡量、分析、控制和处置等环节构成；第二，国际信贷风险管理的重点是单一资产风险管理，对于集合性风险的管理，商业银行将其置于机构内部风险管理的体系之中；第三，国际信贷风险管理要体现成本和效益相匹配的原则，最佳的风险管理技术应是管理成本最低、管理效益最好；第四，国际信贷风险管理是过程管理和动态管理，从信贷决策开始到债权得到完全偿付为止。

（二）国际信贷风险管理的发展历程

1. 20世纪末以前，以加强内部风险控制和风险测量等方法和技术为主

20世纪末以前，国际上信贷风险的管理主要采用加强内部风险控制和风险测量的技术和方法，总体上经历了以下几个阶段：

第一阶段：信贷风险管理的内部标准化阶段。20世纪80年代以前，管理信贷风险的传统方法主要是贷款审查标准化和贷款对象分散化等。贷款审查标准化就是依据一定的程序和指标考察借款人的信贷状况，以避免可能发生的信贷风险。贷款对象

分散化就是银行通过贷款的分散化降低信贷风险。其基本原理是信贷风险的相互抵消,如银行利用行业的相关性分散自己的贷款组合和投资组合。然而,利用这两个步骤控制信贷风险的能力往往会因为投资分散化机会较少而受到限制。

第二阶段:外部监管约束初步阶段。20世纪80年代初,因受全球债务危机影响,国际社会普遍开始注重对信贷风险的防范与管理,于是1988年《巴塞尔资本协议》产生,对不同类型资产规定不同权数来量化风险,是对银行风险比较笼统的一种分析方法。

第三阶段:高级内部评级和高级风险计量探索阶段。20世纪90年代以来,一些大银行开始关注信贷风险测量方面的问题,建立测量信贷风险的内部方法与模型。J. P. 摩根的 Credit Metrics 信贷风险管理系统最为引人注目。该模型以信贷评价为基础,计算某项贷款或某组贷款损失的概率,然后计算上述贷款同时转变为坏账的概率。该模型覆盖了几乎所有的信贷产品,包括传统的商业贷款、信用证和承付书、固定收入证券、商业合同如贸易信贷和应收账款,以及由市场驱动的信贷产品如掉期合同、期货合同和其他衍生产品等。

第四阶段:全面风险管理和高级内部评级及高级计量方法的推广阶段。1997年亚洲金融危机的爆发促使人们更加重视市场风险与信贷风险的综合模型以及操作风险的量化问题,由此全面风险管理模式引起人们的重视。银行在贷款或贷款组合的风险度量中也特别注意运用信贷风险管理的产品。

2. 20世纪80年代以来,探索利用外部市场工具实现主动管理和分散信贷风险:贷款出售和资产证券化

近10年来,国际金融界对风险的认识日益深化。一方面,市场产品的日益多样化为银行业对冲信贷风险提供了产品;另一方面,商业银行的综合经营也为信贷风险市场化分散提供了条件。市场化分散信贷风险初期的两种主要产品——贷款出售和资产证券化也应运而生。

贷款出售是指银行通过贷款出售市场将其贷款转售给其他银行或投资机构。资产证券化是将有信贷风险的债券或贷款的金融资产组成一个资产池并将其出售给其他金融机构或投资者。对投资者而言,投资多个贷款或债券组合可以降低信贷风险,购买这样的证券也可以调整其投资组合,减少风险。

3. 从20世纪末以来,运用信贷衍生产品买卖信用风险,实现信用风险的合理优化配置

随着全球金融市场的迅猛发展,一种管理信贷风险的新技术——信贷衍生品逐渐成为人们关注的对象。信贷衍生产品是用来交易信贷风险的金融产品,商业银行通过购买信贷风险保险来对冲表内资产业务的信贷风险,而投资机构通过出售信贷风险保

护获得一定的收益。

(三)国际信贷风险管理的程序

国际信贷风险管理主要包括风险识别、风险衡量、风险分析、风险控制和事后信息反馈等程序。

1. 风险识别(Risk Identification)

风险识别是指对信贷交易面临的、尚未发生的、潜在的各种风险进行系统的归类分析,从而加以认识与辨别的过程。风险识别,不但要了解各种客观存在的风险,分析引起风险事故的各种因素,而且要界定风险的性质、来源、影响范围及时间。风险识别的目的在于衡量风险的大小,以便选择最佳的风险处理方案,是风险管理的基础步骤。

2. 风险衡量(Risk Measurement)

风险衡量也称为风险估测,是在识别风险的基础上对风险进行定量分析和描述,即在对过去损失资料分析的基础上,运用概率和数理统计的方法对风险事故的发生概率和发生后可能造成损失的严重程度进行定量的分析和预测,从而评价这种风险对企业或组织财务负担和经营活动的影响及其重要性。风险衡量包括定性衡量和定量衡量,要解决的是损失概率和损失严重程度两个问题,最终目的是为风险决策提供信息。

3. 风险分析(Risk Analysis)

广义而言,风险分析是指定性的和定量地估计风险对于决策情况影响的方法,使用的大量技术都包含了定性和定量两种技术,在给定了最可能出现的结果后,这些方法的目的是帮助决策者选择行动方针。

4. 风险控制(Risk Control)

风险控制是指风险管理者采取各种措施和方法,消灭或减少风险事件发生的各种可能性,或者减少风险事件发生时造成的损失。基本方法是:风险规避、损失控制、风险转移、风险分散和风险保留。

(1)风险规避(Risk Aversion)。这是指投资主体有意识地放弃风险行为,完全避免特定的损失风险。如贷款人拒绝贷款给特定借款人,对贷款限定金额,实行贷款的国别限额等。这是一种最消极的风险处理办法。

(2)损失控制(Loss Control)。这是指制定计划和采取措施降低损失的可能性或减少实际损失。其包括事前、事中和事后三个阶段。事前控制的目的主要是为了降低损失的概率,事中和事后的控制主要是为了减少实际发生的损失,如贷款人要求借款人追加担保等措施。

(3)风险转移(Risk Transfer)。这是指通过契约,将让渡人的风险转移给受让人承担的行为。其主要形式是合同和保险。合同转移是通过签订合同,将部分或全部风险转移给一个或多个其他参与者,如信贷协议中订立货币选择和保值条款、贷款出售转让和资产证券化等。保险转移是使用最为广泛的风险转移方式,如要求借款人对贷款投保。

(4)风险分散(Risk Diversification)。这是指通过增加承受风险的单位以减轻总体风险的压力,如银团贷款、贷款银行与多方主体的合作融资都是分散贷款风险的有效手段。

(5)风险保留(Risk Self-retention)。风险保留即风险承担,也就是说,如果损失发生,经济主体将以当时可利用的任何资金进行支付。风险保留包括无计划自留、有计划自我保险。无计划自留是指风险损失发生后从收入中支付,即不是在损失前作出资金安排。当经济主体没有意识到风险并认为损失不会发生时,或将意识到的与风险有关的最大可能损失显著低估时,就会采用此方式承担风险,但应当谨慎使用。有计划自我保险是指可能的损失发生前,通过作出各种资金安排以确保损失出现后能及时获得资金以补偿损失。其主要通过建立风险预留基金方式实现。

风险特性与管理决策的关系如图10-1所示。

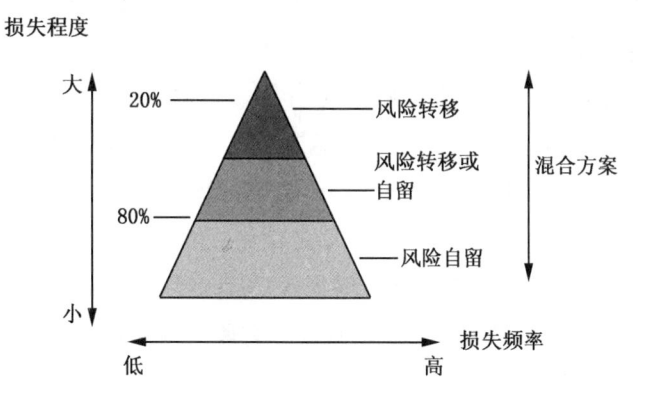

图 10-1 风险特性与管理决策

5. 事后信息反馈(Feedback)

事后信息反馈即对风险管理的效果及其产生的效应进行分析、整理和评价。

第三节 国际信用衍生产品的发展与风险

一、信用衍生产品的概念

根据国际互换和衍生产品协会(ISDA,2003)的定义,信用衍生产品(Credit Derivatives)是一系列从基础资产上剥离、转移信用风险的金融工程技术的总称。交易双方通过签署有法律约束力的金融契约,使得信用风险从依附于贷款、债券上的众多风险中独立出来,并从一方转移到另一方。其最大的特点就是将信用风险从其他风险中分离出来并提供转移的机制。信用衍生产品的基本工具包括违约期权(Default Option)和总收益互换(Total Return Swap),在此基础上,金融工程可以开发出许多变异形式。

二、国际信用衍生产品的产生与发展

信用衍生产品最早出现在 20 世纪 80 年代末 90 年代初,并在 1992 年正式被 ISDA 确定为一类特殊的衍生品。发展之初,信用衍生产品是以违约期权的形式在信用风险敞口过于集中的一些衍生产品交易商之间进行。在机构投资者的驱动下,信用衍生产品不断发展,又创造出了总收益互换的形式,来实现信用风险和市场风险的共同转移。信用衍生产品初次扬名是在 1997—1998 年的金融危机时期,危机证实了它能够在货币危机期间支持债务市场的需求,并使银行等金融机构在危机中得到保护。在 2001 年底到 2002 年初所发生的"安然"和"世界通信"的特大破产案中,美国多家银行也正是由于运用了信用衍生交易,才得以幸免于难。

尽管信用衍生产品出现得比较晚,但它作为一种管理国际信贷风险的新型金融工具,在 2008 年以前发展速度惊人,交易量急剧扩大。尤其是作为典型信用衍生品的信用违约互换(Credit Default Swap,CDS),市场规模快速膨胀。BIS 统计数据显示(见图 10－2),从 2004 年到 2007 年,全球未清偿信用违约互换的名义本金额从 6.4 万亿美元增长到 61.24 万亿美元,年均复合增长率达 112%。2008 年金融危机后,全球信用衍生品市场包括信用违约互换市场的规模随着监管趋严快速下降。截至 2019 年下半年,全球未清偿信用衍生品名义本金额为 8.119 万亿美元,总市值 2 220 亿美元,其中结构简单、标准程度高的信用违约互换的名义本金额为 7.578 万亿美元,占信用衍生品的比重约为 93%,总市值 1 990 亿美元,依然是市场主流的信用衍生产品。

三、国际信用衍生产品的种类

常见的国际信用衍生产品有:

(一)信用违约互换(Credit Default Swap,CDS)

信用违约互换合约于 1995 年由 JP Morgan 首创。在信用违约互换交易中,信用违约互换买方将定期向卖方支付一定的费用,而一旦出现信用类事件,卖方向买方赔

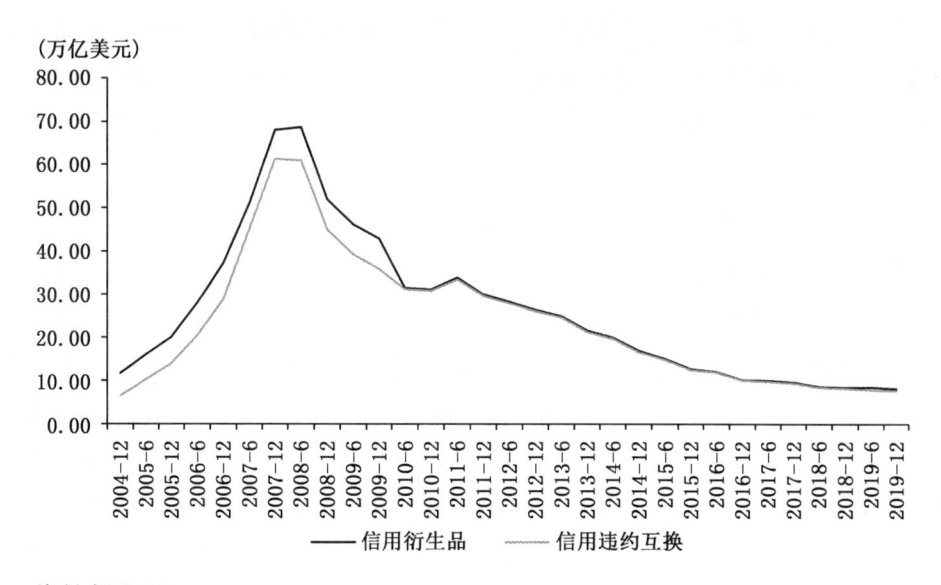

资料来源：BIS。

图10—2 2004—2019年全球信用衍生品和信用违约互换(CDS)规模

偿因信用事件[①]所导致的基础资产面值的损失部分，从而使买方有效地规避信用风险。在国际市场上，商业银行、保险公司、对冲基金、投资银行以及公司企业是信用违约互换市场的主要参与者。

(二)担保债务凭证(Collateralized Debt Obligation，CDO)

担保债务凭证是指将拥有现金流量的资产汇集成资产池，进行资产包装及分割，转给特殊目的公司(SPV)，以私募或公开发行方式卖出的固定收益证券或受益凭证。早期的担保债务凭证资产池以实体企业贷款或公司债券为主，即CLO(Collateralized Loan Obligation)或CBO(Collateralized Bond Obligation)，后来发展为以资产支持证券(Assets Backed Securities)、住宅抵押贷款证券(Residential Mortgage-Backed Securities)及商用不动产抵押贷款证券(Commercial Mortgage-Backed Securities)等资产证券化商品为支撑。

(三)信用联结票据(Credit Linked Note，CLN)

信用联结票据既是一种预付资本金的信贷衍生产品，同时也是一种准债券品种。票据购买方(投资者)通过向票据发行方支付资本金(票据价格)购得票据，并定期收取票据利息。如果到期没有信用事件发生，则投资者定期收取票据利息并到期收回票据

---

① 这些信用事件(Credit Event)按照ISDA的定义，分为六种类型：破产、债务加速(Obligation Acceleration)、债务拖欠、不能偿还、延期偿付和重组。国际掉期与衍生工具协会交易的情况依赖合约对信用事件的界定，不能偿还、重组和破产是三种最常见的激发信贷价值转移的约定信用事件。

的面值。如果发生信用事件，票据到期时，投资者只能收回因为信用事件导致票据基础资产名义价值损失之后剩余的价值。CLN 既可以由银行或企业实体直接发行，也可以通过一个特殊目的机构发行。其基础资产可以是单一资产，也可以是一揽子资产组合。

(四)总收益互换(Total Return Swap, TRS)

总收益互换是交易双方约定将各自基础资产所产生的全部收益进行交换的协议。与其他信用衍生产品最大的不同是，总收益互换不仅与信用事件的发生与否有关，还与市场的利率风险有关，是同时交换了信用风险和利率风险的综合信用衍生产品。信用风险保护的买方将基础资产的全部收益(包括利息收入和资产升值部分)交给信用风险保护的卖方，同时卖方定期付给买方一定的收益(一般是 LIBOR+升水来表示)，并承诺一旦发生信用事件，赔偿买方由于信用事件发生而导致的资产贬值或损失的部分。

(五)组合资产的信用衍生产品(Basket Credit Derivatives)

组合资产的信用衍生产品原理与单一资产的信用衍生产品基本一致，但由于其资产池的信用风险不同，因而定价和交易较为复杂。目前主要的组合资产的信用衍生产品有首次违约信用违约互换(First to CDS)、第 N 次违约信用违约互换(Nst to Default CDS)、首次违约信用关联票据(First to Default CLN)和担保债务凭证(CDO)等。

(六)其他信用衍生产品

1. 信用期权(CO)和信用价差期权(CSO)

信用期权和信用价差期权是为规避信用评级变化风险而设计的信用衍生产品。信用期权的主要特征与其他金融资产的期权相同，都是一种在约定条件下以约定价格买(或卖)某种一定数量对应资产的权利。信用期权有类似于保险的套期保值功能，但其目的在于防止因为信用事件(如企业信用评级向不利于自己的方向转换)而带来的损失。

2. 信用违约互换指数(CDS Indices)

信用违约互换指数是由多个单名称信用违约互换合约(Single name CDS)按照一定的标准所编制的指数产品，其本质上是一篮子单名称信用违约互换合约的组合，属于多名称合约(Multi-name CDS)产品的一种。① CDS 指数本身就是一种场外金融衍

---

① 所谓的单名称信用违约互换合约，通俗地说，是指所保障的对象是单一法律实体负债(通常为债券、贷款)的信用违约互换合约，当该实体(即参考实体)发生破产、违约、债务加速到期等情形(即信用事件)时，信用违约互换合约的买方(即信用保护买方)可以就约定的名义本金金额从信用违约互换合约的卖方(即信用保护卖方)获得相应补偿。相对于单名称信用违约互换合约的是多名称信用违约互换合约。多名称信用违约互换合约保障的对象是一篮子实体的负债，当篮子中的任何一个参考实体发生信用事件时，信用违约互换合约的卖方都有义务向买方进行相应的补偿。

生品(OTC Derivatives)，可以直接被交易。目前市场上主流的信用违约互换指数主要包括：以北美和新兴市场为参考实体的 CDX 族指数以及以欧洲和亚洲市场为参考实体的 iTraxx 族指数。

2008 年全球金融危机后，由于监管加强，因而复杂的信用违约互换产品的交易量显著减少，但信用违约互换指数产品由于具备简单、标准、透明的优点，因而一直保持着稳定的发展。按照 BIS 统计，截至 2019 年上半年，以未到期名义本金计算，信用违约互换指数产品在全球多名称信用违约互换产品中的比例达到了约 92%。可见，在国际市场上，指数产品在复杂信用违约互换领域已经占据了绝对的主导地位。

四、国际信用衍生产品的功能

（一）分散信用风险

在信用衍生产品产生以前，金融机构主要通过信用评级、信贷配给、出售贷款等方法来管理信用风险。但运用这些方法一方面会减少金融机构的利润来源，另一方面也容易影响与客户的关系。而信用衍生产品通过信用风险的定价和交易，可以推动更多的投资者参与到信用风险市场之中，使得信用风险的承担者从银行扩展到保险、基金、企业等各种不同类型机构，避免了信用风险的过度集中。

（二）提高资本回报率

金融资产的风险收益特征可通过预期收益与意外损失两个参数表示，预期收益依赖于利差和信用损失，意外损失的计算则基于许多信贷同时违约的假设。通过减少意外损失高、预期收益低的资产，或增加有正贡献的资产，来提高预期收益和意外损失的比率，可以达到提高资产组合预期业绩的目的。利用信用衍生产品很容易实现这些策略，提高金融资本回报率。

（三）提高基础市场流动性

信用衍生产品把金融资产中的信用风险分离出来，并通过信用分层、信用增级、破产隔离等金融工程尤其是信用工程技术，重新改变金融资产的风险收益特征，将其改造成可交易的金融产品，从而大大增强了金融市场的流动性。

（四）提高金融市场效率

信用衍生产品交易中，由于出现了信用风险的第三方购买者，极大地减轻了金融市场上由于信息不对称所产生的逆向选择和道德风险问题，从而降低了金融交易成本，有力地促进了金融市场上的运行效率。与此同时，持续交易也会使金融市场上的一些隐蔽信息更加公开，增强市场的透明度，使金融资产的定价更为有效。

五、国际信用衍生产品的风险与问题

信用衍生产品的产生是为了防范和控制金融机构的信用风险，但它是一把"双刃

剑",也会引发新的风险和问题。

(一)信用衍生产品带来新的风险

这些新的风险主要有操作风险、交易对手风险、流动性风险、法律风险以及价格风险,此外,还有战略风险、信誉风险、道德风险等。这些都可能造成信用衍生产品使用者利益的损失。在信用风险方面,最重要的是交易对手风险的识别与管理以及信息的充分采集、披露和运用。当今的套利行为,不仅是风险投资基金及对冲基金的手法,而且也是许多投资银行乃至商业银行全球市场部的常用策略。这种套利冲动和趋向,出现在高流动性的发达市场中,更常见于在流动性有缺陷的新兴市场中。

(二)信用衍生产品交易中存在信息不对称

信用衍生产品交易过程中交易双方的信息不对称会产生逆向选择与道德风险。逆向选择是指当信用保护购买者(贷款人)比出售者拥有更多关于借款人的信息时,贷款人只会购买定价偏低的信用衍生产品,那么,出售者在平均意义上将遭受损失而退出市场。若出售者提高定价,则只会吸引高违约风险资产的持有者,进一步恶化购买者的构成。道德风险是指贷款人一旦通过信用衍生产品转移违约风险,就缺乏监督借款人的激励;而出售者由于没有贷款的所有权,因而无法对借款人进行有效监督,借款人的违约概率可能会增大,使出售者处于不利境地。

(三)对信用衍生产品的监管比较困难

一是监管主体难以确定。把信用衍生产品归于证券、互换或保险等不同类别,就有不同的监管主体。目前,对信用衍生产品的归类尚未明确界定的情况下,相应的监管主体难以明确。二是信用衍生产品设计相当灵活复杂,具有高度的投机获利性,同时涉及标的资产自身风险及交易对手违约风险。同时,场外交易市场监管较少且不透明,信贷衍生产品的发行又往往集中在少数几家大型金融机构,造成了风险的不可测度和过分集中。三是信用衍生产品的归类不同、监管主体不同,相应的监管规则也会不同。从目前成熟市场信用衍生产品监管情况看,主要依赖于场外交易市场自律监管,发展中国家监管当局的监管难度很大。

2008年金融危机的爆发使得信用衍生产品市场风险暴露,AIG等金融巨头在这次危机中因投资信用衍生产品而纷纷陷入困境,促使国际上开始普遍加强了对以信用违约互换为代表的信用衍生产品的监管。后危机时代,国际信用衍生品市场经过十余年的探索,就市场的建设、监管等问题已经形成比较成熟的认识。金融管理部门对发展信用衍生品市场也更为谨慎,纷纷对监管要求进行了重大调整,集中交易、集中清算路线已成为共识,合约简单化、标准化成为趋势。从整体来看,在审慎推进的情况下,发展信用衍生品市场的风险已总体可控。

六、我国信用衍生品市场发展现状

在中国人民银行的推动下,2010年中国银行间市场交易商协会综合考虑信用违约互换重要性、复杂性及国内市场发展的初级性,简化国际标准的信用违约互换结构,引入了信用风险缓释工具(CRM)。2010年9月23日,中国银行间市场首先试点推出了盯住参考实体单一债务的信用风险缓释合约(CRMA)和信用风险缓释凭证(CRMW)两类工具。2016年9月23日,在信用风险缓释合约和信用风险缓释凭证两个产品基础上,新增了盯住参考实体一篮子债务的信用违约互换和信用联结票据两类信用风险缓释工具(见表10－6)。截至2019年10月,我国银行间市场一共有144只信用风险缓释凭证,其中134只产品于2018年和2019年发行。进入2018年后,我国信用衍生品的发展提速。一方面,经济面临下行压力,信用债违约数量增加,投资者的风险偏好下降,民营企业面临的融资环境恶化,导致金融机构对信用风险对冲需求的上升;另一方面,国务院、中国人民银行等各级管理部门也加大了对信用风险缓释凭证的扶持力度,共同推动了信用衍生品的发展。

表10－6　　　　　　　　　四类信用风险缓释工具的产品指引[①]

产品名称	类型	交易方式	交易标的
信用风险缓释合约(CRMA)	合约类	交易双方签署交易合约,信用保护的买方向卖方支付费用,卖方向卖方提供信用保护	具体债务
信用风险缓释凭证(CRMW)	凭证类	由创设机构(信用保护卖方)创设发行,向所有的凭证持有人(信用保护买方)提供基于某项债务的信用保护,该凭证可交易流通	具体债务
信用违约互换(CDS)	合约类	交易双方签署交易合约,信用保护的买方向卖方支付费用,卖方向买方提供信用保护	一个或多个债务实体
信用联结票据(CLN)	凭证类	由创设机构创设,向投资人发行,票据与债务实体的信用状况挂钩,投资人相当于信用保护的卖方,为创设机构提供信用保护,票据可交易流通	一个或多个债务实体

资料来源:阎畅、陈路晗,《从国际视角看我国信用衍生品市场的定价与机遇》,《中国债券》2017年10月。

从已发行的信用风险缓释凭证的情况来看,无论是从规模、期限、标的企业资质、参与者结构还是配套机制来看,其发展仍处于初级阶段。截至2019年10月,信用风险缓释凭证的累计发行额仅为205.7亿元,期限主要是以短期为主,1年以内的凭证占比达75%,且对应标的主体信用资质为AAA的占比更是高达99%。而根据BIS

[①] 2016年9月,中国银行间市场交易商协会发布修订后的《银行间市场信用风险缓释工具试点业务规则》,以及信用风险缓释合约、信用风险缓释凭证、信用违约互换和信用联结票据四份产品指引。

披露的数据,2019年上半年全球场外衍生品市场中期限在1年以内的场外信用违约互换占比仅为23.5%,投资级别的信用违约互换占比也仅为59.9%。同时,从参与者结构来看,银行间市场信用风险缓释工具的参与者也主要为以银行为主的低风险偏好机构,结构较为单一,与国际市场上中央对手清算机构、证券公司、保险公司、对冲基金广泛参与的结构差异较大。

2019年12月26日,全球首个立足于中国市场的信用违约互换指数亮相,本次发布的"CFETS-SHCH-GTJA高等级CDS指数"是由中国外汇交易中心、银行间市场清算所股份有限公司和国泰君安证券股份有限公司共同担任指数管理人,参考国际市场惯例和信用违约互换指数产品特点,按照一定规则筛选出的40个具有高信用等级、较好流动性的信用违约互换参考实体的集合,每个参考实体权重为2.5%。该指数设置每年3月20日和9月20日为滚动日,基于特定规则进行指数更新和发布。

案例10—1 墨西哥高铁项目的政治风险

一、基本背景

2014年8月15日,墨西哥政府宣布将招标建设连接首都墨西哥城和重要工商业中心克雷塔罗州首府瓜达拉哈拉的高速铁路项目。该项目总长210千米,设计最高时速可达300千米,预计总投资36亿美元。根据招标方案,中标企业将负责该项目的设计、监理、施工、设备采购等,以及项目在未来5年试运营期间的运营和维护工作。

按招标要求,该项目应于2014年12月正式开工,2017年投入运营。虽然项目一开始就吸引了包括中国铁建在内的17家公司参与竞标,但竞标和建造时间都十分紧张,在延长竞标时间的请求被拒绝后,包括法国阿尔斯通、加拿大庞巴迪和德国西门子等国际知名公司在内的16家公司最终放弃了竞标。

2014年10月16日,在该项目的投标截止日,墨西哥交通部发表声明称,由中铁建领导的中企联合体成为该项目的唯一竞标者。参与竞标的中企联合体共由8家公司组成,包括中铁建、中铁建国际、中铁建墨西哥公司和中国南车4家中国企业和4家墨西哥企业。中企联合体的中标价格比墨西哥交通部建设资金估算高18%,建设资金的85%将由中国进出口银行提供。

2014年10月下旬,墨西哥反对党之一国家行动党的议员指责该项目招标过程存在不透明操作,并称"与现任总统关系密切的一个利益团体将从本次交易中获利"。墨西哥国内媒体也报道称,在涅托总统2005—2011年担任墨西哥州州长期间,Higa集团曾获得约80亿比索、相当于6亿美元的工程合同,在涅托竞选总统期间,该公司无偿提供专机,并为其印刷竞选材料。而与中方合作的四家公司之一的Constructora Teya恰恰是Higa建筑集团的子公司,2014年6月还被指定为扩建墨西哥城国际机场的总统飞机库,工程金额为 100 万比索。

2014 年 11 月 3 日,墨西哥交通部宣布由中铁建牵头的中企联合体高分中标了墨西哥高铁项目。

2014 年 11 月 7 日,墨西哥交通部长以"项目的合法性和透明性存在疑问"为由,宣布取消墨西哥高铁项目第一轮的中标结果并将第二轮投标推迟到 2015 年 1 月。按照投标费用占项目总金额 0.5% 计算,由中铁建牵头的国际联合体将损失上亿元人民币。墨西哥《宇宙报》报道了事件经过。11 月 6 日下午,交通部长埃斯帕萨与参议院通信与交通委员会成员进行了超过 5 小时的会谈,埃斯帕萨认为招标过程合法透明,但是,反对党议员针对投标时间、国际联合招标体中的墨西哥公司资质以及招标金额等问题提出很多质疑,会议结束后,反对党国家行动党议员马尔瑟拉请求取消招标结果,重新进行招标,一个小时之后,墨西哥政府便遵从反对派提议,为"保证竞标的合法性,避免出现任何透明性的问题",取消中标结果。

2015 年 1 月 14 日,中企联合体宣布参与项目第二轮投标。

2015 年 1 月 23 日,墨西哥交通部表示已有包括中企联合体在内的 5 家企业参与第二轮投标,招标结果计划于 7 月 31 日公布。

2015 年 1 月 30 日,墨西哥财政部长称,由于国际油价下跌等因素,墨西哥 2015—2016 年的财政预算将大幅削减,并宣布之前招标的墨西哥高铁项目将无限期搁置。

2015 年 2 月 2 日,中铁建发布公告确认,公司将正式与墨方就索赔问题进行交涉。但是截至目前,中墨双方均未对赔偿问题发布公告。

2017 年 12 月 4 日,中铁建牵头的国际联合体依据《中墨 BIT》对墨西哥政府提起仲裁,至此,历时 3 年多的"中国高铁第一单"彻底宣告失败,我国企业对该项目所做出的一切努力均付诸东流。

二、原因分析

(一)风险评估和认知准备不足

高铁建设项目初期投资大、项目回收周期长,对项目实施地的经济、人口条件有一定的要求,如何从项目运营中收回成本、获得盈利是国际公认的难题之一。作为一个造价高昂、设计复杂、涉及面极广的大型项目,墨西哥政府留给各投标人的竞标时间却只有短短的 3 个月,显得十分匆忙,客观上讲并不足以使投标人对项目的成本、风险等各方面的因素做出充分的评估。西方竞标企业基于拉美地区类似项目的实施经验,在对项目风险做出了比较充分的预估后选择了放弃竞标。虽然中企联合体克服重重困难取得了竞标成功,但对项目隐藏风险的评估和认知能力相对不足,最终导致中标作废,承受了一定的经济损失。

(二)企业公关意识存在误区

中国企业普遍较重视对项目当地政府部门官员的公关，不注重与当地的反对党、社会团体、媒体等非政府组织建立良好联系和充分沟通。墨西哥是三大政党对峙并立的格局，国家行动党和民主革命党是两大反对党，加起来在议会占大多数，而总统涅托所在的革命制度党在众议院和参议院中都没有占据绝大多数席位，在很多方面受到反对党的压力和质疑。针对高铁项目，反对派质疑投标结果的重要理由是中国铁建所联合的墨西哥本土4家公司的资质问题，这个质疑使涅托和革命制度党陷入非常不利的境地，也成为涅托最终取消高铁中标结果的导火索。墨西哥反对派直指4家公司都与执政党"过分亲密"。组建中企联合体的一家墨西哥建筑企业（Constructora Teya）的关联企业（Higa）曾向现任总统涅托的竞选活动租借过一架飞机。同时，这家企业在涅托担任墨西哥州长期间曾获得了政府的一系列大型施工合同。涅托现任妻子、第一夫人安赫利卡·里韦拉位于墨西哥城查普尔特佩克山丘上价值8 600万比索的豪宅，原本登记在Higa建筑集团名下，似乎也坐实了Teya公司与涅托之间的亲密关系。

2015年7月，墨西哥举行中期选举，反对党也有意借"高铁项目"引发的腐败丑闻对执政党展开攻击。同时，该项目在提供工作岗位和拉动地区经济发展方面的作用没有在普通民众间得到广泛的宣传，项目的实施意义未能获得民众的充分理解和认同。相反，项目在征地、环保方面可能存在的风险却被墨西哥国内的社会团体和媒体反复炒作。

（三）忽视了墨西哥的政治风险

造成墨西哥高铁项目失败的更深层次原因在于墨国内保守政治势力、工会、垄断企业和民众已对涅托政府的执政不满已久，高铁项目成了公众怨气的一个发泄口。涅托政府上台后所推行的教育、能源、通信等六大方面的激进改革触动了国内保守势力的既得利益，因而受到了相关利益团体的强烈抵制。墨西哥国内的石油国有企业和民族主义者也对能源改革法案中提出的向海外公司开放石油开发市场表示了反对。墨西哥近年来疲软的经济发展进一步打击了民众的信心，国内此起彼伏的暴力事件也瓦解了民众对涅托政府的信任。这些因素综合起来给涅托政府带来了严重的执政危机。高铁项目作为政府大力推行的政策自然成为民众怨气的发泄口，而中铁建联合体在投标过程中并没有过多关注这些政治动态的变化，花费大量人力、物力参与的投标项目最终沦为墨西哥国内政治斗争的牺牲品。

（四）对潜在经济风险缺乏合理评估

虽然墨西哥对外投资政策鼓励外国对墨西哥国内的基础设施投资，但是经济环境的改变可能影响政策。墨西哥国比索兑美元接连贬值，石油价格影响财政收入，墨西哥经济接连3年增幅低于其增长潜力，种种迹象均预示着墨西哥经济形势不容乐观。作为石油大国，墨西哥石油出口收入占财政总收入的1/3，石油价格的暴跌对于财政预算的影响显而易见，墨西哥财政部 2015 年 1 月 30 日做出了削减财政支出 1 240 亿比索的决定。在这种背景下，本届政府缺少财力投资这类大型项目，进而选择无限期暂停高铁项目也具有必然性。

（资料来源：冯珂、刘婷、王守清，《海外 PPP 项目政治风险的识别与应对——以墨西哥高铁项目为例》；潘晓明，《从墨西哥高铁投资受阻看中国对外基础设施投资的政治风险管控》，《国际经济合作》2015 年第 3 期，有删改。）

思考题：

1. 中国企业在进行基础设施对外投资时，可能面对哪些主要的政治风险？
2. 如何对相关政治风险实施有效管控？从本案中可吸取哪些教训？

本章小结

1. 贷款人的国际信贷决策是信贷活动成败与否的决定性环节。贷款人一般综合使用非财务和财务两种信用分析方法。5C 原则属于非财务评估，而财务评估是对借款人财务报表的分析，包括流动性、营运能力、负债与偿付能力以及盈利能力的分析。

2. 常见的贷款定价方法有成本加成定价模型、基准利率加点修正模型、客户盈利性分析模型和成本-收益定价模型等。

3. 国际信贷风险是指国际信贷双方当事人由于事先无法准确预测的因素导致资产、负债或未来的现金流量发生损失的可能性。它主要包括信用风险、利率风险、外汇风险、通胀风险、管理风险和国家风险等。其中，国家风险是指一国的政治、经济、文化状况使该国的借款个人、机构或政府不能按期或不能偿还其对外债务，从而使该国境外债权人遭受损失的可能性，又分为政治风险和经济风险。

4. 国际信贷风险管理是指国际信贷授信方在从事国际信贷活动时，运用风险识别、风险估计、风险处理等方法，通过预防、规避、分散、转移等方式对其面临的风险进行有效的控制和处置，从而减轻或避免经济损失，保证信贷资金安全的一系列措施，主要包括风险识别、风险衡量、风险分析、风险控制和事后信息反馈等程序。

5. 信贷衍生产品是一系列从基础资产上剥离、转移信用风险的金融工程技术的总称，常见的有信用违约互换、信用联结票据、总收益互换、组合资产的信贷衍生产品、信用期权和信用价差期权以及指数信贷衍生产品。

基本概念

5C 原则　　贷款定价　　国际信贷风险　　国家风险　　政治风险　　经济风险
风险管理　　信贷衍生产品　　信用违约互换　　总收益互换　　CRMA　　CRMW　　CLN

思考与练习

1. 贷款定价的基本方法有哪些？
2. 国际信贷的贷款人在进行信贷决策时应考虑哪些因素？
3. 什么是国际信贷风险？具体包含哪些风险类型？
4. 什么是国家风险？国家风险的评估有何意义？
5. 国家风险的影响因素有哪些？
6. 简述国际信贷风险管理的程序。
7. 以 CDS 为例，简要说明信贷衍生产品为何能分散信贷风险，又是如何实现风险分散的。
8. 谈谈对中国发展信用衍生品市场的认识。

参考文献

[1]边卫红,田园.全球主要货币基准利率替代路径研究[J].国际金融研究,2018(8).

[2]边卫红,瞿亢,吴昊.去LIBOR化改革进展及应对[J].中国金融,2019(24).

[3]边卫红,王千.全球基准利率改革新进展[J].中国金融,2019(5).

[4]布赖恩·W.克拉克,等.国际信贷管理手册[M].李月平,译.北京:机械出版社,2003.

[5]曹源源,白雪.走进充满机遇的亚洲美元债市场[EB/OL]. https://www.chinabond.com.cn/cb/cn/yjfx/jgzs/dfjc/20200107/153523562.shtml.

[6]曹跃生.卡洛特水电站项目案例研究[J].市场观察,2018(12).

[7]查中民,金赛波.福费廷实务操作与风险管理[M].北京:法律出版社,2005.

[8]陈华,华伟.出口信用保险经营模式的国际借鉴与比较[J].金融与经济,2012(10).

[9]程祖伟.国际贸易结算与融资[M].北京:中国人民大学出版社,2012.

[10]迟忠波.借出来的海航奇迹[J].中外管理,2017(10).

[11]戴春宁.中国对外投资项目案例分析:中国进出口银行海外投资项目精选[M].北京:清华大学出版社,2009.

[12]冯珂,刘婷,王守清.海外PPP项目政治风险的识别与应对——以墨西哥高铁项目为例[EB/OL]. http://www.mypm.net/articles/show_article_content.asp?articleID=31394.

[13]高雨萌,王守清,冯珂.印度德里机场快线PPP项目的失败原因与启示[J].建筑经济,2017(6).

[14]葛华勇.国际货币基金组织导读[M].北京:中国金融出版社,2002.

[15]国际货币基金组织.全球金融稳定报告(Global Financial Stability Report)[R].

[16]国际商会银行委员会.2018年度全球贸易金融调查报告:全球贸易确保未来增长[EB/OL]. https://zhuanlan.zhihu.com/p/99475439.

[17]国务院新闻办公室.中国的对外援助(2014)白皮书[EB/OL]. http://www.gov.cn/zhengce/2014-07/10/content_2715467.htm.

[18]国务院新闻办公室.改革开放40年中国人权事业的发展进步白皮书[EB/OL]. https://www.sohu.com/a/281293768_118392.

[19]何敏,王维姣,贺文森.融资租赁在柬埔寨桑河二级水电项目中的运用研究[J].云南水力发电,2018(1).

[20]胡永强,史燕萍.对新租赁准则相关问题的探讨[J].财务与会计,2019(10).

[21]怀特克拉克集团.2020 Global Leasing Report[EB/OL]. http://www.clba.org.cn/ne-

wsitem/278338719.

[22]黄永富.我国对外援助现状分析[J].中国国情国力,2020(1).

[23]贾知青,杜帅,毕玉升.境外人民币债券市场回顾与展望[J].债券,2019(12).

[24]姜建清.国际信贷实务英语[M].北京:中国金融出版社,2011.

[25]经济合作与发展组织.官方支持出口信贷的安排(2015 修订版)[M].中国出口信用保险公司,译.北京:中国金融出版社,2015.

[26]李建云,田京海.百年金融发展中的国际信用评级业[J].中国金融,2006(16).

[27]刘舒年.国际信贷[M].3版.成都:西南财经大学出版社,2006.

[28]刘舒年.国际信贷、国际融资及其风险管理[M].北京:中国金融出版社,2004.

[29]刘元春,胡曙光,范志勇.国际金融市场与投融资[M].北京:中国人民大学出版社,2012.

[30]潘淑娟.国际信贷——理论、实务、国际惯例与法律[M].北京:中国金融出版社,2003.

[31]潘晓明.从墨西哥高铁投资受阻看中国对外基础设施投资的政治风险管控[J].国际经济合作,2015(3).

[32]浦刚,史燕萍,胡永强.详解《国际财务报告准则第16号——租赁》对租赁行业的影响[J].财务与会计,2016(24).

[33]秦捷.中国融资租赁行业发展探析[J].国际市场,2012(7).

[34]沈锦旭.国际信贷概论[M].北京:中国财政经济出版社,1996.

[35]深圳发展银行-中欧国际工商学院.供应链金融:新经济下的新金融[M].上海:上海远东出版社,2009.

[36]史薇.国际信贷[M].北京:中国对外经济贸易出版社,2005.

[37]史燕平.融资租赁原理与实务[M].北京:对外经济贸易大学出版社,2012.

[38]宋浩平.国际信贷[M].4版.北京:首都经济贸易大学出版社,2016.

[39]宋扬,闫夏.福费廷风险实例剖析[J].中国外汇,2017(12).

[40]苏迪尔·阿曼波.国际租赁完全指南[M].李命志,等译.北京:北京大学出版社,2007.

[41]粟灵.激进并购者海航[J].中国企业家杂志,2017(2).

[42]唐茂恒,杨心心.国内外银团贷款市场的比较分析[J].国际金融,2013(1).

[43]王达.亚投行的中国考量与世界意义[J].东北亚论坛,2015(3).

[44]王守清,柯永建.特许经营项目融资(BOT、PFI和PPP)[M].北京:清华大学出版社,2008.

[45]王守清,王盈盈.政企合作(PPP):王守清核心观点[M].北京:中国电力出版社,2017.

[46]王守清.项目融资:PPP和BOT模式的区别与联系[J].国际工程与劳务,2011(9).

[47]夏霖.福费廷业务的产品创新[J].中国外汇,2017(12).

[48]肖前.出口双保理业务风险防范[J].中国外汇,2011(11).

[49]谢世清,王赟.国际货币基金组织(IMF)对欧债危机的援助[J].国际贸易,2016(5).

[50]徐冬根.国际信贷的法律保障[M].上海:上海译文出版社,1996.

[51]徐进亮,王路,宣勇.国际贸易融资理论与实务[M].北京:清华大学出版社,2017.

[52]徐晓萍.国际公司金融[M].上海:上海财经大学出版社,2012.

[53]阎畅,陈路晗.从国际视角看我国信用衍生品市场的定价与机遇[J].中国债券,2017(10).

[54]姚新超.国际结算与贸易融资[M].北京:北京大学出版社,2012.

[55]叶苏东.项目融资——理论、实务与案例[M].2版.北京:清华大学出版社,北京交通大学出版社,2010.

[56]易宪容,黄瑜琴.中国机构海外债券融资研究[J].管理世界,2005(8).

[57]原擒龙.商业银行国际结算与贸易融资业务[M].北京:中国金融出版社,2008.

[58]张朝晖,徐潇.管窥虚假贸易融资模式及监管实践[J].中国外汇,2019(8).

[59]张继强,张亮.外资买债详解[J].中国外资,2020(5).

[60]张金诚,吴治成.国际信贷[M].北京:中国科学技术出版社,2008.

[61]张廷浩,薄听溪.AIG流动性危机与信用衍生品监管调整[J].银行家,2013(6).

[62]邹小燕.国际银团贷款[M].北京:中信出版社,2002.

[63]郑建明,潘慧峰.国际融资与结算[M].北京:北京师范大学出版社,2008.

[64]中国人民银行.2019年人民币国际化报告[M].北京:中国金融出版社,2019.

[65]中国信保辽宁分公司.为国际高端装备制造提供中国方案——记中远海运重工巴油FPSO系列项目[J].国际融资,2020(1).

[66]中国银行业协会银团贷款与交易委员会.银团贷款理论与实务[M].北京:中国金融出版社,2011.

[67]钟红.论本币计价国际债券市场发展的影响因素——基于国别以及分部门视角的实证研究[J].国际金融研究,2019(11).

[68]钟红,赵雪情.协调推进SDR债券市场[J].中国金融,2016(18).

[69]租赁联合研发中心,等.2019中国租赁业发展报告[EB/OL].https://www.sohu.com/a/377346897_99901684.

[70]Bouchet M H, Clark E, Groslambert B. *Country Risk Assessment: A Guide to Global Investment Strategy*[M]. New York: Wiley, 2003.

[71]Hughes J E, MacDonald S B.国际银行管理教程与案例[M].刘群艺,等译.北京:清华大学出版社,2003.

[72]ICMA. *Green Bond Principles Voluntary Process Guidelines for Issuing Green Bonds*, 2018.

[73]Climate Bonds Initiative. *Climate Bonds Standard* (2.1), 2017.

- 其他包括:

《国际融资》《第一财经日报》《国际金融报》《21世纪经济报道》《环球时报》《金融时报》《证券时报》《上海证券报》《解放日报》等报纸期刊和新浪网、财新网、零壹财经等网站。

中国商务部、中国国家外汇管理局、中国财政部金融司、中国国家发展和改革委员会、中国出口信用保险公司、中国进出口银行、美国国际开发署、日本国际协力机构、国际货币基金组织、世界银行、国际农业发展基金、亚洲开发银行、泛美开发银行、国际清算银行、亚投行、金砖国家新开发银行、FCI、赤道原则委员会、《欧洲货币》等机构网站。